Peut-on encore définir la collectivité territoriale ?

Collection *Droit des collectivités territoriales*
fondée et dirigée par
Bernard POUJADE et Xavier CABANNES
Professeurs à l'Université Paris Cité

Série des travaux de l'association française
de droit des collectivités locales

Dernières parutions

Dominique MAILLARD DESGREES DU LOU et Jean-Philippe BRAS (dir.), *L'administration locale au Maghreb après les printemps arabes. Algérie, Maroc, Tunisie,* 2023.

Benjamin TENDRON, *Les pôles d'équilibre territoriaux et ruraux et la « politique de pays »*, 2022.

Pauline TÜRK (dir.), *Pour un droit constitutionnel des collectivités territoriales. Évolutions et débats*, 2020.

Marie JAN, *L'égalité professionnelle dans la fonction publique territoriale. L'exemple de la Région Nouvelle-Aquitaine*, 2020.

Jean-Christophe CERVANTES, *Le principe d'unité des catégories de collectivités territoriales en question,* 2019.

Carole CHEVILLEY-HIVER, Matthieu HOUSER et Anne MARCEAU (dir.), *Les collectivités territoriales à l'ère du numérique*, 2019.

Thierry DI MANNO et Alexis LE QUINIO (dir.), *Quelle(s) commune(s) pour le XXIe siècle ? Approche de droit comparé*, 2018.

Maylis DOUENCE (dir.), *L'exercice des compétences locales entre rationalisation et créativité*, 2018.

Apolline THIRION, *La nouvelle compétence GEMAPI, Gestion des milieux aquatiques et préventions des inondations, Quels moyens mis à disposition des collectivités territoriales pour structurer et financer cette nouvelle compétence ?*, 2018.

Jean-Marc BROU (dir.), *La dynamique de l'économie mixte dans la région Occitanie*, 2017.

Julie BENETTI (dir), *Les collectivités territoriales et le principe d'égalité*, 2016.

Mathilde MONTAUBIN, *Le référendum d'indépendance de l'Écosse*, 2016.

Jean-François BRISSON, *L'Assemblée délibérante, avenir de la démocratire locale ?*, 2016.

Mélissa GOASDOUÉ, *Les collectivités territoriales et la spéculation*, 2015.

Ligia VILLAS BOAS GABBI, *Gouverner une mégapole, L'expérience de Sao Paulo*, 2009.

Sous la direction de
Arnaud Duranthon

Peut-on encore définir la collectivité territoriale ?

Préface de Michel Verpeaux

L'Harmattan

Du même auteur

L'institution départementale à l'heure métropolitaine : quelles perspectives ? Étude pour l'Assemblée des Départements de France, L'Harmattan, 2019.

5-7, rue de l'Ecole-Polytechnique, 75005 Paris
http://www.editions-harmattan.fr
ISBN : 978-2-14-035104-4
EAN : 9782140351044

SOMMAIRE

PRÉFACE

Michel VERPEAUX
Président de l'AFDCL (2012-2022)

Les Journées d'étude de l'AFDCL qui se sont déroulées les 16 et 17 septembre 2021 ont été organisées par Arnaud Duranthon, maître de conférences de l'Université de Strasbourg, et à son initiative. Le thème choisi, qui avait reçu l'accord unanime des membres du Conseil d'administration de l'AFDCL, avait pour titre « Peut-on encore définir la collectivité territoriale ? ». On pouvait être étonné que cette question ne soit abordée qu'en 2021, soit sept années après que l'AFDCL a relancé l'organisation de Journées d'étude, tant ce thème aurait pu inaugurer le cycle de ces manifestations. Cependant, il est vrai que les thèmes des Journées précédant celles de Strasbourg, ainsi que ceux des Journées qui les ont suivies, étaient nécessairement en lien avec la recherche de ce que sont et de ce que font les collectivités, celles-ci étant le cœur même des réflexions de cette Association. Néanmoins, une réflexion transversale était hautement la bienvenue.

Ces Journées d'étude devaient se tenir, initialement, en 2020 afin de respecter la périodicité annuelle de ces travaux, après le colloque tenu à Nice en octobre 2019. La crise sanitaire en a décidé autrement et les Journées strasbourgeoises ont failli se tenir en distanciel, faute de mieux. Une fenêtre de tir entre plusieurs confinements a pu cependant permettre une organisation en « présentiel » et ce fut l'occasion d'un très beau colloque, très bien organisé et extrêmement stimulant par les réflexions qu'il a pu susciter. Faut-il ajouter que les Journées strasbourgeoises ont permis de profiter de la très belle capitale alsacienne sous un soleil radieux de fin d'été ?

L'intention de l'organisateur était de tenter de redéfinir ce que sont les collectivités territoriales après les nombreuses réformes ayant bouleversé le cadre dans lesquelles elles agissent. De nombreux facteurs expliquent une remise en cause de ce qui semblait durablement acquis, au moins depuis 1946, date à laquelle les termes et la notion de « collectivités territoriales » apparaissent officiellement en droit français. Les frontières bien établies entre ces collectivités et les établissements publics sont devenues poreuses, le cas de la Métropole de Lyon en étant une illustration significative, la clause générale de compétence, un peu vite balayée par le Conseil constitutionnel dans sa décision de 2016, ne permet plus de les caractériser de manière évidente, le redécoupage des régions opéré lors de réunions tenues dans les bureaux de l'Élysée avait fait peu de cas des souhaits des autorités locales et encore moins de ceux des habitants. Le cas de l'Alsace absorbée dans une région devenue Grand Est pouvait servir d'exemple particulièrement topique à Strasbourg. La remise en cause des catégories juridiques dans un droit ouvert à une différenciation censée répondre aux attentes et aux besoins, exigeait de repenser ce que sont ces collectivités. Faute d'une définition constitutionnelle ni même législative de la collectivité territoriale, et en l'absence de critères permettant de l'identifier, il est certain que la doctrine et les juridictions suprêmes ont fortement contribué depuis le XIXème siècle à en dessiner les contours. La simple affirmation par l'article 72 de la Constitution d'une liste de collectivités, reprise par le code général des collectivités territoriales, mérite certainement d'être dépassée et complétée. Certes, ce n'est pas un colloque scientifique, aussi prestigieux soit-il, qui pouvait avoir l'ambition de résoudre toutes ces questions. Il a constitué néanmoins un jalon très utile d'une réflexion qui ne peut être que continue.

Pour répondre à la question posée par l'organisateur, deux questions ont été suggérées à partir des verbes « Déconstruire » et « Reconstruire », assortis chacun d'un point d'interrogation et auxquelles devaient s'efforcer de répondre les contributeurs venus d'horizons différents. Le premier répondait à un atelier théorique et voulait rechercher ce qui avait été perdu et ce qui avait été gagné par les évolutions constatées. Le second, dans un atelier plus thématique, ambitionnait de mettre en évidence des caractères particuliers aux collectivités territoriales qui les distingueraient des autres personnes morales de droit public, ou contribueraient à les singulariser. Les travaux ont permis d'apporter des réponses à ces questions.

Le résultat de ces deux Journées strasbourgeoises est l'ouvrage publié dans la collection des Travaux de l'AFDCL. Son président ne peut alors que se réjouir de la réussite de cette manifestation et de la diffusion de ses travaux dans une collection dont la richesse grandit au fil de ces Journées d'étude.

AVANT-PROPOS

Arnaud DURANTHON
Maître de conférences de droit public à l'Université de Strasbourg

Depuis le début de la décennie 2010, à une cadence impressionnante, les réformes des collectivités territoriales s'enchaînent, redéfinissant par petite touches le paysage institutionnel local français. Faisant entrer dans le droit positif de nouvelles figures, de nouveaux modèles et de nouvelles méthodes, ces réformes ne se réduisent pas à un simple ajustement du paysage local hérité des premiers temps de la Révolution et lentement amendé par l'histoire. Elles s'emploient plutôt, dans un effort qui assume la perturbation des cadres analytiques traditionnels, de composer de nouveaux modèles conceptuels, qui restent encore souvent inaboutis et en état de transition.

La lecture des manuels et des études consacrées au droit des collectivités territoriales en témoigne : il est désormais devenu difficile de s'accorder sur le sens de la décentralisation, mais aussi plus profondément sur le périmètre de son objet : *la collectivité territoriale*. L'essor des établissements publics de coopération intercommunale, dont certains – la métropole – partagent leur nom avec des collectivités territoriales à statut particulier, l'érosion de la clause de compétence générale, que certains auteurs établissaient comme un critère de spécification de la collectivité territoriale elle-même, les recompositions territoriales menées par l'État sans préoccupation de l'avis des collectivités concernées, la multiplication des ajustements locaux des compétences, la programmation d'un droit à la différenciation territoriale… : toutes ces données alimentent l'insaisissabilité de la notion de collectivité territoriale. Ce mouvement, qui se réalise au profit d'un état du droit se voulant plus flexible, plus malléable et moins soucieux du formalisme des catégories juridiques, témoigne à l'évidence de l'urgence, pour les juristes spécialistes de collectivités territoriales, de *repenser collectivement la définition de leur objet*.

Parce que toute définition dépend du regard de celui qui la crée, lequel est toujours marqué par un certain nombre de réflexes hérités, mais aussi parce que les savants systèmes élaborés par la doctrine ne peuvent qu'être perturbés par la fabrique du droit, il est bien évidemment vain de chercher à réunir la complexité du droit et les divergences de vues autour d'un modèle unique. Cela ne signifie pas pour autant qu'il faille renoncer à confronter les regards doctrinaux et que cet effort ne puisse pas permettre de dégager des lignes de force générales grâce auxquelles établir les contours conceptuels de la collectivité territoriale de ce début de XXIe siècle.

*

La déclinaison constitutionnelle, par l'article 72, d'une liste de collectivités territoriales suffit-elle à dire de ce que sont les collectivités territoriales ? Cet effort déductif ne doit-il pas être accompagné d'un autre regard, plus inductif, cherchant à révéler les caractéristiques communes et possiblement particulières des collectivités territoriales au sein du paysage des institutions administratives françaises ?

Le droit ne se révélant finalement que dans la mise en œuvre d'un régime et, finalement, dans le contentieux qui en révèle ou en précise les véritables contours, il est probable que le juriste ait à gagner à vérifier la pertinence d'une alimentation inductive du concept de collectivité territoriale.

Le projet de ce colloque – et de l'ouvrage qui en est né –consiste à chercher, par un travail collectif, à renouveler le regard porté sur la collectivité territoriale en mettant en évidence ses transformations par une opération de *déconstruction* – Qu'est-ce qui a été perdu ? Qu'est-ce qui perdure ? Qu'est-ce qui a été gagné ? –, mais aussi et surtout en cherchant, dans le droit positif et par une tentative inductive de *reconstruction*, si le droit public, dans toutes ses dimensions, permet de mettre en évidence des caractères particuliers aux collectivités territoriales qui les distingueraient absolument des autres personnes morales de droit public, ou contribueraient à les singulariser.

Le résultat de ces travaux est aujourd'hui sous les yeux du lecteur, qui pourra juger de la complexité à parvenir à établir un périmètre clair à la définition de la collectivité territoriale.

*

Ce colloque, ainsi que l'ouvrage qui en est né, n'auraient pu voir le jour sans le soutien de l'Association française de droit des collectivités locales et de son président, le professeur Michel Verpeaux, ni sans l'accueil bienveillant de l'Institut de recherches Carré de Malberg et de son directeur, le professeur Gabriel Eckert, l'investissement sans faille de l'équipe l'Institut fédératif de recherche « L'Europe en mutation » et le soutien de la faculté de droit, de sciences politiques et de gestion et de Sciences Po Strasbourg. Que tous en soient remerciés et reçoivent par ces lignes le témoignage de ma profonde gratitude.

PROPOS INTRODUCTIFS

DÉCONSTRUIRE LA NOTION DE COLLECTIVITÉ TERRITORIALE

Mathieu DOAT

Professeur de droit public à l'Université de Perpignan Via Domitia

Peut-on définir la collectivité territoriale ? La réponse à cette question est essentielle car cette institution occupe aujourd'hui une place majeure sur le territoire et elle sert de pivot à notre vie politique, économique, sociale et culturelle. Il est donc important de savoir de quoi on parle en s'affranchissant de notre connaissance immédiate et soumettre nos discours à la dure discipline de la raison.

La réponse n'est pas toutefois évidente. Le thème du colloque et la multiplicité des intervenants laissent supposer que la tâche est ardue et que les résultats restent hypothétiques. L'incertitude plane au-dessus des résultats de cette entreprise. Le professeur Michel Verpeaux ouvre la manifestation en se demandant s'il est possible de définir vraiment la notion constitutionnelle de collectivités territoriales et je suis déjà impatient d'écouter le professeur Faure, qui doit conclure ce magnifique colloque en essayant de répondre à la question : Peut-on encore définir la collectivité territoriale [1]? Au-delà de ces deux interventions, chacun tentera de donner des éléments de définition à partir d'un angle d'attaque afin que l'on puisse, à la fin de ces deux journées de colloque, mieux savoir de quoi on parle.

Dans le cadre de cette introduction, Arnaud Duranthon me demande de revenir sur la notion de collectivité territoriale, sa construction et sa déconstruction. Cette proposition est naturellement un très beau cadeau, 27 ans après que j'aie soutenu ma thèse sur ce sujet[2] ; elle me donne l'occasion de réfléchir à nouveau sur cette question. Cette amicale invitation n'a pas été sans réveiller quelques angoisses. J'ai un rapport problématique à ma thèse mais je crois que nous sommes beaucoup à l'université à connaître une difficulté avec notre première recherche et j'espère qu'un jour, l'AFDCL offrira à monsieur Duranthon la possibilité d'ouvrir un colloque sur la subsidiarité.

Quoi qu'il en soit, j'ai l'honneur de vous proposer quelques pistes de réflexion sur la notion de collectivité territoriale. Nous avons une

[1] À la suite des réformes de 2014 et 2015, et notamment à la suppression de la clause générale de compétence pour les départements et les régions, le professeur Faure s'interrogeait déjà sur la survie de cette notion : « La fin d'une catégorie : la collectivité territoriale » *in AJDA* 2016, p.2438.

[2] On se permet de renvoyer donc à ce qui est devenu un ouvrage, *Recherches sur la notion de collectivité locale en droit administratif français,* LGDJ 2003, col. Bibliothèque des thèses de droit public, préface de Jean-Arnaud Mazères.

connaissance familière des institutions locales mais il y a une sorte de défi dans cette entreprise. Car produire une notion de collectivité territoriale, c'est donner une intelligibilité à ce qui n'a pas été suffisamment pensé, au sens où elle n'a pas été correctement analysée, ou alors de manière biaisée, suivant des standards qui empêchent de donner une unité de pensée à ce que l'on cherche à décrire.

Ce que l'on rencontre dans cette question, ce sont nos propres limites. Il n'est pas évident que nous ayons une notion de collectivité territoriale et le postulat contraire est le plus plausible du fait notamment des différentes réformes qui ont brouillé les catégories juridiques[3] d'une part, en supprimant la clause générale de compétence pour les régions et les départements, et d'autre part, en multipliant la création d'institutions, comme les métropoles, qui sont difficilement classables. Pour que nous ayons une notion, encore faut-il que nous puissions la penser et que les conditions soient réunies pour la penser. Or, il faut bien comprendre que pendant longtemps la notion de collectivité territoriale a été un impensé du droit[4] et que nous n'avons vu apparaître de solides études sur cette question qu'assez récemment.

Il y a sans doute quelque chose de névrotique dans la manière dont la doctrine a négligé la notion de collectivité territoriale. Il existait depuis la troisième république de très nombreuses études sur la décentralisation et sur les multiples notions périphériques comme celle d'établissement public d'affaires propres, de libre administration ou encore de tutelle mais la doctrine a été longtemps silencieuse sur le mot « collectivité territoriale ». En s'appuyant sur la lecture de Pierre Legendre, il serait sans doute possible d'y voir un attachement à l'ordre paternel étatique[5] et un déni des autres formes collectives qui pourraient menacer la puissance du Père. Penser les collectivités territoriales revient à tuer le père, à s'affranchir des concepts de puissance et de loi. Car toute conceptualisation de la collectivité territoriale conduit à une émancipation du local, qui ne peut plus être perçu comme un produit du discours de l'État[6]. Avec la collectivité territoriale, c'est un nouveau lexique administratif qui permet de tuer le père, toute en le gardant

[3] Voir sur ce point les analyses de Laetitia Janicot, « Les collectivités territoriales, une définition menacée, ? » *in RFDA* 2011, p.227 & s.

[44] La notion de collectivité territoriale, à la différence de celle d'établissement public n'a pas vraiment été étudié par la doctrine jusqu'au début des années 2000. Elle apparaît dans le discours des constitutionnalistes qui se sont intéressés à la différence de terminologie dans la Constitution entre collectivité locale et collectivité territoriale. Voir sur cette question l'article de Joël Boudine, « La distinction entre collectivité territoriale et collectivité locale, variation sémantique ou juridique, RDP 1992, pp. 171-199.

[5] Parmi une importante bibliographie, Pierre Legendre, *Leçons VII, Le crime du caporal Lortie, Traité sur le père,* (1989), rééd. Col. Champs-Flammarion, 2000.

[6] On pourrait étendre cette analyse à notre discipline « le droit des collectivités territoriales », qui rassemble, pour nos amis administrativistes et constitutionnalistes, une horde primitive de parricides

en vie : réduire la puissance mais pas la détruire, car sans l'ombre du père, la collectivité n'existe pas.

Le déni a été tellement important qu'il faut se souvenir que pendant longtemps, nous nous sommes passés du mot de collectivité territoriale. La thèse récente de Florian Mugnier démontre très bien le processus historique de l'émergence de ce terme dans le langage juridique[7]. Et si la collectivité est un produit de l'histoire, dès lors vient l'idée qu'il peut paraître possible de renoncer à cette notion.

Nous avons donc un doute sérieux à la fois sur l'existence-même de cette notion de collectivité territoriale, sur sa nécessité et sur notre capacité à la conceptualiser, à dénouer une difficulté par rapport à de vraies ou de fausses notions, ou à une absence de notion. Nous nous demanderons dans un premier temps, selon cette ligne du vrai et du faux, si nous pouvons avoir une vraie notion.

Il y a aussi un doute sur ce que les juristes font de cette notion. Suivant l'approche théorique de Mikhaël Xifaras, nous opérerons un basculement en considérant que la production de la notion de la collectivité territoriale n'est pas déterminée par différents matériaux juridiques, mais « aussi par les attitudes des acteurs vis-à-vis de ce matériau »[8]. La compréhension de la notion de collectivité territoriale relève moins d'une quête de ce qu'elle est, que d'une analyse de ce que nous fabriquons.

Le vrai du faux

Peut-on avoir une définition vraie de la collectivité territoriale ?

Les juristes, et notamment les administrativistes, aiment les notions. Si la doctrine n'est pas friande de questions ontologiques, elle est passionnée par les notions. Dans un bouillonnement remarquable, elle s'interroge sur les notions d'acte administratif, d'acte juridictionnel, de décision, de contrat, de service public, de domaine public, de faute administrative, d'intérêt général, de travaux publics, d'établissement public, de personnalité juridique, de subsidiarité, d'aléa… et elle se demande si ce sont des idées, des représentations, un ensemble de mots, des choses, des entités abstraites, des métaphores, des fictions.

En ce qui concerne la collectivité territoriale, on peut considérer, en s'inspirant de Hauriou, que la collectivité est une institution, c'est-à-dire une Idée qui se concrétise par un processus collectif. On peut aussi étudier comment cette chose s'est formée historiquement, et en partant d'une

---

[7] Florian Mugnier, *La personnalité juridique des collectivités territoriales, genèse et développement d'une personne morale dans l'État,* 2020, thèse dactylographiée.
[8] Mikhaël Xifaras, « Théorie des personnages juridiques », *in RFDA* 2017, p.276.

approche empirique, essayer d'identifier ses éléments constitutifs. Très vite, on s'aperçoit que la notion de collectivité territoriale met en tension, une idée, une chose, du langage et des représentations. Il faut s'interroger sur notre capacité à saisir cette réalité à travers ce qui est dit, ou ce qui est vu. Langage et représentations sont donc les deux moyens principaux pour accéder à la réalité institutionnelle locale.

Les mots et les choses

Les mots peuvent-ils nous faire connaître d'une manière exacte la chose qu'est une « collectivité territoriale » ? La plupart des juristes partagent l'idée que sans langage, il n'y aurait pas de pensée construite. Les institutions locales ont longtemps donné l'impression d'un monde chaotique et brouillé. La Révolution française avec les notions de départements et de communes a engagé un processus de catégorisation. La notion de collectivité territoriale qui se déploie au milieu du 20ème siècle peut être considérée comme le point d'arrivée de ce processus de conceptualisation. Le mot collectivité territoriale, devenant notion, permet une individualisation et un instrument de réduction des différences sensibles.

Dès lors, engager un travail d'identification et de conceptualisation de la collectivité territoriale, c'est étudier les mots qui ont permis cette transformation. C'est examiner comment les concepts de personnalité juridique, d'affaires locales, de libre administration, de tutelle ou encore de libertés locales ont donné un accès à cette chose juridique qui s'est déployée sous l'effet de réformes législatives et de constructions jurisprudentielles. Connaître la collectivité territoriale consiste à rapporter du langage à du langage, à le faire parler. Et le propre du savoir juridique n'est pas de voir mais de commenter, d'interpréter et de sélectionner des éléments de langage. Il s'agit de réveiller leur sens linguistique authentique à partir de leur histoire lexicale et de l'utilisation qui en est faite par les acteurs du système juridique.

Si le langage produit la notion de collectivité territoriale, cette manière de concevoir a de nombreuses conséquences. Elle conduit souvent à une approche empirique mais qui se perd dans les méandres de l'interprétation. À la recherche de la notion de collectivité territoriale, il n'y a plus qu'à interpréter des interprétations, à écrire des articles sur des articles, des thèses sur des thèses. Et chaque fois que l'on croit identifier les éléments constitutifs de la notion de collectivité territoriale (la personnalité juridique, des affaires propres, un contrôle spécifique de l'État) pour pouvoir lui donner une vraie définition, celle-ci se dérobe.

Ce n'est pas le constat d'une faillite de la doctrine ensevelie sous ses propres travaux, mais celle du langage, lui-même qui n'en finit pas de composer une notion. Ainsi, la notion de collectivité territoriale a été longtemps dépendante de la notion de clause générale de compétences, qui elle-même est composée des notions de compétences, d'autonomie, de capacité, d'attributions, de pouvoir et chacun de ces éléments peut se décomposer en d'autres concepts. La notion de collectivité locale est donc prise dans un jeu d'éléments qui travaillent dans la même direction : elle est le produit d'un dialogue infini avec ces concepts qui fluctuent au gré des réformes.

Bien souvent, les auteurs sortent de cette guerre des mots[9] en ayant recours à une convention de langage, en considérant qu'il s'agit moins d'identifier la notion pure de collectivité, que de décider et de convenir d'une notion. Ainsi, à la fin de ce colloque, nous pourrions, sous l'autorité doctrinale du professeur Faure, convenir d'une définition acceptable de la collectivité territoriale.

Ce conventionnalisme en vogue depuis Charles Eisenmann n'est toutefois pas totalement satisfaisant[10]. Les mots convenus ne renseignent pas tant sur la réalité juridique des collectivités territoriales que sur la manière dont nous nous accordons pour les analyser[11]. On ne peut émettre que des réserves contre une méthodologie qui conduit à faire des choix, soi-disant convenus, dans la manière de découper la réalité juridique. Une telle démarche conduit à l'oubli de ce que sont les collectivités territoriales. La notion de collectivité territoriale en effet déborde le langage juridique. Penser la collectivité ne repose pas seulement sur le dicible mais aussi sur le visible.

Représentations et réalité

Les critiques sur le tournant linguistique ont conduit par réaction les cognitivistes a opéré un nouveau virage dans la façon de penser un objet. Ils soutiennent l'idée que nos concepts dépendent des schémas mentaux préexistants. Pour donner un exemple rapide, ils expliquent qu'un enfant sait ce qu'est un chien, parce qu'on le lui a d'abord montré et ce n'est que dans un deuxième temps que le langage intervient pour en préciser des caractéristiques.

Dans le cadre d'un travail de connaissance de la collectivité territoriale, il ne faudrait plus partir du langage qui structure la notion mais des représentations premières qui sont en amont des discours sur l'objet. Ce renversement n'a rien d'exceptionnel. Emmanuel Kant considérait déjà que

---

[9] Cf. l'ouvrage de Guillaume Tusseau, *Jeremy Bentham, La guerre des mots,* Dalloz, 2011.

[10] C. Eisenmann, « Quelques problèmes de méthodologie des définitions et des classifications en science juridique, *in Archives de philo du droit,* T.XI, 1966, pp. 25-43. Voir la présentation de Nicolas Chifflot dans sa thèse passionnante, *Le droit administratif de Charles Eisenmann,* éd. Dalloz 2009, p.8 & s.

[11] Sur l'approche langagière en droit et ses limites, voir l'introduction à la thèse de Mickaël Lavaine, *L'acte juridictionnel en droit administratif français,* éd. Mare & Martin 2018, pp. 48-67.

les objets ne sont pas connaissables directement et qu'on se les représente bien souvent d'une manière intuitive, avant toute pensée[12].

Ainsi pour comprendre le sens du mot « collectivité territoriale », il faut d'abord comprendre le contenu de la pensée auquel le mot se réfère. L'idée de collectivité territoriale se présente sous la forme d'une image mentale typique, appelée prototype, correspondant à un modèle courant qui est souvent celui de la commune. Cette dernière est bien souvent considérée comme la « meilleure » représentation dont on dispose. Ainsi, dans la catégorie des oiseaux, le merle est plus typique que le pingouin ou la poule. Il en est de même en matière de collectivité territoriale, car c'est l'image du modèle communal qui nous vient spontanément.

On devine que le prisme de la représentation donne à voir autre chose des collectivités territoriales. On enrichit la notion car les représentations sont multiples, soit individuelles, soit collectives. Elles sont autant produites par les territoires que par l'État[13]. Ainsi la représentation de ce que l'on appelle « la province » se nourrit d'une fantasmagorie qui imprègne la littérature depuis le XIXème siècle. C'est l'image de l'ennui que l'on oppose à celle de « l'enfer parisien »[14], la cité de tous les raffinements et de tous les vices. Les cinéastes ont aussi largement contribué à la construction de ces représentations. De la même manière que Tavernier a fixé une image particulière de Lyon dans l'horloger de Saint Paul, Claude Chabrol a enraciné chacun de ses films dans un espace rural, une petite ville de province, une campagne bretonne. On retrouve dans les films noirs de Chabrol la même férocité implacable que celle de Maupassant lorsqu'il décrit un drame dans un village normand. La difficulté est que nous pensons rarement à partir de ce flot d'images qui, le plus souvent, opèrent à notre insu. Or, les relations centre-périphéries sont imprégnées de ces représentations. On comprend mieux pourquoi la conservation du patrimoine reste une affaire d'État, comme il ne peut y avoir un théâtre de qualité que dans le cadre de « scène nationale » c'est-à-dire labélisée par le ministère de la Culture. On mesure les phénomènes de résistance au niveau local, l'attachement à un système de notables qui pèse sur le fonctionnement des assemblées locales. La connaissance juridique de la collectivité territoriale ne peut donc ignorer ce flot de représentations qui constitue la mémoire de cette institution.

Les concepts constitutifs de la notion de collectivité territoriale, n'échappent pas non plus aux représentations. Ainsi la notion de personnalité

---

[12] E. Kant, *Critique de la raison pure, Déduction transcendantale, §16.*

[13] Cf. l'article central de Jean-Arnaud Mazères, « Les collectivités locales et la représentation, essai de problématique », *RDP* 1990, p.607 & s.

[14] L'image est de Balzac au début d'une nouvelle intitulée, *La Fille aux yeux d'or* (1835 – éd. Livre de poche) a été reprise comme titre d'une partie de *Curieuse !*, roman publié par Joséphine Péladan en 1886.

juridique permet de donner à voir une unité juridique alors que la collectivité est par essence multiple. Elle individualise les phénomènes collectifs et ne donne à voir juridiquement qu'une personne « qui n'est personne parce qu'elle est indifférente à toute personne »[15]. Le terme « d'affaires » locales n'est pas non plus neutre. Outre le fait que le mot « affaire » appartient principalement au lexique de l'entreprise, il donne une image négative de l'action collective car le mot décrit aussi une situation complexe qui fait l'objet d'un examen judiciaire. Alors que le terme de compétence est positif, celui d'affaire implique un comportement économique, qui échappe à la morale.

Cette manière d'aborder la collectivité territoriale à travers ses représentations est-elle la bonne ? Il ne nous appartient pas de trancher la question. Mais quelle que soit la réponse, il faut renoncer à une définition vraie de la notion de collectivité territoriale qui serait clairement délimitée. Ni les mots, ni les représentations ne permettent de donner une définition exacte de la notion juridique de collectivité territoriale.

Ce constat peut inquiéter car il pèse le soupçon d'un relativisme non assumé. Il ne faut pourtant pas s'en émouvoir. Wittgenstein nous explique qu'une relative indétermination dans la délimitation d'une notion n'empêche pas de mener avec elle des analyses déterminantes. Le flou d'une image ou du langage est même requis pour le bon fonctionnement de la pensée, étant entendu que ce n'est pas parce que la notion est floue qu'elle n'existe pas. Contre notre soif de généralité, il faut se contenter de savoir si telle ou telle institution a un « air de famille »[16] et si elle ressemble à ce que nous pensons être une collectivité.

Tout semble dépendre du contexte, de la situation pratique dans laquelle nous faisons usage de ce concept.

Faire et défaire

Au regard de ce constat, la seconde question est de savoir ce que nous fabriquons lorsque nous parlons de collectivité territoriale. Il s'agit d'étudier notre façon de faire et notre manière de travailler plus ou moins précise. Je crois que nous devons accepter que la notion de collectivité territoriale ne résulte pas d'un donné textuel et jurisprudentiel qu'il nous faudrait dégager en identifiant des critères. Ce constat avait été fait d'une manière générale par des auteurs qui se réclament du réalisme et du pragmatisme[17]. Il faut

---

[15] Sur ce processus, voir les pages de Jean-Arnaud Mazères dans son article « L'un et le multiple dans la dialectique Marché Nation » in *Marché et Nation, regards croisés*, (dir). B. Stern, éd. Montchrestien 1995, p.115 & s.

[16] Ludwig Wittgenstein, *Recherches philosophiques,* (1953), ed. Tel Gallimard, 2005 §67.

[17] Cf. la démarche critique sur le terrain épistémologique des auteurs qui se rassemblent sous l'appellation « réaliste ». Voir par exemple pour une introduction à cette démarche le petit livre d'Éric Millard, *Théories générales du droit,* éd. Dalloz, col. Connaissance du droit, 2006.

aujourd'hui aller plus loin, sans se contenter de cette déconstruction et interroger le comportement des acteurs. Ce qui suit n'est pas sans soulever de nouvelles difficultés.

Les juristes ne sont pas connus pour leurs études sur les comportements des acteurs juridiques. Si depuis une vingtaine d'année, de solides recherches ont interrogé le fonctionnement de la doctrine[18], elles ont conduit à des catégorisations formelles, opérant notamment des distinctions importantes entre les différents de niveaux de discours juridiques[19].

Notre approche, plus modeste, se démarquera de ces travaux. Il s'agit de préciser d'où l'on parle de la collectivité territoriale et comment on en parle.

D'où on parle ? La mise en scène

Il y a une tradition dans les travaux universitaires de faire comme si le lieu d'où l'on parle n'avait pas d'importance. L'université serait un non-lieu. Jacques Caillosse a montré que la décentralisation ne serait rien sans récit et sans théâtre[20]. Il nous invite à tenir compte de la manière dont on raconte le processus de décentralisation tout en soulignant le lieu d'où l'on parle. S'il y a théâtre, il y a positionnement et état dramatique.

Le positionnement est en effet déterminant. D'où provient ce qui est en train de se dire ? Si le discours a lieu, il est aussi rattaché au lieu car on utilise le langage qui correspond le mieux à l'espace où l'on parle. Toute scène est un espace de transformation. La notion de collectivité territoriale sera différente pour la doctrine, le législateur, le juge, le constituant, l'élu local ou encore le fonctionnaire territorial. Les usages des mots de « collectivités territoriales » seront différents s'ils sont étudiés au Parlement, à l'occasion d'un séminaire qui regroupe des élus et des universitaires, ou bien dans un cours ou un colloque universitaire.

On peut se risquer à dire que la notion de collectivité territoriale intéresse peu l'élu national ou local ou l'agent administratif qui pourrait considérer nos interrogations comme du bavardage stérile ou à l'inverse de la masturbation gratuite. Ce problème de définition est essentiellement une affaire doctrinale. À la différence de la notion de service public, il n'est pas certains que les élus ou le corps administratif soient fortement sensibilisés à cette notion. Il faut bien avouer que la collectivité territoriale n'occupe pas la même place que la notion de service public ou encore d'intérêt général dans le champ du débat politique et social.

---

[18] Voir parmi une littérature importante, l'ouvrage central de Philippe Jestaz et Christophe Jamin, *La doctrine,* Dalloz, col. Méthodes du droit, 2004.

[19] Voir Véronique Champeil-Desplats pour une présentation précise, *Méthodologies du droit et des sciences du droit,* Dalloz, col. Méthodes du droit, 2014, pp.24-39.

[20] J. Caillosse, *Les mises en scène de la décentralisation,* éd. LGDJ 2009.

De plus, il ne faudrait pas croire en l'uniformité d'un discours universitaire sur la collectivité territoriale. On n'identifie pas de la même manière, cette notion si l'on s'adresse à des administrativistes, des constitutionnalistes ou des financiers. Chaque discipline implique un angle de vue, une manière de voir et donc un système idéologique.

Ces discours et tentatives de définitions varient aussi selon les supports. Le constat est simple. La notion de collectivité territoriale ne sera pas la même lorsqu'elle fait l'objet d'une thèse, d'une préface sur la thèse, d'un article, d'un chapitre d'ouvrage de manuel, ou d'une entrée dans un dictionnaire. La composition du texte et la mise en relation avec les autres textes seront différentes. La définition dans un manuel ou dans une entrée de dictionnaire sera essentiellement informative et procèdera à une énumération d'éléments. L'article mettra en avant les fonctions de la notion. Il sera plus ou moins analytique, sur un terrain lexical ou conceptuel. La thèse embrassera ses différentes approches, en ajoutant ou non une histoire de la notion et tout en essayant de faire des choix méthodologiques.

Enfin et surtout, il faudrait aller au-delà de ce positionnement objectif. Si l'auteur doit situer d'où il pose des éléments de définitions, il doit le faire en dévoilant sa situation personnelle. Dans une analyse doctrinale, on apporte aussi sa personne. Elle est le matériau à partir duquel s'élaborent les pensées. Ainsi, par exemple, lorsque j'ai réalisé par le passé une thèse sur les collectivités territoriales, « ma conception a été fortement conditionnée par ma propre position sociale »[21], d'un petit bourgeois blanc mâle hétérosexuel, qui a grandi dans un petit village du Gers, qui a étudié à Toulouse et qui a croisé sur son chemin un directeur de thèse marquant, Jean-Arnaud Mazères. Je crois que j'étais incapable d'écrire d'un autre point de vue. Et aujourd'hui, alors que j'écris ce texte, il est certain que mon positionnement a changé.

Il faut donc bien voir que l'espace est fondateur du jeu doctrinal. Cette prise en compte de l'espace s'accompagne d'une éducation du regard et de l'écoute. Un changement d'angle parfois modifie le fond. Le fait de parler à côté d'un collègue prestigieux, face à un préfet, devant un public d'étudiants modifie notre manière de poser un problème. Les espaces institutionnels où nous nous installons sont parfois lourdement chargés de sens par les participants, par leur histoire et par leur configuration.

Il est d'autant plus passionnant de se situer, que la mise en scène du débat doctrinal s'accompagne très souvent d'une certaine dramaturgie. Si nous nous interrogeons aujourd'hui sur la notion de collectivité territoriale, c'est qu'il y a conflit des interprétations et inquiétude pour sa survie. Depuis longtemps,

---

[21] J'emprunte ces mots au grand juriste américain Duncan Kennedy, qui explique sa position en introduction de son livre sur les violences sexuelles et les vêtements sexy, *Sexy dressing,* (1993 – Harvard), éd. Flammarion 2008, p.65.

on nous annonce la fin des communes du fait de la montée en puissance des intercommunalités. En prenant un peu de champ historique, on sait que la collectivité territoriale est une invention assez récente et dont on peut parier sur sa fin prochaine. Il faudra bien sûr une enquête et établir un bon diagnostic. On peut chercher des coupables en pointant du doigt un législateur ou un juge constitutionnel.

L'histoire de nos institutions locales est donc suspendue et plus les propos sont assurés, plus ils deviennent douteux et chacun accuse l'autre d'une erreur d'interprétation. Dans le tumulte feutré du débat doctrinal, certains vont jusqu'à se défier. C'est alors que des grands personnages prennent la parole et proposent un accord, provisoire sans doute, mais qui restitue du sens.

Comment on parle ? L'art de l'interprétation

Il n'y a pas de notion importante sans personnage doctrinal. Pas de cogito sans Descartes, pas de puissance publique sans Hauriou. Pas d'interprétation sans Troper, pas de constitutionnalisation sans Favoreu... Beaucoup d'auteurs ont écrit sur ces trois notions juridiques mais ils n'occupent pas la même place. Chacun apporte des nuances, de tons différents ou encore des objections., tout en engageant un dialogue avec les grands maîtres.

Dans ce cadre, toute analyse sur une notion juridique par un jeune auteur est très difficile. Il réclame un grand engagement. Dans les colloques, faute d'épaisseur, les auteurs n'apparaissent que comme des silhouettes, des échos aux grands maîtres ou de sommaires « portemanteaux, dont la commodité ne dépasse guère les fonctions traditionnelles d'agents du récit. L'erreur est de croire que les grands auteurs se ressemblent. Chaque auteur qui forge une notion est un cas d'espèce.

J'ai appris depuis ma thèse, qu'il ne fallait pas simplement expliquer les notions juridiques. Il faut les jouer. Les théoriciens de la mise en scène ont attiré depuis longtemps l'attention sur l'importance du jeu dramatique[22]. Le texte ne se ramène pas seulement à ce qu'il raconte. Il se déploie par sa prosodie, son vocabulaire, l'originalité de sa syntaxe ou encore par sa puissance d'évocation. Il se dissémine. Le texte est un prétexte. Le jeu fait sens. Il est un point de départ et non un point d'arrivée. Une entreprise cherchant à faire la part du jeu et la part du sens serait voué à l'échec car elle repose sur l'idée que le texte contiendrait le sens et qu'il se suffirait à lui-même. La signification, comme l'explique les théoriciens du langage depuis Austin[23], résulte d'un processus de transmission qui va réduire l'équivocité du texte.

---

[22] Cf. Jean-Pierre Ryngaert, *Jouer, représenter, pratiques dramatiques et formation,* éd. Armand Colin, 2010.
[23] C. l'ouvrage majeur de J.L. Austin, *Quand dire c'est faire ?* (1962), Seuil, col. Points 1962.

La doctrine explique l'importance de la forme et de la construction des récits, afin de donner une apparence de neutralité axiologique. Elle n'échappe pourtant pas à l'attrait des grands maîtres, aux modèles du héros doctrinal car sans eux, les textes sont sans vie, les concepts de ne sont que des étiquettes sans un acte d'énonciation. Les juristes doivent « prendre conscience du pouvoir qu'ils exercent chaque fois, que pensant simplement décrire, ils produisent un texte qui fait être le droit selon une certaine forme »[24].

En prenant la parole, je ne me contente pas de décrire une notion juridique. Il n'y a pas de lieu où on peut décrire la collectivité locale. Je pose une question. Je parie. Je défie. Il n'y a pas de pureté du discours. Il y a création et non réification. « Former des concepts, c'est une manière de vivre et non de tuer la vie ; c'est une façon de vivre dans une relative mobilité et non pas une tentative pour immobiliser la vie »[25]. Les éléments de définitions sur la notion de collectivité territoriale seront peut-être erronés, sans aucun doute discutés âprement. Chaque communication, défendue par un auteur, transporte, transmet, donne accès à quelque chose. On peut parier que l'ouvrage qui suit la rencontre organisée par Arnaud Duranthon sera créatif, hardi et ambitieux.

---

[24] Cf. V.Forray & S. Pimont, *Décrire le droit et le transformer, essai sur la décriture du droit*, éd. Dalloz 2017, p.14.

[25] « La vie : l'expérience et la science », *Dits et écrits*, t. 4, Paris, Gallimard, 1994, p. 774-775.

Déconstruire ?
Atelier théorique

EXISTE-T-IL VRAIMENT UNE NOTION CONSTITUTIONNELLE DE COLLECTIVITÉ TERRITORIALE ?

Michel VERPEAUX
Professeur émérite de l'Université Panthéon-Sorbonne
Président de l'Association Française
de Droit des Collectivités Locales

« Les collectivités territoriales existent, je les ai rencontrées ». S'il est possible de paraphraser ainsi une phrase célèbre[1], c'est par un véritable acte de foi qu'il faut aborder le sujet imparti dont on ne sait plus s'il a été suggéré par moi-même ou par les organisateurs. En outre, ces derniers ont cru nécessaire d'ajouter le mot « vraiment », en instillant un doute sur la réalité de la question posée. Pour compliquer encore un peu, ces organisateurs, en réalité notre ami Arnaud Duranthon, ont employé le singulier pour traiter de « la » collectivité territoriale.

Se demander si les collectivités territoriales (ou même la notion de...) existent en droit constitutionnel revient à s'interroger de prime abord sur les termes eux-mêmes. Il faut sans doute évacuer l'incontournable question du choix entre les termes de « collectivités locales » et de « collectivités territoriales ». Il est fort possible qu'elle sera abordée par d'autres contributeurs. L'ayant déjà évoquée dans un autre cadre, il me sera difficile de ne pas me répéter[2].

Sous réserve des débats qui suivront, il n'est pas certain que la distinction terminologique ait une incidence sur la définition même de ces collectivités, du moins du point de vue constitutionnel. François et Yves Luchaire, dans l'un des premiers ouvrages parus après les lois de décentralisation de 1982, avaient tenté d'élaborer une dissociation des deux termes à partir du texte de la Constitution tel qu'il était en vigueur en 1983, y voyant une différence de significations. Ces auteurs soutenaient en effet que l'expression de collectivités territoriales était plus large que celle de collectivités locales et que les premières englobaient les secondes. Ces dernières, mentionnées à l'article 34 dans sa rédaction originelle, correspondaient aux communes et aux départements, c'est-à-dire les collectivités qu'ils qualifiaient de traditionnelles. Les territoires d'outre-mer ne pouvaient pas être qualifiés de cette sorte car la compétence du législateur les concernant résultait de l'article 74 de l'époque et non de l'article 34. Néanmoins, le titre XI devenu

---

[1] Il s'agit bien sûr de la référence au livre d'André Frossard, « Dieu existe, je l'ai rencontré », Fayard, 1976

[2] M. Verpeaux, *Nomen est nomen ou les vertus de la qualification*, Fragments d'univers, Mélanges en l'honneur du Professeur Jean-Marie Pontier, PUAM, 2020, p. 669.

XII à l'heure actuelle[3], comme l'article 24, pouvaient traiter des collectivités territoriales pour désigner l'ensemble, ce qui faisait des communes et des départements à la fois des collectivités locales et des collectivités territoriales[4].

Pour intéressante qu'elle soit, cette recherche nous semble devenue vaine depuis la révision constitutionnelle n° 2003-276 du 28 mars 2003 modifiant l'article 34 pour faire référence, de manière heureuse, aux « collectivités territoriales » et non plus « locales » pour affirmer la compétence du législateur afin de déterminer les principes fondamentaux de la libre administration des collectivités territoriales, de leurs compétences et de leurs ressources » (alinéa 13 de l'article 34)[5]. Le nouvel article 34 ne fait que rendre le texte constitutionnel plus cohérent mais n'apporte pas d'élément nouveau quant à une éventuelle définition de ce que sont les collectivités territoriales. N'est pas vaine, en revanche, la recherche de l'apparition historique et de la signification de la notion de « collectivité territoriale » depuis le XIXème siècle, comme l'a montré une des contributions au présent colloque[6].

En dehors de ces questions terminologiques, les textes constitutionnels français des XXème et XXIème siècles se contentent d'énoncer de prime abord quelles sont les collectivités territoriales, ce qui le conduit aussi à en dresser une liste.

I. La Constitution affirme

Pas plus la Constitution de 1958 que celle de 1946 n'ont procédé autrement que par une l'affirmation de l'existence des collectivités composant la République. Celle régissant la Vème République a apporté des éléments de distinction ou de confrontation avec d'autres réalités territoriales ou locales, ce qui peut permettre d'affiner la définition. Cette continuité n'est cependant pas sans nuance.

---

[3] La numérotation des titres X à XVI a été modifiée par la loi constitutionnelle n° 93-952 du 27 juillet 1993 portant révision de la Constitution du 4 octobre 1958 et modifiant ses titres VIII, IX, X et XVI (art. 3).

[4] François et Yves Luchaire, Le droit de la décentralisation, PUF, coll Thémis, 1re édition 1983. Cet ouvrage comprenait un chapitre intitulé « Les fondements constitutionnels de la décentralisation » dans lequel était envisagée la distinction entre collectivités locales et collectivités territoriales (p. 86)

[5] Cette révision n'a pas empêché le doyen Favoreu de s'intéresser à cette question : « La notion constitutionnelle de collectivité territoriale », in *Les collectivités locales,* Mélanges offerts à Jacques Moreau, Economica, 2003, p. 155. Ce texte a été cependant écrit avant la promulgation de la loi constitutionnelle du 28 mars 2003 et la modification de l'article 34.

[6] Voir la contribution de Tiphaine Le Yoncourt, « Qualifier les communes et les départements de collectivités : signification juridique d'une évolution terminologique » ?

A. « Les collectivités territoriales sont... »

Les Constitutions du XXème siècle ont procédé par affirmation et énumération. Sur ce point, il existe une continuité certaine entre les deux textes de 1946 et de 1958, auxquels il faut associer le projet de constitution du 19 avril 1946 et la révision du 28 mars 2003.

Le « projet d'avril » 1946 comprenait un Titre VIII intitulé « Des collectivités locales », mais dont l'article 114 proclamait que « La République française, une et indivisible, reconnaît l'existence de collectivités territoriales ». Selon une analyse un peu sommaire, le constituant semblait considérer que ces collectivités préexistaient au travail de rédaction constitutionnelle et les collectivités ainsi « reconnues » se présentaient comme une évidence issue de l'histoire et de la géographie : « Ces collectivités sont les communes et départements, les territoires et fédérations d'outre-mer » (art. 114). En même temps, ce constat était très daté et ancré dans la réalité de l'après Deuxième Guerre mondiale, car les territoires et fédérations d'outre-mer étaient, en réalité, des innovations du texte de 1946[7].

Le caractère « naturel » de ces collectivités » pouvait être néanmoins nuancé par l'article 115 du même titre qui affirmait que « Le cadre, l'étendue, le regroupement éventuel et l'organisation des communes et départements, territoires et fédérations d'outre-mer sont fixés par la loi », donnant ainsi compétence au pouvoir politique incarné par le législateur pour créer et pas seulement reconnaître. Le nombre de ces collectivités n'était ainsi pas déterminé par le constituant qui laissait à la loi le soin de déterminer l'étendue de ces collectivités, et par là-même, leur définition géographique. On sait ce qu'il advint de ce projet d'avril 1946, rejeté par le peuple français, mais sans doute pas pour des raisons tenant à la « reconnaissance » de ces collectivités.

Le texte de la Constitution promulguée le 27 octobre 1946 s'est inscrit dans cette même logique et son article 85 continuait d'affirmer que « La République française, une et indivisible, reconnaît l'existence de collectivités territoriales/Ces collectivités sont les communes et départements, les territoires d'outre-mer », seules les fédérations d'outre-mer disparaissant de l'énumération par rapport au premier projet constitutionnel. Quant à l'article 86, il reprenait le texte du projet d'avril en prévoyant que « Le cadre, l'étendue, le regroupement éventuel et l'organisation des communes et départements, territoires d'outre-mer, sont fixés par la loi ».

---

[7] C'est ainsi que l'article 119 de ce projet prévoyait que « Les intérêts propres des territoires d'outre-mer sont administrés et gérés par des assemblées locales, élues au suffrage universel et direct, dont le régime électoral, la composition et la compétence sont déterminés par des lois spéciales assurant la liberté du vote. Ceux de ces territoires qui forment un groupe ou une fédération élisent une assemblée dont la composition et la compétence sont fixées par des lois spéciales ».

C'est donc le texte de 1958 qui a fait preuve de plus grande prudence, sans se prononcer sur la reconnaissance de ces collectivités, préférant envisager ces dernières comme une donnée qui peut être comprise, autant comme une reconnaissance, que comme une création de la part du constituant. Dans le texte promulgué le 4 octobre 1958, l'article 72 disposait en effet que « Les collectivités territoriales de la République *sont* les communes, les départements, les territoires d'Outre-Mer. Toute autre collectivité territoriale est créée par la loi ». Dans sa rédaction issue de la révision du 28 mars 2003, la logique n'exposition n'est pas différente, seul le contenu est légèrement modifié afin d'adapter le texte constitutionnel aux nouvelles réalités de 2003 : « Les collectivités territoriales de la République sont les communes, les départements, les régions, les collectivités à statut particulier et les collectivités d'outre-mer régies par l'article 74. Toute autre collectivité territoriale est créée par la loi, le cas échéant en lieu et place d'une ou de plusieurs collectivités mentionnées au présent alinéa ».

Tant en 1958 qu'en 2003, l'article 72 accorde ainsi une sorte de blanc-seing au législateur quant à la compétence de créer de nouvelles collectivités, liberté qui était refusée au constituant de 1946 qui avait procédé à une énumération fermée des collectivités alors « reconnues ». Là se situe la différence entre la « reconnaissance » de 1946 à la « création » de 1958 : la première paraît exiger une antériorité des collectivités par rapport à la Constitution, la seconde accorde au constituant et même au législateur une véritable liberté. Le texte de 2003 donne à la loi une plus grande souplesse encore qu'en 1958, les collectivités ainsi nouvellement créées pouvant se substituer aux anciennes. L'article 72 reconnaît ainsi un pouvoir de création de collectivités nouvelles qu'il s'agisse de catégories, comme l'a fait le législateur en 1982 pour les régions, ou qu'il s'agisse d'une collectivité parfaitement identifiée. Les exemples ne manquent pas, qu'il s'agisse de la Corse en 1982 (loi n° 82-214 du 2 mars 1982 portant statut particulier de la région de Corse : organisation administrative) et 1991 (loi ° 91-428 du 13 mai 1991 portant statut de la collectivité territoriale de Corse), de la Métropole de Lyon en 2014 (loi n° 2014-58 du 27 janvier 2014 de modernisation de l'action publique territoriale et d'affirmation des métropoles) ou de la Collectivité européenne d'Alsace en 2019 (n° 2019-816 du 2 août 2019 relative aux compétences de la Collectivité européenne d'Alsace. Toutes sont des collectivités territoriales au sens du titre XII précisément intitulé « Des collectivités territoriales » et il n'existe pas de différence, sur le plan de la définition, entre les collectivités créées par la Constitution, et celles disposant uniquement d'un statut législatif, en dehors de la garantie d'existence offerte par le texte institutif.

La révision de 2003 a néanmoins introduit une innovation intéressante quant à la recherche d'une définition. L'article 72-3 nouveau a voulu dresser une liste des collectivités situées outre-mer, bien que cette expression ne se trouve pas dans cet article, mais au détour de l'article 72-4 qui a ainsi donné une définition d'apparence géographique et unificatrice à toutes les collectivités ainsi qualifiées. L'alinéa 2 de l'article 72-3 dispose ainsi que « La Guadeloupe, la Guyane, la Martinique, La Réunion, Mayotte, Saint-Barthélemy, Saint-Martin, Saint-Pierre-et-Miquelon, les îles Wallis et Futuna et la Polynésie française sont régis par l'article 73 pour les départements et les régions d'outre-mer et pour les collectivités territoriales créées en application du dernier alinéa de l'article 73, et par l'article 74 pour les autres collectivités ». Beaucoup de conséquences et de questions peuvent naître de cet article original en droit français. On se limitera ici au constat selon lequel l'énumération *in concreto* de certaines collectivités dans la Constitution nuance tout d'abord l'impression d'abstraction laissée par l'article 72 qui n'envisage que des entités sans en préciser les contours. Ensuite, cet alinéa fournit une indication chiffrée qui n'est pas donnée non plus par l'article 72. Il précise ainsi combien il existe de collectivités situées outre-mer. Tout ajout d'une collectivité située outre-mer semble alors nécessiter une révision constitutionnelle, qu'elle soit réalisée dans ce seul but ou à l'occasion d'une révision ayant d'autres objets, comme l'a illustré la loi constitutionnelle n° 2008-724 du 23 juillet 2008. L'article 37 de celle-ci a ainsi modifié la liste de l'alinéa de l'article 72-3 pour insérer dans cette énumération les deux nouvelles collectivités d'outre-mer de Saint-Barthélemy et de de Saint-Martin créées par la loi organique n° 2007-223 du 21 février 2007 portant dispositions statutaires et institutionnelles relatives à l'outre-mer (art. 1er créant la sixième partie du Code général des collectivités territoriales, intitulée « Collectivités d'outre-mer régies par l'article 74 de la Constitution).

On se souvient que seule la Constitution du 5 fructidor an III (ou 22 août 1795) avait souhaité dresser une liste nominative, et donc aussi quantitative, des départements français dans son article 3 en proclamant que « Ces départements sont… ». S'ensuivait la liste des 89 départements de la métropole. Cette affirmation avait un but essentiellement politique, afin de garantir l'existence des départements créés en 1789-1790 face aux menaces visant à supprimer les départements considérés comme contre-révolutionnaires[8]. On peut y ajouter l'article 2 de la loi constitutionnelle du 24 février 1875 relative à l'organisation qui procède à une forme

---

[8] Cette menace n'était pas que théorique comme en témoigne le décret du 19 novembre 1793 (29 brumaire an II) de la Convention créant le département du Rhône par démembrement de celui de Rhône-et-Loire, en soustrayant l'autorité de Lyon les districts de Montbrison, Roanne et Saint-Etienne, à la suite du soulèvement de Lyon contre la Convention nationale. Ce fut l'un des rares cas de C'est l'un des rares cas de bidépartementalisation effectuée en France avant celui de la Corse par la loi n°75-356 du 15 mai 1975 portant réorganisation de la Corse divise l'île.

d'énumération des départements, d'ailleurs pas complète, mais dans le seul objectif de fixer pour chacun le nombre de sénateurs à élire[9].

La Constitution italienne fournit un autre exemple d'énumération en prévoyant ainsi le nombre de régions dans son article 131 par une liste qui obéit plus à une description Nord-Sud des régions qu'à une énumération alphabétique[10]. La même Constitution affirme cependant, dans son article 114, selon une définition proche de la logique française, que « La République se compose des communes, des provinces, des villes métropolitaines, des régions et de l'État ».

En dernier lieu, la recherche d'une définition de ce que sont, constitutionnellement, les collectivités territoriales ne peut ignorer le cas de la Nouvelle-Calédonie dont le titre XIII, « dispositions transitoires relatives à la Nouvelle-Calédonie »[11], la place nécessairement en dehors des collectivités du titre XII. En même temps, dans sa volonté de décrire dans son exhaustivité l'outre-mer français, l'article 72-3 alinéa 3 affirme que « Le statut de la Nouvelle-Calédonie est régi par le titre XIII », ce qui la place en même temps en dedans et en dehors de l'ensemble des collectivités territoriales.

Il est en outre nécessaire de distinguer la Nouvelle-Calédonie elle-même et les collectivités qui la composent et dont le statut est encore plus ambigu. L'article 3 de la loi organique n° 99-209 du 19 mars 1999 relative à la Nouvelle-Calédonie affirme que « Les provinces et les communes de la Nouvelle-Calédonie sont des collectivités territoriales de la République. Elles s'administrent librement par des assemblées élues au suffrage universel direct, dans les conditions prévues au titre V en ce qui concerne les provinces ». Néanmoins, dans sa décision n° 99-410 DC, du 15 mars 1999 relative à cette loi organique, le Conseil constitutionnel a jugé que les assemblées de provinces étaient au nombre des institutions de la Nouvelle-Calédonie et que leurs règles d'organisation et de fonctionnement relevaient de la loi organique prévue à l'article 77 de la Constitution (consid. 8). Par suite, si les provinces de la Nouvelle-Calédonie sont des collectivités territoriales de la République, elles n'en sont pas moins régies par les dispositions du titre XIII de la Constitution. Par voie de conséquence, celles du Titre XII ne leur sont pas applicables de plein droit. Il en est ainsi de

[9] Cet article prévoit ainsi et notamment que « Les départements de la Seine et du Nord éliront chacun cinq sénateurs ; - Les départements de la Seine-Inférieure, Pas-de-Calais, Gironde, Rhône, Finistère, Côtes-du-Nord, chacun quatre sénateurs etc… ».

[10] L'article 131 prévoit que « Les régions suivantes sont constituées » : Piémont ; Val d'Aoste ; Lombardie, Trentin-Haut Adige ; Vénétie ; Frioul-Vénétie Julienne ; Ligurie; Emilie-Romagne ; Toscane ; Ombrie ; Marches ; Latium ; Abruzzes; Molise ; Campanie ; Pouilles ; Basilicate ; Calabre ; Sicile ; Sardaigne ».

[11] Loi constitutionnelle no 98-610 du 20 juillet 1998 relative à la Nouvelle-Calédonie dont l'article 1er dispose que « Le titre XIII de la Constitution est rétabli et intitulé : « Dispositions transitoires relatives à la Nouvelle-Calédonie. »

l'article 72-2 de la Constitution : « si les provinces de la Nouvelle-Calédonie sont des collectivités territoriales de la République, elles n'en sont pas moins régies par les dispositions du titre XIII de la Constitution ; qu'il s'ensuit que l'article 72-2 de la Constitution ne leur est pas applicable de plein droit (déc. n° 2004-500 DC du 29 juillet 2004, cons. 6, qui renvoie expressément à la décision du 15 mars 1999). Cette distinction n'interdit cependant pas au législateur, « ainsi qu'il lui est loisible de le faire » d'étendre « aux institutions de la Nouvelle-Calédonie des dispositions du titre XII applicables à l'ensemble des autres collectivités territoriales de la République, sans que cette extension soit contraire aux orientations de l'accord signé à Nouméa le 5 mai 1998 auxquelles le titre XIII confère valeur constitutionnelle » (déc. n° 2014-392 QPC du 25 avril 2014, Province-Sud de Nouvelle-Calédonie, consid. 12). Ces collectivités d'un nouveau genre sont donc elles aussi en dehors de l'ensemble des collectivités territoriales mais aussi en dedans.

B. Ce que les collectivités territoriales ne sont pas

La Constitution ne se contente pas d'affirmer de manière positive en prévoyant quelles sont les collectivités, y compris de façon virtuelle en renvoyant au législateur la compétence d'en créer de nouvelles. De manière en quelque sorte plus négative, le constituant opère (ou semble opérer) une définition par défaut ou par comparaison avec d'autres personnes publiques ou d'autres réalités juridiques.

La première constatation est de considérer que les collectivités territoriales ne peuvent englober l'État ou, si l'on préfère, que l'État ne peut pas être une collectivité territoriale, malgré les ressemblances apparentes[12]. Celles-ci reposent sur l'existence d'un territoire, critère essentiel dans la définition d'un État en droit international et en droit constitutionnel et, accessoirement, sur la présence d'une population permanente. Néanmoins, là s'arrête la comparaison. La comparaison avec l'Italie est une nouvelle fois éclairante. L'article 114 de la Constitution italienne dispose en effet que « La République se compose des communes, des provinces, des villes métropolitaines, des régions et de l'État » au sein du Titre V consacré aux régions, provinces et communes ». Il prend alors la précaution de distinguer la République et l'État, ce que ne fait pas l'article 72 de la Constitution française, qui ignore, ou feint d'ignorer, la réalité étatique, sauf dans son alinéa 6 où il est question du « représentant de l'État ».

Outre que la nature de l'un et des autres ne peut être identique, du fait de compétences qui sont nécessairement différentes, la rédaction et la place du titre XII de la Constitution n'auraient aucun sens, ne serait-ce que lorsque

---

[12] Sur ce point, voir la communication d'Olivier Gohin au présent colloque, « La France, une collectivité territoriale ? ».

l'alinéa 6 de l'article 72 fait référence au contrôle du représentant de l'État sur les collectivités territoriales.

Il est vrai qu'il pourrait être tentant de s'abriter derrière l'autorité de l'ancien Premier ministre Edouard Balladur, en qualité de président du Comité pour la réforme des collectivités locales, qui exprimait sa préférence pour cette dernière expression parce que, soulignait-il, l'État lui-même pourrait être compris comme une collectivité territoriale[13]. Fort heureusement, la loi qui a repris en partie les conclusions du Comité et publiées dans l'ouvrage « Il est temps de décider » porte le titre de loi n° 2010-1563 du 16 décembre 2010 de réforme des collectivités territoriales et ne peut être considérée comme une loi régissant l'État considéré comme une personne distincte des collectivités[14].

L'article 72 comprend une autre indication relative à une forme de définition négative, des collectivités territoriales, par le recours à une distinction faite entre les collectivités territoriales et « leurs groupements » dans ses alinéas 4 et 5[15]. Toujours sous l'angle d'une confrontation-opposition entre deux catégories de personnes publiques, la première phrase de ce même alinéa 5 ne fait mention que des seules collectivités territoriales, à l'exclusion des groupements : « Aucune collectivité territoriale ne peut exercer une tutelle sur une autre ». Par ces diverses dispositions, le constituant de 2003 a voulu séparer deux types de collectivités publiques. De manière négative, les collectivités ne sont pas des « groupements » et, vice-versa, les groupements ne sont pas des collectivités territoriales. Cette distinction peut inciter alors certains auteurs à considérer que les unes et les autres relèvent néanmoins d'une catégorie englobante et générale qui serait celle des collectivités locales, nous ramenant à la question première, celle de la dénomination de ces collectivités. De la même manière, la notion d'établissement public territorial, utilisée pour qualifier, dans le passé, les régions de la loi du 5 juillet 1972[16] et, encore de nos jours, les différentes modalités de regroupement de collectivités territoriales, ne constitue pas une clarification totalement convaincante.

De manière beaucoup moins explicite, le titre XII contient une distinction, qui est encore plus radicale, entre les collectivités territoriales et les

---

[13] Décret n° 2008-1078 du 22 octobre 2008 portant création du Comité pour la réforme des collectivités locales, JO du 24 octobre 2008

[14] E Balladur, Il est temps de décider, Rapport au Président de la République, La Documentation française-Fayard, 2009

[15] Ces alinéas sont respectivement rédigés : « Dans les conditions prévues par la loi organique, et sauf lorsque sont en cause les conditions essentielles d'exercice d'une liberté publique ou d'un droit constitutionnellement garanti, les collectivités territoriales ou leurs groupements peuvent, lorsque, selon le cas, la loi ou le règlement l'a prévu, déroger, à titre expérimental et pour un objet et une durée limités, aux dispositions législatives ou réglementaires qui régissent l'exercice de leurs compétences » (al. 4) et « Cependant, lorsque l'exercice d'une compétence nécessite le concours de plusieurs collectivités territoriales, la loi peut autoriser l'une d'entre elles ou un de leurs groupements à organiser les modalités de leur action commune » (al. 5).

[16] Loi n° 72-619 du 5 juillet 1972 portant création et organisation des régions.

circonscriptions administratives de l'État. On le sait, la difficulté vient de ce que, fruits de l'histoire, les cadres territoriaux des unes et des autres sont identiques, mais aussi de manière encore plus visible, portent les mêmes noms. Cette différenciation apparemment simple entre deux modes d'organisation de l'État, a notamment resurgi au cours de l'année 2014 lorsqu'il avait été envisagé de supprimer les départements, considérés alors comme des collectivités inutiles. Il avait été question, selon certaines suggestions gouvernementales, de dissocier les départements conçus dans le cadre de l'administration de l'État et les départements-collectivités, ce qui aurait permis d'éviter une révision de la Constitution qui ne s'annonçait pas facile à réaliser pour des raisons politiques. Il était en effet envisagé de supprimer les « conseils généraux » à l'horizon de 2020 tout en maintenant les départements en tant que lieux de l'administration de l'État, ce qui aurait autorisé à maintenir la liste de l'alinéa 1er de l'article 72. Selon cette proposition, supprimer les départements-collectivités n'aurait pas été contraire à la Constitution puisque subsisteraient les départements en tant que cadres de l'action de l'État. En réalité, derrière l'affirmation selon laquelle ce sont les conseils généraux qui devaient disparaître, c'était bien la fin de la collectivité départementale qui était envisagée, par une sorte de « disparition douce » ou de « dévitalisation ».

Sur le terrain constitutionnel, cette approche était néanmoins erronée car les départements mentionnés dans le titre XII de la Constitution ne renvoient qu'aux seules collectivités territoriales départementales et toute autre lecture de l'article 72 aurait été contraire à la Constitution. En tant que circonscriptions de l'action de l'État, les départements ne bénéficient pas d'une reconnaissance constitutionnelle, à la différence des départements-collectivités territoriales, du fait de l'inscription de ces dernières à l'article 72 et du fait, plus globalement, de la décentralisation dont le principe même est celui de l'existence de personnes morales distinctes de l'État.

Certes, la rédaction de l'ancien alinéa 3 de l'article 72 prévoyant le rôle du délégué du Gouvernement dans les « départements et les territoires » pouvait laisser planer le doute quant à la définition desdits départements et territoires considérés ou non comme des collectivités territoriales[17]. Depuis 2003, le nouvel alinéa 6 ne fait plus référence aux départements, mais aux seules collectivités territoriales comprises de manière globale, et il est possible d'affirmer que, depuis 2003, les départements dont il est question à l'article 72 et plus largement dans le titre XII, et plus spécialement à propos des départements d'outre-mer de l'article 73, sont les collectivités territoriales qualifiées du nom de départements et non un cadre géographique à l'intérieur

---

[17] L'alinéa 3 de l'article 72 dans sa rédaction originelle disposait que « Dans les départements et les territoires, le délégué du Gouvernement a la charge des intérêts nationaux, du contrôle administratif et du respect des lois ».

duquel coexisteraient à la fois des collectivités et des circonscriptions administratives.

Cette rédaction de l'alinéa 6 contribue néanmoins à maintenir le mélange des genres entre deux cadres territoriaux et la difficulté à séparer entités déconcentrées et collectivités décentralisées : « Dans les collectivités territoriales de la République, le représentant de l'État, représentant de chacun des membres du Gouvernement, a la charge des intérêts nationaux, du contrôle administratif et du respect des lois. ». Les mots « dans les » gagneraient à être remplacés par « auprès des » ou « sur les… » afin de dissocier le cadre du contrôle et les collectivités sujets du contrôle.

II. La Constitution catégorise

La Constitution ne se contente pas d'affirmer que les collectivités existent. Elle les classe, les organise en catégories qui les enferment dans un cadre dont les clefs restent pour l'essentiel inconnues. En affirmant que les collectivités territoriales de la République sont les « les communes, les départements, les régions, les collectivités à statut particulier et les collectivités d'outre-mer régies par l'article 74 », elle ne fournit aucune indication, ni aucun critère de distinction entre ce que sont les communes, les départements et les autres entités. Les collectivités relevant d'une même catégorie doivent cependant obéir à des éléments communs pour mériter d'entrer dans la catégorie concernée.

A. Le constituant établit les catégories

Le terme de catégorie ne figure pas dans la Constitution et il est essentiellement une construction doctrinale visant à expliquer ce que sont ces collectivités. Il a fallu attendre le projet de loi constitutionnelle pour un renouveau de la vie démocratique, déposé sur le bureau de l'Assemblée nationale le 29 août 2019 sous le numéro 2203, pour que le terme fasse son entrée, virtuelle, à l'aliéna 2 complété de l'article 72 (article 10 du projet de loi. Ce dernier a été abandonné depuis l'organisation de ce colloque). Cette reconnaissance de la notion même de catégorie est néanmoins réalisée pour affaiblir la notion même de catégorie, puisque la révision envisagée vise à permettre que certaines collectivités territoriales exercent des compétences – en nombre limité – dont ne disposent pas l'ensemble des collectivités de la même catégorie[18]. Certes, ce projet a peu de chances de prospérer jusqu'à l'élection présidentielle du printemps 2022 et son sort dépendra du résultat de

[18] Le nouvel alinéa 2 de l'article 72 prévoit : « Dans les conditions prévues par la loi organique et sauf lorsque sont en cause les conditions essentielles d'exercice d'une liberté publique ou d'un droit constitutionnellement garanti, la loi peut prévoir que certaines collectivités territoriales exercent des compétences, en nombre limité, dont ne disposent pas l'ensemble des collectivités de la même catégorie. »

cette dernière. Notons simplement que les dispositions relatives aux collectivités territoriales sont restées les mêmes depuis le projet de loi constitutionnelle déposé le 9 mai 2018 « Pour une démocratie plus représentative, responsable et efficace » et abandonné au profit de celui précité de 2019[19], ce qui peut témoigner de l'absence d'oppositions frontales à l'égard de ces réformes.

Le Code général des collectivités territoriales ne procède pas de manière différente et n'est pas plus satisfaisant. Dans le titre unique « Libre administration des collectivités territoriales », le chapitre consacré à ce principe comprend un article L. 1111-1, c'est-à-dire le premier du code, qui se contente d'affirmer que « Les communes, les départements et les régions s'administrent librement par des conseils élus ». On peut se demander pourquoi les autres collectivités qui existaient en 1996, au moment de la codification de cette disposition, comme par exemple les territoires d'outre-mer, sont absentes et pourquoi le CGCT n'a pas voulu faire mieux que la Constitution et indiquer des éléments de définition en dehors de la référence implicite à l'article 72 et relative à la gestion par des conseils élus.

Peut-on alors espérer mieux du juge constitutionnel, interprète de la Constitution ? L'existence de catégories suppose nécessairement de savoir ce qui constitue le principe même de l'unité catégorielle[20]. Le pluriel utilisé à l'alinéa 1er de l'article 72, tant pour les communes, les départements que les régions, indique que ceux-ci, au sein de chacune des catégories de droit commun, doivent être multiples, c'est-à-dire au moins deux. Alors que, au sein de la catégorie des collectivités à statut particulier, chacune d'elles peut avoir un statut spécifique et donc unique, chacune des trois catégories de collectivités de droit commun doit correspondre à une sorte de modèle unique à l'intérieur duquel les unités, par exemple chacune des communes composant la catégorie communale, doivent avoir des caractéristiques identiques pour mériter le nom de commune.

Dans ce sens, la décision dite « Assemblée unique » n° 82-147 DC du 2 décembre 1982 par laquelle le Conseil constitutionnel a censuré la création d'une assemblée unique pour les régions et les départements d'outre-mer est révélatrice de la jurisprudence du Conseil constitutionnel en faveur de l'unité de la catégorie départementale, que les départements soient métropolitains ou ultra-marins : « Considérant qu'il résulte de ces articles (72 et 73) que le statut des départements d'outre-mer doit être le même que celui des départements

---

[19] L'article 15 du projet de loi déposé le 9 mai 2018 modifiait dans les mêmes termes l'alinéa 2 de l'article 72.

[20] Ce terme est emprunté à l'ouvrage de Jacques Bourdon, Jean-Marie Pontier et Jean-Claude Ricci, Droit des collectivités territoriales, PUF, coll Thémis, 2ème édition 1998, p. 85. Cet ouvrage, non réédité, était le seul à proposer des développements relatifs à la notion de collectivité territoriale (p. 49 et suivantes).

métropolitains sous la seule réserve des mesures d'adaptation que peut rendre nécessaires la situation particulière de ces départements d'outre-mer ; que ces adaptations ne sauraient avoir pour effet de conférer aux départements d'outre-mer une "organisation particulière", prévue par l'article 74 de la Constitution pour les seuls territoires d'outre-mer » (cons 4)[21]. Il a fallu la révision de 2003 pour que ce modèle uniformisateur soit remis en question.

A propos de la création de la Corse en qualité de région métropolitaine avant celle des autres régions, le Conseil a estimé que les dispositions de l'article 72 de la Constitution qui, donnent compétence à la loi pour créer éventuellement d'autres collectivités territoriales, ne pouvaient voir leur application réduite aux seules collectivités d'outre-mer. Parallèlement, il a jugé que la création par la loi de toute autre collectivité que les communes, les départements et les territoires d'outre-mer prévus par l'alinéa 1er n'excluait nullement la création de catégories de collectivités territoriales qui ne comprendraient qu'une unité (déc. 82-138 DC du, 25 février 1982, cons. 3 et 4, Loi portant statut particulier de la région de Corse, Rec. p. 41). Allant plus loin, le Conseil a considéré que la loi portant statut de la collectivité territoriale de Corse, agissant sur le fondement des dispositions des articles 34 et 72 de la Constitution, pouvait créer une nouvelle catégorie de collectivité territoriale, même ne comprenant qu'une unité, et la doter d'un statut spécifique (décision n° 91-290 DC du 9 mai 1991, cons. 18, Rec. p. 50).

Cette même décision a cependant exigé que, lorsqu'il crée une nouvelle catégorie de collectivité territoriale, le législateur doit se conformer aux règles et principes de valeur constitutionnelle et notamment au principe de libre administration énoncé au deuxième alinéa de l'article 72, impliquant que la notion de collectivité est étroitement liée à ce principe (cons. 19).

B. *Collectivités territoriales et collectivités décentralisées*

On ne saurait faire l'économie de l'article 1er de la Constitution pour tenter de cerner ce que sont les collectivités territoriales dans la Constitution. La quatrième phrase de l'alinéa 1er de cet article, introduite elle aussi en 2003, affirme en effet que « Son organisation est décentralisée ». Si cette disposition est fort contestable dans sa rédaction et ressemble plus à un mantra, ce qui nous ramène encore du côté de la religion[22], elle est en outre déconnectée du titre XII et de la définition potentielle des collectivités territoriales que ce titre est censé contenir. Rien ne dit en effet que les collectivités territoriales de

[21] Décision n° 82-147 DC du 2 décembre 1982 Loi portant adaptation de la loi n° 82-213 du 2 mars 1982 relative aux droits et libertés des communes, des départements et des régions à la Guadeloupe, à la Guyane, à la Martinique et à la Réunion

[22] Le mantra est en effet une formule sacrée ou invocation utilisée dans l'hindouisme, le bouddhisme, le sikhisme et le jaïnisme.

l'article 72 participent de l'organisation décentralisée et si elles doivent être considérées comme des entités décentralisées. Seuls les travaux de la doctrine et les jurisprudences administrative puis constitutionnelle autorisent à répondre de manière positive et à faire le lien entre la décentralisation et les collectivités.

Parmi les éléments habituels de définition de la décentralisation, figure le critère de la personnalité juridique pour déterminer l'existence d'une personne distincte de l'État. Peu de décisions du juge constitutionnel n'ont abordé cette question aussi clairement que celle n° 82-149 DC du 28 décembre 1982, Loi relative à l'organisation administrative de Paris, Marseille, Lyon et des établissements publics de coopération intercommunale, mais dans un cadre constitutionnel antérieur à la révision de 2003 et à l'insertion de « l'organisation décentralisée ». Le Conseil devait se prononcer sur la création des conseils d'arrondissement et des maires d'arrondissement au sein des trois plus grandes villes de France. La loi pouvait-elle créer, au sein de collectivités existantes, en l'espèce les communes, des organes nouveaux venant s'ajouter à ceux qui existaient, soit les conseils municipaux ou le conseil de Paris et les maires. Dans le deuxième considérant de la décision, le Conseil a répondu que la loi avait créé « des conseils d'arrondissement élus et des maires d'arrondissement élus dans leur sein par lesdits conseils sans pour autant ériger les arrondissements en collectivités territoriales possédant la personnalité morale et un patrimoine propre ». Ces instances sont alors celles de divisions administratives créées au sein de collectivités à qui il manque un élément essentiel pour être elles-mêmes des collectivités territoriales. Cela ne signifie pas que d'autres conditions sont nécessaires pour qu'une collectivité puisse exister, mais la décision confirme que la personnalité juridique est un préalable indispensable[23].

Le Conseil a également répondu à une seconde question, celle précisant ce qui peut constituer l'unité catégorielle des communes. La création d'organes au sein des communes pouvait être susceptible de modifier la nature communale des trois grandes villes françaises. Cette question revenait à se demander à partir de quand une commune pourrait cesser d'être une collectivité communale. Le considérant n° 6 de la décision répond à cette question : « aucun principe ou règle de valeur constitutionnelle n'interdit au législateur d'instituer des divisions administratives au sein des communes ni d'instituer des organes élus autres que le conseil municipal et le maire ; que, dès lors, si les dispositions critiquées par les auteurs de la saisine dérogent, pour les trois plus grandes villes de France, au droit commun de l'organisation communale, elles ne méconnaissent pas pour autant la Constitution ». Il en ressort que Paris, Marseille et Lyon n'auraient plus été des communes si la loi

[23] Sur ce sujet, voir la contribution de Florian Mugnier au présent colloque, « Les ambiguïtés théoriques du rapport entre la collectivité territoriale et la personnalité juridique »

avait supprimé leurs organes communaux de droit commun, à savoir un conseil municipal ou de Paris et un maire. La notion de collectivité territoriale était ainsi précisée.

La collectivité se définit alors par des éléments dont la liste n'est cependant pas établie ni sans doute exhaustive. On sait ce qu'elles font (cf. art. 72 al. 3), quels sont les organes obligatoires (cf. art. 72 al. 3), et ce dont elles disposent sur le plan financier (cf. art. 72-2). Néanmoins, on ne sait pas ce qu'elles sont, à moins d'additionner l'ensemble des dispositions constitutionnelles et législatives qui affirment que telle collectivité est une collectivité territoriale. La liste des collectivités est établie alors au fur et à mesure, au gré des textes, le droit français procédant plus empirisme que par esprit de système.

On conviendra bien volontiers que la réponse apportée à la question posée au début de cette contribution est bien modeste et décevante. Elle donne en effet l'impression d'un certain impressionnisme ou même d'un tachisme, pour rester dans les images picturales. En réalité, si la Constitution ne fournit pas une définition clé en mains de la notion de collectivité territoriale[24], elle donne quelques indications sur quelques-uns des aspects du régime qui les gouverne, permettant de mieux les cerner. Le constituant laisse à des textes, des juridictions, et à la doctrine le soin d'approfondir cette définition incomplète. Ce sont alors les autres contributeurs qui peuvent aider à répondre à la question.

---

[24] Pour une approche relevant du droit administratif, cf. Mathieu Doat, *Recherche Sur La Notion de Collectivité Locale En Droit Administratif Français*. Bibliothèque de droit public, LGDJ, 2003.

La France, une collectivité territoriale ?

Olivier Gohin
Professeur à l'Université Paris 2 – Panthéon-Assas
Vice-président de l'Association Française de Droit des Collectivités Locales

Que la France soit un État, et même un État plus que millénaire pour remonter au début de la Monarchie capétienne, qui en douterait ? Après tout, la Constitution qui, selon l'expression du professeur Bernard Chantebout, est *« le statut de l'État »*[1] - celle de 1958 sous la Ve République - le mentionne à trente-deux reprises, pas moins, dont treize fois, il est vrai, au titre du Conseil d'État ou des conseillers d'État[2]. L'État y est aussi mentionné dans le cadre des États de l'Union européenne (cinq fois)[3], des finances de l'État (trois fois)[4] ou encore des emplois de l'État (deux fois)[5], étant ici précisé qu'à aucun moment, il n'est dit que le président de la République, même en charge de sa continuité (à l'article 5, alinéa 1er de la Constitution de 1958) n'est le chef de l'État. Du reste, aucune disposition constitutionnelle antérieure n'a recouru à cette dénomination en France, sous les Monarchies, les Républiques ou les Empires, avant ou comme après l'acte constitutionnel n° 1 du 11 juillet 1940 du régime de Vichy.

Rapprocher ou confronter l'État et les collectivités territoriales pour répondre à l'étrange question ici posée : « *La France, une collectivité territoriale ?* » conduit à retenir trois hypothèses distinctes qui, à première vue, ne sont tout de même guère en faveur de la confusion constitutionnelle entre État et collectivités territoriales :

- d'abord, le texte initial de 1958 se réfère, par trois fois, à l'État dans le droit de la déconcentration, en évoquant les représentants de l'État et leur contrôle – celui de l'État - sur les collectivités territoriales[6] ;

- ensuite, le texte révisé en 2003 vient traiter de « *tout transfert de compétences entre l'État et les collectivités territoriales* »[7], ce qui détermine la décentralisation au fond, non sans évoquer, trois autres fois, ces mêmes

---

[1] Bernard Chantebout, *Droit constitutionnel*, coll. Université, 32ème éd., Paris, Sirey, 2015, p. 22.

[2] Const., art. 13 - al. 3, 37- al. 2, 38 - al. 2, 39 - al. 2 et 5, 61-1 - al. 1er, 65- al. 2 (deux fois), 3 et 8, 74 - al. 8, 74-1 - al. 2 et 76 - al. 3.

[3] *Ibid.*, art. 53-1 – al. 1er, 88, 88-1 – al. 1er et 88-5 – al. 1er.

[4] *Ibid.*, art. 34, al. 18 et 20 et 53, al. 1er.

[5] *Ibid.*, art. 13 - al. 2 et 34 - al. 9.

[6] *Ibid.*, art. 13, al. 3, 72, al. 6 et 74, al. 11.

[7] Const., art. 72-2, al. 4.

compétences de l'État, dans ce même titre XII de la Constitution consacré aux collectivités territoriales et dans son titre XIII consacré à la Nouvelle-Calédonie[8] ;

- enfin, il se déduit du dispositif consacré au Défenseur des droits, issu de la dernière révision en date, celle opérée par la loi constitutionnelle du 23 juillet 2008, la distinction curieuse, en droit, entre les administrations de l'État qui sont celles de l'État central ou déconcentré et les collectivités territoriales qui sont celles de l'État décentralisé[9], la nouvelle autorité indépendante ayant pour mission de veiller au respect des droits et libertés par les unes et par les autres, notamment, au bénéfice de toute personne s'estimant lésée par leur fonctionnement.

Il est vrai que, si le texte de 1958 rend équivalents les termes suivants : France, République, État, peuple ou nation, on entend bien d'autres dénominations : la France serait devenue un pays ; la métropole ne serait qu'un hexagone ou le continent, Corse oubliée ; la République serait réduite aux territoires. Et, on peut dire que le redécoupage des régions, opéré par la loi du 16 janvier 2015, sous couvert d'économies budgétaires illusoires, a aggravé sensiblement la situation, avec, au sud de la ligne La Rochelle-Genève, celle du 45ème parallèle Nord, quatre régions seulement dont trois sensiblement agrandies : par exemple, la région Nouvelle Aquitaine, sur le territoire de trois anciennes régions, c'est plus que la superficie de l'Autriche, plus que la population du Danemark.

Qui se ressemble s'assemble, paraît-il. Et, en effet, une somme de chiffres donne encore un chiffre. Si un pays est une addition de pays, la France ainsi ne serait-elle qu'une collection de collectivités territoriales et alors une collectivité territoriale ? Ou bien pour être un État a-t-elle quelque chose en plus – et alors quoi ? - de sorte que cette contribution à la définition de la collectivité territoriale – le thème du présent colloque - passe également, mais *a contrario*, par la définition de l'État. En quoi la France, bien qu'elle soit un État, peut-elle être assimilée à une collectivité territoriale ? En quoi la France, parce qu'elle est un État, peut-elle être différenciée d'une collectivité territoriale. Plus de trente ans après l'agrégation de droit public, on en est encore à étudier cette problématique en deux temps : La France comme une collectivité territoriale **(I)** et la France autrement qu'une collectivité territoriale **(II)**.

---

[8] Ibid., art. 74, al. 4, 74-1, al. 2 et 77, al. 2.

[9] Le pouvoir constitutionnel dérivé aurait pu écrire, à cet art. 71-1, alinéa 1er, l'État et les collectivités territoriales ou bien les administrations de l'État et des collectivités territoriales. Il ne l'a pas fait et, à dire vrai, selon les travaux préparatoires, il n'y a pas même été attentif.

I. La France comme une collectivité territoriale

Que l'État soit comme une collectivité territoriale ne signifie pas que le droit de l'État s'aligne sur celui de sa décentralisation. C'est l'inverse : l'État est historiquement, politiquement et juridiquement premier. Et c'est en tant que ce droit de la décentralisation rejoint l'État que l'identification peut être mesurée *ex post*. Passons a ensemble de collectivités territoriales (**B**), doté, à l'instar des collectivités territoriales, de compétences qui lui sont propres (**C**).

A. Des éléments récurrents

Toute collectivité territoriale, à commencer par toute commune qui relève de la première des trois catégories constitutionnelles de collectivités territoriales retenues, dans le droit de la décentralisation, à l'article 72, alinéa 1er révisé en 2003 de la Constitution, se définit par les trois éléments récurrents que sont son territoire, sa population et son pouvoir organisé. Ces éléments de définition sont les mêmes pour une intercommunalité ou pour l'État qui sont donc, eux aussi comme une collectivité territoriale. Mais, seul le second élément de la comparaison hasardeuse, ici opérée, est pris en compte, la question de l'établissement public territorial ou du groupement de collectivité territoriales de l'article 72, alinéa 5 de la Constitution, étant hors sujet.

Le droit de la décentralisation territorialise les collectivités – c'est bien son objet et son effet – elles que le texte initial de la Constitution de 1958 pouvait écrire « *locales* » ou « *territoriales* » et que le texte révisé en 2003 ne dit plus que « *territoriales* », précisément[10]. Il en est ainsi en droit constitutionnel et en droit administratif :

- en droit constitutionnel,

. d'une part, l'alinéa 2 du Préambule de la Constitution se réfère encore aux « *territoires d'outre-mer* », même après la fin de l'autodétermination de ces collectivités territoriales de spécialité qui ont disparu en 2003[11] ;

. d'autre part, les départements ou les régions d'outre-mer, sauf ceux de La Réunion[12], de même les collectivités territoriales uniques de l'article 73 de la Constitution[13] peuvent adapter « *sur leur territoire* »[14] le droit législatif ou réglementaire de l'État, dans les conditions et sous les réserves prévues par l'article 73 de la Constitution révisé en mars 2003 et en juillet 2008 et par la

[10] Révision en ce sens de l'art. 34, al. 13.
[11] On écarte ici le statut des TAAF qui sont encore un TOM (loi du 6 août 1955, art. 1er).
[12] Const., art. 73, al. 5.
[13] *Ibid.*, al. 7 : en droit positif, la Guyane et la Martinique depuis la loi du 27 juil. 2011.
[14] Const ., art. 73, al. 3.

loi organique d'application du 21 février 2007 modifiée par la loi organique du 7 décembre 2010[15] ;

- en droit administratif, les articles L. 2112-1 et suivants du Code général des collectivités territoriales traitent du territoire des communes, notamment de leur modification qui trouve un point d'application important dans l'hypothèse de la création d'une commune nouvelle.

Il en est de même, en droit constitutionnel, du territoire de la France en tant qu'État[16]. Dans cinq de ses articles, la Constitution de 1958 y fait référence explicite :

- en premier lieu, aux articles 5 et 16 qui renvoient à la mission du président de la République de garantir son intégrité dans le temps normal (art. 5) et dans le temps de crise (art. 16) ;

- en deuxième lieu, à l'article 89 qui, pour contrer le précédent catastrophique du 10 juillet 1940, vise à interdire l'engagement ou la poursuite d'une procédure de la révision de la Constitution en cas atteinte à l'intégrité du territoire, ce qui a conduit le Conseil constitutionnel à considérer, par un *obiter dictum* de sa décision *Maastricht II* de 1992, que tel serait aussi le cas, par transitivité, en cas d'application de l'article 16[17] ;

- en troisième lieu, à l'article 53, pour envisager l'autodétermination des « populations intéressées » des collectivités territoriales concernées qui permet d'accroître[18], de réduire[19] ou de maintenir[20] le territoire national depuis 1959 ;

- en quatrième lieu, à l'article 74, pour prévoir qu'une collectivité d'outre-mer régie par un statut d'autonomie – comprendre la Polynésie française[21] - doit, dans l'exercice partagé de compétences de l'État, respecter les « *garanties accordées sur l'ensemble du territoire national pour l'exercice des libertés publiques* »[22]. Il y a ici, tout à la fois, la consignation juridique de la décision du Conseil constitutionnel du 18 janvier 1985[23] et l'occasion

---

[15] CGCT, art. LO 3445-9 à - 11 et 4435-9 à - 11 et s. sur cette adaptation des lois et règlements, dans le droit de l'État, aux collectivités territoriales d'outre-mer assimilées qui sont concernées.
[16] A ce sujet, Michel Verpeaux, « Territoires et Constitution ou les relations ambiguës entre la géographie et le droit », *Mél. Francis Delpérée*, Bruxelles, Bruylant, 2008, p. 1677-1686.
[17] CC, 2 sept. 1992, *Maastricht II*, déc. 92-312 DC, *Rec.* 76, consid. 19.
[18] Wallis-et-Futuna en 1961.
[19] L'Algérie en 1962, les îles d'Anjouan, de la Grande Comore et de Mohéli en 1974 et le Territoire français des Afars et des Issas en 1977.
[20] Mayotte en 1974 et 1976 et la Nouvelle-Calédonie en 1987, 2018 et 2020.
[21] Const., art. 74, al. 7 à 11 et loi org. du 27 févr. 2004 modif.
[22] Const., art. 74, al. 11.
[23] CC, 18 janv. 1985, *Enseignement privé*, déc. 84-185 DC, Rec. 36., consid. 18 : « *si le principe de libre administration des collectivités territoriales a valeur constitutionnelle, il ne saurait*

politique, par l'adjonction de l'adjectif « *national* » d'affirmer que, dans la plus grande diversité, c'est l'unité qui, tout de même, prévaut.

Ce territoire de l'État est défini, soit par lui-même, *via* l'Institut national de la statistique et des études économiques (INSEE) qui, sous cette appellation étrange depuis 1946, est une direction générale du ministère chargé de l'Économie, soit par un établissement public national à caractère administratif : l'Institut géographique national (IGN) devenu, en 2012, mais avec le même sigle fort connu, l'Institut de l'information nationale géographique et forestière :

- l'INSEE fournit la superficie cadastrale de la France[24] qui est de 663 976 kilomètres carrés dont 120 036 kilomètres carrés pour les outre-mers, soit 18 % du total ;

- l'IGN fournit la superficie géodésique[25] de la France qui est de 672 051 kilomètres carrés dont 120 356 kilomètres carrés pour les outre-mers, soit 18 % également du total.

On doit ici préciser que, bien entendu, ces chiffres n'incluent pas la Terre Adélie (432 000 kilomètres carrés) qui, bien que comprise dans le territoire d'outre-mer des Terres australes et antarctiques françaises, se situe au Sud du 60ème parallèle Sud de sorte que le traité de Washington du 1er décembre 1959 gèle, parmi bien d'autres revendications territoriales, celles de la France en Antarctique.

Or, le calcul de la superficie cadastrale de la France repose sur l'addition de la superficie des circonscriptions administratives de l'État que sont les communes, en métropole et outre-mer, sauf à Saint-Barthélemy, à Saint-Martin et à Wallis-et-Futuna où, à défaut de communes, c'est la superficie de chaque circonscription administrée par l'État, à la dimension du territoire concerné, qui est prise en compte. Toutefois, c'est bien par départements et autres circonscriptions administratives assimilées de l'État que le résultat de l'INSEE est fourni.

Pour autant, il est entendu que ces circonscriptions administratives sont aussi des collectivités territoriales car les cartes de la déconcentration de l'État et de sa décentralisation territoriale parviennent à se superposer exactement de sorte que le territoire de l'État, comme addition de ses circonscriptions administratives que sont les départements ou circonscriptions assimilées, est

---

conduire à ce que les conditions essentielles d'application d'une loi organisant l'exercice d'une liberté publique dépendent de décisions des collectivités territoriales et, ainsi, puissent ne pas être les mêmes sur l'ensemble du territoire ».

24 Elle comprend toutes les surfaces du domaine public et privé, cadastrées ou non cadastrées, à l'exception des lacs, étangs et glaciers de plus d'un kilomètre carré ainsi que des estuaires.

25 Elle comprend toutes les surfaces jusqu'à la laisse de basse mer. La mer territoriale est donc exclue.

aussi la somme de ses collectivités territoriales de même niveau, qu'elles soient départementales, en métropole, comme la Côte d'Or, ou outre-mer, comme Mayotte, ou qu'elles ne le soient pas, comme la Wallis-et-Futuna, ou même qu'elles ne le soient plus, comme Paris ou la Guyane. En conséquence, il n'est ni faux ni abusif de dire que le territoire de la France est, par transitivité, la somme des territoires de ses collectivités territoriales de base.

Or, ce qui vaut pour le territoire de la France vaut aussi pour sa population dont les statistiques sont à la charge de l'État exclusivement[26], *via* l'INSEE[27]. Les données démographiques sont établies par commune, circonscription administrative de l'État, sur la base, depuis 2004[28], d'enquêtes qui, sur cinq ans, couvrent toutes les communes de la métropole et des outre-mers, aux deux exceptions suivantes près :

- d'une part, pour Mayotte, la Nouvelle-Calédonie, la Polynésie française et Wallis-et-Futuna, il est procédé à un recensement global, tous les cinq ans, dont les résultats sont agrégés aux données du millésime correspondant ;

- d'autre part, s'il en est de même pour Saint-Barthélemy, Saint-Martin et Wallis-et-Futuna, le recensement de la population est opéré, en l'absence de communes, au niveau de la circonscription administrative de l'État instituée sur ces trois territoires.

Autrement dit, là encore, c'est à partir de la somme de la population de chacune des circonscriptions administratives de l'État, en principe des communes, que la population nationale est dénombrée, avec un total qui s'établit à près de 68, 8 millions de Français fin 2021 dont environ 2, 7 millions outre-mer[29], soit 4 % du total. Pour autant, comme déjà dit, dès lors que ces circonscriptions administratives sont aussi des collectivités territoriales, on peut également soutenir que la population de la France est, par transitivité, la somme des populations de ses collectivités territoriales de base. Du reste, selon la loi, le décret qui authentifie chaque année les chiffres du recensement vaut pour « *les populations de métropole, des départements*

---

26 Selon l'art. 156-I de la loi du 27 févr . 2002 relative à la démocratie de proximité, « *le recensement de la population est effectué sous la responsabilité et le contrôle de l'État* » ; sur le contentieux de cette compétence exclusive, CE 26 juil. 1985, *Commune de Talonne, Rec.* 235 ; *AJDA* 1985. 537, chr. S. Hubac et Schoettl ; 10 nov. 2010, *Commune de Saint-Siffret, JCP A* 2010, 2361, note Moreau.

27 Loi du 27 févr. 2002 préc., art. 156-VII.

28 Loi du 27 févr. 2002 préc., art. 156 à 158, CGCT, art. R . 2151-1 à –4 modif. et décret du 5 juin 2003 relatif au recensement de la population, art. 13 à

29 Le décret du 24 déc. 2020 authentifie les chiffes de la population de la France, en 2018, soit 66 062 188 Français en métropole et indique un chiffre de 1 911 142 pour l'outre-mer, sans prendre en compte les recensements particuliers, en 2017, de Mayotte : 250 609 habitants, en 2018, de Wallis-et-Futuna : 11 600 habitants ainsi qu'en 2019, de la Polynésie française : 279 287 habitants et de la Nouvelle-Calédonie : 287 800 habitants. Tous les outre-mer compris, on parvient à une population totale de 2 740 438 habitants dans les dix territoires concernés.

d'outre-mer, de Saint-Barthélemy, de Saint-Martin et de Saint-Pierre-et-Miquelon, des circonscriptions administratives et des collectivités territoriales »[30]. Après tout, il va de soi qu'il y a, en la matière, une correspondance exacte entre territoire et population, dans les droits de la déconcentration et de la décentralisation de l'État tout aussi bien.

Il est entendu que, sur son territoire et pour sa population – sinon l'inverse, pour son territoire et sur sa population – l'exécutif de toute collectivité organise et exerce le pouvoir que la Constitution, la loi ou le règlement lui confie. Les assemblées délibérantes que la Constitution dénomment « *conseils* » sont « *élus* » et, à défaut que le suffrage soit explicitement indirect, « *dans les conditions prévues par la Constitution* », il est direct[31]. Toutefois, ce conseil est élu de façon fort variable dans les collectivités territoriales placées en dehors des trois catégories constitutionnelles précitées, y compris les collectivités d'outre-mer qui ont, chacune – l'article 74, alinéa 1er de la Constitution le dit expressément - « *un statut qui tient compte des intérêts propres de chacune d'elles au sein de la République* » qui élit, en principe, un exécutif individualisé. On recoupe ici un schéma d'organisation du pouvoir qui est, à la fois, proche et distant de celui de l'État :

- il en est proche, en ceci que l'assimilation du pouvoir délibératif au pouvoir législatif est intellectuellement possible pour prendre des mesures unilatérales à vocation générale et impersonnelle telles que le vote du budget de la collectivité territoriale ; mais, il s'en éloigne dès lors que la délibération de l'assemblée délibérante de toute collectivité territoriale, assimilée à un règlement, n'est jamais une loi, quelle que soit sa dénomination[32] : les lois du pays polynésiennes[33] sont ainsi des actes administratifs dont le contentieux relève du Conseil d'État, au titre d' »*un contrôle juridictionnel spécifique* »[34] ;

- le schéma d'organisation des collectivités territoriales est aussi plus ou moins proche de celui de l'État sur trois points :

. d'abord, comme il existe un exécutif de l'État, il existe un exécutif de la collectivité territoriale qui peut être collectif : c'est le cas en Corse, en Martinique et en Nouvelle-Calédonie[35] ;

---

[30] Loi du 27 févr. 2002, préc ., art. 156-VIII.
[31] Combinaison des art. 3, al. 3 et 72, al. 3 de la Constitution.
[32] En ce sens, Olivier Gohin, « Pouvoir législatif et collectivités locales » *in Mélanges Jacques Moreau*, Paris, Économica, 2003, p. 177-193.
[33] Loi org. du 27 févr. 2004, art. 140 modif.
[34] Const., art. 74, al. 8
[35] En Corse, CGCT, art. L. 4422-18 et -19 ; en Martinique, CGCT, art. L.7224-1 et -2 ; en Nouvelle-Calédonie, loi org. du 19 mars 1999, art.

. ensuite, les membres de cet exécutif peuvent rarement ne pas pouvoir rester membres de l'assemblée : c'est le cas en Corse et en Martinique[36] ;

. enfin, cet exécutif peut être exceptionnellement responsable devant l'assemblée par le vote d'une motion de défiance : c'est le cas en Corse par une motion de défiance constructive[37] et dans sept outre-mer sur onze, avec une motion de défiance[38], qui présente un net particularisme en Polynésie française et en Nouvelle-Calédonie[39].

Pour autant, ces dérogations sont rares, et le droit commun des collectivités territoriales est marqué par de notables et variables différences avec l'organisation du pouvoir exécutif de l'État qu'il faut mesurer, en principe : l'exécutif territorial se voit éviter toute dualité avec un seul chef, assisté des adjoints qu'il choisit et fait élire par l'assemblée sont aussi, le plus souvent, membres du délibératif. Et, si l'État, comme les collectivités territoriales s'inscrivent dans le champ d'une démocratie représentative où la part de la consultation référendaire est pratiquement dérisoire[40], en revanche, les régimes de décentralisation territoriale sont, le plus souvent, de type présidentiel, sans responsabilité de l'exécutif ni dissolution du délibératif, sauf en Polynésie française[41], contrairement à la Ve République dont le régime est parlementaire, du moins dans les rapports entre l'Assemblée nationale et le Premier ministre[42]. Au demeurent, ces régimes décentralisés sont et demeurent des régimes administratifs malgré le recours à un vocabulaire politique[43].

B. Un ensemble de collectivités territoriales

Cette proximité entre l'État et collectivités territoriales à travers les éléments récurrents de leur définition qui sont identiques : territoire, population et pouvoir organisé signifie-t-elle que la France fait en grand ce que les communes, les départements ou les régions, pour s'en tenir aux trois catégories constitutionnelles font en petit, en plus ou moins petit ? La France

---

[36] En Corse, CGCT, art. L . 4422-18 ; en Martinique, art. L. 7224-3.

[37] CGCT, art. L. 4422-31.

[38] Saint-Barthélemy (CGCT, art., LO 6222-4), Saint-Martin (*ibid.*, art. LO 6322-4), Saint-Pierre-et-Miquelon (*ibid.*, art. LO 6432-2) et la Martinique (*ibid.*, art. L. 7225-2).

[39] Procédures de la motion de défiance adopté à la majorité des trois cinquièmes des membres de l'assemblée en Polynésie française (loi org. du 27 févr. 2004, art. 156 modif.) et de la motion de censure en Nouvelle-Calédonie (loi org. du 19 mars 1999, art. 108 modif.).

[40] Comp. , d'une part, Const., art. 11 ou 88-5 ou 89, al. 2 et, d'autre part, Const., art. 72-1, al. 2 et loi org. n° 2003-705 du 1er août 2003 ainsi que Const., art. 53, al. 3, 72-1, al. 3 et 72-4.

[41] CE, 4 févr. 2005, *Temaru, Rec.* 26 ; *RFDA* 2005. 138, concl. Mitjaville.

[42] Const., art. 12, 49 et 50 : en ce sens, le précédent d'oct.-nov. 1962.

[43] Par ex., le Conseil d'État connaît du contentieux de la nomination des ministres du gouvernement polynésien (CE, 15 janvier 1992, *Président du Gouvernement du Territoire de la Polynésie française, Rec.* 20) ou de l'élection du président de la Polynésie française (CE 10 déc. 2004, *Frich*, RFDA 2005. 123, concl. Donnat).

serait-elle finalement un ensemble de collectivités territoriales ? Il y a trois réponses qui vont en ce sens. La France est une République décentralisée, ce qui renvoie à la représentation par le Sénat et à la cogestion entre pouvoirs publics nationaux et locaux s'est mise en place.

La France est une République « *indivisible* » qui renvoie, non pas à son unité, mais à son unitarité, c'est-à-dire au refus de toute forme fédérale de son organisation. Pour autant, selon la logique de la révision de 2003, c'est unité, n'est pas l'uniformité et cette unitarité n'est pas la centralisation. C'est pourquoi, « *son organisation* », celle de la France à laquelle le possessif se rapporte, « *est décentralisée* », c'est-à-dire que la France, en tant qu'État unitaire, privilégie cet intermédiaire entre État centralisé et État fédéral, la décentralisation étant cette forme d'État unitaire qui repose sur l'autonomie administrative de ses composantes. Selon l'exposé des motifs du projet de loi constitutionnelle relatif à l'organisation décentralisée de la République en date du 16 octobre 2002, l'objectif visé était de « *modifier profondément le cadre constitutionnel de l'action des collectivités territoriales, en métropole et outre-mer. Ces collectivités sont aujourd'hui appelées à jouer un rôle essentiel pour moderniser notre pays, pour réformer ses structures administratives, pour rapprocher les services publics des citoyens et revivifier la vie démocratique* ».

En conséquence, au terme d'un mouvement de décentralisation lancé structurellement, dans le champ des régions en 1969 et repris en 1972, puis généralisé, harmonisé et développé en 1982, la France apparaît comme la somme de ses collectivités territoriales de métropole et d'outre-mer progressivement, les unes et les autres, de conseils élus au suffrage universel direct, d'exécutifs élus par ces conseils et d'un contrôle administratif et financier de l'État qui systématise la voie juridictionnelle, sans retirer à son représentant déconcentré, après mise en demeure de l'autorité locale défaillante ou récalcitrante tel ou tel pouvoir de substitution, par exemple en matière de police ou de budget.

Il est légitime que la représentation d'un État unitaire soit assurée par une assemblée unique et c'est bien le schéma constitutionnel retenu par la Révolution française jusque ce que la réaction thermidorienne fasse le choix du bicaméralisme en répartissant le pouvoir législatif entre une chambre de l'imagination et une chambre de la raison. Ce souci d'une modération qui a pu être combiné avec la représentation de la noblesse ancienne ou nouvelle est la solution qui est préservée par les régimes qui suivent le Directoire, sous réserve du retour au monocaméralisme à la fin du premier Empire et sous la IIe République. Lorsque les institutions de la République sont mises tardivement en place, en 1975, c'est le choix du bicaméralisme qui est fait dès la première des trois lois constitutionnelle : celle du 24 février 1875 relative au Sénat, comme une chambre qui serait encore celle de la modération, après la Commune de 1871, sans pouvoir être celle de la noblesse après l'échec de la Restauration de 1873, même si elle pouvait être celle d'une aristocratie conservatrice avec le quart de son effectif composé initialement de membres à vie. Ce choix de la modération est celui qui passe par un suffrage universel indirect, le ou les sénateurs étant, dans chaque département de la métropole ou de l'Algérie ou dans chaque autre collectivité assimilée, l'élu ou les élus d'un collègue formé principalement d'un délégué de chacune des communes du département ou de la collectivité assimilée, sauf pour le sénateur de l'Inde française. Ainsi le Sénat de la IIIe République est bien organiquement « *le Grand Conseil des communes de France* », selon l'expression de Gambetta qui dit aussi, dans le même discours de Belleville du 23 février 1875 : « *Par cette institution du Sénat bien comprise, bien appliquée, la démocratie est souveraine maîtresse de la France* ». Ce sera plus vrai encore avec le remplacement progressif, à partir de 1884, des sénateurs inamovibles décédés par de nouveaux sénateurs élus. Et, il reste cette assemblée parlementaire des collectivités territoriales lorsque la IVe République reviendra au bicaméralisme avec le Conseil de la République de la seconde proposition devenu Constitution du 27 octobre 1946, relayé par le Sénat de la Ve République de la Constitution du 4 octobre 1958, d'ailleurs consolidé par l'échec du projet référendaire du 2 avril 1969.

Toutefois, la Constitution de 1958 va plus loin encore en prévoyant que, de façon spécifique, le Sénat « *assure la représentation des collectivités territoriales* », ce renforcement de sa spécificité organique étant corroborée, à l'occasion de la révision de 2003, par la priorité fonctionnelle qui résulte du dispositif issue de la seconde révision de 2008, la dernière en date, prévoit que « *les projets de loi ayant pour principal objet l'organisation des collectivités territoriales sont soumis en premier lieu au Sénat* ».

Autrement dit, est consacrée, en droit positif, l'existence d'une institution qui est organiquement et fonctionnellement l'instrument de la décentralisation territoriale, en correspondance avec le caractère décentralisé de l'organisation de la France ou de la République ou encore de l'État, peu importe puisqu'une fois encore, c'est dire trois fois la même chose. Et, même si ce bicaméralisme est inégalitaire, sous réserve de l'exercice du pouvoir de révision par l'article 89 qui donne au Sénat d'opposition un droit de *veto* sur l'élaboration de tout projet de loi constitutionnelle, c'est bien là admettre la superposition entre l'État et les collectivités territoriales. Comment, du reste, la France ne serait pas constitutionnellement la République des territoires quand on rapproche la représentation, en France, des collectivités territoriales par le Sénat, selon le texte constitutionnel de l'article 39, alinéa 2 précité et la représentation du peuple ou de la nation par le Sénat également et notamment, selon la jurisprudence constitutionnelle : la décision du 9 mai 1991 rappelle que « *les membres du Parlement ont la qualité de représentants du peuple* »[44] et la décision du 15 février 2007 précise que chaque député et sénateur « *représente au Parlement la nation tout entière* »[45].

C. *La cogestion entre pouvoirs publics nationaux et locaux*

A l'occasion de la révision de 2003, la cogestion entre pouvoirs publics nationaux et locaux était dénoncée par le rapporteur du projet de loi constitutionnel devant le Sénat, pour préférer une claire répartition des compétences entre l'État et chaque catégorie de collectivités territoriales, effectivement pratiquées. Le sénateur René Garrec soutenait ainsi, dans son rapport sur le projet de loi constitutionnelle qu'« à la clarification des compétences », celle qui résulte de la réforme du droit de la décentralisation, au fond, depuis la loi du 7 janvier 2003, « *s'est substituée une autre logique, celle de la cogestion, avec pour conséquence la multiplication des partenariats. Cette logique de cogestion aboutit à un dévoiement des principes de la décentralisation lorsqu'elle se traduit par la participation croissante des collectivités territoriales au financement des compétences de l'État* », en particulier, par la technique dite des « *financements croisés* ». Et, on ne saurait dire que cette réforme constitutionnelle de mêmes que les nombreuses réformes législatives entreprises depuis lors, telles que la loi Modernisation de l'action publique territoriale et d'affirmation des métropoles (MAPTAM) du 27 janvier 2014, soient parvenues à organiser, de façon parfaitement étanches, aux conséquences administratives et financières de droit, la répartition des compétences par blocs entre l'État et les différentes catégories de collectivités territoriales ou les différentes collectivités territoriales hors catégories.

En réalité, cette cogestion est prévue par la révision de 2003 dans le cas particulier de la Nouvelle-Calédonie, de façon implicite, puisque cette collectivité d'outre-mer à statut d'autonomie peur participer aux compétences conservées par l'État sur ce territoire[46]. Elle est, d'ailleurs, ancienne et pérenne, avant comme après la révision de 2003, et on peut prendre, en ce sens, l'exemple des comités de prévention de la délinquance dont le droit positif repose sur l'article L. 132-4 du code de la sécurité intérieure, sans même prendre en compte, ici, les nombreuses réglementations relatives aux comités locaux ou intercommunaux de sécurité et de prévention de la délinquance ou aux contrats ou encore aux plans en la matière. La rédaction de l'article L. 132-4 du code précité est particulièrement empruntée, tout en marginalisant beaucoup l'État déconcentré : « *Sous réserve des pouvoirs de*

---

44 CC, 9 mai 1991, *Collectivité territoriale de Corse*, déc. n° 91-290 DC, Rec. 50, consid. 53.

45 CC, 15 févr. 2007, *Dispositions statutaires et institutionnelles relatives à l'outre-mer*, déc. n° 2007-547 DC, *Rec.* 60, consid. 10.

46 Const., art. 74, al. 11.

l'autorité judiciaire et dans le respect des compétences du représentant de l'État, des compétences d'action sociale confiées au département et des compétences des collectivités publiques, des établissements et des organismes intéressés, le maire anime, sur le territoire de la commune, la politique de prévention de la délinquance et en coordonne la mise en œuvre. A cette fin, il peut convenir avec l'État ou les autres personnes morales intéressées des modalités nécessaires à la mise en œuvre des actions de prévention de la délinquance ». En définitive, la cogestion entre pouvoirs publics nationaux et locaux met l'État et les collectivités territoriales exactement sur le même plan, ce que traduit le recours à la contractualisation, dans l'exercice d'une compétence partagée entre eux, la sécurité publique au niveau local, ce qui pourrait revenir à dire que l'État se comporte alors, en cette matière et à ce niveau, comme une collectivité territoriale.

Et, pour actualiser ce sujet, il est remarquable que, dans la gestion locale de la crise sanitaire en cours, le Premier ministre déclare, le 11 août 2020 : *« nous renforçons les moyens mis à disposition du couple maire – préfet »* (dans cet ordre) *« pour agir rapidement, avec les élus locaux, au plus près de nos concitoyens et en fonction de la situation de chaque territoire* ». Il insiste donc sur la concertation locale et il en appelle à la coordination entre les maires des communes de tout département et le préfet de ce département, dans le cadre des mesures de police administrative qui sont à prendre dès lors que toutes les collectivités publiques concernées poursuivent ensemble, de façon coordonnée et complémentaire, le même objectif de protection des populations contre le virus covid-19 et ses variants, qu'il s'agisse, en ce qui concerne l'État, de l'État décentralisé et de l'État déconcentré : en particulier, la somme des politiques déterminées dans l'ensemble des communes sur leur territoire respectif auprès des populations locales donne une politique de tout l'État décentralisé sur tout le territoire national auprès de toute la population nationale, par exemple en matière de santé publique où le succès de la campagne de vaccination dans la pandémie en cours repose largement sur le fort engagement des communes. Et, cette politique de l'État décentralisé finit bien par être celle de l'État dans son ensemble, par convergence avec la politique similaire conduite, dans le même temps, par l'État déconcentré. ON peut même parvenir à cette inversion des facteurs. Dans une tribune publiée cet été, on lit sous la signature de Jeanne Barseghian, maire de Strasbourg, et de quatre autres maires écologistes que « *ce qui peut être fait à l'échelon local peut, et doit, être réalisé à l'échelon national* »[47]. C'est là l'écho prolongé du manifeste de la République des maires et des élus locaux en faveur d'une approche dite « *territorialisée* » des politiques publiques. Le plan « *Marseille en Grand* » que le président Macron vient se lancer à Marseille, début

[47] *Le Monde,* 18 août 2021, p. 26.

septembre 2021, s'inscrire dans cette logique exactement, les exemples pourraient être multipliés à l'infini.

D. Les compétences propres

Il en est ainsi alors que les collectivités territoriales se voient attribuer par l'État de nombreuses compétences même si l'État aide ces collectivités territoriales à les exercer. Dès lors que la France est une République constitutionnellement décentralisée, la Constitution de 1958 se réfère, à de nombreuses reprises, aux compétences des collectivités territoriales. Tel est le cas dans le texte initial parce que la France n'a pas attendue la présidence de François Mitterrand pour amorcer sa décentralisation, y compris en métropole. Ainsi, l'article 34, alinéa 13 prévoit, dès son origine, que, pour les collectivités alors « *locales* », « *la loi détermine les principes fondamentaux (...) de leurs compétences* » tandis que la révision de 2003 permet de mentionner par dix fois, pas moins, les compétences des collectivités territoriales, pour moitié dans le schéma général[48] ou pour moitié dans le schéma renouvelé des outre-mer[49].

Comme les collectivités territoriales, l'État dispose, lui aussi, de compétences qui, pour lui, sont de principe, sauf l'hypothèse de la Polynésie française et de la Nouvelle-Calédonie où elles sont d'attribution et donc listées par le statut d'autonomie[50]. Du reste, la Constitution de 1958 fait référence, à plusieurs reprises, à ces compétences de l'État et, dans le droit de la décentralisation, c'est par deux fois que le transfert de compétences entre l'État unitaire et les collectivités territoriales est envisagé :

- d'une part, c'est, de façon générale, au sujet de la neutralité financière, en termes de ressources, de « *tout transfert de compétences entre l'État et les collectivités territoriales* »[51],

- d'autre part, c'est, de façon particulière, la mention des « *compétences de l'État qui seront transférées, de façon définitive, aux institutions de la Nouvelle-Calédonie* »[52], celles que l'accord de Nouméa du 5 mai 1998 et le statut organique du 19 mars 1999, à sa suite, énumèrent par étapes[53], dans le cadre d'une décentralisation politique conçue, dès l'origine, comme un processus irréversible vers une indépendance programmée dont, pourtant, les

---

[48] Const., art. 72, al. 2, 3 et 4 et art. 72-2, al. 4 (deux fois).
[49] *Ibid.*, art. 72-4, al. 2, art. 73, al. 2, 74, al. 4 (deux fois) et 74, al. 8.
[50] Loi org. du 27 févr. 2004, ; loi org. du 19 mars 1999 relative à la Nouvelle-Calédonie, art. 21. Les compétences de la Nouvelle-Calédonie sont elles-mêmes d'exception (art. 22 et 26), la compétence de principe étant celle des trois provinces (art. 20).
[51] Const. révisée en 2003, art. 72-2, al. 4.
[52] Const., art. 77, al. 2.
[53] Accord de Nouméa, doc. d'orientation, pts 3.1.1 et 3.1.2 et loi org. du 19 mars 1999, art. 21-III et 26.

Calédoniens ne veulent toujours pas, même à un suffrage restreint qui réduit délibérément la force du camp loyaliste, mais à une courte majorité, il est vrai[54].

Ces compétences propres que l'État détient, comme les collectivités territoriales ont, de la même façon, les leurs, sont les nombreuses compétences de droit commun qu'il exerce lui-même parce qu'il les a maintenues à lui-même, faute de les avoir décentralisées comme c'est le cas, par exemple et en principe, de la gestion des locaux et des personnels de l'enseignement supérieur : celui des universités et des grandes écoles publiques, après décentralisation, dès 1983, de la construction et de l'entretien des locaux de l'enseignement public, primaire et secondaire, et, en 2004, de la gestion de leurs agents techniques, ouvriers et de service.

Mais, plus rarement ces compétences de droit commun peuvent aussi celles que l'État exerce à nouveau, après les avoir recentralisées. Tel devrait être le cas, sur la base du projet de loi 3D-S du 12 mai 2021 en cours de délibération parlementaire, du revenu de solidarité active (RSA), substitué au revenu minimum d'insertion (RMI) depuis 2008, dont le financement serait repris en charge par l'État, et non plus par les départements, comme depuis 2004, du moins par les départements qui en feraient la demande à l'État dans le délai imparti, à titre expérimental et pour une durée de cinq ans, sur la base d'une convention passée entre le président du conseil départemental, pour le département concerné, et le préfet du département, pour l'État[55].

II. La France autrement qu'une collectivité territoriale

Est à dire que la France serait seulement assimilable à une collectivité territoriale ? Il faut savoir raison garder : l'État est autre chose qu'une collectivité territoriale, et du reste, s'il y a des populations en France, par exemple, corse, il y a un seul peuple français, comme dit en 1991. La France est donc autrement qu'une collectivité territoriale parce qu'elle est un État dont la définition repose distinctement sur cet élément décisif : la souveraineté (**A**), parce que cet État détient des pouvoirs propres (**B**) dont les collectivités territoriales sont dépourvues et parce que, par le contrôle qu'il exerce sur les collectivités territoriales, il fait prévaloir son droit (**C**).

---

[54] Le refus que la Nouvelle-Calédonie accède à la pleine souveraineté et devienne indépendante, selon la question posée, l'emporte lors des référendums du 4 nov. 2018 (Non : 57% des exprimés) et du 4 oct. 2020 (Non : 53% des suffrages exprimés) : à ce sujet, Olivier Gohin, « Les suites du référendum calédonien du 4 novembre 2018 », *RJPENC* n° 32, 2018/2, p. 8-11 et « Quelques pistes de réflexion sur l'avenir institutionnel de la Nouvelle-Calédonie après le référendum de confirmation de 2020 », *RJPENC* n° 36/2, déc. 2020, p. 77-83. La troisième et dernière consultation, pour répondre à la même question, est prévue le 12 déc. 2021.

[55] Projet de loi 3D-S : différenciation, décentralisation, déconcentration- simplification du 12 mai 2021, art. 35.

A. La souveraineté de l'État, élément décisif

L'État est souverain et il est seul souverain dès lors que, par définition, il dispose de compétences de souveraineté qui sont spécifiques dans le champ de la décentralisation et aussi de la souveraineté de compétences, à titre exclusif tout aussi bien et en toute hypothèse.

Hors la question de leur internalisation, ici écartée[56], les compétences propres de l'État peuvent être des compétences de souveraineté, constitutionnellement protégées qui sont donc insusceptibles, à droit constitutionnel constant, d'être régulièrement décentralisées pour autant que la loi de transfert serait déférée au Conseil constitutionnel : en effet, depuis sa décision de principe du 26 juin 1986, il est entendu que « *la nécessité de certains services publics nationaux découle de principes ou de règles de valeur constitutionnelle* »[57] de sorte qu'il existe, en doctrine, des « *services publics constitutionnels* », qui ne sauraient être privatisés sans révision préalable de la Constitution.

Mais, comme ces services publics constitutionnels sont nécessairement « *nationaux* », cette notion doctrinale vaut aussi pour faire obstacle à la publicisation de ces services en dehors de l'État : en conséquence, la défense ou la diplomatie ou la justice qui ne sauraient être privatisées, ne sauraient non plus être décentralisées, sauf révision constitutionnelle. Autrement dit, dans l'ordre juridique interne, les services publics constitutionnels, nécessairement administratifs, correspondent tout à fait aux compétences de souveraineté. A titre d'illustration, on citera ce motif de la décision : « *Considérant que l'article 15 de la loi organique permet à la Polynésie française de* « 'disposer de représentations auprès de tout État ainsi que l'une de ses entités territoriales ou territoire reconnu par la République française ou de tout organisme international dont cette dernière est membre ou tout organisme international du Pacifique*'; que, toutefois, cette faculté, qui n'appartenait pas jusqu'à présent à la Polynésie française, ne saurait, sans empiéter sur une matière de la compétence exclusive de l'État, conférer à ces représentations un caractère diplomatique ; que, sous cette réserve, l'article 15 n'est pas contraire à la Constitution* »[58].

De plus, et surtout, au titre de la souveraineté de compétences, c'est l'État qui attribue toute compétence, dans ses frontières, aux collectivités territoriales. Comme la Constitution le prévoit en renvoyant à la loi, voire à la loi organique en ce qui concerne les collectivités d'outre-mer et la Nouvelle-

---

[56] Const., art. 53-1, al. 1er, issu de la loi const. du 25 nov. 1993 en matière d'asile, et 88-1, al. 1er, issu de la loi const. du 4 févr. 2008 en matière de participation à l'Union européenne.
[57] CC, 26 juin 1986, *Privatisations*, déc. n° 86-207 DC, *Rec.* 61.
[58] CC, 12 févr. 2004, *Statut d'autonomie de la Polynésie française*, déc. 2004-490 DC, *Rec.* 41, consid. 27.

Calédonie[59], voire à la Constitution pour cette dernière collectivité territoriale[60], c'est bien à l'État, par une norme unilatérale de bon et haut niveau, au regard d'une exigence de démocratie administrative, sinon politique qu'il appartient de décentraliser, ou de décentraliser ou même de décentraliser : par exemple, en application de l 'article 15 de la loi du 7 août 2015 portant nouvelle organisation territoriale de la République, dite loi NOTRe, la région est compétente pour l'ensemble des services de transport, en ajoutant au transfert par la loi, au 1er janvier 2017, des départements à la région des compétences relatives au transport non urbain, régulier ou à la demande, le transfert, au 1er septembre 2017, entre ces mêmes catégories de collectivités de la compétence relative au transport scolaire, à une date plus tardive, car ajustée au calendrier scolaire.

B. Les pouvoirs propres de l'État

Il est entendu que les collectivités territoriales disposent, comme l'État, d'un pouvoir administratif qui est un pouvoir de nomination ou un pouvoir règlementaire, que ce pouvoir soit exercé par l'assemblée délibérante ou par l'exécutif de la collectivité. Mais, il est apparu nécessaire au pouvoir de révision de préciser, en 2003, que ce pouvoir réglementaire, les collectivités territoriales en disposent *« pour l'exercice de leur compétences »*[61], en liaison avec la clause d'attribution des compétences qui vaut pour toutes les collectivités territoriales, y compris les communes[62]. On observera, par exemple, qu'il en est ainsi, notamment, dans les outre-mer français qui sont en droit d'adapter le droit législatif ou réglementaire de l'État, cette adaptation par l'assemblée délibérante étant toujours de l'ordre de la réglementation administrative, sous le contrôle du juge administratif.

En revanche, en relation avec la souveraineté, le pouvoir constitutionnel dérivé et le pouvoir législatif sont des pouvoirs d'État parce qu'il n'y a de Constitution ou de lois que d'État dans un État unitaire qui est, par construction, mono-constitutionnel et mono-législatif. Il en est ainsi aussi poussée que soit la décentralisation de cet État unitaire, même lorsqu'elle est de nature politique, que le principe de spécialité s'applique, que la compétence de l'État est d'exception et que les normés de l'assemblée délibérante sont dénommées « *lois du pays* » : tel est le cas de la Nouvelle-Calédonie et la loi du pays calédonienne est et demeure un acte administratif bien que son

---

[59] Const., art. 74, al. 2 et 7, al. 1er.

[60] Const., titre XIII : Dispositions transitoires relatives à la Nouvelle-Calédonie. Il résulte de l'art. 76 nouveau la publicisation et la constitutionnalisation de l'accord de Nouméa du 5 mai 1998.

[61] Const., art. 72, al. 3.

[62] À ce sujet, Olivier Gohin, *Semper abest.* Sur la prétendue clause générale de compétence des collectivités territoriales", *in* Pauline Tûrk (dir.), *Pour un droit constitutionnel des collectivités territoriales - Évolutions et débats,* Paris, L'Harmattan, 2020, p. 203-222.

contentieux relève, par voie d'action ou d'exception, du Conseil constitutionnel[63] : car, ce n'est pas la compétence du juge qui fait la nature du contentieux.

C. La prévalence du droit de l'État

Cette multitude de normes qui proviennent tant de l'État que des collectivités territoriales suppose un principe d'ordre reposant sur une hiérarchie de ces normes afin de faire prévaloir la norme de l'État sur celle de la collectivité territoriale dans deux hypothèses proches :

- ce peut être sous le contrôle de l'État, plus précisément sous le contrôle du représentant de l'État[64] dont la mission constitutionnelle est d'avoir « *la charge des intérêts nationaux, du contrôle administratif et du respect des lois* »[65]. Ce contrôle, il l'exerce d'office ou à la demande de l'administré, par la voie du déféré préfectoral dirigé contre l'acte litigieux de la collectivité territoriale, c'est-à-dire de son assemblée délibérante ou de son exécutif[66] ;

-ce peut être sous le contrôle d'une personne physique ou morale ayant intérêt à agir contre l'acte litigieux qui lui fait grief, par la voie normale du recours pour excès de pouvoir[67], accompagné ou non d'une procédure en référé-suspension et-liberté, conditionnée par l'urgence[68].

Dans ces deux hypothèses, c'est alors à une autre institution d'État, la juridiction administrative compétente pour en connaître qu'il appartient d'exercer le contrôle juridictionnel initié par ce déféré préfectoral ou ce recours pour excès de pouvoir – ils se confondent largement, d'ailleurs[69] - en vue d'annuler, le cas échéant, l'acte litigieux, en tout ou en partie, selon la demande formée, en faisant prévaloir le droit supérieur de l'État, parce que la norme opposable invoquée, celle de l'État, est plus élevée que l'acte litigieux dans la hiérarchie des normes, à l'un ou l'autre de ces deux titres :

- soit l'acte de l'État est d'un niveau supérieur à l'acte de la collectivité territoriale et, selon une hiérarchie des actes qui suit la hiérarchie des

---

[63] Accord de Nouméa, doc. d'orientation, pt 2.1.3, Const., art. 77, al. 3 modif. et loi org. 19 mars 1999, art. 104 à 107 modif.

[64] La Constitution mentionne les représentants de l'État aux art . 13, al. 3 et 72, al. 6 et le contrôle de l'État à l'art. 74, al. 11.

[65] Const., art. 72, al. 6 préc.

[66] Dans le droit des communes par ex., CGCT, art. L. 2131-6 et -8.

[67] Cette hypothèse est consacrée, par ex. contre l'acte d'une autorité communale, par la loi : CGCT, art. L. 2131-9.

[68] CJA, art. L. 521-1 et -2.

[69] CE Sect., 13 janv. 1988, *Mutuelle générale du personnel des collectivités territoriales et de leurs établissements, Rec.* 7 ; *RFDA* 1988. 282, concl. Roux ; *AJDA* 1988. 143, chr. Azibert et M. de Boisdeffre.

personnes morales, la loi nationale prévaut sur le règlement local parce que l'État prévaut sur la commune ;

- soit l'acte de l'État est de même niveau que l'acte de la collectivité territoriale : un règlement ou un acte individuel, et, selon une hiérarchie des actes qui suit la hiérarchie des autorités administratives, le règlement national prévaut sur le règlement local parce que l'autorité d'État prévaut sur l'autorité locale.

Au surplus, les autorités d'État sont elles-mêmes hiérarchisées et le pouvoir règlementaire qui est général l'emporte sur le pouvoir de nomination qui est particulier.

On se contentera, pour illustrer ce propos d'un exemple, tiré de la crise sanitaire en cours et relatif à une réglementation du maire de la commune de Sceaux contestée par la Ligue des droits de l'homme sur le port obligatoire du masque de protection dans l'espace public de la commune par les personnes âgés de plus de dix ans : sur appel de la commune du jugement rendu sur référé-liberté, le Conseil d'État considère, en appel, que « *l'état d'urgence sanitaire ayant été déclaré pour faire face à l'épidémie de covid-19, l'usage par le maire de son pouvoir de police générale pour édicter des mesures de lutte contre cette épidémie est subordonné à la double condition qu'elles soient exigées par des raisons impérieuses propres à la commune et qu'elles ne soient pas susceptibles de compromettre la cohérence et l'efficacité des mesures prises par l'État dans le cadre de ses pouvoirs de police spéciale* »[70]. Dès lors que ces deux conditions, d'ailleurs cumulatives, ne sont réunies, en l'espèce, ni l'une ni l'autre, en particulier la seconde, il est jugé que l'arrêté contesté porte ainsi une atteinte grave et manifestement illégale à la liberté d'aller et venir et au droit de chacun au respect de sa liberté personnelle.

En conclusion, à la question posée, avec imprudence, sinon impudence, il est répondu que la France n'est pas une collectivité territoriale et qu'il n'en serait ainsi que si elle s'inscrivait dans une logique de souveraineté « *européenne* » qui signifierait une construction fédérale de l'Union européenne, avec une primauté du droit de l'Union résultant d'une Constitution européenne, et non de la jurisprudence fédéralisante de la Cour de justice, depuis 1964[71]. Car, tous les États membres – dont la France – n'ont pas complétement et définitivement accepté cette primauté, pas même les juges français, en particulier en cas de contrôle de constitutionnalité de la loi ou du règlement de transposition d'une directive européenne[72]. Pour autant, la

---

[70] CE ord., 17 avr. 2020, *Commune de Sceaux*, req. 440 057.

[71] CJCE, 15 juill. 1964, *Costa c/ ENEL*, aff. 6/64.

[72] le Conseil constitutionnel français se réserve ainsi la possibilité de retenir l'inconstitutionnalité d'une loi de transposition d'une directive européenne qui serait contraire à une disposition expresse de la Constitution (CC, 10 juin 2004, *Économie numérique*, déc. n°

question reste ouverte depuis que cette thématique supranationale est relancée dans le débat politique[73], avec le discours présidentiel de la Sorbonne du 26 septembre 2017 ou le traité bilatéral d'Aix-la-Chapelle du 22 janvier 2019.

Néanmoins, il y a loin probablement de la coupe aux lèvres. Encore ne faut-il ne pas trop pencher la tête en avant. Car, le fédéralisme rôde dans l'Union européenne, entre Strasbourg et Bruxelles, en passant par Luxembourg, et, avec lui, ce serait alors la réduction de la France à un État fédéré, un peu plus qu'une collectivité territoriale sans doute, beaucoup moins qu'un État certainement, dès lors que, par la souveraineté européenne, la souveraineté « *nationale* » serait immanquablement perdue.

2004-496 DC, *Rec.*101, consid. 7) ou même qui irait « *à l'encontre d'une règle ou d'un principe inhérent à l'identité constitutionnelle de la France, sauf à ce que le constituant y ait consenti* » (CC, 27 juil. 2006, *Droit d'auteur et droits voisins*, déc. n° 2006-540 DC, *Rec.* 88, consid. 19). Il en serait de même du Conseil d'État, en cas de transposition réglementaire de la directive : si le moyen de l'inconstitutionnalité est soulevé devant lui, il lui appartient, « *à défaut de règle ou de principe général du droit communautaire garantissant l'effectivité du respect de la disposition ou du principe constitutionnel invoqué* », d'examiner directement cette constitutionnalité (CE Ass., 8 févr. 2007, *Société Arcelor Atlantique et Lorraine et autres, Rec.* 55, concl. Guyomar ; *GAJA*, 22è éd., Paris, Dalloz, 2019, n° 105 et les réf.).

[73] À ce sujet, Olivier Gohin, « De la prétendue souveraineté européenne », contribution aux *Mélanges Armel Pécheul - Liberté, libertés*, coll. Libres d'écrire, Marseille, IS Edition, 2022, p. 205-232.

La libre administration des collectivités territoriales est-elle un principe juridique ? Une analyse de la jurisprudence du Conseil constitutionnel

Jacques Ferstenbert
Professeur émérite à l'Université d'Orléans
Avocat spécialiste de droit public

Mesdames, Messieurs, Cher(e)s collègues,

D'abord, qu'il me soit permis de remercier les initiateurs strasbourgeois de ces journées nationales de l'AFDCL. Merci tout particulièrement à notre collègue Arnaud Duranthon et à Madame Kraft, pour la remarquable organisation de ces journées. Merci de m'avoir invité à y participer.

Au regard du thème de ces journées, les organisateurs nous demandent d'abord, ce premier jour, de déconstruire. Je vais essayer d'apporter ma contribution à cette entreprise de déconstruction, en tentant de vous démontrer que le prétendu principe de libre administration des collectivités territoriales…n'est pas un principe juridique. Un peu frustré quand même de n'avoir pas l'occasion de « reconstruire » devant vous, de ne pouvoir vous préciser et démontrer ce qu'est, à mon sens, la libre administration si elle n'est pas un principe. Mais, la reconstruction est renvoyée au deuxième jour de ce colloque, et je ne vais pas intervenir deux fois ! Toutefois, puisque j'ai une réponse à proposer à cette interrogation, je vous renverrais tout à l'heure à des écrits qui l'expriment.

C'est l'interprétation de la lecture de la jurisprudence du Conseil constitutionnel qui me permet de dénier à la libre administration des collectivités territoriales la qualification de principe juridique. (A ce jour, 318 décisions du Conseil constitutionnel évoquent, plus ou moins, cette libre administration).

Nous le savons, la libre administration des collectivités territoriales est mentionnée à l'article 34 de la Constitution, qui définit le domaine de la loi et à l'article 72, qui attribue l'exercice de la libre administration à des conseils élus.

Le Conseil constitutionnel a fait de la libre administration un principe à valeur constitutionnelle. Dans un premier temps nous verrons comment, et avec quelle portée, ce faisant, il s'est éloigné de la lettre du texte constitutionnel. Dans une deuxième partie je tenterais d'expliquer pourquoi on ne peut pas qualifier la libre administration de principe juridique. En troisième lieu enfin, j'indiquerais quelles conséquences il convient de déduire de cette qualification erronée.

Vous allez entendre une présentation peu conventionnelle. Et déjà dans sa forme ternaire.

Et parce que j'ai peu de temps, je ne citerais oralement pas trop de décisions du Conseil constitutionnel mais, rassurez- vous, elles seront bien présentes dans le texte écrit de cette communication.

I. La consécration par le Conseil constitutionnel d'un principe de libre administration des collectivités territoriales, éloigné de la lettre de la Constitution

Le Conseil constitutionnel a réduit à un seul principe (englobant libre administration, compétences et ressources des collectivités territoriales) la disposition par laquelle le texte constitutionnel appelait à distinguer plusieurs principes fondamentaux. Cette appellation de principe, qui n'était pas à l'origine le fait du Conseil constitutionnel mais qu'il a adoptée, n'est pas appliquée avec une grande rigueur car, outre l'irrationalité de ses effets, elle est loin d'être présente dans toutes les décisions du Conseil relatives à la libre administration des collectivités territoriales.

A. L'unicité et la globalité du principe affirmé

Selon l'article 34, relèvent du domaine législatif, les principes fondamentaux : « de la libre administration des collectivités territoriales, de leurs compétences <u>et</u> de leurs ressources.

Dans une énumération, le rôle d'une virgule, comme celui de la conjonction de coordination « et », (toutes les grammaires nous l'affirment) est de séparer, de distinguer : et, en effet, la libre administration des collectivités territoriales, ce n'est pas la même chose que les compétences ou que les ressources de ces collectivités.

Cette séparation est renforcée par la révision constitutionnelle du 28 mars 2003, qui distingue mieux, dans des articles différents, la libre administration, les compétences et les ressources des collectivités territoriales.

Une séparation qui se justifie, d'ailleurs, par la portée différente de chacun de ces éléments : en effet, si les collectivités territoriales s'administrent librement, elles ne déterminent pas elles-mêmes les compétences et les ressources qui leur sont attribuées.

Et pourtant, lorsqu'il s'agit de déterminer les principes fondamentaux des compétences ou des ressources des collectivités territoriales, le Conseil constitutionnel affirme leur caractère législatif ou non, la plupart du temps, par référence au principe de libre administration : pas toujours mais très souvent. De même, selon qu'une collectivité est ou non dessaisie de certaines de ses compétences, la Haute juridiction estime qu'il est porté ou non atteinte au principe de libre administration des collectivités territoriales (V. 2014-411 QPC, 9 sept. 2014, à propos de l'élaboration par le préfet du plan de prévention des risques naturels). Le raisonnement du Conseil constitutionnel est semblable s'agissant des ressources : suivant que la compensation financière de charges transférées est plus ou moins bien ajustée, il est ou non porté atteinte à la libre administration d'une collectivité (Ex. 2016-549 QPC, 1er juillet 2016).

Pour le Conseil constitutionnel, la libre administration devient ainsi un principe unique, englobant également les compétences et les ressources des collectivités territoriales.

B. L'appellation de principe

Alors que la Constitution, en faisant référence à des principes fondamentaux, au pluriel, invite à identifier ces différents principes (identification nécessaire si l'on veut savoir ce qui est du domaine législatif), le Conseil constitutionnel propose un principe unique de libre administration, avec de sensibles différences d'appellation (principe à valeur constitutionnelle : 84-185 DC du 18 janvier 1985, 93-329 DC du 11 janvier 1994 ; principe constitutionnel : 85-196 DC du 8 août 1985, 91-298 DC du 24 juillet 1991, 98-401 DC du 10 juin 1998 ; ou encore simplement principe de libre administration) qui traduisent des hésitations.

Si la libre administration est un principe, comme le dit le Conseil constitutionnel, soyons logiques, Il faut lire la disposition de l'article 34 de la Constitution de la manière suivante : « la loi détermine les principes fondamentaux du principe de libre administration ».

« Les principes d'un principe… ! ». On admettra que cette locution à laquelle conduit l'affirmation du Conseil constitutionnel et qui, apparemment, n'a été aperçue par personne ou n'a gêné personne, est à la fois incompréhensible, voire absurde, et vide de sens, même si les principes mentionnés par le texte constitutionnel sont législatifs alors que le principe affirmé par le juge constitutionnel est de valeur constitutionnelle.

Donc, pour le Conseil constitutionnel, la libre administration est un principe unique et global, concernant la gestion mais aussi les compétences et les ressources des collectivités territoriales. Ce faisant, il s'est à l'évidence éloigné de la lettre de la Constitution.

C. L'origine de cette appellation de principe

D'où vient cette véritable réécriture de la Constitution par le Conseil constitutionnel ?

Contrairement à ce qui a été écrit initialement (L. Favoreu et L. Philip, Les grandes décisions du conseil constitutionnel, n° 32. § 45 : le principe constitutionnel de libre administration « affirmé pour la première fois dans la décision 23 mai 1979 et repris dans la décision 137 DC du 25 février 1982 ») et qui est encore confirmé de nos jours par une grande partie de la doctrine (sans doute par excès de confiance dans les écrits des prédécesseurs) ce ne sont pas la décision du 29 mai 1979 et celles du 25 février 1982 (82-137 DC, consid. 4 et 82-138 DC, consid. 6) qui évoquent un « principe » de libre administration. La première décision prend même soin de mentionner la libre administration (consid. 9) sans la qualifier alors que, dans la même phrase, elle désigne expressément « le principe » de séparation des pouvoirs. En réalité, ces trois décisions ne font qu'affirmer la valeur constitutionnelle de la libre administration, ce dont personne ne discute. Ce sont les commentateurs de ces décisions qui emploient le vocable de principe pour qualifier la libre administration (essentiellement Louis Favoreu : RDP 1979, 1703 ; RDP 1982, 1267 ; RDP 1983, 333 ; RDP 1984, 687 ; et aussi un peu plus tard, Jean-Claude. Nemery : AJDA 1984, 258). Mais toute la doctrine n'adhère pas à cette approche : Jean Boulouis (AJDA 1982, 303) fait notablement exception, qui évoque la libre administration sans jamais la qualifier de principe (et, pour en avoir discuté avec lui, ce n'est pas par inadvertance).

Par la suite, la notoriété de la doctrine aixoise de droit constitutionnel a manifestement influencé le Conseil constitutionnel (152 décisions sur 318 contiennent l'appellation principe) ainsi que la doctrine postérieure et le Conseil d'État, voire le législateur[1], si bien que, lorsque le Conseil constitutionnel (pour la moitié de ses décisions) ou une autre juridiction évoque simplement « la libre administration », les commentateurs interprètent l'absence du mot principe comme impliquant quand même l'existence du principe de libre administration. Au total, la référence à un « principe » de libre administration est dominante, mais pas exclusive. Il en résulte la nette impression que le recours à cette appellation n'est pas la conséquence d'un choix logique mais celle d'un comportement de facilité qui reproduit sans interrogation un concept intellectuel d'autant plus commode à utiliser qu'on s'abstient de le définir.

Il reste qu'en évoquant un seul principe, le Conseil constitutionnel oublie « les principes fondamentaux » de l'article 34.

Certes, il cite assez souvent dans ses décisions la phrase entière « les principes fondamentaux de la libre administration », mais c'est soit pour

---

[1] La loi de codification n° 96-142 du 21 février 1996 intitule le chapitre premier du titre unique du livre premier de la partie législative du CGCT « principe de libre administration » (mais l'article 10 de la loi 92-125 du 6 février 1992 comme l'article 1er de la loi 95-115 du 4 février 1998, ne contiennent que l'expression « libre administration », à côté, dans cette dernière loi, des « principes de décentralisation »).

reprendre la formule constitutionnelle citée par les requérants, soit par commodité, puisque la reprise de cette formule générale lui évite de préciser quels sont ces principes. Le Conseil constitutionnel a choisi de faire l'économie d'une recherche de ces principes fondamentaux, laissant au lecteur de ses décisions le soin de les découvrir (nous y reviendrons).

II. La création, par le Conseil constitutionnel d'un principe, à la fois inutile et ne correspondant pas aux critères d'un principe juridique

La présentation de la libre administration comme un principe juridique n'était pas utile. Ni, éventuellement pour pallier le manque de limpidité des textes constitutionnels, ni pour affirmer la valeur constitutionnelle de la libre administration. Par ailleurs, un principe juridique doit présenter des caractéristiques qu'on ne retrouve pas dans le contenu de la libre administration.

A. On admettra volontiers que le Conseil constitutionnel a le pouvoir créatif de suppléer les lacunes ou l'obscurité des dispositions constitutionnelles en y substituant une expression plus claire ou plus opérationnelle. Mais les textes constitutionnels relatifs à la libre administration, comme le renvoi à des principes fondamentaux ou encore la distinction, effectuée par la Constitution, entre libre administration, compétences et ressources, n'ont rien d'obscur. Il était inutile de procéder à une réécriture de ces dispositions.

B. Le Conseil constitutionnel n'était pas non plus obligé de présenter la libre administration sous la forme d'un principe pour affirmer sa valeur constitutionnelle qui, au demeurant, n'est mise en cause par personne.

D'autres appellations sont utilisées (concurremment à celle de principe), dont le Conseil constitutionnel affirme la valeur constitutionnelle : il existe ainsi, à côté des « principes », des « règles » à valeur constitutionnelle (83-168 DC du 20 janv. 1984, consid. 15), des « objectifs » à valeur constitutionnelle (86- 217 DC du 21 du 18 sept. 1986), des « dispositions » à valeur constitutionnelle (93-329 DC du 13 janv. 1994), et même un « concept juridique » à valeur constitutionnelle (le peuple français) : 91-290 DC, 9 mai 1991.

C. Comment reconnaît-on un principe juridique ? Georges Ripert écrivait, je cite : « les juristes parlent en général des principes juridiques comme d'une notion bien connue. Ils se dispensent ainsi de l'analyser ». [2]

[2] G. Ripert, Les forces créatrices du droit, LGDJ 1955, p. 326

Parmi les diverses significations du mot principe[3], et après avoir interrogé les juristes éminents qui ont tenté de proposer des définitions et des critères du principe juridique (notamment des publicistes comme Roger Latournerie, Benoit Jeanneau, R. E. Charlier[4] ; des privatistes, tels François Gény, Georges Ripert, Jean Boulanger[5]), on peut convenir (en synthétisant ce qu'ils disent) que le principe juridique (c'est-à-dire un principe comportant des effets de droit) est un ensemble systématique de règles unies par une idée directrice, à laquelle tout un développement ultérieur est subordonné. Le principe juridique sert à organiser et unifier ses conséquences, celles-ci ne pouvant logiquement contredire l'idée dont elles procèdent et à laquelle elles restent soumises. On dit encore, pour le distinguer de la simple règle juridique, qu'il est un précepte général unique visant une série indéterminée de situations. C'est la même norme, la même directive, le même énoncé qui doit se retrouver dans la variété des situations régies par le principe juridique.

C'est ainsi par exemple que Jacques Chevalier (AJDA 1972. 67) dénie au principe de séparation de la juridiction administrative et de l'administration active la qualité de principe juridique à cause de l'hétérogénéité de ses deux composantes.

Or, la jurisprudence du conseil constitutionnel rattache à la libre administration des préceptes normatifs d'une très grande hétérogénéité.

La libre administration permet en effet d'imposer aux collectivités territoriales des obligations, des sujétions, des charges, des limites, des interdictions : par exemple, imposer le prix de l'eau (83-166 DC du 29 décembre 1983), obliger les collectivités territoriales à réaliser un certain pourcentage de logements sociaux (2000-436 DC du 7 décembre 2000), donner un caractère obligatoire à certaines dépenses (90-274 DC du 29 mai 1990), obliger une collectivité territoriale à collaborer avec un établissement public non créé par elle (82-138 DC du 25 février 1982), rendre obligatoire l'affiliation de certaines collectivités territoriales à des centres de gestion de la fonction publique territoriale, et même, pour les collectivités non affiliées, les obliger à communiquer à ces centres de gestion leurs vacances d'emplois (83-168 DC du 29 janvier 1984), obliger les collectivités territoriales à motiver certaines de leurs décisions (88-154 L du 10 mars 1988), imposer des divisions administratives au sein de certaines communes (82-149DC du 28 décembre 1982), imposer aux collectivités de respecter une procédure

---

[3] V. A. Lalande, Vocabulaire technique et critique de la philosophie, Paris 1951, p. 827

[4] R. Latournerie, Essai sur les méthodes juridictionnelles du Conseil d'État, Livre jubil. CE, 1952 ; B. Jeanneau, Les principes généraux du droit dans la jurisprudence administrative, thèse Poitiers, Sirey 1954 ; R.E. Charlier, La technique de notre droit public est-elle appropriée à sa fonction ? EDCA 1951

[5] F. Gény, Science et technique en droit privé positif, Sirey, 2 vol. 1914-1924 ; G. Ripert, Les forces créatrices du droit, LGDJ 1955 ; J. Boulanger, Principes généraux du droit et droit positif, Mélanges Ripert 1950

déterminée d'adoption de leur budget (98-407 DC du 14 janvier 1999), la possibilité donnée au préfet de s'opposer au retrait d'une commune d'une communauté d'agglomération (CE 2 mars 2005, *Commune de Vedene,* n° 278123), l'obligation de respecter les prérogatives de l'État (82-137 DC du 25 février 1982 ; 91-290 DC du 9 mai 1991), etc...

A l'inverse, la libre administration donne aux collectivités des garanties, leur confère des pouvoirs, des droits, des facultés. Par exemple, l'obligation de consulter les communes en matière de planification régionale (84-174 DC du 25 juillet 1984), la garantie d'une périodicité raisonnable par laquelle les électeurs sont appelés à exercer leur droit de suffrage pour la désignation des membres des conseils élus (90-280 DC du 6 décembre 1990), le conseil constitutionnel reconnait les prérogatives des collectivités territoriales en matière de gestion et d'affectation de leur domaine public (96-378 DC du 23 juillet 1996), reconnait la possibilité pour l'autorité territoriale de recruter un ou plusieurs membres de cabinet et de mettre librement fin à leurs fonctions (83-168 DC du 20 janvier 1984), la faculté d'adhérer à un organisme public de droit étranger (94-358 DC du 26 janvier 1995), un département peut créer un conseil départemental de concertation et en fixer librement l'organisation et le fonctionnement (CAA Marseille 16 janvier 2004, *Département du Vaucluse,* n° 03MA02384), etc...

On ne peut rationnellement pas considérer que toutes ces normes que le Conseil constitutionnel (voire le juge administratif) rattache à la libre administration procèdent d'un principe juridique unique. Elles sont trop différentes, voire trop contradictoires, entre elles.

En revanche, ces normes sont ou peuvent être, des principes fondamentaux de la libre administration, relevant à ce titre de la compétence législative et faisant partie du régime juridique rattaché à la libre administration des collectivités territoriales.

Mais contrairement à ce qu'il semblait vouloir entreprendre en 1984, lorsqu'il disait (83-168 DC, 20 janv. 1984, consid. 5) : l'affiliation des collectivités territoriales à des centres de gestion et les limitations de recrutement d'agents contractuels ne sont pas contraires à la Constitution, « sous réserve de déterminer ces principes fondamentaux »), le Conseil constitutionnel a renoncé à cette entreprise de détermination.

Il ne dit pas lui-même ce que sont ces principes fondamentaux de la libre administration, n'en propose pas une liste, faisant l'économie d'un effort qui aurait pourtant été bien utile aux collectivités territoriales, et aux juridictions administratives, pour savoir ce qui est permis et ce qui est interdit aux collectivités territoriales. Ne distinguant pas, entre la simple solution d'espèce et la formulation d'un véritable principe fondamental, il laisse au lecteur de ses décisions le soin de découvrir lui-même l'existence d'un principe fondamental. A ma connaissance, il semble qu'il n'existe qu'une seule exception, où le Conseil constitutionnel qualifie explicitement une disposition législative de principe relevant de la libre administration : le premier alinéa de l'art. 110 de la loi n° 84-53 du 26 janvier 1984, qui permet le libre recrutement (relatif d'ailleurs, s'agissant du nombre) et la libre faculté de mettre fin aux fonctions des collaborateurs de cabinet (CC 83-168 DC, 20 janvier 1984, consid. 18).[6]

III. Les conséquences de l'appellation erronée de principe (unique et global) de la libre administration

En faisant de la libre administration un trop vaste principe juridique, le Conseil constitutionnel condamne sa jurisprudence à un subjectivisme de nature à alimenter une contestation d'autant plus forte que ses décisions traduisent également une dévalorisation de la libre administration par rapport à d'autres normes constitutionnelles. Ce sont des motifs qui renforcent la nécessité méthodologique de qualifier la libre administration autrement que sous forme d'un principe juridique.

A. Le relativisme et la subjectivité de la jurisprudence du Conseil constitutionnel

N'ayant pas fait l'effort de déterminer une liste des principes fondamentaux de la libre administration (comme il l'a pourtant fait dans les autres matières législatives : voir ci-après), ne disant pas objectivement et avec précision ce qui est permis aux collectivités territoriales ou ce qui leur est interdit, le Conseil constitutionnel se contente d'effectuer un contrôle de proportionnalité de la loi, au regard du trop vaste et trop vague principe de libre administration. Les formules utilisées expriment un relativisme, une subjectivité, qui n'informent pas et qui pourraient alimenter un soupçon d'arbitraire. La loi ne doit pas imposer « une contrainte excessive » au principe de libre administration. Le législateur ne doit pas restreindre la libre administration « au point de méconnaitre » les dispositions de l'article 72 de la Constitution. Le Conseil constitutionnel sanctionne la loi qui porterait à la libre administration des collectivités territoriales « une atteinte manifestement disproportionnée », « au point de dénaturer » ou « d'entraver » leur libre administration. Les dispositions législatives ne doivent pas avoir « une portée de nature à mettre en cause le principe de la libre administration des collectivités territoriales », ne doivent pas avoir « une ampleur telle qu'elle entraverait la libre administration », etc....

---

[6] Encore que le Conseil constitutionnel indique, dans le considérant 18 de sa décision 83-168 DC, que la disposition législative examinée consacre, non pas un principe fondamental de l'article 34, mais « un principe conforme aux exigences de l'article 72 de la Constitution ».

Ce qui sépare l'atteinte à la libre administration ou l'absence de mise en cause de celle-ci apparaît, du fait des expressions utilisées, très relatif, très imprécis, subjectif, et à déterminer au cas par cas, dans chaque espèce, par le Conseil constitutionnel lui-même et non au moyen de principes fondamentaux qu'il aurait énoncés et qui pourraient s'appliquer ensuite dans des cas semblables.

Force est de constater que le Conseil constitutionnel traite ainsi la libre administration de façon singulière. Il détermine en effet avec beaucoup plus de clarté les principes fondamentaux de chacune des autres matières de l'article 34 de la Constitution. Sa jurisprudence détermine et énumère de nombreux principes fondamentaux, au titre de l'organisation de la défense nationale, de l'enseignement, du régime de la propriété, des obligations civiles et commerciales, du droit du travail et de la sécurité sociale.[7]

Contrairement à ces autres matières de l'article 34, dont la loi détermine également les principes fondamentaux, la libre administration est présentée comme un seul, vaste et vague principe dont l'ampleur englobe quasiment toute la gestion des collectivités territoriales en même temps que leurs compétences et leurs ressources.

Or, c'est un phénomène souvent relevé, plus un concept est vaste, plus son extension est grande, moins sa compréhension est précise[8] car plus est ténu ce qui réunit les objets ou les situations qu'il synthétise[9].

B. *Une conciliation déséquilibrée avec les autres normes constitutionnelles*

Le Conseil constitutionnel doit exercer en permanence un arbitrage entre des dispositions constitutionnelles en conflit : un arbitrage qui doit être équilibré puisqu'il affirme lui-même l'absence de hiérarchie entre les normes constitutionnelles (81-132 DC, 16 janv. 1982). Mais, s'agissant de la libre administration, il faut reconnaître qu'elle cède le pas lorsque le Conseil constitutionnel décide, à plusieurs reprises, que les conditions essentielles d'application d'une loi organisant l'exercice d'une liberté publique ne doivent pas dépendre des décisions des collectivités territoriales et ainsi, ne pas être les mêmes sur l'ensemble du territoire (84-185 DC, 18 janv. 1985 ; 93-329 DC, 13 -janv. 1884; 2001-454 DC, 17 janv. 2002). Pour le Conseil

[7] V. J. Ferstenbert, La libre administration des coll. territoriales : principe juridique ou notion juridique ? Mélanges Henri Jacquot, PU Orléans, 2006 p. 225 et s.

[8] Pour R. Bonnard (Les concepts de la science de l'État, RDP 1943, p. 236), la compréhension et l'extension d'un concept varient en sens inverse.

[9] M. Hauriou estimait (S. 1927. III. 121), comme J. Rivero (Le régime des entreprises nationalisées in La distinction du droit privé et du droit public et l'entreprise publique. Archives de philosophie du droit. Sirey 1952, p. 157) qu'une notion peut devenir inutilisable à cause de son ampleur.

constitutionnel, le principe de libre administration ne doit pas non plus conduire à des ruptures d'égalité dans l'attribution des prestations sociales (96-387 DC, 21 janv. 1997 ; 2003-487 DC, 18 déc. 2003). Jean-Marie Pontier voit, à juste titre, dans ces conciliations déséquilibrées « une indéniable restriction de la libre administration des collectivités locales » (Rev. Adm. 1994.61).

Le Conseil constitutionnel développe donc une jurisprudence peu favorable à la libre administration des collectivités territoriales[10], qui relaie objectivement le jacobinisme des administrations d'État et qui pourrait être considérée comme une politique jurisprudentielle.

C. Si la libre administration n'est pas un principe juridique, qu'est-elle ?

Comme je l'ai dit, je ne répondrais pas ici à cette question, qui relèverait du thème de la deuxième journée, consacrée à la reconstruction.

Mais j'ai essayé d'y répondre ailleurs (J. Ferstenbert, La libre administration des collectivités territoriales : principe juridique ou notion juridique ? *in* Mélanges en l'honneur de Henri Jacquot. P.U. Orléans 2006, p. 223 et s.) dans une étude où sont distingués les principes juridiques et les notions juridiques (p. 232 et s.) et où il est montré que la diversité des règles rattachées à la libre administration par le Conseil constitutionnel s'explique mieux si celle-ci est analysée comme une notion juridique (p. 240 et s.).

Conclusion

La conclusion de la présente communication tiendra en trois observations.

La première est une interrogation légitime mais dont on connait la réponse. Au fond, en dehors du souci de qualifier avec exactitude les concepts juridiques (ce qui n'a évidemment rien d'accessoire, notamment aux plans épistémologique et didactique), est-ce que la qualification juridique de la libre administration change quelque chose aux décisions du Conseil constitutionnel ? Assurément non. Que la libre administration soit ou non un principe juridique ne modifie certainement pas le dispositif des décisions du Conseil constitutionnel.

Car, (deuxième observation) comme on le sait, le Conseil constitutionnel a toujours raison, même quand il a tort, puisque ses décisions s'imposent à tous, selon l'article 62 de la Constitution. Plus exactement, les décisions du

---

[10] V. Le caractère peu favorable à l'autonomie locale des choix et des méthodes du Conseil constitutionnel : J. Ferstenbert, La libre administration des collectivités territoriales : la création discutable d'un principe constitutionnel *in* Constitution et collectivités territoriales (dir. J-M. Pontier et D. Guignard), Lexis Nexis 2019, p. 39 et s.

Conseil constitutionnel (le dispositif et les motifs : 62-18 L du 16 janvier 1962) s'imposent aux pouvoirs publics et à toutes les autorités administratives et juridictionnelles avec, selon le Conseil d'État et la Cour de cassation, une autorité relative de la chose jugée, et dans la limite d'une identité d'objet et de cause juridique.

Heureusement (troisième observation), la doctrine universitaire n'est pas citée par l'article 62 de la Constitution. Elle conserve son pouvoir de critique, au moins aux points de vue intellectuel, scientifique, méthodologique. Ce pouvoir de critique ne modifie certes pas le droit positif (c'est-à-dire ce que le Conseil constitutionnel a déclaré conforme ou contraire à la Constitution) mais il est susceptible d'influencer ses décisions futures et (pour autant qu'il soit sensible à l'argumentation universitaire), à les rendre plus rationnelles, plus intelligibles, afin, notamment, qu'il dise plus clairement ce qui est permis ou interdit aux collectivités territoriales, du fait de la libre administration affirmée par la Constitution.

Il s'agit donc là d'un objectif scientifique, relevant des missions universitaires, mais qui comporte aussi une finalité pratique, utile aux collectivités et aux praticiens, et qui me parait digne d'être poursuivi et développé.

Je vous remercie pour votre attention.

La compétence comme critère de définition des collectivités territoriales

Cécile Regourd
Maître de conférences à l'Université Grenoble-Alpes

Il est, assurément, téméraire de prétendre traiter comme sujet de cet atelier théorique, la question de la compétence comme critère de définition des collectivités territoriales. Cette question inclut, en effet, au moins en partie, le débat sur la clause générale de compétence.

Or, d'une part, celle-ci a déjà donné lieu à l'une des littératures juridiques les plus abondantes constituant, selon l'expression du Professeur Rivero, l'une des « *autoroutes à grande circulation doctrinale* » du droit des collectivités territoriales, au point que l'on court le risque d'arriver trop tard lorsque tout a déjà été dit.

D'autre part, et surtout, lors des journées annuelles 2019 de notre association, le professeur Gohin a consacré une brillante communication à la « *prétendue* » clause générale de compétences des collectivités territoriales, en concluant, que cette discussion serait désormais – je cite – « *hors de propos, y compris pour les communes* » et qu'en conséquence, ce sont ses derniers mots, « *cela évite de discourir ensuite de rien, pour rien* »[1].

Ma communication pourrait donc se ramener à une tentative désespérée d'échapper à un discours nihiliste sur le culte d'un néant juridique.

Pour tenter de déjouer une telle malédiction, il paraît nécessaire de circonscrire plus précisément les limites, ou le cadre, du débat en cause. L'apparente antinomie, irréductible, entre diverses analyses doctrinales paraît en effet pouvoir être reconsidérée, sur la base de ce qu'il est convenu de qualifier de prolégomènes doctrinales, conformes aux dispositions du droit positif. Ces éléments de cadrage préalable nous paraissent, à titre principal, être les suivants :

D'une part, de manière générique et abstraite : tout critère de définition ou d'identification d'une notion juridique peut s'entendre soit en termes d'approche intrinsèque, de définition en soi, soit en termes d'approche référentielle, en termes de classification, ou de typologie de différentes notions juridiques : le critère est alors pour l'essentiel un critère de distinction.

---

[1] O. Gohin, « Semper abest. La prétendue clause générale de compétence des collectivités territoriales », in P. Türk (dir.), *Pour un droit constitutionnel des collectivités territoriales. Évolutions et débats,* L'Harmattan, coll. « Droit des collectivités territoriales, Travaux de l'Association française de droit des collectivités locales », p. 222.

D'autre part, de manière spécifique et plus concrète, s'agissant des collectivités territoriales, leur identification renvoie bien notamment à un critère de compétences. Une collectivité territoriale, comme tout autre institution, intègre un critère fonctionnel de compétences, au même titre qu'un critère organique de statut et de désignation de ses représentants. L'ensemble des présentations de la doctrine du droit des collectivités territoriales, depuis l'origine des analyses autour de la décentralisation, utilise une diversité d'éléments, de critères, pour définir la notion de collectivités territoriales et de décentralisation[2].

A ce stade, pas de difficulté : les compétences constituent assurément l'un des critères de la définition des collectivités territoriales, au même titre que d'autres éléments participant identiquement à définir conjointement le principe constitutionnel de libre administration.

Mais la question subséquente est alors celle de la nature de ces compétences, de leurs caractères propres, ou de leur mode d'attribution. Selon une première approximation, divers modes d'attribution des compétences sont concevables sans que cela induise nécessairement un régime de décentralisation distinct.

Pour l'essentiel, deux modèles d'attribution des compétences sont concevables – étant souligné que dans l'un et l'autre cas – ils dépendent du législateur, de la loi et de leur conformité à la Constitution. L'État seul disposant « *de la compétence de sa compétence* ». Le premier modèle est celui de l'attribution expresse, énumérative, des compétences pour chaque catégorie de collectivités territoriales. Le second est celui d'un critère général, abstrait, renvoyant, en l'occurrence, à ce qui fut qualifié d'intérêt public local ou d'affaires locales, ayant généré la notion de clause générale de compétences[3].

Il pourrait, certes, y avoir un débat proprement lexical, ou sémantique, pour séparer, autonomiser ces diverses notions d'intérêt public local, d'affaires locales et de leur traduction entre termes de clause générale de compétence. Mais sur le terrain proprement juridique, la clause générale de compétences n'a pas d'autre contenu, pas d'autre fondement, que de rendre compte d'une habilitation générale à agir d'une collectivité lorsqu'est en cause un intérêt

---

[2] A. de Laubadère, *Traité élémentaire de droit administratif*, LGDJ, 5ème éd., 1970 ; J. Bourdon, J.-M. Pontier, J.-C. Ricci, *Droit des collectivités territoriales*, PUF, coll. « Thémis Droit », 1987 ; M. Bourjol, S. Bodart, *Droit et libertés des collectivités territoriales*, Masson, coll. « Droit de l'administration locale », 1984 ; J. Rivero, J. Waline, *Droit administratif*, Dalloz, coll. « Précis de droit public », 17ème éd., 1998 ; G. Vedel, *Droit administratif*, PUF, coll. « Thémis », 6ème éd., 1976.

[3] Cf. not. B. Faure, *Droit des collectivités territoriales*, Dalloz, coll. « Précis », 6ème éd. 2021 ; M. Verpeaux, L. Janicot, *Droit des collectivités territoriales*, LGDJ, coll. « Manuel », 2ème éd., 2021

public local, sous la seule réserve que la compétence en cause n'ait pas été expressément attribuée à une autre collectivité.

En termes d'identification intrinsèque d'une collectivité territoriale, rien ne paraît imposer une définition à partir d'une quelconque clause générale de compétences : une énumération explicite, énumérative des compétences par le législateur peut parfaitement répondre aux mêmes exigences décentralisatrices dès lors qu'en toutes hypothèses, c'est l'État unitaire, via la loi, qui définit le périmètre d'intervention des dites collectivités.

Mais le propre des notions juridiques et de leurs critères de définition est comme l'a notamment démontré le Professeur Eisenmann[4] que dans tout système juridique, elles sont indissociables de classifications, de typologies, donc de définitions référentielles. Tout système juridique inclut une diversité d'institutions qui ont en commun d'exercer des compétences et dont les traits d'identification et de distinction se fondent, par exemple, sur le mode d'attribution des dites compétences. Ce débat dépasse le cadre des seules collectivités territoriales et concerne, notamment, la distinction entre personnes corporatives et personnes fondatives traitée par une autre contribution de ce colloque.

Or, durant de longues décennies, la doctrine publiciste, quasi-unanime, les grands auteurs des manuels de droit public et de droit des collectivités territoriales, n'ont cessé de célébrer la dichotomie des deux principales catégories de personnes de droit public sur la base d'un tel critère d'opposition : clause générale pour les collectivités territoriales, principe de spécialité pour les établissements publics, intégrant la sous-catégorie des établissements publics territoriaux.

De telle sorte que la suppression de la clause générale de compétences par la loi NOTRé du 7 août 2015 aboutit à priver les collectivités territoriales du critère de définition permettant jusqu'alors de les opposer aux établissements publics territoriaux, et donc à déconstruire l'intelligibilité même du système institutionnel territorial. Nous n'ignorons pas que la formule de « suppression » de la clause générale est elle-même contestée par une partie de la doctrine, comme précédemment évoqué.

S'agissant donc désormais de s'interroger sur la compétence comme critère de définition des collectivités territoriales, il convient, d'abord, de revenir sur le processus d'agonie de la clause générale de compétence (I) puis d'en mesurer les conséquences sur l'identification juridique des collectivités territoriales (II).

---

[4] Ch. Eisenmann, « Quelques problèmes de méthodologie des définitions et des classifications en science juridique », *Arch. Phil. Dr*, 1966, n°11, et sur la question spécifique de la décentralisation cf. Ch. Eisenmann, *Centralisation et décentralisation : esquisse d'une théorie générale*, LGDJ, 1948.

I. Le processus d'agonie de la clause générale de compétences comme critère de définition des collectivités territoriales

La figure d'un processus d'agonie postule d'abord une existence juridique préalable (A), ensuite une succession d'étapes, non réductible à un acte juridique isolé (B), enfin l'opportunité de délivrer un permis juridique d'inhumer (C).

A. L'existence légale de la clause générale de compétences

Conformément à la présentation majoritaire, sinon unanime en doctrine, ce mode d'attribution des compétences se fonde sur les termes mêmes de textes législatifs, à commencer par la loi départementale du 10 août 1871 dont l'article 48 alinéa 5 retenait que le conseil général délibère « *sur tous les objets d'intérêt départemental dont il est saisi* », fondant ainsi la notion d'affaires départementales, ou d'intérêt public départemental et servant bien de critère d'habilitation à agir pour la collectivité départementale. La loi municipale du 5 avril 1884 a repris, quelques années plus tard, la même inspiration dans son article 61 selon lequel « *le conseil municipal règle par ses délibération les affaires de la commune* ».

Il serait, certes, loisible, alors que cela a été peu analysé, de s'interroger sur les causes qui ont conduit à reconnaître cette définition de la compétence locale d'abord au profit du département, et ensuite seulement au profit de la commune alors que celle-ci était, pour des raisons historiques et politiques, au cœur de la notion d'affaires locales[5]. Deux raisons principales peuvent vraisemblablement expliquer cette situation : une raison proprement politique relative, précisément, aux risques de l'autonomie communale à la suite de l'insurrection de la Commune de Paris en 1871[6], et une raison inverse, de caractère institutionnel, concernant l'exécutif départemental alors détenu par le préfet.

Sur la base de ces deux textes législatifs de 1871 et 1884, l'intérêt public local a bien constitué l'un des critères d'identification des collectivités territoriales, pour tous les domaines non expressément attribués par la loi à une autre collectivité. Ce qui signifiait conjointement que les compétences de chaque collectivité ne relevaient évidemment pas à titre exclusif de l'intérêt public local – communal ou départemental – mais que celui-ci constituait un critère d'attribution complémentaire, en sus des compétences expressément énumérées par la loi sans caractère limitatif.

Cette complexité a été aggravée avec la réforme de la décentralisation des années 1982-1983, abusivement qualifiée d'Acte I de la décentralisation (dès

---

[5] L.-J. Chapuisat, *La notion d'affaires locales en droit administratif français*, Thèse Paris, 1971

[6] P. Bodineau, M. Verpeaux, *Histoire constitutionnelle de la France*, Que sais-je ?, 2020.

lors qu'elle venait précisément réformer les deux grandes lois précitées du siècle précédent) et ouvrant une période de mise en péril de la clause générale.

B. La mise en péril de la clause générale de compétences

Par-delà ses vertus épistémologiques d'éclairage du système politico-administratif décentralisé, la clause générale de compétences avait induit des difficultés d'application se traduisant par des chevauchements de compétences, et des financements croisés, souvent critiqués en doctrine. Ces difficultés ont conduit le législateur à la définition de « blocs de compétences » par catégorie de collectivités territoriales, à partir de la loi du 7 janvier 1983[7]. Dans l'idéal, l'aboutissement du projet en cause, fondé sur l'énumération de blocs de compétences pour chaque collectivité territoriale aurait pu, ou dû, déjà sonner le glas de la clause générale de compétences. Une partie de la doctrine s'était alors exprimée en ce sens. Il n'en fut rien car le projet initial ne fut qu'imparfaitement réalisé, réduisant certes la portée, ou le périmètre potentiel, de la clause générale du fait de la sensible extension des attributions énumératives mais laissant subsister celles-ci. Le caractère simplement complémentaire de la clause était alors aggravé[8].

La situation était même davantage complexifiée dès lors que pour des raisons conjoncturelles de nature politico-économique, de mobilisation de l'ensemble des collectivités, la loi formulait par ailleurs le principe selon lequel les communes, les département, les régions « *concourent avec l'État à l'administration et à l'aménagement du territoire, au développement économique, social, sanitaire, culturel et scientifique, à la promotion de la santé, à la lutte contre les discriminations, à la promotion de l'égalité entre les femmes et les hommes ainsi qu'à la protection de l'environnement, à la lutte contre l'effet de serre par la maitrise et l'utilisation rationnelle de l'énergie, et à l'amélioration du cadre de vie* »[9]. Une telle formulation portait en germe la négation d'un intérêt public proprement communal ou proprement départemental, chaque niveau territorial étant identiquement mobilisé pour des causes communes.

La pérennité ambiguë de la clause générale de compétences subsistait cependant encore dès lors que la même réforme, dite de l'Acte I de la décentralisation, venait avec la loi du 2 mars 1982[10] ériger la région en collectivité territoriale et que la mutation du statut d'établissement public en

---

[7] Loi n° 83-8 du 7 janvier 1983 relative à la répartition de compétences entre les communes, les départements, les régions et l'État.
[8] Sur cette question cf. not. J.-M. Pontier, « Semper manet sur une clause générale de compétence », *RDP*, 1984, n°6, pp. 1443-1472.
[9] Art. L 1111-2 alinéa 2.
[10] Loi n° 82-213 du 2 mars 1982 relative aux droits et libertés des communes, des départements et des régions.

collectivité territoriale, s'était logiquement traduite par l'application à celle-ci du même dispositif d'attribution des compétences que celui caractérisant la commune et le département : « *le conseil régional règle par ses délibérations les affaires de la région* »[11].

C'est, cependant, la révision constitutionnelle du 28 mars 2003, modifiant l'article 72 de la Constitution, qui paraît avoir porté un coup décisif à l'encontre de la survie de la clause générale de compétences comme critère d'identification des collectivités territoriales.

L'alinéa 2 porte désormais que « *les collectivités territoriales ont vocation à prendre les décisions pour l'ensemble des compétences qui peuvent être le mieux mises en œuvre à leur échelon* ». Le vocable de subsidiarité n'est pas expressément formulé mais c'est bien en ces termes que cette disposition a été entendue. Le critère abstrait, théorique, de l'intérêt public local ou des affaires locales est alors rétrogradé au profit d'un critère concret de « *meilleure mise en œuvre* » c'est-à-dire de nature managériale ou performative. Le Conseil constitutionnel a seulement circonscrit la portée de cette disposition dans les relations entre l'État et les collectivités territoriales, en précisant logiquement que « *le choix du législateur d'attribuer une compétence à l'État plutôt qu'à une collectivité territoriale ne pourrait être remis en cause... que s'il était manifeste qu'eu égard à ses caractéristiques et aux intérêts concernés, cette compétence pouvait être mieux exercée par une autre collectivité territoriale* »[12].

Le coup de grâce juridique à l'encontre de la clause générale est cependant intervenu au cours d'une forme inédite de vaudeville politique entre 2010 et 2015, permettant de conclure à la disparition de la clause générale comme critère de définition des collectivités territoriales.

C. La disparition explicite de la clause générale de compétences

Il ne paraît pas nécessaire de revenir sur les 3 actes de la mauvaise pièce de théâtre politico-juridique portant le titre de suppression de la clause générale : acte 1 : loi de 2010[13] procédant à sa suppression dans des termes

[11] Article 59 alinéa 2.

[12] Décision n° 2005-516 DC du 7 juillet 2005 Loi de programme fixant les orientations de la politique énergétique. Cf. not. J.-F. Brisson, « Les nouvelles clefs constitutionnelles de répartition matérielle des compétences entre l'État et les collectivités locales », *AJDA*, 2003, n°11, pp. 529-539

[13] Loi n° 2010-1563 du 16 décembre 2010 de réforme des collectivités territoriales.

alambiqués et contradictoires[14], acte 2 : loi de 2014[15] rétablissant solennellement ce nouveau Lazare juridique, acte 3 : loi de 2015[16] procédant à sa suppression explicite s'agissant du département et de la région, par un simple petit complément rédactionnel selon lequel ces deux collectivités règlent, certes, par leurs délibérations les affaires les concernant mais, mortelle précision, « *dans les domaines de compétences que la loi leur attribue* ».

Entre-temps, saisi de la loi de 2010, le Conseil constitutionnel avait récusé que les dispositions de la loi départementale de 1871 précitées aient pu « *avoir donné naissance à un principe fondamental reconnu par les lois de la République* » de nature à pouvoir censurer la volonté législative. Mais pour ce faire, il n'avait pas craint de retenir « *que ces dispositions n'ont eu ni pour objet ni pour effet de créer une clause générale rendant le département compétent pour traiter de toute affaire ayant un lien avec son territoire* ». Formulation péremptoire ayant suscité de vigoureuses critiques doctrinales[17], rappelant combien le droit est une science de l'interprétation, une heuristique éventuellement aléatoire, mais ayant en l'occurrence constitué l'issue du droit positif.

Pour les mêmes raisons, la nouvelle suppression par la loi NOTRé de 2015 ne pouvait subir de désaveu de la part du Conseil constitutionnel. Mais à ce stade, restait la question des communes toujours identifiables sur la base de la clause générale de compétences, la rédaction même de l'article L 2121-29 du CGCT, issu de la loi de 1884 restait inchangé : « *Le conseil municipal règle par ses délibération les affaires de la commune* ». L'exposé des motifs du

---

[14] Le Conseil départemental et le conseil régional pouvaient néanmoins « par délibération spécialement motivée se saisir de tout objet d'intérêt départemental ou régional pour lequel la loi n'a donné compétence à aucune autre personnes publique ». Cette résurgence résiduelle de la clause générale de compétence avait, assez paradoxalement, permis au Conseil constitutionnel d'en déduire que « par suite devait être écarté le grief d'atteinte au principe de libre administration des collectivités territoriales ».

[15] Loi n° 2014-58 du 27 janvier 2014 de modernisation de l'action publique territoriale et d'affirmation des métropoles.

[16] Loi n° 2015-991 du 7 août 2015 portant nouvelle organisation territoriale de la République.

[17] Décision n°2010-618 DC du 9 décembre 2010 *Loi de réforme des collectivités territoriales*, R. Bousta, « Les sages choisissent la prudence », *LPA*, 2011, n°14, pp. 5-8 ; H. Jozefowicz, « Clause générale de compétence : entre suppression en trompe l'œil réintroduction éphémère et constitutionnalité ambigüe », *Politeia*, 2015, n°27, pp. 493-511 ; S. Lamouroux, « La réforme des collectivités territoriales et le Conseil constitutionnel : ombres et lumières », *RFDC*, 2012, n°89, pp. 83-103 ; M. Le Roux, « La norme constitutionnelle impuissante face à la rationalisation des administrations décentralisées », *Constitutions*, 2011, n°4, pp. 495-506 ; G. Marcou, « Le Conseil constitutionnel et la réforme des collectivités territoriales », *AJDA*, 2011, n°3, pp. 129-131 ; J.-M. Pontier, « Requiem pour la clause générale de compétence », *JCPA*, 2011 n°2, pp. 47-55 ; M.-C. Rouault, « La loi de réforme des collectivités territoriales au crible du Conseil constitutionnel », *JCPA*, 2011, n°2, pp. 16-22 ; M. Verpeaux, « Les ambigüités constitutionnelles entretenues du droit constitutionnel des collectivités territoriales », *AJDA*, 2011, n°2, pp. 99-106.

projet de la loi précité du 7 août 2015 explicitait clairement cette non prise en compte des communes s'agissant de la suppression de la clause générale : « *à la clause de compétence générale qui permettait jusqu'à présent aux régions et aux départements d'intervenir en dehors de leurs missions principales, parfois de manière concurrente, souvent de façon redondante, se substitueront des compétences précises confiées par la loi* ». On comprend, dans ces conditions, que le Professeur Gohin lui-même, auteur d'une critique radicale à l'encontre de la clause générale de compétence, ait pu concéder dans l'introduction de sa contribution précitée que le débat sur celle-ci relancé entre 2010 et 2015 « *ne semble toujours pas clos, loin de là pour ce qui concerne les communes* »[18].

Saisi par la voie d'une QPC concernant encore la suppression de la clause générale des départements, le Conseil, dans sa décision du 16 septembre 2016[19], statue cependant sur la base d'une formulation générique dépassant le seul cas des départements, pour lequel il était saisi, en considérant que « *le troisième alinéa de l'article 72 de la Constitution n'implique pas, par lui-même, que les collectivités territoriales doivent pouvoir intervenir dans les domaines pour lesquels aucune autre personne publique ne dispose d'une compétence* ».

Selon une telle formulation, visant de manière générique les collectivités territoriales, les communes n'échappent plus au sort réservé aux départements et aux régions. En termes de qualifications juridiques, cette unification des régimes de compétences des diverses catégories de collectivités territoriales paraît satisfaisante, tant les incohérences conceptuelles paraissent désormais dominer le système juridique décentralisé.

II. La portée de l'abandon du critère de la compétence pour définir les collectivités territoriales

Les évolutions récentes qui viennent d'être retracées sur le terrain des compétences des collectivités territoriales ont clairement privé celles-ci de l'un de leurs critères de définition, et dans le même mouvement, privé la dichotomie centrale des personnes publiques entre collectivités territoriales et

---

[18] O. Gohin, « Semper abest. La prétendue clause générale de compétence des collectivités territoriales », *op. cit.*, p. 204.

[19] Décision n°2016-565 QPC du 16 septembre 2016 *Assemblée des départements de France*, *cf.* not. A. Duranthon, « À propos d'un cheval de Troie : le Conseil constitutionnel et la suppression de la clause de compétence générale », *Constitutions*, 2016, n°4, pp. 677-686 ; B. Faure, « La fin d'une catégorie juridique : la collectivité territoriale ? », *AJDA*, 2016, n°43, pp. 2438-2443 ; B. Plessix, « Clause minimum de compétence », *DA*, 2016, n°12, pp. 1-2 ; A. Siffert, « Éclaircie sur la compétence non générale des collectivités territoriales, à propos de la décision du Conseil constitutionnel du 16 décembre 2016 Association des départements de France », *JCP A*, 2016, n°39, pp. 7-8 ; M. Verpeaux, « Suppression de la compétence générale des départements : la fin du Vendée Globe ? », *JCP G*, 2016, n°43, pp. 1971-1975.

établissements publics de ses fondements. Comment dépasser de telles difficultés ?

La prise en compte des compétences des collectivités territoriales au seul prisme du principe constitutionnel de libre administration s'avère, d'abord, inopérant à constituer un quelconque critère substitutif d'identification (A). Il apparaît, ensuite, que la dégénérescence du critère de la compétence pour identifier la catégorie juridique des collectivités territoriales s'est inscrite dans un processus plus large de dilution/confusion avec les établissements publics de coopération intercommunale (B) dont il en découle, enfin, un impératif de reconstruction des catégories juridiques fondée sur les réalités du droit positif contemporain (C).

A. La compétence, critère inopérant au prisme du principe de libre administration

Si la notion de clause générale de compétence a fait l'objet de vives controverses, la notion constitutionnelle de libre administration a été, depuis longtemps, la cible de critiques plus acérées encore, allant parfois jusqu'à conclure à sa parfaite vacuité juridique[20]. Pour s'en tenir à sa composante relative aux compétences des collectivités territoriales, seul sujet ici pris en compte, le bilan paraît particulièrement faible : le Conseil constitutionnel se borne, on le sait, à contrôler, outre l'existence d'un conseil élu, ou l'autonomie financière, l'existence d'« *attributions effectives* »[21].

Une telle exigence ne constitue-t-elle pas un minimum requis pour toute institution administrative ? Le Conseil s'en tient, de surcroit, à un contrôle restreint, ne sanctionnant que les atteintes qu'il juge disproportionnées, de telle sorte que les décisions pouvant aboutir à un constat de non-respect de l'existence de compétences effectives sont fort peu nombreuses[22]. Les violations retenues du principe de libre administration concernent – par ailleurs – très rarement le contenu propre d'une compétence, mais plutôt des

[20] Cf. not. M. Troper, « Libre administration et théorie générale du droit. Le concept de libre administration » *in* J. Moreau, G. Darcy (dir.), *La libre administration des collectivités locales. Réflexion sur la décentralisation*, PUF, coll. « PUAM », 1984, p. 62.
[21] Décision n° 85-196 DC du 8 août 1985 Loi sur l'évolution de la Nouvelle-Calédonie ; décision n° 91-290 DC du 9 mai 1991 Loi portant statut de la collectivité territoriale de Corse, décision n° 2001-447 DC du 18 juillet 2001 Loi relative à la prise en charge de la perte d'autonomie des personnes âgées et à l'allocation.
[22] M. Douence, « Où en est la jurisprudence du Conseil constitutionnel sur le principe de libre administration des collectivités territoriales ? », *Mélanges G. Marcou*, Institut de recherche juridique de la Sorbonne, coll. « Bibliothèque de l'IRJS André Tunc », 2017, pp. 195-206.

questions d'organisation interne[23] ou des questions de procédure[24]. De telle sorte que le caractère si peu exigeant des compétences effectives ne saurait, nullement, pouvoir constituer un critère de définition des collectivités territoriales.

Par-delà la référence au principe de libre administration, des évolutions parallèles à celles précédemment décrites ont, par ailleurs, opéré une dilution de l'identité spécifique des collectivités territoriales en ne distinguant plus entre leur mode de dévolution des compétences et celui concernant les EPCI.

B. La dilution progressive de l'identité des collectivités territoriales sur le terrain de l'exercice de leurs compétences

La révision constitutionnelle du 28 mars 2003 a opéré plusieurs adjonctions fondamentales dans la rédaction de l'article 72, opérant un traitement identique pour les collectivités territoriales et les établissements publics territoriaux, et en privant de toute portée discriminante les modes de dévolution des compétences supposée fonder la dichotomie des deux catégories d'institutions territoriales.

Il en est ainsi, d'abord, s'agissant des hypothèses d'expérimentation. Selon certaines conditions définies par voie de loi organique, la loi ou le règlement, peuvent permettre aux collectivités territoriales, mais aussi dans les mêmes termes, à leurs groupements de « *déroger à titre expérimental aux dispositions législatives ou réglementaires qui régissent l'exercice de leurs compétences* ».

---

[23] telles que la limitation de recrutement et de gestion de leurs agents » (décision n° 83-168 DC du 20 janvier 1984 Loi portant dispositions statutaires relatives à la fonction publique territorial), la prescription de rendre publics les débats de la Commission permanente au lieu de s'en remettre au règlement intérieur du conseil régional (décision n° 98-407 DC du 14 janvier 1999 Loi relative au mode d'élection des conseillers régionaux et des conseillers à l'Assemblée de Corse et au fonctionnement des conseils régionaux), l'exigence de remédier à la vacance des sièges du conseil délibérant de la collectivité afin que son fonctionnement normal ne soit pas affecté (décision n° 2013-667 DC du 16 mai 2013 Loi relative à l'élection des conseillers départementaux, des conseillers municipaux et des conseillers communautaires et modifiant le calendrier électoral), la possibilité pour une collectivité de moduler les subventions allouées à d'autres selon le mode de gestion du service public retenu (décision n° 2011-146 QPC du 8 juillet 2011 Département des Landes)

[24] telles que la fixation de délais pour l'exercice du contrôle de légalité susceptibles de contrarier la mise en œuvre des compétences d'une collectivité (décision n° 96-316 DC du 20 janvier 1993 Loi relative à la prévention de la corruption et à la transparence de la vie économique et des procédures publiques), ou la fixation de dispositions permettant au préfet de sanctionner les communes en retard sur leurs engagements en matière de logements sociaux, sans prise en compte des raisons « à l'origine de ce retard » (décision n° 2000-436 DC du 7 décembre 2000 Loi relative à la solidarité et au renouvellement urbains), l'obligation de consultation en matière de rattachement forcé à un EPCI-FP et la possibilité de saisir la CDCI en cas de désaccord au projet de rattachement (décision n° 2016-588 QPC du 21 octobre 2016 Communauté de communes des sources du lac d'Annecy et autre, décision n° 2014-391 QPC Commune de Thonon-les-Bains et autre.

La nature des compétences respectives des collectivités territoriales et de leurs groupements ne produit dans ce cas aucun effet distinctif entre les deux catégories d'institution en cause[25].

Il en va, *a fortiori*, de même s'agissant d'un nouveau mode d'exercice des compétences constitutionnellement consacré : « *l'action commune* », « *le concours de plusieurs collectivités territoriales* » donnant lieu à la désignation de ce qu'il a été convenu de désigner en termes de « *chef de file* », les groupements pouvant eux-mêmes être autorisés à assurer cette responsabilité au même titre que les collectivités.

Une telle hypothèse annihile directement la portée de la dichotomie traditionnelle entre collectivités territoriales et EPCI, fondée sur l'opposition entre deux modèles d'attribution des compétences : clause générale d'une part, principe de spécialité d'autre part. Le lien dit de rattachement marquant la subordination des EPCI aux collectivités territoriales découlait lui-même, de la délégation de compétences de ces dernières vers leurs groupements, de telle sorte que les EPCI ne constituaient que l'une des modalités d'exercice des compétences des collectivités territoriales. Il perd désormais toute signification, pouvant même être inversé dans l'hypothèse d'un EPCI-chef de file[26].

Les mutations de l'intercommunalité engagées à partir des réformes de 1992[27] et 1999[28] et sensiblement approfondies par les lois subséquentes ont, en réalité, bouleversé le système de l'organisation territoriale : les EPCI disposent eux-mêmes de compétences de plein droit, en grand nombre et dans les domaines les plus structurants, ayant trouvé leur aboutissement avec la création des métropoles, de telle sorte que sur le terrain des classifications catégorielles, le critère des compétences n'est plus en mesure de constituer un quelconque critère d'identification des collectivités territoriales. Mais, cette

---

[25] Cf. not. F. Crouzatier-Durand, « L'expérimentation locale », *RFDA*, 2004, n°1, pp. 21-30 ; G. Chavrier, « L'expérimentation locale : vers un État subsidiaire ? », *Annuaire des collectivités locales,* 2004, T. XIV, p. 43 ; A. Oraison, « Le droit à l'expérimentation reconnu aux collectivités territoriales de la République et à leurs groupements », *Revue juridique de l'Océan Indien,* 2006, n°6, pp. 201-210 ; A. Roux, « Aspects constitutionnels des droits à l'expérimentation », *in* Ministre de l'intérieur, Travaux du Centre d'étude et de prospective, *Les collectivités locales et l'expérimentation perspectives nationales et européennes,* La Documentation française, 2004.

[26] L. Gélin-Racinoux, « La fonction de chef de file dans la loi du 13 août 2004 », *AJDA,* 2007, n°6, pp. 283-289 ; L. Janicot, « La fonction de collectivité chef de file », *RFDA,* 2014, n°3, pp. 472-480 ; J.-F. Joye, « La notion de chef de file en droit des collectivités locales », *Collectivités territoriales et intercommunalités,* 2003, n°7, pp. 12-17 ; J.-M. Pontier, « Pour une reconnaissance de la notion de collectivités chef de file », *RA,* 2002, n°328, pp. 402-407 ; H. Rihal, « Tentative de règlement d'un chevauchement de compétence : le chef de file et le bon Samaritain », *AJDA,* 2016, n°38, pp. 2162-2168.

[27] Loi n° 92-125 du 6 février 1992 relative à l'administration territoriale de la République.

[28] Loi n° 99-586 du 12 juillet 1999 relative au renforcement et à la simplification de la coopération intercommunale.

dégénérescence du critère de la compétence participe elle-même d'un mouvement plus ample, touchant les divers autres critères constitutifs du principe de libre administration, au premier rang desquels les conseils élus ou l'autonomie financière conférée par la fiscalité propre des EPCI[29].

A ce stade, c'est donc, plus globalement, l'identification juridique des collectivités territoriales qui est en cause : les qualifications juridiques traditionnelles de collectivité ou d'EPCI ne correspondent plus à leur régime juridique contemporain, et doivent donner lieu à une reconstruction des classifications.

C. La nécessité de reconstruction des catégories juridiques territoriales

Toutes les observations qui précèdent s'inscrivent sur le terrain du formalisme juridique, des dispositifs normatifs. Les observateurs du fonctionnement des collectivités territoriales, sur le terrain en particulier de la science administrative, ont, depuis longtemps, souligné les écarts entre ces dispositions juridiques et les pratiques effectives, dont le contentieux administratif n'est pas en mesure de rendre compte[30]. L'une des questions, qui ne peut être tranchée ici, consisterait dès lors à mesurer l'amplitude des modifications réelles, effectives, découlant de la suppression de la clause générale de compétences.

A cet égard, la dernière période, marquée par la pandémie de la COVID 19 paraît fournir un certain nombre d'indications. Certes, l'ensemble de la gestion politico-juridique de la crise sanitaire a été pilotée par l'État central par voie de lois, de décrets, d'arrêtés préfectoraux, les collectivités territoriales étant privées de toute habilitation sur le terrain proprement normatif. Mais chacun des différents niveaux territoriaux, communal, intercommunal, départemental, régional, s'est clairement, manifesté dans une action

---

[29] J. Combeau, « Intercommunalité, communes nouvelles et libre administration des collectivités territoriales », *AJDA*, 2017, n°6, pp. 350-353 ; F.-X. Fort, « Coopération intercommunale et principe de libre administration », *DA*, 2003, n°2, pp. 12-19 ; J. Fialaire, « L'intercommunalité face au principe de libre administration », *AJDA*, 2013, n°24, pp. 1386-1391 ; G. Eveillard, « Intercommunalité et libre administration des collectivités locales », *DA*, 2013, n°8, pp. 26-32 ; A. Gardère, « Intercommunalité et libre administration des communes : oui au mariage pour tous, non au mariage forcé » *JCPA*, 2014, n°27, pp. 18-22 ; P. Lutton, « Liberté communale et coopération intercommunale, trois décisions du Conseil constitutionnel du 26 avril 2013 », *Constitutions*, 2013, n°3, pp. 397-399 ; J. Montain-Domenach, « Principe de libre administration et intercommunalité. Transition et incertitude », *Les nouveaux cahiers du Conseil constitutionnel*, 2002, n°12, pp. 118-123 ; C. Regourd, « Libre administration et intercommunalité », *AJDA*, 2018, n°41, pp. 2327-2333 ; C. Ribot, « L'intercommunalité ou la libre administration sous contrainte », *RLCT*, 2013, n°91, pp. 36-39 ; M. Verpeaux, « L'émergence d'un droit constitutionnel de l'intercommunalité. A propos de quelques décisions QPC récentes intéressant l'intercommunalité », *JCPA*, 2014, n°40, pp. 26-31.

[30] P. Grémion, *Le pouvoir périphérique,* Seuil, 1976.

administrative ignorant tout compartimentage ou toute répartition des compétences entre eux. Alors que les compétences proprement sanitaires et sociales du département paraissaient pouvoir le désigner contre interlocuteur privilégié, il n'en fut rien et chacun des niveaux territoriaux a multiplié les initiatives en termes de fournitures de masques, de mise en place de vaccinodrômes, d'aides alimentaires aux plus démunis... Si l'on tentait de recourir à une grille de lecture juridique d'un tel activisme territorial, on pourrait être tenté d'invoquer « *l'action commune* » précitée, mais il n'y avait, en l'occurrence, ni autorisation législative, ni désignation d'un chef de file. Au mieux pourrait-on invoquer l'article L. 1111-2 du CGCT précité, selon lequel les différentes catégories de collectivités territoriales « *concourent avec l'État [...] à la promotion de la santé [...] et au développement sanitaire* », mais une telle disposition paraît relever d'une logique davantage proclamatoire que proprement prescriptive.

Reste alors la ressource constitutionnelle résidant dans le principe de subsidiarité et consistant à considérer que chaque collectivité territoriale est habilitée à prendre les mesures qui peuvent le mieux être mises en œuvre à son niveau, étant précisé que la modalité la plus adaptée peut aussi inclure l'action de plusieurs d'entre-elles.

Au-delà de l'exemple conjoncturel – mais instructif – de la pandémie, l'éclatement de la dichotomie entre collectivités territoriales et EPCI, fondée sur deux modèles distincts d'attribution des compétences, conduit logiquement à conférer toute sa portée à cette disposition constitutionnelle sur la subsidiarité. Les lois sur l'intercommunalité et la création des métropoles ont, progressivement, instauré un nouveau système d'organisation territoriale ayant bousculé l'identification même d'un intérêt public local isolé. Les principes managériaux désormais dominants dans les choix de politique publique[31] ont notamment fait prévaloir la notion de « *territoires* » au sens large, par-delà les frontières du maillage administratif, et exigent une nouvelle conception de l'attribution des compétences.

Ayant admis que le critère de la compétence n'est plus en mesure de définir juridiquement les collectivités territoriales par opposition aux autres institutions territoriales, il convient cependant d'en tirer toutes les conséquences sur le terrain des qualifications juridiques : il n'existe plus de différence de nature entre les collectivités territoriales et les EPCI à fiscalité propre. Ces derniers ont progressivement acquis les signes distinctifs

---

[31] *Cf.* not. J. Caillosse, « Les institutions publiques entre droit et management », *in* I. Huault (dir.), *Institutions et gestion*, Vuibert, 2004, p. 116-186 ; R. Laufer, A. Burlaud, *Management public, Gestion et Légitimité*, Dalloz Gestion, coll. « Systèmes et stratégie », 1980 ; P. Legendre, *Dominium mundi. L'empire du management*, Éd. Mille et une nuits, 2007 ; M. Guenoun, *Le management de la performance publique locale. Étude de l'utilisation des outils de gestion dans les organisation, intercommunales*, Thèse Aix-Marseille, 2009.

permettant de les définir comme collectivités territoriales. Leur originalité réside désormais dans leur seul caractère fédératif et c'est ainsi qu'il convient de les identifier, comme collectivités territoriales fédératives. La question de la compétence comme critère des collectivités territoriales sera alors définitivement dépassée.

Les ambiguïtés du lien entre les notions de personnalité juridique et de collectivité territoriale

Florian Mugnier
Docteur en droit public de l'Université Paris-Cité

S'interroger sur la définition de la « collectivité territoriale » suggère évidemment de discuter les critères les plus sujets à polémique. Nous sommes naturellement tentés de penser à la question des compétences souvent bouleversées, ou même à celle de la détermination de l'intérêt local. Toutefois, qu'en est-il des éléments que l'on considère comme ancrés dans une forme de tradition de notre administration, à l'image de la personnalité juridique ? En effet, à lire les introductions au droit des collectivités territoriales, la personnalité est successivement présentée comme un « élément constitutif de la collectivité territoriale »[1], une « condition juridique constitutive de la notion »[2], un « caractère commun à toutes collectivités territoriales »[3], un « élément caractéristique de la décentralisation »[4], ou bien, encore, un « élément immuable » des « caractéristiques actuelles » des collectivités territoriales[5]. Le lien est apparemment solide et nous pourrions espérer tenir un élément de définition de nature à nous faire, par exemple, oublier les longs débats de la loi *NOTRe* du 7 août 2015 et les conséquences qu'ils eurent sur la construction théorique des collectivités dans l'État et leur définition[6].

De ce point de vue, puisque la personnalité juridique est présentée comme un fondement de la collectivité territoriale, il ne paraît pas déraisonnable de penser que, historiquement, son attribution ait pu participer à découvrir la qualité de collectivité territoriale d'une entité. D'ailleurs, un consensus paraît se dégager dans de nombreuses présentations historiques des collectivités territoriales en retenant le XIXe siècle et, plus particulièrement, la monarchie de juillet. L'époque serait celle « d'une décisive prise de conscience de cette

---

[1] B. Faure, *Droit des collectivités territoriales*, Paris, PUF, 3e éd., 2014, p. 7

[2] J. Bourdon, J.-M. Pontier, J.-C. Ricci, *Droit des collectivités territoriales*, Paris, PUF, coll. Thémis, 2e éd., 1998, pp. 49-52

[3] D. Maillard Desgrées du Loû, *Institutions administratives*, Paris, PUF, 1ère éd., 2011, p. 75

[4] V. Donier, *Droit des collectivités territoriales*, Paris, Dalloz, 1ère éd., 2014, p. 2 et suivantes.

[5] J. Moreau, *Administration régionale, départementale et municipale*, Paris, Dalloz, 14ème éd., 2004, p. 2 et suivantes.

[6] Les réactions doctrinales furent particulièrement marquées en raison de la disparition de ce qui constituait l'un des principaux critères de définition de la collectivité : la « clause générale de compétence » des départements et des régions. Pour des réactions, voir pêle-mêle : B. Faure, *Droit des collectivités territoriales*, op. cit, 5e éd., 2018, p. 8 ; du même, « La fin d'une catégorie juridique : la collectivité territoriale ? », *AJDA*, 2016, p. 2438 ; P. Mozol, « Les collectivités territoriales et les établissements publics de coopération intercommunale à fiscalité propre ou les vicissitudes d'une distinction en voie d'effondrement théorique », *RFDA*, 2016, p. 1133 ; L. Janicot, « Les collectivités territoriales, une définition doctrinale menacée ? », *RFDA*, 2011, p. 227

réalité : les groupes d'administrés, constitués en la forme de collectivité locale »[7]. Les collectivités territoriales se verraient personnifiées, fruit « du développement de la décentralisation et des idées libérales, au moins en ce qui concerne l'organisation administrative »[8]. Plus spécifiquement, deux lois sont présentées comme fondatrices : « En tant qu'elles reconnaissent la *personnalité civile* des communes et des départements (…), les lois du 18 juillet 1837 et du 10 mai 1838, respectivement, renforcent, de façon notable, le mouvement de décentralisation territoriale[9] ».

---

[7] J.-L. Harouel, G. Sautel, *Histoire des institutions publiques depuis la Révolution Française*, coll. « Précis », Dalloz, 8ème éd., Paris, 1997, p. 392. Ou bien, par exemple, il est considéré qu' « il faut attendre alors les années 1830 pour pouvoir appliquer au moins trois critères classiquement utilisés pour identifier une collectivité territoriale à la commune, puis au département » Les trois critères sont, en l'espèce, la personnalité morale le territoire et l'élection, V. De Briant, *L'action commune des collectivités territoriales*, coll. « Logique juridique », L'Harmattan, 2009, p. 55 ; Sans précision supplémentaire, « La Monarchie de Juillet « vit adopter un certain nombre de textes qui allégèrent le poids de la tutelle sur les collectivités locales », J.-B Auby, J.-F. Auby, R. Noguellou, *Droit des collectivités locales*, 5ème éd., PUF, Paris, 2009, p. 9 ;

[8] M. Verpeaux, L. Janicot, *Droit des collectivités territoriales*, Paris, PUF, coll. « Major », 3e éd., p. 51

[9] O. Gohin *et al.*, *Droit des collectivités territoriales*, Paris, éd. Cujas, 2e éd., 2015, p. 26. Pour d'autres formulations similaires, voir, notamment, M. Verpeaux, L. Janicot, *Droit des collectivités territoriales*, *op. cit.*, 3e éd., p. 51. De cette façon, au sujet du département, « on peut dire qu'à partir de 1840, le département, institué par la Révolution comme instrument de l'unité nationale, consolidé par l'Empire et par ses préfets comme moyen de distribution de l'action administrative, se trouve, par la Monarchie de Juillet, constitué dans son espace en une collectivité avant la lettre, doté de la personnalité civile, possédant son organe délibératif élu et déployant une action qui lui est largement propre », J.-P. Riocreux, « une mutation décisive du département : la monarchie de juillet », art. cit., p. 525. Toutefois, il faut souligner certaines présentations qui divergent en retenant le qualificatif de « morale » à la personnalité : « À la loi du 10 mai [1838] revient l'honneur d'ériger le département en collectivité locale en lui reconnaissant pleinement la personnalité morale », F. Luchaire, Y. Luchaire, *Le droit de la décentralisation*, coll. « Thémis », 2ème éd., PUF, Paris, 1989, p. 59 ; « durant la Monarchie de Juillet (1830-1848), après la centralisation napoléonienne, s'amorce un mouvement décentralisateur. (…) Les communes (1837) et les départements (1838) sont dotés de la personnalité morale. Ces collectivités, comme toutes personnes juridiques, peuvent donc, notamment posséder des biens et agir en justice », B. Poujade, X. Cabannes, *Les collectivités territoriales*, Paris, Foucher, 2019, p. 33. D'autres présentations oscillent entre les deux qualifications : « Tout comme la commune, la notion de propriété a permis la reconnaissance de la personnalité morale du département. (…) Il fallut donc attendre les années 1830 pour que le département soit considéré comme une collectivité publique autonome. Tout d'abord, la loi du 22 juillet 1833 réforma le mode de désignation des conseillers généraux (…). Ensuite, la loi du 10 mai 1838 a implicitement reconnu la personnalité civile du département », A. Granero, *Les personnes publiques spéciales*, coll. « Logique juridique », l'Harmattan, 2016, p. 69 Par ailleurs, des divergences de point de vue paraissent exister au sujet de la personnalité des communes, puisque, pour certains, elle n'apparaît pas au XIXe siècle, mais sous l'Ancien Régime. Ainsi, « aux communes, la tradition historique assurait aisément la qualité d'être collectif. Sous l'Ancien Régime, villes de commune et de consulat, villes franches, bourgs et villages, étaient regroupés sous le vocable de "communautés", et définis, à ce titre, comme des

Seulement, à lire les lois de la fin du XVIIIe et du XIXe siècle, et plus spécifiquement celles de la monarchie de juillet, il faut faire le double constat suivant : d'une part, il n'y est jamais question de « personnalité » des communes ou des départements, que celle-ci soit qualifiée de « civile », « juridique » « morale », ou « morale de droit public » ; d'autre part, il n'y est jamais question de « collectivité » concernant les départements et les communes, que celle-ci soit qualifiée de « territoriale » ou « locale ». Ce n'est pas qu'il leur soit refusé l'attribution, mais plus radicalement et simplement, que la terminologie demeure inexistante, et que donc rien n'indique qu'ils soient pensés comme tels. Ces deux éléments réputés forger l'administration locale telle que nous la connaissons actuellement sont absents du discours législatif. La formule suivant laquelle « les collectivités territoriales sont des personnes morales de droit public » n'apparaît jamais et les mots mêmes qui composent l'expression demeurent introuvables.

Nous observons, dès lors, un décalage à partir de ces premiers éléments de présentation. D'un côté, il existe une unanimité dans l'idée que la « personnalité juridique » serait un élément essentiel de la définition de la notion de « collectivité territoriale », fort d'une tradition historique. D'un autre côté, il faut faire le constat, qu'il est délicat de découvrir le moment historique qui a vu se nouer les idées « personnalité » et « collectivité ». Tout cela invite à interroger la solidité du lien qui relie les deux notions afin d'établir dans quelle mesure il est pertinent de penser la personnalité comme critère de la collectivité. Et pour y parvenir, une solution est d'observer et de comprendre le ou les « moments » qui ont rendu possible de penser que des administrations locales puissent être des « collectivités territoriales dotées de la personnalité juridique ». Il ne s'agit alors pas de répondre à la question « *qu'est-ce que la notion de personnalité juridique des collectivités territoriales ?* » en déterminant le contenu exhaustif de la notion, mais plutôt de déterminer « *quand et comment en sommes-nous venus à parler de la notion ?* ». Dans quel but le faire ? Celui d'étudier le processus qui permit qu'à terme puisse être pensée « la personnalité juridique des collectivités territoriales ». Ce processus peut être appréhendé comme produit d'un « moment » ou de « moments » qu'il est possible d'observer afin, comme l'explique M. Troper, d'analyser « les raisons pour lesquelles une expression entre dans la classe de celles qui ont un certain signifié »[10]. En procédant ainsi, nous espérons comprendre les raisons pour lesquelles ce qui est présenté comme un critère solide de la définition de la collectivité territoriale est

"sociétés d'hommes qui habitent en un même lieu". Leur personnalité morale était incontestée », J.-L. Mestre, « L'idée de libre administration de la révolution à la fin du XIXème », in *La libre administration des collectivités locales*, dir. L. Favoreu et G. Darcy, Paris, Economica, 1984, p. 52

[10] M. Troper, « Les concepts juridiques et l'histoire », in *Le droit et la nécessité*, Paris PUF, 2011, p. 265

marqué par une fragilité ; et par conséquent, de comprendre plus largement ce qui fait la fragilité de la définition de la notion de collectivité territoriale.

Nous verrons donc qu'il fut d'abord question de la personnalité juridique, laquelle allait occuper une place inattendue dans la perception de l'administration, et plus singulièrement des administrations locales, c'est-à-dire communales et départementales. Or, cette émergence se fera sans considération de la notion de « collectivité territoriale » (**I**). Ainsi, à partir de ces développements, nous pourrons voir comment la notion de « collectivité territoriale » s'est formée en droit français, conduisant à repenser le sens des administrations locales et de leur personnalité juridique, dans la perspective notamment de penser la définition des collectivités territoriales (**II**).

I. L'imprévisible personnalité juridique des collectivités territoriales

Contrairement à ce qui pourrait être attendu, la « personnalité » des administrations locales a émergé (**A**) sans qu'il ne soit jamais question de penser la qualité de « collectivité territoriale » de ces dernières (**B**).

A. L'émergence diffuse de la personnalité juridique des administrations locales

Quand et comment en vient-on donc à considérer les administrations locales comme des personnes au sens du droit ? Il est impossible d'être pleinement exhaustif dans la description d'un tel phénomène en seulement quelques pages. Les causes d'un tel phénomène sont nombreuses, souvent complexes et dispersées[11]. Néanmoins, il peut être schématiquement décomposé en des séquences successives : d'abord, il y a le moment où la notion est absente du discours juridique (**1**) ; ensuite, il émerge l'idée de « personne civile » des administrations locales (**2**) ; puis, cette « personne civile » est requalifiée en « personne publique » (**3**).

1) Le silence révolutionnaire

Il faut remonter aux lois, aux débats parlementaires et à la doctrine de la fin du XVIIIe, pour faire le constat suivant : tant sous l'Ancien Régime que pour l'institution de l'administration révolutionnaire, tout se pense sans considération d'une série de notions et de conceptions dont nous aurions pu croire qu'elles seraient coextensives à l'idée d'administration au niveau

---

[11] Nous avons procédé à des analyses et des recherches plus approfondies sur ces questions auxquelles il est possible de se référer : sur le silence révolutionnaire, voir F. Mugnier, *La personnalité juridique des collectivités territoriales. Genèse et développement d'une personne morale dans l'État*, Paris, Dalloz, coll. « Nouvelles bibliothèque de thèses », 2022, pp. 39-79 ; sur l'émergence de la personnalité civile des administrations locales, voir *ibid.*, pp. 81-131 ; sur la requalification en personne publique, voir *ibid.*, pp. 201-272.

local[12]. Certes, les textes révolutionnaires nous offrent quelques formules restées célèbres, parmi lesquelles : « les départements ne sont que des sections du même tout : une administration uniforme doit donc les embrasser tous dans un régime commun »[13] ; « la commune est une société de citoyens unis par des relations locales »[14]. Cependant, ces formulations sont d'abord révélatrices de l'écart existant entre leur discours et le nôtre actuel.

D'une part, nulle référence n'est encore faite à l'idée de personne morale ou juridique, publique ou privée. Comme l'avait d'ailleurs souligné M. Bourjol, « la Révolution ignore la personnalité juridique de la commune : celle-ci est une "société de citoyens", unis par des "relations locales", une sorte de "corps moral" pour reprendre l'expression de Rousseau »[15]. Cette remarque peut s'étendre au sujet des départements pensés comme des sections de l'administration générale de l'État, mais nullement comme des personnes. D'autre part, jamais les départements et les communes ne sont qualifiés de collectivités territoriales ou locales. Non pas qu'il fut refusé d'en reconnaître la qualité aux communes ou aux départements, mais, plus radicalement, l'idée

[12] En effet, il n'est pas rare que les présentations historiques du droit des collectivités territoriales présentent la période révolutionnaire comme le point de départ historique du cadre actuel de nos administrations locales. Voir par exemple : « la période révolutionnaire constitue du point de vue de l'histoire du droit local, une période particulièrement intéressante. C'est en effet durant cette période que vont naître, dans le domaine de l'organisation et du fonctionnement des institutions locales, nombre de projets et de réalisations qui déterminent encore largement le statut des collectivités locales aujourd'hui », J.-B. Auby, J.-F. Auby, R. Noguellou, *Droit des collectivités locales*, Paris, PUF, coll. « Thémis », 3e éd., p. 6. Du même avis : « même si l'administration locale a un très long passé, c'est à partir de la Révolution de 1789 que débute réellement l'histoire des collectivités territoriales, d'abord parce que les cadres territoriaux mis en place n'ont pratiquement pas évolué jusqu'à nos jours, ensuite parce que les réformes esquissées sous l'Ancien Régime vont être réalisées dès 1789, la Révolution permettant de briser les obstacles politiques et d'instaurer un cadre juridique nouveau et uniforme », M. Verpeaux, L. Janicot, *Droit des collectivités territoriales*, *op. cit.*, 3e éd., p. 44

[13] Extrait de l'instruction sur la formation des assemblées représentatives et des corps administratifs, suivant le décret du 22 décembre 1789 relatif à la constitution des assemblées primaires et des assemblées administratives, § VI, Voir Duvergier, *Collection complète...*, tome I, p. 86 et suivantes. On peut également suivant ce même esprit : « un empire aussi vaste ne pouvait être gouverné par une volonté simultanée ; il fallait une division de ses parties ; mais la division n'est pas une scission ; les membres d'un corps lui appartiennent toujours, quoique distincts les uns des autres ; les départements, séparés par la nature, sont réunis par l'intérêt commun », déclaration de Rabaud de Saint- Etienne devant l'Assemblée constituante, Séance du 12 novembre 1789, *A.P.*, 1ère série, tome X, p. 39.

[14] Art. 1er de la section 1ère du décret concernant le partage des biens communaux du 10 juin 1793, voir Duvergier, *Collection Complète...*, tome V, p. 325 et suivantes. Voir également l'article 8 du titre II de la Constitution : « Les citoyens français considérés sous le rapport des relations locales qui naissent de leurs réunions dans les villes et dans de certains arrondissements du territoire des campagnes, forment les Communes ».

[15] M. Bourjol, « Libre administration et décentralisation », in *Les cahiers du droit public*, vertus et limites de la décentralisation, 1985, p. 87

même de cette qualification n'apparaît pas, et le seul mot « collectivité » est absent du vocabulaire révolutionnaire.

Aussi, à partir de ces observations, notre postulat de départ est le suivant : sous la Révolution française, chacun pense les communes et les départements, mais personne ne pense encore la personnalité et la collectivité. Ces idées sont absentes, voire impensables pour les hommes de l'époque. Remarquer ces absences revient à admettre que ce système administratif, dont on peut considérer qu'il a forgé les bases de notre administration actuelle[16], put être construit sans que les notions de « collectivité » et de « personnalité » soient nécessaires. Celles-ci allaient donc devoir s'y greffer plus tard, et sans que cela n'ait été prévu initialement.

2) L'apparition de la notion de « personne civile »

Ce n'est qu'à partir des années 1820 que l'on peut voir émerger un discours sur la personnalité des administrations locales avec la notion de « personne civile ». Nous trouvons une première occurrence chez Cormenin en 1826. Alors que, dans la première édition des *Questions de droit administratif* parue en 1822, l'auteur reproduit une présentation de la commune comme un « être moral »[17], dans l'édition de 1826, il affine sa description de la façon suivante :

Considérées comme une agrégation de familles unies par des intérêts, des biens et des droits communs à tous leurs membres, [les communes] rentrent dans la classe des *personnes civiles* ; elles sont capables de contracter, d'acquérir, de posséder, d'agir en justice ainsi que les particuliers.[18]

Il reproduira cette formulation dans les éditions ultérieures[19]. Un an plus tard, la Cour de cassation, dans un arrêt du 15 décembre 1827, y recourt également :

---

[16] En ce sens, il existe de nombreux ouvrages dédiés au sujet de l'héritage révolutionnaire : voir, par exemple, du point de vue constitutionnelle, *La continuité constitutionnelle en France de 1789 à 1989*, Paris, Economica, PUAM, 1990 ; voir également J. Bart, C. Courvoisier et M. Verpeaux (dir.), *La première constitution française*, textes réunis par, Paris, Economica, 1993, passim ; voir, du point de vue de la science politique, F. Furet (dir.), L'héritage politique de la Révolution française, Paris, Hachette, 1989 passim ; voir, du point de vue spécifique de l'administration, J. Moreau et M. Verpeaux (dir.), *Révolution et décentralisation, le système administratif et les principes révolutionnaire de 1789*, Paris, Economica, 1992, passim.

[17] L'auteur va citer sans commentaire un arrêt du Conseil du Roi, rendu le 27 novembre 1814 : « il est évident que cette propriété appartient non à chaque habitant en particulier, mais à la commune en corps, *à l'être moral* connu sous cette dénomination ; d'où il suit que les actions qui tendent à la revendication d'un bien communal sont du nombre de celles qui, aux termes de la loi du 29 vendémiaire an V, intéressent uniquement les communes », *Questions de droit administratif*, Paris, Goblet, 1ère éd., Tome I, 1822, p. 87

[18] *Questions de droit administratif*, Paris, Goblet, 3e éd., tome 1, 1826, p. 323

[19] Cormenin, *Question de droit administratif*, Paris, Guyot et Scribe, 3ème éd., tome II, 1837, p. 72, la même formule est reprise dans *Droit administratif*, tome I, 5e éd., 1840, p. 564

Attendu, sur le second moyen que le maire d'une commune, dans l'exercice de celles de ses fonctions qui n'embrassent que les intérêts communs des habitants de la commune, n'est pas seulement le représentant de ces intérêts et le mandataire de la *personne civile*, qui se forme de la réunion des habitants, mais le délégué de la couronne auprès de la corporation municipale ; – qu'en effet, le roi est le tuteur- né de toutes les communes du royaume, le protecteur et le conservateur de leurs droits et de leurs intérêts ; et le maire nommé par lui, soit médiatement, soit immédiatement, réunit en sa personne la double qualité du procureur fondé de la commune et d'agent du gouvernement.[20]

Puis, en 1829 dans ses *Institutes*, Gérando décrit les départements de la façon suivante :

> [Ils] sont des communautés formées d'après la circonscription légale du territoire, et qui ont une existence dans l'ordre politique, dans l'ordre judiciaire, dans l'ordre administratif et dans l'ordre civil. Il y a lieu de considérer quels sont les objets qu'embrasse l'administration du département, les autorités qui concourent à cette administration, la condition du département considéré comme une sorte de personne civile.[21]

Quelques années plus tard, en 1844, Macarel écrira, suivant ce même esprit, que le département « est devenu insensiblement et par la force même des choses, non pas une individualité politique subordonnée, mais une unité particulière, un corps moral, une personne civile »[22].

Synthétiquement, ces auteurs font le constat de l'existence de différents patrimoines dans l'administration les conduisant à progressivement recourir à l'image de la « personne civile ». Cette notion permet de décrire en un mot la situation d'une administration dotée d'un patrimoine duquel découle d'un certain nombre de qualités comme celle de contracter ou d'ester en justice. L'expression de « personne civile » va retenir largement l'attention des juristes. Ainsi, à partir du deuxième quart du XIXe siècle, cette qualification se développe au point de conduire à l'élaboration des travaux spécifiquement dédiés au sujet de la commune et du département, mais également à propos

---

[20] Cour de cassation, 15 décembre 1827, cité par A. Chauveau, *Code d'instruction administrative*, tome II, 1860, p. 268

[21] Gérando, *Institutes du droit administratif français*, Paris, Nève, tome II, 1829, p. 344. A propos des communes, il retiendra la comparaison à la personne privée : « les communes, écrit-il, se comportent, pour ce qui concerne leur patrimoine, comme des personnes privées », *ibid.*, p. 359. Les formules seront les mêmes dans la 2nde édition de 1842, tome V, 1842, p. 426 et 438.

[22] Macarel, *Cours d'administration et de droit administratif*, Paris, Plon frères, t. I, 1844, pp. 188-189, repris dans la 2nd éd., t. I, 1852, pp. 152-153

des universités ou des diocèses[23]. Néanmoins, si rétrospectivement nous sommes tentés d'y voir une évidence, cette idée de « personne civile » demeure le produit d'un cheminement accidenté qui traduira moins un besoin propre de l'administration locale qu'un besoin doctrinale dans la description qui est faite de l'administration. Cette reconnaissance ne sera formalisée dans aucun texte, mais naîtra dans le discours sur le droit à partir d'un travail d'exégèse.

3) La requalification en « personne publique »

Il en ira de même à la fin du XIXe siècle lorsque la doctrine requalifiera progressivement certaines de ces « personnes civiles » de « publiques » ou « administratives ». Loin d'être linéaire, cette transformation se fera par petites touches successives.

Les premières apparitions d'une spécificité sémantique au sujet des « personnes » dans l'administration ont autour des années 1860. A. Batbie écrira en 1854 dans son *Journal du droit administratif* que :

Il existe une grande variété d'êtres moraux que l'identité des intérêts et le besoin de s'associer, les nécessités d'une bonne administration et la similitude de position géographique, ont fait naître et conservés depuis des siècles. (…) Sous ce titre, *Personnes administratives*, nous comprendrons l'État, les départements, les communes, les fabriques, les hospices, les bureaux de bienfaisance, et enfin tous les établissements qui n'obtiennent le caractère de *personnes morales publiques*, qu'avec l'autorisation expresse du gouvernement.[24]

Quatre années plus tard, F. Laferrière utilise également la qualification de « personne administrative » de manière discrète :

En matière administrative, comme en matière civile, tout rapport de droit paraît impliquer trois éléments, la personne, l'objet et le moyen d'acquérir. En suivant l'ordre adopté par le législateur civil, nous ne sommes pas déterminés par un désir d'imitation et de symétrie ; c'est la nature des choses que nous

---

[23] Par exemple, au sujet de la commune, une thèse de 1856 tient pour postulat de départ que : « la commune constitue une personne civile capable de tous les actes que la loi permet aux particuliers », Archambault-Guyot, *De la tutelle administratives des communes et de leur personnalité juridique*, Paris, Mourgues, 1856 p. 59 ; voir également, au sujet du département, une étude dont le but sera de voir « en détail la formation de la personnalité civile, et de rattacher à ce principe fondamental, l'exposition des règles qui dominent aujourd'hui la gestion des intérêts purement départementaux », E. Allard, *De la personnalité civile du département*, Paris, Rousseau, 1885, p. IV. Le sujet intéressera d'autres entités, par exemple : J.-B. Reygasse, *Histoire des associations, leur régime public, leur personnalité civile, en droit romain et en droit français*, Toulouse, Chauvin, 1890 ; R. Jay, La Personnalité civile des syndicats professionnels, Grenoble, Drevet,1888 ; L. Béquet, *De la Personnalité civile des diocèses, fabriques et consistoires, et de leur capacité à recevoir des dons et legs*, Paris, Marescq, 1880

[24] A. Batbie, *Journal du droit administratif*, Toulouse, 2e année, t. XI, 1854, p. 110

voulons prendre pour guide. Après la première section que nous allons consacrer aux *personnes administratives ou morales*, nous étudierons, dans la seconde, la division des choses et les servitudes d'utilité publique.[25]

Toutefois, ces premières occurrences restent encore des quelques formules relativement éparses et isolées dans la littérature du droit administratif. Ce n'est qu'à partir des années 1880 et 1890 que le discours va évoluer durablement. L'abandon progressif de la qualification de « civile » au bénéfice de celles de « publique », « morale de droit publique » ou « administrative » va s'accompagner d'un travail conceptuel profond sur l'État, l'administration et donc sur les administrations locales.

Hauriou exprimera le mieux cette transformation dans sa contribution au répertoire Béquet :

Il n'est guère d'esprit réfléchi qui ne soit disposé à admettre que la puissance publique s'analyse en des droits : droit de domaine public, droit de police, droit d'impôt, droit d'expropriation, etc..., qui appartiennent à l'État, au département, à la commune, etc., au même titre que le droit de domaine privé. De telle sorte que la notion de la personnalité juridique de l'État, du département, de la commune, s'est dilatée au point d'absorber toute la puissance publique, et que ces personnes armées de nouveaux droits exorbitants du droit commun méritent un nom nouveau, nous les avons appelées : *personnes administratives*.[26]

Ainsi en quelques années, les nouvelles formulations vont s'installer dans le discours sur l'administration et en particulier sur les administrations communales et départementales.

Pêle-mêle, chez R. Jaquelin, nous retrouvons l'idée de « personnes administratives », lesquelles « participent de deux caractères nettement distincts : la puissance publique et la patrimonialité »[27]. Théorisant la personnalité morale, L. Michoud explique que « dans l'opinion qui restreint au droit privé la notion de personnalité morale, on peut, dans une certaine mesure, distinguer les personnes morales de droit privé des personnes morales de droit public. Ces dernières, poursuit-il, sont celles qui en dehors de leur qualité de personnes morales (laquelle reste purement patrimoniale) sont en même temps des institutions de droit public telles que l'État et les communes »[28]. H. Berthélémy compare les « personnes morales d'intérêt public » à celles d'intérêt « privé ou commercial » et qualifie l'État, les

---

[25] F. Laferrière, *Cours de droit public et administratif*, Paris, Cotillon, t. II, 1860, p. 697
[26] « Décentralisation », in L. Béquet, *Répertoire de droit administratif*, tome IX, 1891 p. 490
[27] *Les principes dominants du contentieux administratif*, Paris, Giard & Brière, 1899, p. 83
[28] *Théorie de la personnalité morale*, Paris, LGDJ, 1906, 1ère partie, p. 200

départements et les communes de « personne morale du droit administratif »[29]. Ou bien, de manière plus lapidaire, Romieu, dans ses conclusions sur l'arrêt Thérond, expliquera que : « qu'il s'agisse des intérêts nationaux ou des intérêts locaux, du moment que l'on est en présence de besoins collectifs auxquels les personnes publiques sont tenues de pourvoir, la gestion de ces intérêts ne saurait être considérée comme gouvernée nécessairement par les principes du droit civil qui régissent les intérêts privés »[30].

Au regard de ces éléments, il y a lieu d'observer une nouvelle évolution du discours et du langage du droit administratif qui engendrera durablement une requalification des personnalités communales et départementales en « personne publique ». Comme pour la « personnalité civile », cette transformation aura suivi un cheminement particulièrement complexe, accidenté, et parfois hasardeux, dont la synthèse reste difficile à opérer en quelques lignes. Nous pouvons simplement observer que rien ne le prédisposait, et aussi qu'il ne sera pas l'objet d'une reconnaissance juridique explicite, mais plutôt le fruit d'un nouveau travail exégétique par la doctrine du droit public de la IIIe République.

B. L'introuvable « collectivité territoriale »

Que faut-il retenir de cette description du processus de personnification des administrations locales ? Qu'il n'y est nullement question de consacrer la qualité de « collectivité territoriale » des administrations locales. En premier lieu, comme nous l'observions en introduction, aucune loi du XIXe siècle ne consacre la notion expressément. Qu'il s'agisse, par exemple, des réformes de la monarchie de juillet ou de celles des lois de 1871 ou 1884, aucune d'entre elles n'a reconnu formellement la qualité de « collectivité territoriale » aux communes ou aux départements. En second lieu, nous observons désormais que l'apparition de la « personnalité » des administrations locales, dite « civile » puis « publique », se fait également sans qu'il faille mobiliser l'idée de « collectivité territoriale » ou « locale ».

Au fond, cela renvoie à l'histoire du terme « collectivité » qui connaît lui-même son propre cheminement. Comme l'a découvert Constantinos Bacoyannis dans sa thèse sur *Le principe constitutionnel de libre administration des collectivités territoriales*, le premier usage observé remonte à 1800 lorsque Antoine Desmousseaux, membre du Tribunat, livre une opinion sur le projet de loi relatif à la division du territoire, future loi du 28 pluviôse :

---

[29] *Traité élémentaire de droit administratif*, Paris, Rousseau, 1ère éd., 1900, p. 40 ; ibid., 7e éd., 1913, p. 33
[30] Sirey 1903.III.28

La constitution de l'an III avait donné à l'administration suprême et à celles subordonnées une organisation tellement vicieuse, que je n'hésite point à y placer la cause de la prolongation de la guerre, du retour de nos discordes civiles et de leurs horribles conséquences ; ceci demande quelques développements. Les principaux vices de cette organisation peuvent se réduire à trois : la *collectivité* (pardonnez-moi ce nouveau mot), la mutabilité et la multiplicité des administrateurs.[31]

Il ressort de cet extrait que le sens du mot « collectivité » n'est pas encore celui attendu dans une étude sur la naissance de la collectivité : il renvoie davantage à ce que nous qualifierions de collégialité. Plus encore, en plus de ne pas y attribuer le sens que nous lui connaissons aujourd'hui, cet usage semble encore isolé et ne diffusera que très peu.

Au fil des années, l'usage du mot se renouvelle et évolue progressivement durant la fin de la première moitié du XIXe siècle, bien que les sens restent encore variés[32]. Il demeure que cette multiplication dans la langue courante va conduire à ce que le terme « collectivité » fasse son entrée dans les dictionnaires dans sa seconde moitié du XIXe siècle[33]. Toutefois, il ne

---

[31] Voici la citation complète : « La constitution de l'an III avait donné à l'administration suprême et à celles subordonnées une organisation tellement vicieuse, que je n'hésite point à y placer la cause de la prolongation de la guerre, du retour de nos discordes civiles et de leurs horribles conséquences ; ceci demande quelques développements. Les principaux vices de cette organisation peuvent se réduire à trois : la *collectivité* (pardonnez-moi ce nouveau mot), la mutabilité et la multiplicité des administrateurs. Tout corps collectif est habituellement divisé en lui-même ou d'opinion ou d'intérêt ; quand cette division se manifeste dans l'administration suprême, elle règne bientôt parmi ses subordonnés, et alors elle donne des points d'appui à toutes les factions, des protecteurs à tous les abus, des espérances à tous les ennemis. Chaque faction voulant appeler ses créatures au partage de la puissance ou de la richesse publique, agite le peuple dans son sens, le divise, le séduit par des mensonges, l'égare par des calomnies ou lui arrache par violence des suffrages qu'elle en désire. (…) C'est dans la lutte de ces intérêts opposés qu'on trouve les véritables causes de ces prétendus coups d'État où une féroce ineptie réprimait une conjuration par une autre, et détruisait avec fureur les bases du temple dont la chute devait l'écraser. Ce que je viens de dire sur les effets de la *collectivité* dans l'administration suprême s'applique entièrement, quoique dans les moindres proportions, aux administrations locales de tous les degrés. Indépendamment de l'agitation générale de la République, chacun de ses départements avait des convulsions particulières », opinion d'A. Desmousseaux sur le projet de loi *relatif à la division du territoire*, 25 pluviôse an VIII. *A. P.*, 2e série, t. I, p. 214. Ce texte est indiqué par Constantinos Bacoyannis dans sa thèse sur *Le principe constitutionnel de libre administration des collectivités territoriales*, PUAM, Economica, Paris, 1993, p. 21.

[32] Voir, par exemple, les usages tirés des ouvrages suivants : E. Falconnet, « De la civilisation de l'Allemagne », in *La France Littéraire*, Paris, Pinard, t. III, 1832, p. 81 ; P. Damiron, *Cours de philosophie. Psychologie*, Paris, Hachette, 1831, p. 20 ; F. J. Stahl, « La philosophie du droit d'après le point de vue historique » in *Revue germanique*, Strasbourg, Levrault, t. IX, 1837p. 269.

[33] Par exemple, dans le *Grand dictionnaire universel du XIXe siècle* de Pierre Larousse en 1869 : « *Collectivité* : Néol. Nature des êtres collectifs ; ensemble des êtres qui forment un être

bénéficie pas encore de la force de l'évidence et ne s'affirme pas dans le lexique de l'administration locale. Les premiers recours au terme « collectivité » dans la doctrine juridique et plus particulièrement dans la doctrine publiciste révèlent qu'il ne s'est produit aucune épiphanie tant du point de vue du droit administratif, que dans la perception doctrinale de l'administration locale. En guise d'exemple, l'entrée « département » au *Répertoire de droit administratif* connaît quelques usages qui renvoient autant à l'État et au département[34] qu'à la « *collectivité* des pauvres »[35] ou encore « aux communes, aux écoles, à l'industrie, aux comices agricoles, aux fermes modèles »[36]. Ce texte est symptomatique de l'usage du terme « collectivité » à la fin du XIXe siècle. Si nous trouvons des cas où le terme renvoie aux communes et aux départements, il en existe autant d'autres qui visent d'autres notions[37]. La « collectivité » décrit de nombreux objets dispersés. Le mot est né en dehors du discours juridique et n'y est reçu que dans la mesure où il permet une variation lexicale. À la différence du tribun Desmousseaux qui revendiquait son néologisme, la *collectivité* chez les juristes se présente dans l'indifférence même des auteurs qui y recourent.

Ainsi, dès lors que le mot naît sans que cette naissance ne vienne bouleverser le discours sur l'administration locale comme sur la personnalité

---

collectif : la COLLECTIVITÉ est l'essence de la société. Plus on se sent isolé plus on éprouve le besoin de la COLLECTIVITÉ (P. Lanfrey). Les COLLECTIVITÉS ne se comportent pas comme des individus. (Proudhon). On se demande d'abord si une science des mœurs, dans une COLLECTIVITÉ, est possible (Proudhon). », P. Larousse, *Grand dictionnaire universel du XIXe siècle*, Paris, Administration du grand dictionnaire universel, t. 4, 1869, p. 602.

34 « Les règles concernant la représentation de l'État en conflit avec un département sont spéciales aux actions litigieuses et ne doivent pas être étendues aux traités à conclure entre ces deux *collectivités* », M. Bouffet, « Département », *Répertoire de droit administratif*, tome X, 1892, p. 404.

35 « Les pauvres ont une personnalité propre reconnue par l'article 910 du Code civil et c'est au préfet, autorisé par décret qu'il appartient d'accepter la libéralité et d'en demander la délivrance au nom des pauvres », p. 392 ; « Quand la *collectivité* des pauvres, bénéficiaire du legs, s'étend à plusieurs départements, c'est le ministre de l'Intérieur, leur représentant légal, qui a qualité pour solliciter l'autorisation d'accepter en leur nom », *ibid.*, p. 393.

36 La jurisprudence administrative distingue les subventions des secours individuels. Par subventions, elle entend les allocations accordées, sur le budget du département, dans un intérêt d'ordre général, à des *collectivités* : subventions aux communes, aux écoles, à l'industrie, aux comices agricoles, aux fermes modèles, etc., etc. », *ibid.*, p. 361.

37 Nous pouvons citer Hauriou qui utilise le terme de collectivité à deux reprises dans la première édition de son *Précis* en vue de décrire tant l'application de la charité sur le terrain du droit, mais également afin d'évoquer l'impôt de répartition : « L'idée de fraternité, qui en morale se rapproche de l'idée de charité, sur le terrain du droit se ramène simplement à celle de service rendu à l'individu par la collectivité », *Précis de droit administratif*, Paris, Larose et Focel, 1ère éd., 1892, p. 54 ; « Primitivement, l'impôt a pris cette forme [de l'impôt par répartition] parce qu'il était levé beaucoup plutôt sur des collectivités que sur des individus ; la taille, d'où procède l'impôt foncier, était levée sur une province, sur une élection, sur une paroisse ; c'était la paroisse qui devait l'impôt, sauf à le recouvrer sur les habitants. », *ibid.*, p. 566

de ces administrations, pouvait-on dire ou même penser les administrations locales comme des collectivités territoriales ? Dès lors que le mot « collectivité » demeurait inexistant ou balbutiant dans lexique de notre langue, pouvait-il s'inscrire dans un quelconque travail de conceptualisation ? En conséquence, comment pouvait-on penser la personnalité juridique de ces administrations comme liée leur qualité de « collectivité territoriale » ? Nous sommes conduits à une nouvelle conclusion : si nous considérons la personnalité juridique comme un critère essentiel de la collectivité territoriale, cette personnalité s'est construite sans considération pour la collectivité. Il est difficile de considérer dans ces circonstances que cette personnalité soit fondatrice de la collectivité puisque celle-ci n'a pas eu comme vocation de participer à cette fondation, sauf à considérer rétrospectivement – et donc anachroniquement – qu'elle y avait vocation. Reste donc encore rechercher comment s'est noué le lien entre les deux notions.

II. La captation de la personnalité juridique par la notion de collectivité territoriale

Pour pouvoir déterminer le sens de la « personnalité juridique » dans la définition de la collectivité territoriale, il est nécessaire de répondre préalablement à une première question : comment passe-t-on d'une personnalité juridique *des communes et des départements* à une personnalité juridique *des collectivités territoriales* ? (**A**) Ce n'est qu'une fois cela déterminé que nous pourrons observer et analyser un processus de singularisation de la personnalité juridique, dès lors qu'elle s'inscrit au sein du discours sur la notion de collectivités territoriales. Il permettra d'offrir un éclairage sur les débats qui entoure la définition de cette dernière (**B**).

A. La naissance d'un besoin de définition de la « collectivité territoriale »

Ainsi, avant de pouvoir réfléchir sur l'objet « collectivité territoriale » – et plus encore sur son lien éventuel avec la personnalité juridique –, encore faut-il savoir comment l'expression « collectivité territoriale » s'est hissée dans le discours des juristes au point de devenir si habituelle qu'elle finisse par être porteuse d'une conception des administrations locales. Où se découvrent les premiers usages ? Comment expliquer qu'il faille attendre 1946 et la Constitution de la IVe République pour qu'un texte recoure plus la première fois à l'expression ? Pourquoi le texte de la Constitution de 1958 fera-t-il également usage de l'expression de « collectivités locales » ? Quel sens donner aux échanges doctrinaux qui débattront sur le sens des différentes qualifications de « locales » ou « territoriales » ? Quand et comment la qualification est-elle érigée en notion impliquante pour le droit ? Nous retracerons synthétiquement dans les développements qui suivent quelques-uns des moments les plus marquant de cette transformation[38].

Il faut d'abord attendre l'entre-deux guerre pour voir apparaître une première littérature sur les « collectivités locales ». Cette littérature s'inscrit dans une double tendance : répondre aux difficultés techniques des administrateurs locaux et faire état des difficultés budgétaires des administrations locales. D'abord, moins de dix années après la fin de la guerre, paraît le premier numéro de la revue *La Vie communale et départementale*. Elle se donne comme ambition d'offrir la connaissance de « l'état le plus récent du droit administratif pratique »[39]. Elle sera pour nous l'occasion de voir proliférer les qualifications de « collectivités » au sujet de problématiques liées à l'administration locale, et tout particulièrement communale et départementale. Dès lors qu'ils feront face aux mêmes difficultés techniques, les communes et les départements seront régulièrement qualifiés par l'expression « collectivités », utilisée au pluriel et, elle-même, le plus souvent qualifiée de « locales », « secondaires », voire parfois « régionales »[40]. Cette

---

[38] Comme pour les développements précédents, nous avons procédé à des analyses et des recherches plus approfondies sur ces questions auxquelles il est possible de se référer : sur l'émergence d'une première littérature relative au « collectivités locales », voir F. Mugnier, *La personnalité juridique des collectivités territoriales. Genèse et développement d'une personne morale dans l'État*, *op. cit.*, pp. 335-346 ; sur l'écriture des différentes constitutions et leur réception, voir *ibid.*, pp. 346-382 ; sur la postérité de la notion, voir *ibid.*, pp. 384-407.

[39] « Administrateurs et administrés sont-ils à même de connaître, dans son état le plus récent le droit administratif pratique ? Non. Les traités qui s'adressent à un public étendu sont anciens. Une mise au point apparente n'exclut pas la vétusté. La vie administrative évolue avec une rapidité qui dépasse la lenteur des rééditions même les plus consciencieuses. Les revues, ou sont trop doctrinales, ou sont pauvres en vue d'ensemble. Elles offrent des articles qui n'intéressent pas le praticien ou elles ne donnent pas la vie à des commentaires arides de textes ou de décisions. Quant aux recueils législatifs et jurisprudentiels, ils sont imprimés avec un retard qui est fâcheux. Les administrateurs et les administrés sont des gens qui agissent. Ils ont besoin d'être informés vite et bien. C'est le but que propose *La Vie Communale et Départementale*. », « Présentation », (Sans indication d'auteur) in *La Vie Communale et Départementale*, Paris, Librairie des sciences politique et sociales, Décembre 1923, n°1., p. 2

[40] Qu'il s'agisse de titres d'articles comme par exemple : « Le rôle des différentes collectivités dans la distribution de l'énergie électrique dans les campagnes », in *La Vie Communale et Départementale*, n. 5, avril 1924, p. 139. Ou bien dans les articles directement. Par exemple, « L'œuvre des collectivités locales et régionales prend chaque année plus d'ampleur, au fur et à mesure que se développe la législation d'hygiène, qu'augmente le coût de la vie et ses répercussions sur les salaires du personnel, que se précise, dans la carence trop fréquente de l'État, l'œuvre économique à accomplir par les collectivités secondaires », L. Dausset, « La réforme de la fiscalité municipale et départementale » in *La Vie Communale et Départementale*, n° 2, janv. 1924, p. 33. Nous retrouvons ensuite l'impact de la guerre, « A quelles causes sont dues ses augmentations ? Il est aisé de le préciser sommairement. La première des causes n'est autre que la politique suivie par l'État au regard des départements et des communes, notamment en matière de lois d'assistance (…). Dès avant la guerre, des contributions importantes étaient exigées des départements et des communes pour l'assistance aux vieillards, infirmes et incurables, pour l'assistance médicale gratuite, pour les enfants assistés, pour les aliénés, pour

première revue va connaître quelques successeurs qui cesseront progressivement de distinguer commune et département, au bénéfice de la qualification de « collectivités locales ». Ainsi, en 1933, paraît le premier numéro de L'*Office technique des municipalités et des collectivités locales* où nous retrouvons l'ambition d'être un conseiller technique : « organisme d'études et de réalisations, conseil technique des municipalités et des collectivités locales, l'O.T.M. [Office technique des municipalités] groupe dans son comité consultatif, aux côtés des délégués des municipalités et de leurs associations, l'élite des spécialistes les plus qualifiés »[41].

Autre penchant du discours sur l'administration, les finances locales vont constituer un fer-de-lance de la jeune littérature des « collectivités locales ». Elle fait suite à une série de mesures législatives prise à partir des années 1920, afin d'augmenter les ressources financières des administrations locales et de faciliter le recours à l'emprunt pour les communes et les départements. À partir de là, quelques auteurs s'interrogent sur l'adaptation des finances locales aux besoins départementaux et communaux, lesquels ne cessent de grandir. Une littérature émerge alors sur le sujet des emprunts des communes et des départements, regroupés sous la qualification de « collectivités locales ». Voici, pêle-mêle quelques titres d'ouvrages, thèses ou articles sur la question :

- *Les subventions de l'État aux Collectivités locales*[42] ;
- « Les emprunts des collectivités locales et les récentes interventions de l'État pour les favoriser »[43] ;
- *Les emprunts des collectivités locales*[44] ;
- *Les finances des collectivités locales et des établissements autonomes en France*[45] ;
- « Pour un financement européen des collectivités locales »[46] ;
- « La place des collectivités locales dans l'économie nationale »[47] ;
- « L'aide financière aux collectivités locales »[48] ;

---

la protection de la santé publique. Mais depuis la guerre, cette politique s'est accentuée », *ibid.*, p. 36

[41] Paris, Direction & Administration, 2e année, n°3, 1933, 4e de couverture

[42] J. Delaporte, Paris, La vie communale et départementale, 1934

[43] P.-B. Vigreux, *art. cit.*, 1934

[44] P. Alix, Paris, Lavergne, thèse soutenue en 1944 et parue en 1946

[45] H. Deroy, Paris, Université de Paris, IEP, années 1946-1947

[46] R. Mossé, *Revue politique et parlementaire*, 673, déc. 1957, pp. 308-319

[47] P. Veran-Puidot, Technique Trésor, 9 (46), janv. 1962, pp. 3-10

[48] P. Lalumière, in *Revue de science financière*, 54 (1), janv. 1962, pp. 41-67

- « Les emprunts des collectivités locales en France »[49].

Que faut-il retenir de ce détour bibliographique ? L'ancrage de la qualification ressort à travers l'émergence de cette nouvelle littérature sur l'administration locale. La terminologie se fixe autour de l'expression « collectivités locales ». Surtout, nous observons que la qualification n'est pas le produit d'une quelconque théorie sur l'administration, ni le fruit d'une réflexion sur l'État ou la personnalité morale. L'émergence de ces premiers textes réunissant la commune et le département sous le terme de « collectivités locales » se présente comme un prélude discret de la naissance d'une notion propre à rendre compte de l'administration locale. Et, paradoxe de cette naissance insensible, ce rapprochement entre la commune et le département sera formalisé par la Constitution de 1946, mais cette dernière ne se tournera pas vers le terme des « collectivités locales », pour en préférer un autre : celui des « collectivités territoriales ».

En effet, il faut attendre l'écriture des Constitutions de 1946 et 1958 pour enfin voir les expressions « collectivités territoriales » et « locales » faire leur entrée dans le droit positif[50]. Cependant, il y a encore lieu d'être déçu : l'étude du processus de rédaction des dispositions relatives aux collectivités ne fait pas ressortir un intérêt ou une conscience pour l'innovation qu'elle produisait. Les constituants montreront un intérêt certain pour la question de l'administration locale et son organisation, sans pour autant indiquer une véritable sensibilité aux affaires de terminologie, de notion et de définition[51]. Les différents projets, adoptés ou non, révèlent de nombreux flottements qui traduisent tout l'impensé qui entoure encore les « collectivités territoriales ».

---

[49] A. de Laubadère, in *Revue internationale des sciences administratives*, 28 (1), 1962, pp. 1-8

[50] En premier lieu, s'agissant du premier projet de Constitution rejeté par le référendum du 5 mai 1946, voir les articles 114, 116 et 117, offrant chacun un usage de l'expression « collectivités » que celle-ci soit qualifiée de « locales » ou de « territoriales ». Derrière des variations de qualification se trouvent des variations de significations. En deuxième lieu, s'agissant du second projet de Constitution approuvé par référendum le 13 octobre 1946 et promulgué le 27 octobre, voir les articles 85, 87 et 88 du titre X qui retient la qualification uniforme de « collectivités territoriales », malgré des significations toujours variées d'un article à l'autre. En troisième lieu, la Constitution de 1958 reprendra sans bouleversement les dispositions du titre X de la Constitution précédente. L'irrégularité se trouvera dans l'article 34 choisissant le terme de « collectivités locales », contrairement aux « collectivités territoriales » du futur titre XII.

[51] Hélas, il n'est pas possible de retracer ici le cheminement particulièrement long et complexe qui a conduit à voir émerger dans les textes constitutionnels les expressions de « collectivités locales » ou « territoriales ». Toutefois, nous pouvons renvoyer à nos développements plus exhaustifs sur « L'entrée des « collectivités territoriales » dans le droit positif », *La personnalité juridique des collectivités territoriales*, Paris, Thèse, Univ. Paris V, 2020, pp. 435-479. Il s'y trouve l'étude du processus de rédaction des Constituions de 1946 et 1958, ainsi que leur réception doctrinale. Voir également, C. Bacoyannis, *Le principe constitutionnel de libre administration des collectivités territoriales*, Paris, Economica, 1999, p. 42.

Ainsi, de la même façon, la doctrine juridique contemporaine de ces écritures n'offrira aucune réaction face à la sémantique choisie.

Ce n'est finalement que quelques décennies plus tard que naîtra un intérêt théorique, particulièrement mis en lumière par le débat sur l'éventuelle distinction entre les notions de « collectivité territoriale » et « collectivité locale ». À partir des années 1970, il se dévoile progressivement un discours sur les collectivités territoriales qui cherche désormais à comprendre son objet. La doctrine s'interroge sur ce qu'est une collectivité territoriale, sur les distinctions qu'elle comporte[52]. Si nous nous plaçons dans la perspective d'étudier la formation historique de la notion de collectivité territoriale, ce débat est la marque d'un basculement profond. Alors que personne n'y avait prêté jusque-là une attention quelconque, l'exégèse de la variation des qualifications et le dépassement des difficultés sémantiques cristallisent une forme de prise de conscience dans la doctrine de l'existence de notions jusqu'ici encore inexplorée et qu'elle maniait sans difficulté.

Le phénomène va s'amplifier avec la naissance d'une matière autonome, celle du *Droit des collectivités territoriales*, largement portée par les différentes réformes dont fait l'objet l'administration, notamment durant les années 1980[53]. Le déploiement de textes et de jurisprudences sur les

---

[52] En ce sens, voir les différentes positions qui furent tenues : R. Odent, *Contentieux administratif*, fasc. 1, 1965, 1966, p. 142 ; C. Autexier, « L'ancrage constitutionnel des collectivités de la République », in RDP, 1981, p. 591 ; L. Favoreu, « Les bases constitutionnelles du droit des collectivités locales », in *La nouvelle décentralisation*, dir. F. Moderne, Paris, Sirey, Bibliothèque des collectivités locales, 1983, pp. 24-26 ; J. Boudine, « La distinction entre collectivité locale et collectivité territoriale », in *RDP*, 1992, p. 184 ; J. Bourdon, J.-M Pontier et J.-C. Ricci, *Droit des collectivités territoriales*, op. cit., 2e éd., 1997, p. 91. L'épisode se conclura avec la révision constitutionnelle de 2003, la loi constitutionnelle du 28 mars disposant dans son article 2 que : « Dans le quatorzième alinéa de l'article 34 de la Constitution, le mot : "locales" est remplacé par le mot : "territoriales" ».

[53] C'est d'abord à travers la région que va se cristalliser un intérêt pour la qualification. Lors des discussions qui précédèrent le vote de la loi du 5 juillet 1972, il fallut répondre à la question suivante : faut-il ériger la région au statut de collectivité territoriale ou d'établissement public ? Que la question se pose suffit à révéler l'existence d'un régime propre à chacune des deux catégories. Être qualifié de « collectivité territoriale » n'est alors plus considéré comme anodin au regard du droit. Sur le vote de cette loi et ses circonstances historiques, voir D. Turpin, *La région*, Paris, Economica, 1987, pp. 24-36. Durant les années qui suivront le vote de la loi du 5 juillet 1972, cet intérêt pour la distinction « collectivité territoriale/établissement public » va se poursuivre avec l'élaboration de propositions de loi visant à réformer les régions en les érigeant au rang de collectivités territoriales qui aboutira avec la loi du 2 mars 1982. Sur ce point, voir le bref résumé de P. Lavigne, « Titre XI Des collectivités territoriales – article 72 », in *La constitution de la République française*, dir. F. Luchaire, G. Cornac, Paris, Economica, 2e éd., 1987 p. 1219-1220. Il faut également faire état de la série de lois qui, entre 1982 et 1992, vont participer, à la fois, à établir un ensemble de règles communes aux entités dites « collectivités territoriales », mais également à multiplier les usages de la qualification « collectivités territoriales » au sein du discours législatif. Sans qu'elle soit exhaustive, voici une liste des premières lois réformant l'organisation administrative à partir des années 1980 : loi

collectivités territoriales va mener à ce que la doctrine s'empare de la matière, faisant progressivement naître un *Droit des collectivités territoriales* se donnant l'ambition non pas de se borner à « une mise à jour du *Droit local* au lendemain de la vague de réformes qui a suivi le vote » de la loi du 2 mars 1982, mais de proposer une « réflexion plus approfondie sur ce droit local trop longtemps délaissé »[54]. Non plus considéré comme une simple branche du droit administratif, le droit de l'administration locale fait l'objet d'une systématisation qui jusqu'à présent ne s'était pas manifestée.

Avec l'apparition d'un droit des collectivités territoriales et l'épanouissement d'une littérature sur ce droit, mouvements soutenus par les différents « actes » de la décentralisation et la jurisprudence du Conseil constitutionnel, un besoin théorique va donc se faire sentir : celui de théoriser l'objet de ce droit. Si un droit *des* collectivités territoriales existe, alors devrions-nous être en mesure de concevoir ce qu'est *une* collectivité territoriale ? Le passage du pluriel au singulier, du droit des collectivités territoriales à la notion de collectivité territoriale, va caractériser une prise de conscience de la doctrine : puisque l'expression prolifère dans la Constitution, la législation ou encore la jurisprudence, chacun devrait être en mesure de déterminer la substance de ce nouvel objet. C'est ainsi qu'une série de critères vont être proposés par les auteurs travaillant cette nouvelle matière afin de déterminer ce qu'est une collectivité territoriale. Il va alors se découvrir un lien inédit entre les notions de « collectivité territoriale » et « personnalité juridique ».

---

n°82-213 du 2 mars 1882 ; loi n°82-623 du 22 juillet 1982 ; loi n°83-8 du 7 janvier 1983 ; loi n°83-663 du 7 juillet 1983. Contrepartie ou conséquence de l'établissement d'un régime général des collectivités territoriales, toutes ces lois seront accompagnées de textes sur des cas spécifiques d'entités qui, bien que qualifiées de collectivité territoriale, dérogent sur certains points au régime général : s'agissant de la Corse, avec les lois n°82-214 du 2 mars 1982 et n°82-659 du 30 juillet 1982 ; s'agissant des régions de Guadeloupe, Guyane, Martinique et de la Réunion avec les lois n°82-1171 du 31 décembre 1982 et n°84-747 du 2 août 1984 ; ou s'agissant de Paris, Lyon et Marseille, avec les lois n°82-1169 et n°82-1170 du 31 décembre 1982.

[54] M. Bourjol, S. Bodard, *Droit et liberté des collectivités territoriales*, Paris, Masson, 1984, p. 1. Cet esprit de présenter à la fois une théorie générale et le régime juridique est partagé par l'ensemble des auteurs des manuels fleurissant à partir de 1982. Ainsi, pour J. Bourdon, J.-M. Pontier et J.-C. Ricci, « si ces collectivités territoriales sont un paysage familier aux citoyens, depuis quelques années elles sont entrées dans une phase de profondes réformes à la suite d'un train de lois, décrets, arrêtés et circulaires impressionnantes. L'actualité juridique législative et réglementaire, relayée par la jurisprudence, va demeurer pour de nombreuses années celle des collectivités territoriales. C'est un nouveau droit des collectivités territoriales qui est en voie de formation et qui est présenté dans cet ouvrage à travers l'étude : de la théorie générale du droit des collectivités territoriales ; des régimes juridiques spécifiques des collectivités territoriales », *Droit des collectivités territoriales*, *op. cit.*, 1ère éd., 1987, p. 19.

B. L'inscription ambiguë de la personnalité juridique comme critère de la collectivité territoriale

L'essor de la notion de « collectivité territoriale » et l'effort de conceptualisation qui en découle vont conduire à ce que la notion de « personnalité juridique » soit l'objet d'une singularisation en se révélant, aux yeux des juristes, comme un critère d'identification théorique et historique de la notion de collectivité territoriale. Parmi les travaux que fournit la doctrine au sujet de la notion de collectivité territoriale, il faut donc observer celui de la théorisation visant à penser la collectivité territoriale avec un degré suffisant de généralisation et d'abstraction. À travers cette ambition, il y a le but de ne pas penser les collectivités territoriales seulement comme une catégorie listée par la Constitution, mais comme une notion singularisée et exprimant un fondement commun à toutes les entités qualifiées comme telles.

Ainsi, dans leur généralité, les présentations actuelles des collectivités territoriales s'introduisent par une série de principes élémentaires parmi lesquels nous trouvons le suivant : « Les collectivités territoriales sont des personnes morales de droit public »[55]. Une telle formule ne soulève évidemment aujourd'hui aucune objection : les entités qualifiées de collectivité territoriale par la Constitution sont considérées chacune comme des personnes publiques, rien d'original. Partant de cette évidence, il y aurait même lieu de considérer que la « personnalité morale (…) demeure pour tous un caractère premier d'identification de la collectivité territoriale »[56]. Nous arrivons donc au terme de notre brève généalogie : les idées de « personnalité juridique » et de « collectivité territoriale » peuvent désormais être associées pour ne former qu'une proposition. En cherchant à lister les caractéristiques communes permettant de singulariser la notion de collectivité territoriale, la doctrine retient unanimement la personnalité juridique comme critère de la notion qu'elle découvre. Nous retrouvons les qualifications citées en introduction et faisant de la personnalité un « élément constitutif de la collectivité territoriale ».

Que faut-il penser de ce processus ? D'abord, il offre un destin étonnant à la notion de personnalité juridique, qui se trouve associée avec force à une autre, celle de collectivité territoriale, dont chacun ignorait encore quelques décennies plus tôt qu'elle émergerait. Ainsi, la personnalité se trouve propulsée aux yeux de certains comme le fondement historique de la collectivité territoriale, quand bien même ce ne peut être qu'au bénéfice d'une

---

[55] Ainsi, nous pouvons lire, par exemple, sur le site institutionnel *Vie publique* que « Les collectivités territoriales sont des personnes morales de droit public distinctes de l'État et bénéficient à ce titre d'une autonomie juridique et patrimoniale », https://www.vie-publique.fr/fiches/19604-definition-dune-collectivite-territoriale-ou-locale

[56] T. Rombauts-Chabrol, *L'intérêt public local*, Paris, Dalloz, coll. « Bibliothèque parlementaire et constitutionnelle », p. 33

analyse rétrospective, voire anachronique, qui voudrait que la qualité de collectivité territoriale ait existé à des époques où elle ne fut pourtant ni exprimée, ni pensée. De cette façon, la personnalité devient la manifestation historique d'un changement d'état des administrations locales, devenant des collectivités territoriales. Nous lisons, par exemple, que : « Historiquement, c'est seulement à partir du moment où les communes (1789) puis les départements (1811) ont été dotés d'une telle personnalité qu'ils sont devenus de véritables collectivités territoriales capables d'intervenir en matière économique ou sociale. »[57] Une telle présentation présupposerait que la notion de collectivité territoriale existe préalablement à l'idée de personne juridique, de sorte qu'en dotant les administrations locales de la personnalité, ces dernières changeraient de statut et deviendraient des collectivités territoriales. La personnalité juridique s'érigerait en un marqueur historique explicatif de l'état actuel des collectivités territoriales, état actuel que l'auteur chercherait à expliquer *par* l'*histoire*[58]. Ce qui pouvait s'analyser comme le moment de la qualification de « personne civile » des communes et des départements, tend à s'interpréter comme le moment où se découvre leur qualité de collectivité territoriale, en dépit du fait que cette qualité est alors inexistante, inexprimée et impensée par les contemporains de ce « moment historique ».

L'ambiguïté historique ne vient pas seule. Il existe également des divergences d'interprétation qui apparaissent dès lors qu'il est question de

---

[57] R. Le Mestre, *Droit des collectivités territoriales*, Paris, Gualino, 2004, p. 105

[58] Ainsi, dans des développements consacrés à « l'évolution historique des collectivités territoriales », il est entrepris « une histoire des collectivités territoriales » forte du postulat suivant : « Celles-ci n'ont en effet été consacrées sous cette dénomination que par la Constitution du 27 octobre 1946. Les collectivités territoriales ont cependant une réalité beaucoup plus ancienne si l'on considère les seuls départements et communes », M. Verpeaux, L. Janicot, *Droit des collectivités territoriales*, *op. cit.*, 4e éd., p. 45. S'inscrive dans ce processus les « lois d'attribution de la monarchie de Juillet » parmi lesquelles « ma loi municipale du 18 juillet 1837 reconnaît la personnalité civile de la commune (…) » et « la loi du 10 mai 1838 (…) reconnaît implicitement la personnalité civile aux départements », *ibid.*, p. 54. Dans le même esprit, nous lirons également que : « historiquement, c'est la Monarchie de Juillet qui a sans aucun doute abrité les fondements de cette personnalisation, à travers les lois du 21 mars 1831 et du 18 juillet 1837 renforçant la décentralisation communale par l'instauration de l'élection locale au suffrage censitaire et la reconnaissance de la "*personnalité civile*" de la commune (…). La même reconnaissance sera opérée implicitement pour le département par la loi du 10 mai 1838 qui, sans prononcer le mot, lui permet d'ester en justice et de disposer de la propriété de ses biens », T. Rombauts-Chabrol, *L'intérêt public local*, *op. cit.*, p. 37. Nous rappelons au passage que ces deux lois portent moins sur la commune et le département que sur les conseils municipaux et les conseils généraux. Suivant la même approche, mais adoptant une autre présentation en étudiant les types de collectivités territoriales une par une, J.-M. Pontier insiste notamment au sujet du département sur son « histoire contrastée », à la différence de la commune, faisant de lui une « collectivité méconnue, adoptée, contestée ». De là, si la Révolution ne le consacre pas « en tant que collectivité décentralisée », si sous l'Empire ils ne « sont que des circonscriptions administratives », le changement vient avec les lois du 22 juin 1833 et du 10 mai 1838, dont la dernière « reconnaît la personnalité juridique des départements », *La décentralisation française*, Paris, LGDJ, 2016, pp. 38-39.

déterminer le sens de cette personnalité du point de vue de l'autonomie dont bénéficieraient les collectivités dans l'État. Pour une partie de la doctrine, celle-ci serait un moyen de l'autonomie des collectivités dans l'État, elle marquerait l'« altérité »[59] des collectivités territoriales dans l'État et serait un instrument juridique « pour assurer la protection des libertés collectivités[60]. Pour une autre, la personnalité serait au contraire l'expression du contrôle de l'État sur les collectivités territoriales : elle dénoterait l'intervention du pouvoir de l'État, ou encore elle établirait la primauté de l'État et la subordination des collectivités. Elle serait une notion issue des conceptions anciennes de l'administration et du droit administratif, et donc s'analyserait comme une limite à l'autonomie locale qui se découvre avec la notion de collectivité, la personnalité juridique traduirait une modalité d'organisation de l'action administrative de l'État[61]. De tels écarts dans l'analyse doivent éveiller de la curiosité.

Ces deux présentations sont d'abord illustratives du fait que l'on peut rendre compte de manière radicalement différente du même phénomène

---

[59] C'est ainsi que la « personnalité morale de droit public » est présentée par A. Duranthon comme un « outil de différenciation des collectivités » : « Recouvrant par de la matière juridique ce qui n'était que politique et historique, permettant l'identification d'une unité au sein de laquelle sont isolées des composantes, la personnalité morale publique a permis une profonde égalisation des substances de l'État et des collectivités territoriales et profondément renouvelé, ce faisant, les conditions de leur altérité. », *Subsidiarité et collectivités territoriales*, Paris, Dalloz, coll. « Bibliothèque parlementaire et constitutionnelle », p. 719

[60] Nous observons alors un lien proposé entre l'autonomie des collectivités territoriales les distinguant de l'État, la liberté locale et la personnalité morale : « Les collectivités territoriales sont des personnes morales de droit public distinctes de l'État administrées par des conseils élus, ce qui leur confère une certaine autonomie, et disposant de tous les attributs de la personnalité juridique, tel le droit d'ester en justice, notamment pour assurer la protection des libertés locales »,V. Donier, « Collectivité territoriale », in *Dictionnaire encyclopédique de la décentralisation*, dir. N. Kada et als., Berger-Levrault, 2017, p. 184. C'est au point d'ailleurs que « la personnalité morale de droit public » des collectivités territoriales est parfois présentée comme étant « implicitement accordée par le droit constitutionnel au vu d'un faisceau d'indices convergents. » et par-là « [déduite] de l'affirmation de conseils élus (art. 72 al. 3), de leur libre administration et liberté contractuelle (même art. et art. 5 DDH), de leurs ressources propres (art. 72-2 al. 3) », B. Faure, *Droit des collectivités territoriales*, *op. cit.* 5e éd., p. 11. Aussi, nous trouvons par ce biais les collectivités assimilées à des individus : « En tant que personnes morales, les collectivités territoriales ne peuvent se prévaloir que des libertés fondamentales compatibles avec leur nature. Néanmoins, le contentieux réserve des surprises et une liberté que l'on pensait réservée aux individus a pu être utilisée, comme on le verra, dans un recours formé par une collectivité », O. Le Bot, « L'utilisation du référé-liberté par les collectivités territoriales », AJDA, 2016, pp. 592-598

[61] En ce sens, nous lisons par exemple que : « Autrement dit, la décentralisation s'opère à partir de l'État au profit de collectivités envisagées comme de simples entités administratives dotées de la personnalité juridique, ce qui établit la primauté de celui-là et la subordination de celles-ci » A. Roux, « Le principe constitutionnel de la libre administration des collectivités territoriales », RFDA, 1992, p.435. Par une formule brève et synthétique, B. Faure considère au sujet de la « personnalité morale de droit public » que : « cet élément dénote l'intervention du pouvoir de l'État », *Droit des collectivités territoriales*, *op. cit.*, 5e éd., p. 9.

pourtant si connu. Mais également, les flottements autour de l'idée de « personnalité juridique des collectivités territoriales » peuvent être vu comme révélateur de certaines limites intrinsèques des définitions basées sur des critères théoriques dès lors qu'ils s'appuient eux-mêmes sur des éléments qui n'avaient pas vocation à fonder les critères en question.

Nous pourrions trouver du côté de la philosophie une piste d'explication : « d'une réponse qu'on ne peut formuler, on ne peut non plus formuler la question »[62]. Aussi, suivant cet avertissement, plutôt que de douter des réponses, nous douterions d'abord de la question. Est-il pertinent de chercher le sens d'une notion vis-à-vis alors qu'elles n'avaient pas vocation à être pensée ensemble ? De ce point de vue, les difficultés dans la définition de la collectivité ne sont finalement pas seulement dû à des réformes législatives, peut-être hasardeuses. Elles sont également le fruit d'une méthode de définition construite sur une tendance, parfois excessive, à l'abstraction et à la généralisation. Le plus souvent, les critères proposés risquent d'interpréter rétrospectivement l'intention et le sens de certains textes, de certains articles et de certaines jurisprudences, comme si la chose à penser s'y trouvait déjà. Une telle démarche conduit au biais d'inscrire la notion émergeante dans une fausse « tradition » juridique, une sorte d'illusion rétrospective qui justifierait que les choses s'agencent d'une certaine façon, comme s'il y avait là une qualité objective enfin révélée de l'objet défini, et comme si ces définitions que nous construisions étaient le produit du réel et non un simple exercice de pensée.

[62] L. Wittgenstein, *Tracatus Logico-philosophicus*, § 6.5, Paris, Gallimard, 1993 (1922), p. 111

QUALIFIER LES COMMUNES ET LES DÉPARTEMENTS DE « COLLECTIVITÉS » : SIGNIFICATIONS JURIDIQUES ET POLITIQUES D'UNE ÉVOLUTION TERMINOLOGIQUE ?

Tiphaine Le Yoncourt
Maîtresse de conférences à l'Université de Rennes (Institut de l'Ouest : Droit et Europe (IODE – UMR CNRS 6262)

A l'origine des quelques réflexions qui vont suivre, une question très simple : à partir de quand le droit français utilise le terme « collectivité » pour désigner les communes et les départements ? Bien entendu, en histoire du droit comme ailleurs, même si le mot n'y est pas la chose y est parfois. Une catégorie juridique pas encore nommée ni pensée peut être reconnaissable aux traces laissées par certains des éléments qui la caractérisent, malgré l'absence du vocabulaire retenu ensuite pour la désigner. User ainsi de catégories juridiques actuelles pour décrire et penser des périodes anciennes est d'ailleurs une des méthodes de l'histoire du droit. Les conditions, les pièges et les apports de cet usage délibérément anachronique des termes et catégories sont d'ailleurs au cœur d'une réflexion spécifique des historiens du droit depuis plusieurs années[1]. Toutefois, l'objet des études réunies ici est de s'interroger sur les caractéristiques de la catégorie « collectivité locale » et sur son existence même. Il serait donc assez vain de tenter d'en retrouver la trace dans l'histoire du droit par le biais d'une recherche de critères dont l'incertitude est posée en prémisse. C'est pour cette raison que l'option retenue ici est d'aborder l'objet « collectivité locale » par le biais de la terminologie, en allant à la recherche des occurrences du terme « collectivité » lorsqu'il est utilisé dans le droit et les débats politiques français pour désigner communes et départements. Une telle approche est par nature limitée, elle n'a ni l'ampleur ni l'ambition de l'étude théorique et doctrinale que Mathieu Doat a conduit[2]. Elle essaye juste d'éclairer l'histoire de la notion en s'intéressant au terme lui-même, à ceux qui l'emploient, au contexte politique, idéologique dans lequel ils le font[3].

---

[1] *Cf.* les trois ouvrages dirigés par Xavier PRÉVOST et Nicolas LAURENT-BONNE issus de cette réflexion collective : *Penser l'ordre juridique médiéval et moderne Regards croisés sur les méthodes des juristes*, LGDJ, 2016 ; *Penser l'ancien droit privé. Regards croisés sur les méthodes des juristes (II)*, LGDJ, 2018 ; *Penser l'ancien droit public. Regards croisés sur les méthodes des juristes (III)*, LGDJ, 2022.

[2] DOAT M., *Recherche sur la notion de collectivité locale en droit administratif français*, LGDJ, 2003.

[3] Cf. MUGNIER F., *La personnalité juridique des collectivités territoriales. Genèse et développement d'une personne morale dans l'État.* Dalloz, 2022 et notamment le titre 1 de la seconde partie "La naissance de la collectivité territoriale" : formation d'une qualification générique des personnes publiques locales, p. 279-330.

Le terme « collectivité » a donc été recherché dans le bulletin des lois, le recueil Duvergier[4], le Journal officiel ainsi que dans les recueils d'instructions et de circulaires et des ministères, notamment celui de l'intérieur[5]. Pour mettre les occurrences du terme dans leur contexte politique, il a également été cherché dans les débats et documents parlementaires[6]. Cela ne fournit évidemment pas une liste exhaustive des occurrences du mot mais sur cette base, même incomplète, il est possible d'identifier des moments où il est utilisé et les significations qui y sont associées, les contextes et les sujets à l'occasion desquels il est employé.

Les premières occurrences du terme dans des textes législatifs ou réglementaires datent de la décennie 1870. Dans les débats et documents parlementaires, elles interviennent un peu plus tôt, dans les années 1850-1860 principalement. Ce constat est cohérent avec celui des dictionnaires de langue française qui indiquent que le mot « collectivité » ne se diffuse dans le vocabulaire français qu'au milieu du XIXe siècle. Avant cette période, les apparitions du mot restent donc logiquement rares et isolées. Les premiers dictionnaires à intégrer une entrée « collectivité » paraissent à la fin du siècle. C'est par exemple le cas du *Dictionnaire de la langue française* d'Émile Littré, non dans son édition de 1873-1874 mais dans le supplément de 1877 consacré notamment aux néologismes ; le terme « collectivité » y est d'ailleurs indiqué comme tel.

Lorsque ce mot nouveau, « collectivité », commence à apparaitre dans les textes de droit et dans les débats parlementaires, il a plusieurs significations différentes mais n'est pas utilisé pour désigner les communes et les départements. Dans le vocabulaire politique et juridique français de la seconde moitié du XIXe siècle, le terme n'est que rarement employé seul. Il est généralement complété afin de décrire le ou les groupes auquel il renvoie : « la collectivité des bouilleurs de cru », la « collectivité des actionnaires de telle compagnie », « la collectivité des riverains de tel cours d'eau », « les collectivités agricoles », « la collectivité des propriétaires indivis » et on peut démultiplier les exemples. Cet emploi du mot correspond à la définition du terme donné par les dictionnaires du début du XXe siècle lorsqu'ils l'intègrent : « Ensemble d'individus rassemblés ou groupés par une ressemblance naturelle ou une communauté d'intérêts »[7]. Dans ce registre, on

---

[4] DUVERGIER J. B., *Collection complète des lois, décrets, ordonnances, règlements, et avis du Conseil d'État,* 1824-1949.

[5] *Bulletin officiel du Ministère de l'intérieur* (*BOMI*), Paris, 1838-1979 ; Direction de l'administration départementale et communale, *Bulletin officiel annoté de tous les ministères : lois, décrets, circulaires, instructions*, Paris, 1906-1968.

[6] *Documents parlementaires. Chambre des députés : annexes aux procès-verbaux des séances*, Paris, 1881-1940 ; Sénat, *Impressions : projets, propositions, rapports*, Paris, 1875-1942 ; Chambre des députés et Sénat, *Débats parlementaires : compte rendu in-extenso*, Paris, 1881-1940 ; *Journal officiel de la République française*, Paris, 1870-1880.

[7] V° « Collectivité », *Dictionnaire de l'académie*, 8ème édition (1932-1935).

trouve parfois évoquée la « collectivité des habitants » ou la « collectivité des électeurs » ou encore « la collectivité des contribuables » de telle commune ou de tel département. Cela indique que certains ensembles d'individus partagent notamment la caractéristique de s'inscrire dans un même cadre géographique ou administratif, mais cela n'en fait pas une catégorie juridique. Le terme « collectivité » ne qualifie pas ici le département ou la commune dont il s'agit qui ne peuvent être réduits au regroupement de leurs habitants, de leurs contribuables, ou de leurs électeurs à un instant précis.

Autre observation linguistique : dans les textes et plus encore dans les débats parlementaires de la fin du siècle, il est souvent compliqué de distinguer les termes « municipalité » de « commune » ou « collectivité municipale » ainsi que la formule « collectivité départementale » de « conseil général » ou « administration départementale ». Cela tient à un autre emploi du mot dans la seconde moitié du XIXème siècle : collectivité est alors synonyme de collégialité. L'une des premières occurrences du mot dans les débats parlementaires en témoigne : le 8 juin 1846, alors que l'organisation administrative en Algérie est en discussion[8], le député Bernard Demousseaux de Givré intervient pour défendre l'idée d'un administrateur civil unique en Algérie au nom du principe hérité du consulat qui veut qu'« administrer est le fait d'un seul ». Pour soutenir sa position, il évoque les directoires de départements et de districts et les municipalités de cantons dont il dit qu'au 18 brumaire le premier consul les a trouvés minés par la bureaucratie. Il en tire un enseignement : « une administration collective, renouvelée tous les ans par l'élection essentiellement mobile, échappant par sa *collectivité* même à une véritable responsabilité est tout naturellement dominée par les bureaux, qui, à la puissance du travail, joignent la tradition des affaires et la permanence des positions »[9].

Dans la continuation de cet emploi du mot, lorsque le terme « collectivité » est utilisé en 1871 pendant le débat autour de la loi sur les conseils généraux votée en août, ce n'est pas pour désigner le département. Même s'il est classique de faire remonter à cette législation le statut de « collectivité » du département, il n'est à aucun moment qualifié ainsi dans le texte ou à l'occasion des discussions parlementaires qui ont précédé son adoption. Lorsque les députés de l'assemblée nationale emploient le terme à cette

---

[8] Parmi les premières occurrences du terme « collectivité » dans le bulletin des lois et le journal officiel de la République dans les années 1870 et 1880, il y notamment celles qui relèvent du droit colonial et notamment du régime de l'indigénat algérien et qui parlent des « collectivités indigènes ». Si le terme est fréquemment utilisé en matière coloniale, c'est aussi en raison de la « collectivité » du mode d'exploitation et de propriété des terres qui caractérise les tribus indigènes, « collectivité » contre laquelle les autorités françaises entreprennent justement de lutter. Se manifeste ici un autre des emplois du mot.

[9] *Moniteur universel*, supplément au n°100 au mardi 9 juin 1846, p. 1717. Le terme « collectivité » est en italique au moniteur, ce qui indique généralement qu'il est considéré comme un néologisme.

période c'est comme synonyme de « collégialité ». Ils en usent notamment lorsqu'ils évoquent la « collectivité » qui caractérise la commission départementale créée par cette législation et que, évoquant à leur tour les doutes laissés par l'expérience révolutionnaire, ils questionnent et contestent la capacité de cette « collectivité » à administrer le département[10]. Par extension, dans les années 1870-1880, parler de la « collectivité départementale » c'est le plus souvent évoquer le conseil général en le caractérisant par sa forme collégiale et non pas renvoyer au département lui-même.

Dans le même sens, lorsqu'il est question de la « collectivité municipale » dans la décennie 1870, c'est généralement du conseil municipal qu'il est question. Il est qualifié ainsi parce qu'il est l'organe collectif de la municipalité, par opposition au maire dont l'origine et mode de désignation sont discutés pendant toute cette décennie 1870 : issu du conseil ou pas ? Désigné par l'exécutif ou élu par le conseil municipal ? Après la loi sur l'élection des maires de 1882[11], l'administration municipale est en ce sens une « collectivité » puisqu'elle relève du conseil municipal, organe collégial, même si les conseillers élisent celui d'entre eux qui en sera le chef, le maire. Désormais la collectivité des électeurs de la commune désigne une collectivité qui les représente et à qui la loi de 1884 confie le soin d'administrer les intérêts locaux qui sont ceux de la collectivité des habitants sans être pour autant l'addition des intérêts individuels de tous ses membres. Dans le vocabulaire au moins, ces différentes sortes de « collectivités communales » se confondent de plus en plus fréquemment sous le terme « commune » qui, en retour, est logiquement de plus en plus souvent qualifiée de « collectivité » dans la décennie 1880. Cette assimilation est moins évidente pour le département administré par le préfet, elle sera donc un peu plus tardive. Mais au début du XXème siècle, commune et département sont couramment qualifiés de collectivités dans les textes de droit français, avant que la formule « collectivité locale » ne se généralise entre les deux guerres.

C'est à l'occasion de l'adoption et surtout de la mise en application des lois d'assistance élaborées par la république opportuniste et la république radicale au tournant des XIXe et XXe siècles que se multiplie et s'installe définitivement le terme « collectivité » pour qualifier aussi bien les communes que les départements. Ces premières et principales lois républicaines relative à l'assistance publique sont : la loi sur l'assistance médicale et gratuite du

---

10 Sur les débats précédents l'adoption du texte et sur son contenu, *cf.* BIGOT Gr. et LE YONCOURT T., *L'administration française. Droit politique et société. Tome 2 : 1870-1944*, LexisNexis, 2014, p. 41-63.

11 Sur les fluctuations du statut des maires pendant la décennie 1870, *Ibid.*, p. 36-38 ; p. 63-76 ; p. 83-89.

15 juillet 1893[12], la loi sur le service des enfants assistés du 27 juin 1904[13] et la loi sur l'assistance aux vieillards, aux infirmes et aux incurables du 14 juillet 1905[14]. Ces législations sont premières et pionnières en ce qu'elles fixent les principes sur lesquels les législations postérieures sont établies et notamment celui qui veut que les communes et les départements sont les principales « collectivités » débitrices de cette assistance publique[15]. Ce faisant, la IIIe République n'innove pas totalement. C'est en effet dans les communes et les départements que s'inscrivaient les dispositifs publics d'assistance antérieurs à ces législations. Les hôpitaux et les bureaux de bienfaisance du XIXème siècle sont communaux[16], et les services de médecine gratuite, lorsqu'ils existent, sont organisés par les départements par coordination de communes adhérentes[17]. Mais avec les lois du tournant des deux siècles, le législateur républicain rend l'assistance publique obligatoire. Départements et communes sont désormais contraints de créer, organiser et financer des services administratifs et médicaux d'assistance, d'établir la liste des individus qui peuvent bénéficier d'assistance, de leur assurer les soins qu'ils nécessitent à domicile ou à l'hôpital. Cette évolution se traduit en mots puisqu'elle s'appuie sur la notion centrale de domicile de secours qui rattache l'individu à une « collectivité » qui lui doit assistance, soit une commune, soit un département.

Le terme « collectivité » n'apparait pas dans les lois elles-mêmes mais il est couramment employé à l'occasion des débats parlementaires qui les précèdent et dans les décrets, circulaires et instructions qui en organisent la mise en application. La loi de 1893 sur l'assistance médicale gratuite dispose ainsi dans son article 1 que l'assistance médicale gratuite est délivrée « par la commune, le département ou l'État, suivant le domicile de secours » du

---

[12] Loi du 15 juillet 1893 sur l'assistance médicale gratuite, *JO* du 18 juillet 1893, p. 3681-3684.

[13] Loi du 27 juin 1904 sur le service des enfants assistés, *JO* du 30 juin 1904 p. 3878-3881.

[14] Loi relative à l'assistance obligatoire aux vieillards, aux infirmes et aux incurables, privés de ressources du 14 juillet 1905, *JO* du 15 et 16 juillet 1905, p. 4349-4352. Sur la lente adoption de cette loi, sa difficile application et plus largement l'assistance aux vieillards et invalides, *cf.* CAPUANO Chr. *Que faire de nos vieux ? Une histoire de la protection sociale de 1880 à nos jours.* Presses de Sciences Po, 2018 ; notamment la partie 1 : La naissance d'une protection sociale de l'invalidité ordinaire des années 1880 à la Seconde Guerre mondiale, pp. 23-114.

[15] Parmi les législations postérieures, il faut notamment citer celle du 14 juillet 1913 sur l'assistance aux familles nombreuses qui dispose dans son article 1er : « l'assistance aux familles nombreuses constitue un service obligatoire pour les départements, avec la participation des communes et de l'État », *JO* du 15 juillet 1913, p. 6278-6279.

[16] Les hospices civils sont placés sous la surveillance et l'administration des municipalités depuis la loi du 16 vendémiaire an V (7 octobre 1796) *Collection Beaudoin,* vol. 73, p. 41-42 ; les bureaux de bienfaisance municipaux sont créés par la loi du 7 frimaire an V (27 novembre 1796), *Collection Beaudoin,* vol. 73, p. 245-246.

[17] Circulaire du 15 août 1854 sur l'institution des médecins cantonaux, *BOMI*, 1854, p 367-368 ; Circulaire du 22 août 1855 sur le service de médecine gratuite, *BOMI*, 1855, p. 220-221. *Cf.* Faure Olivier. La médecine gratuite au XIXe siècle : de la charité à l'assistance, *Histoire, économie et société*, 1984, p. 593-60.

malade. L'instruction pour son exécution rédigée en 1894 par le directeur de l'assistance et l'hygiène publiques précise sans ambiguïté que cet article désigne « les collectivités tenues à fournir cette assistance » et use ensuite à de nombreuses reprises du terme pour désigner communes, départements et État[18]. La loi sur le service des enfants assistés en confie l'organisation et le fonctionnement aux conseils généraux et précise que ses dépenses « sont payées pour deux cinquièmes par le département pour deux cinquièmes par l'État et pour un cinquième par les communes ». L'instruction consacrée à la mise en application de la loi indique que cet article vise à clarifier le rôle respectif des « trois collectivités participant aux dépenses »[19].

Il ne faut sans doute pas sur interpréter ce qui est d'abord une manifestation de l'évolution ordinaire de la langue française : l'invention d'un nouveau mot formé sur la base de termes existants (en l'occurrence sur « collectif ») et dont des usages divers se répandent progressivement, notamment en droit. Toutefois, il n'est probablement pas anodin que ce soit à l'occasion de la mise en place des premières lois sociales républicaines que l'on prend l'habitude de qualifier communes et départements de « collectivités ». C'est en effet les rapprocher de l'État, qui est couramment « collectivité nationale ». Ce rapprochement s'opère d'ailleurs à la même époque dans la jurisprudence du Conseil d'État qui regroupe entre ses mains le contentieux des communes et des départements par rapprochement entre le régime juridique des « collectivités locales » avec celui de l'État.

Cette évolution de vocabulaire témoigne de ce que départements et communes accèdent à un rôle nouveau, qu'ils prennent à l'occasion de la mise en place de l'assistance publique obligatoire une place centrale dans l'implantation des services publics de la République, tout particulièrement dans le déploiement de l'État providence – sous la forme de « collectivités locales providences » en l'occurrence[20]. C'est tout d'abord le cas de la commune érigée, pour des motifs au moins aussi politiques que pratiques, au rang de première collectivité débitrice de l'assistance publique obligatoire. (1). Puis les législations d'assistance transforment également le statut et la

---

[18] Instruction du 18 mai 1894 relative à l'assistance médicale gratuite, *BOMI*, 1894, p. 155-213. Le même phénomène se répète lors de la mise en application de la loi du 14 juillet 1905 qui dispose que « l'assistance est donnée par la commune où l'assisté a son domicile de secours ; à défaut de domicile de secours communal, par le département où l'assisté a son domicile de secours départemental ; à défaut de tout domicile de secours, par l'État ». L'instruction pour son exécution en date du 16 avril 1906 explique, comme en 1893, que cet « article 2 détermine les collectivités qui doivent l'assistance ». *BOMI*, 1906, p. 272.

[19] *BOMI* ,1904, p. 313.

[20] Pour reprendre l'idée de Pierre Maclouf qui, dès 1985, écrivait que « L'État-providence apparaît parfois comme le « département-providence » ou comme le « maire-providence » », MACLOUF P. (1985). La restructuration économique et l'ancrage territorial de la crise de l'État-providence, *Revue internationale d'action communautaire*, 1985, p. 9–17.

place du département dans l'État républicain en proclamant un autre principe, celui de la solidarité entre collectivités en matière d'assistance (2).

I. La commune républicaine : « collectivité » débitrice de l'assistance publique obligatoire

Le surgissement du terme « collectivité » dans le vocabulaire de l'assistance pendant les premières décennies de la troisième République, notamment pour désigner la commune qui doit la prendre en charge, révèle la redéfinition du traitement de la pauvreté en France alors en cours[21]. La République naissante impose en effet un consensus : secourir ceux qui ne peuvent subvenir à leurs besoins est un devoir de solidarité, une obligation que la société doit assumer collectivement (a). Or c'est spécifiquement sur les communes que pèse cet impératif républicain d'assistance. Cette désignation de la commune comme la collectivité naturellement débitrice de l'assistance publique est sans doute une clé essentielle de compréhension de ce consensus républicain (b).

A. L'assistance, une dette publique qui s'impose à la collectivité

Dès les premières années de la décennie 1870, l'Assemblée nationale française est saisie de propositions tendant à organiser légalement l'assistance aux plus démunis. En mars 1872, les députés Tallon et Fournier déposent ainsi une proposition de loi sur l'organisation générale de l'assistance publique et l'extinction de la mendicité qu'ils justifient ainsi : « Nous voudrions que l'on se hâtât de codifier les lois d'assistance, qu'on leur donnât la cohésion et l'unité qui leur manquent, qu'on en assurât enfin l'exécution générale »[22]. Comme c'est le cas de ces deux députés[23], ces projets tendant à la mise en place d'une assistance publique émanent alors de monarchistes traditionnalistes, majoritaires au sein de l'Assemblée nationale élue en 1871[24]. La conviction de ce courant politique que l'assistance aux pauvres est un devoir social et que la France doit se doter d'institutions en organisant la distribution n'est pas neuve. Cette proposition de 1872 s'inscrit dans la continuité des projets d'assistance publique défendus par les monarchistes

---

[21] Bec C., *Assistance et République. La recherche d'un nouveau contrat social sous la IIIe République*, Paris, 1994.

[22] Annexe n°1033 à la séance de l'assemblée nationale du 25 mars 1872, *JO* du 28 avril 1872, p. 2830.

[23] Eugène Tallon siège à l'assemblée nationale parmi les orléanistes de centre droit et quitte la vie politique après son échec aux élections de 1876 face à un candidat républicain. Henri Fournier est lui aussi orléaniste, plus conservateur que son compère il sera un soutien affiché du gouvernement de l'ordre moral puis adversaire résolu des gouvernements républicains en qualité de sénateur à partir de 1876.

[24] Sur l'histoire politique, constitutionnelle, législative de cette assemblée *cf.* Gros D. *Naissance de la Troisième République,* PUF, 2014.

traditionalistes à l'Assemblée nationale législative de la deuxième République. Parmi eux le député Armand de Melun notamment, qui affirmait en mars 1851 : « dans la triste et terrible guerre commencée avec le monde, entre l'homme et la misère, il faut qu'elle [la société] vienne sur le champ de bataille panser les blessures, soutenir ceux qui chancellent, relever ceux qui tombent, emporter les mourants qui ne peuvent se relever, et elle ne demande à la législation que la faculté de remplir ce saint devoir »[25].

Pour les traditionnalistes des débuts de la IIIe République comme pour ceux de la IIe avant eux, cette démarche est une façon de renouer avec les solidarités collectives qui, sous l'ancienne monarchie, s'organisaient au sein des familles, des paroisses, des corporations, et des institutions religieuses. L'assistance à laquelle ils aspirent est donc « publique » dans le sens où elle est imposée par la loi et prise en charge par des groupes, des communautés, des « collectivités » dira-t-on bientôt. Assistance obligatoire et collective donc, mais pas étatique. Bien au contraire, que ce soit sous la IIe ou la IIIe République, les traditionnalistes récusent l'idée de secours dus et délivrés par l'État entendu comme l'incarnation de la Nation unie et unique promue par la Révolution. Or c'est précisément cette conception étatique de l'assistance que défendent les républicains tout au long du XIXe, par fidélité à l'héritage révolutionnaire justement.

Tout au long du XIXe siècle, la référence des républicains français en matière d'assistance est et reste le comité de mendicité de l'Assemblée nationale constituante. Né en janvier 1790 autour de La Rochefoucauld-Liancourt, ce comité laisse un ensemble de travaux et de rapports dont la traduction législative est maigre, mais qui forment durablement le socle de réflexion français sur l'assistance publique[26]. C'est notamment ce comité et son président qui introduisent dans la vocabulaire révolutionnaire la formule faisant de l'assistance « pour la société une dette inviolable et sacrée »[27], formule insérée ensuite dans la déclaration des droits de 1793[28]. C'est aussi le comité de mendicité qui pose en « vérité politique incontestable » que

[25] Rapport présenté devant l'assemblée le 26 mars 1851 par Armand de Melun au nom de la commission d'assistance sur le projet de loi sur l'assistance publique. *Compte-rendu des séances de l'assemblée nationale,* volume 13, p. 9. Contrairement à d'autres rapports présentés par cette commission, celui-ci reprend clairement les conceptions personnelles de Melun exposées quelques années auparavant dans *De l'intervention de la société pour prévenir et soulager la misère*, Paris, 1849. Comme le titre l'indique, il y plaide pour l'instauration d'une assistance publique prise en charge par la collectivité sociale, même si le mot « collectivité » n'y est pas employé.

[26] BLOCH C. et TUETEY Al., *Procès-verbaux et rapports du Comité de mendicité de la Constituante 1790-1791*, Paris, Imprimerie nationale, 1911.

[27] Rapport présenté à l'assemblée nationale par Liancourt le 6 juin 1790, *Ibid.*, p. 310.

[28] « Les secours publics sont une dette sacrée » déclare t'elle précisément.

« l'assistance des pauvres, dans les diverses circonstances de la vie où l'État leur doit assistance, devait être une charge nationale »[29].

Républicains héritiers de la Révolution française et traditionnalistes attachés aux valeurs d'Ancien Régime défendent donc deux visions de l'assistance fondamentalement différentes qui reflètent leurs conceptions opposées de la société et de ce qui relève de l'activité « publique »[30]. Pourtant, en cette fin de XIXe, ces deux courants se rapprochent pour poser les bases de l'assistance publique de la République française. Le théâtre de ce rapprochement sera notamment le congrès d'assistance tenu à Paris en 1889 à l'occasion de l'exposition universelle du centenaire[31]. C'est à cette occasion que le gouvernement français affiche les termes du consensus républicain en matière d'assistance publique. C'est à ce moment symbolique qu'il sera ensuite constamment fait référence pour rappeler le « sens communs » de l'assistance en France, le cadre dans lequel le débat sur cette question peut désormais avoir lieu[32].

A priori impossible, le rapprochement entre républicains et traditionnalistes s'opère sur les éléments que les deux courants partagent malgré tout. Ils ont tout d'abord en commun, et c'est essentiel, de rejeter les conceptions des individualistes libéraux qui ont animé une grande partie du débat français autour des questions d'assistance au XIXe, sans imposer complètement leurs vues[33]. Dans la logique libérale individualiste, secourir les plus pauvres est contre-productif car c'est venir contrarier l'ordre naturel de la société. Cela doit donc rester une démarche limitée, purement individuelle et strictement volontaire. Selon la sentence bien connue prononcée par Paul Leroy-Beaulieu en 1889 : « Impuissante à extirper le paupérisme, l'assistance publique a une influence merveilleuse pour en développer les germes épars et inertes. » En comparaison, « l'assistance privée a souvent bien des défauts, mais au moins elle travaille avec des ressources volontaires, elle satisfait l'âme et le cœur de ceux qui s'y associent. »[34] Si les libéraux estiment qu'il

[29] Septième rapport du comité de mendicité (résumé sommaire du travail présenté par le comité) en annexe de la séance du 31 janvier 1791, *Procès-verbaux et rapports... op.cit.*, p. 546.
[30] Sur les définitions multiples du privé et du publique en matière d'assistance *cf.* Renard D. Assistance publique et bienfaisance privée, 1885-1914, *Politiques et management public*, 1987, p. 107-128.
[31] *Congrès international d'assistance tenu du 28 juillet au 4 août 1889*, 2 tomes, G. Rongier et Cie éditeurs, Paris, 1889. *Cf.*, RENARD D., Assistance et bienfaisance : le milieu des congrès d'assistance, 1889-1911, *Laboratoires du nouveau siècle. La nébuleuse réformatrice et ses réseaux en France, 1880-1914*, Éd. EHESS, 1999.
[32] TOPALOV Chr., Langage de la réforme et déni du politique. Le débat entre assistance publique et bienfaisance privée, 1889-1903, *Genèses*, 1996, p. 30-52.
[33] *Cf.* RENARD D., L'assistance en France au 19e siècle : logiques de l'intervention publique. *Revue internationale d'action communautaire*, 1986, p. 9–25.
[34] LEROY-BEAULIEU P., L'État moderne et ses fonctions. IV. L'État, la religion, l'éducation et l'assistance publique, *Revue des deux mondes*, 1889, vol. 91, p. 317.

convient de légiférer en matière d'assistance, c'est donc uniquement afin d'encadrer les initiatives privées et individuelles et tenter de les rendre effectives, mais surtout pas pour faire de l'assistance une obligation et encore moins une institution financée par des fonds publics. Le jugement de Leroy-Beaulieu sur la loi de 1893 sur l'assistance médicale gratuite est d'ailleurs limpide : « Les pouvoirs publics nous paraissent abandonner ainsi leur véritable mission ; leur fonction en effet, c'est de s'occuper des améliorations d'ordre collectif et non celles d'ordre individuel. »[35] L'assistance lui semble relever évidemment de l'individu et pas de la collectivité, et c'est en cela que les libéraux individualistes s'éloignent des traditionnalistes et républicains solidaristes en cette fin de siècle.

La logique républicaine dominante à la fin du XIXe siècle, nourrie pareillement de philosophie des Lumières et d'héritage révolutionnaire, conçoit aussi la société comme un ensemble d'individus libres et égaux mais des individus interdépendants, ayant tous une dette les uns à l'égard des autres[36]. Selon eux, l'assistance s'impose donc comme un devoir national et l'organisation d'un service public chargé de concrétiser cette obligation leur apparait indispensable. Les traditionnalistes, quant à eux, partagent avec les libéraux le refus de charger l'État de l'assistance aux pauvres. Mais ils sont convaincus qu'elle doit prendre la forme d'une « charité légale », respectueuse des initiatives individuelles et privées mais organisée par la loi et assumée collectivement. Traditionnalistes et républicains solidaristes se retrouvent donc autour de l'idée d'une assistance obligatoire et autour de ce nouveau mot : « collectivité », pour désigner sur qui pèse la dette sociale. En 1913, le rapporteur du projet de loi sur l'assistance aux familles nombreuses résume bien les termes de l'accord formé autour de l'assistance publique depuis le début du régime : « l'assistance privée est insuffisante ; ses ressources limitées la rendent nécessairement fragmentaire ; il faut, pour compléter son action et remédier au mal, s'adresser aux collectivités publiques ; de là le principe sur lequel repose le projet de loi. Il emprunte des règles déjà usitées à la loi sur l'assistance médicale gratuite de 1893 et à la loi de 1905 sur l'assistance aux vieillards et aux incurables : il fait intervenir dans des proportions différentes, les trois collectivités débitrices, si je puis dire, de la dette sociale : l'État, les départements et les communes. »[37]

Les libéraux individualistes, eux, récusent le terme « collectivité » qui leur semble une menace pour les libertés et porteur de réaction contre-révolutionnaire. En 1874, à l'occasion du débat autour de la loi sur le travail

---

[35] LEROY-BEAULIEU P., L'assistance médicale gratuite et les charges des communes, *L'Économiste français*, vol. 21, n° 36, 1893, p. 322.

[36] Sur la nature « libéral-étatiste » et non individualiste du courant libéral français du XIXe, *cf.* JAUME L., *L'individu effacé ou les paradoxes du libéralisme français*, Paris, Fayard, 1997.

[37] Ferdinand-Dreyfus, séance du Sénat du 17 juin 1913, *JO. Débats parlementaires. Sénat.* 18 juin 1913, p. 902.

des enfants[38], le député Ferdinand Ducarre s'inquiète de ce qu'à rebours de la tradition révolutionnaire, la tendance du moment est « à restreindre, à diminuer la responsabilité individuelle pour la reporter sur l'État ou à telle ou telle autre collectivité »[39]. Or, même si c'est à fins de protection, il estime cela dangereux car « toutes les collectivités commencent par être des instruments de défense et d'appui et finissent par être des instruments d'oppression ». Pourtant, l'idée s'impose au tournant du siècle que la collectivité est et doit être source de protection et qu'elle n'est pas menaçante pour autant, du moins si cette collectivité n'est pas principalement l'État précisent les traditionnalistes. Parmi les éléments autour desquels se forme le consensus majoritaire qui permet d'organiser l'assistance publique obligatoire au tournant du siècle[40], il y a donc la désignation de la collectivité qui est la première débitrice de cette dette sociale : la commune.

B. La collectivité communale naturellement redevable de l'assistance

C'est encore une fois à l'occasion du congrès d'assistance de 1889 que le principe est solennellement posé. Parmi les conclusions votées à l'occasion de ce congrès, il y a notamment celle-ci : « L'assistance médicale est due, à défaut de la famille, par l'unité administrative la plus petite, commune ou paroisse, à ceux des indigents malades qui ont chez elle leur domicile de secours. C'est elle qui doit dresser la liste des indigents admis à l'assistance

[38] Loi du 19 mai 1874 sur le travail des enfants et des filles mineures employés dans l'industrie, *JO* du 3 juin 1874, p. 3697.

[39] Séance de l'assemblée nationale du 18 mai 1874, *JO* du 19 mai 1874, p. 3353. A l'occasion d'une discussion autour de l'organisation de l'assistance médicale gratuite en 1910, le député Pierre Leroy-Beaulieu, fils du précédent, souligne toujours que « sous l'Ancien Régime l'individu était constamment opprimé par la collectivité. La Révolution a jugé bon de l'affranchir et, pour ce faire, elle a brisé l'oppression de la collectivité. Aujourd'hui, nous avons à concilier la liberté de l'individu et l'existence de la collectivité. Mais il ne faudrait pas revenir à des errements critiquables et sacrifier la liberté de l'individu à l'existence de la collectivité. » Séance de la Chambre des députés du 2 mars 1910, *JO. Débats parlementaires. Chambre*. 4 mars 1910, p. 1306.

[40] Traditionnalistes et républicains se retrouvent sur la définition de ceux à qui l'assistance est due, c'est à dire uniquement ceux dans l'impossibilité permanente ou temporaire de subvenir à leurs besoins par le travail : les enfants, malades, vieillards ou femmes enceintes. Sur la dichotomie essentielle entre « bons » et « mauvais » pauvres, *cf.* BRODIEZ-DOLINO A., Figures de la pauvreté sous la IIIe République. Catégorisations et discriminations de l'assistance (1871-1931), *Communications*, 2016, p. 95-108. Cette distinction est d'autant plus importante qu'elle permet aux deux courants de trouver un accord sur un sujet plus sensible encore : la coexistence de l'assistance publique obligatoire avec la bienfaisance privée. Contrairement à ce que souhaitaient les plus avancés des républicains et ce que redoutaient les traditionnalistes, la première ne supprime pas et ne se substitue pas à la seconde. Les deux formes de secours se juxtaposent et se complètent : l'assistance publique pour les pauvres incapables de travailler, la charité privée peut venir la compléter et surtout s'adresser à ceux qui ne rentrent pas dans le champ de l'assistance publique. *Cf.* TOPALOV Chr., Langage de la réforme et déni du politique… *op.cit.*

médicale. Cette liste doit être toujours révisable. La commune ou paroisse doit être financièrement intéressée à sa limitation. »[41]

L'idée n'est pas neuve. Lorsqu'il la consacre, le congrès international de Paris reprend d'ailleurs presque mot pour mot les conclusions du conseil supérieur d'assistance publique français[42], qui lui-même ne fait que relayer ce qui semble être un lieu commun depuis plusieurs années. Dans sa proposition de réforme présentée à l'assemblée nationale en 1872, le député monarchiste Tallon affirmait déjà comme une évidence qu'« à côté de la famille, la commune, qui n'est qu'une famille plus étendue, a aussi des devoirs à remplir ; elle contracte même une obligation plus étroite : elle est responsable, vis-à-vis de l'État et de la société tout entière, de la charge qu'elle leur imposerait en leur laissant le soin des indigents nés sur son territoire, charge qui lui incombe à elle-même. »[43] En 1882, à l'occasion d'un débat sur l'organisation municipale de Paris, le très républicain Sigismond Lacroix répondait de la même façon à la question rhétorique : « A qui incombe le devoir de secourir l'individu faible qui ne peut se suffire à lui-même ? A la famille d'abord sans doute mais à défaut de famille, au premier groupe de la collectivité sociale, c'est-à-dire à la commune »[44]. Quelques années plus tard, la loi de finance pour 1897 prévoit l'intervention financière de l'État pour l'assistance aux infirmes et vieillards indigents dans l'attente du vote de la loi sur ce sujet[45].

---

[41] *Congrès international d'assistance... op.cit.* T1, p. 559.

[42] « Les communes, à défaut de la famille, doivent l'assistance aux nécessiteux malades qui y ont leur domicile de secours. », Fascicule n°22 du conseil supérieur d'assistance publique. Assistance publique dans les campagnes, Paris, 1889, p. 45.

[43] Annexe n°1033 à la séance du 25 mars 1872... *op.cit.*, p. 2830. Le député républicain Théophile Roussel disait lui aussi à l'occasion de la présentation de son projet que « pour l'assistance médicale, [...] c'est le groupe communal qui est le premier et le plus directement intéressé. Vis-à-vis de l'indigent malade, comme vis-à-vis de l'enfant à instruire, la commune semble être plus particulièrement dans la situation du père de famille qui doit aide à tous les membres de celle-ci. » Proposition de loi ayant pour objet l'organisation de l'assistance médicale dans les campagnes, présentée par Théophile Roussel. Annexe n°86 à la séance du 8 avril 1876 de l'assemblée nationale, *JO* du 27 mai 1876, p. 3621.

[44] Proposition de loi relative à l'organisation municipale de Paris présentée par Sigismond Lacroix. Annexe n°376 à la séance du 28 janvier 1886 de la Chambre des députés, *JO. Documents parlementaires. Chambre des députés*, 1886, p. 889.

[45] Plus précisément, l'article 43 qui dispose : « A partir du 1er janvier 1897, l'État contribuera, dans les conditions de la loi sur l'assistance médicale et conformément aux barèmes A et B de cette loi, au payement de toute pension annuelle d'au moins quatre-vingt-dix francs (90 fr.) et de deux cents francs au plus (200 fr.), constituée par les départements ou les communes, d'accord avec les conseils généraux, en faveur de toute personne de nationalité française privée de ressources, incapable de subvenir par son travail aux nécessités de l'existence, et soit âgée de plus de soixante-dix ans, soit atteinte d'une infirmité ou d'une maladie reconnue incurable, sans que le nombre des pensions auxquelles devra contribuer l'État puisse dépasser, par département, deux pour mille (2 p. 1.000) de la population et sans que cette contribution pour chaque pension puisse être supérieure à cinquante francs (50 fr.). Cette pension annuelle sera toujours révocable. ». Loi du 29 mars 1897 portant fixation du budget général des dépenses et des recettes pour l'année 1897, *JO* du 30 mars 1897, p. 1860.

Toutefois, le ministère de l'intérieur précise rapidement que ce dispositif, exceptionnel et provisoire, ne porte pas atteinte au « principe qui doit dominer toutes les œuvres d'assistance publique, à savoir que le devoir de secourir les souffrants, les faibles et les déshérités incombe à la commune avant toute autre collectivité. »[46] Lorsque la loi sur ce sujet est finalement adoptée en 1905, la circulaire ministérielle qui organise sa mise en application rappelle encore une fois que la collectivité en charge de cette assistance « c'est en première ligne la commune où l'assisté a son domicile de secours ». Ce n'est que « l'application du principe traditionnel en France, constamment proclamé par le Conseil supérieur de l'assistance publique, que l'assistance est communale. »[47]

Cette conviction partagée que l'assistance est et doit être communale s'appuie sur trois justifications principales. La première, pratique et financière, souligne que c'est dans le cadre restreint de la commune que les individus sont les mieux connus et que l'administration peut, en toute connaissance de cause, établir la liste de ceux à qui l'assistance est légitimement due[48]. C'est l'application à l'assistance publique de la vieille idée que l'on administre bien que de près. Pour s'assurer que ces listes soient constituées dans le souci d'économiser l'argent public, il faut aussi que les indigents qui y figurent pèsent sur le budget de la municipalité qui les y a inscrits[49].

A cette première justification s'en ajoute une autre, plus politique, qui tient dans l'assimilation de la collectivité communale à la collectivité familiale. Ce rapprochement est un élément classique du discours traditionnaliste dans lequel la commune est, comme la famille, conçue comme une collectivité humaine spontanée, naturelle, non seulement ancestrale mais antérieure à

---

[46] Instruction de la direction de l'assistance et de l'hygiène publiques du 6 juin 1898, Assistance aux vieillards, infirmes et incurable, *BOMI*, 1898, p. 199.

[47] Instruction de la direction de l'assistance et de l'hygiène publiques du 16 avril 1906 pour l'exécution de la loi du 14 juillet 1905 sur l'assistance obligatoire aux vieillards, aux infirmes et aux incurables privés de ressources, *BOMI*, 1906, p. 267-371.

[48] Ferdinand-Dreyfus, rapporteur du projet sur l'assistance aux familles nombreuses explique ainsi qu'il faut « d'abord se tourner vers la commune. Pourquoi ? Parce que la commune est la cellule primaire de l'assistance et que, s'agissant du sort des familles nombreuses, c'est la commune qui est le plus apte à discerner la famille intéressante de celle qui ne l'est pas, l'indigence accidentelle de l'indigence professionnelle, d'apprécier la quotité des ressources et le poids de la charge, en un mot de dresser dans les conditions les plus exactes possibles le budget de la famille malheureuse chargée d'enfants. » Séance du Sénat du 17 juin 1913… *op.cit.*

[49] A l'occasion d'un rapport sur deux propositions de loi relative à l'assistance aux vieillards, infirmes et incurables, Paul Strauss dit expressément : « La loi de 1893, comme la loi sur laquelle nous délibérons aujourd'hui, s'accorde à placer au centre même de l'activité communale la responsabilité initiale, parce que plus la collectivité est intéressée financièrement dans les dépenses, plus les risques les chances d'erreur et d'abus sont amoindris. » Séance du Sénat du 8 juin 1905, *JO Débats parlementaires. Sénat.* 9 juin 1905, p. 972.

l'État et donc plus légitime que lui à structurer la société et à y assumer les missions de secours[50]. Il y a, sous la IIIe République, des voix pour contester cette conception de la commune, notamment dans les rangs de la gauche radicale et chez les radicaux socialistes[51], mais elles restent isolées. Le discours dominant est résumé par le directeur de l'assistance publique Henri Monnot, l'un des pères des dispositifs d'assistance publique de la IIIe République : « L'individu doit d'abord se secourir lui-même. S'il en est incapable, sa famille doit venir à son aide. Si la famille lui fait défaut, c'est alors l'unité administrative la plus petite, qui est comme une famille agrandie, c'est la commune qui doit le secourir. »[52] Juridiquement, cela implique que les lois de 1893 et de 1905 ne font pas disparaitre la dette alimentaire familiale qui résulte du code civil[53]. Plus que cela, cette dette civile familiale prime toujours la dette sociale que les lois d'assistance publique imposent aux communes en leur qualité de seconde famille. Concrètement, les communes qui auraient pris en charge l'assistance d'un individu dont la famille devait assurer la subsistance ont un droit à répétition des secours indument versés[54]. Cette possibilité place l'organisation de l'assistance obligatoire à cheval entre droit privé et droit public, tout comme la commune dont le régime juridique est resté mixte tout au long du XIXe siècle, empruntant à la fois à celui du mineur sous tutelle et au droit administratif naissant. Sur ce point aussi, la désignation de la commune comme collectivité débitrice des secours permet le rapprochement entre républicains et traditionnalistes autour d'un projet d'assistance « publique », même si ce terme n'a pas tout à fait la même signification pour les uns et les autres.

Enfin, troisième justification, la nature communale de l'assistance est présentée comme une constante historique. Intégrer une telle affirmation dans le discours républicain suppose tout d'abord une relecture de l'héritage

---

[50] *Cf.* BIGOT Gr., *L'administration française. Droit politique et société. Tome 1 : 1789-1870*, LexisNexis, 2ème édition, 2014, p. 187-189.

[51] Pour soutenir un amendement proposant que l'État verse une allocation journalière aux soutiens de famille pendant leur service militaire, le député Léon Sireyjol remet en question ce qui est pourtant présenté comme l'évidence républicaine depuis plusieurs décennies : « Je proteste, en ce qui me concerne, contre ce principe même qui tend à faire supporter aux communes une partie de la charge imposée par nos améliorations sociales. A cette grande collectivité qui est la France, on veut substituer de petites collectivités qui sont les communes, collectivités qui se sont constituées à une époque éloignée et en vertu de circonstances qui ont cessé d'exister, dont la délimitation actuelle ne répond plus très souvent à aucun besoin et n'est plus justifiée par rien. » Séance de la Chambre des députés du 16 juin 1904, *JO. Débats parlementaires. Chambre.* 17 juin 1904, p. 1485.

[52] Henri Monod, commissaire du gouvernement devant le Sénat sur la loi sur l'assistance médicale gratuite. Séance du 13 mars 1893, *JO. Débats parlementaires. Sénat,* 14 mars 1893, p. 281.

[53] ANDRÉ-BOUFFARD H. et MIGNON P., Les créances alimentaires et la loi du 14 juillet 1905, *Revue générale d'administration,* 1910, p. 411.

[54] Article 2 de la loi du 15 juillet 1893, *op.cit.* ; et article 5 de la loi du 14 juillet 1905, *op.cit.*

révolutionnaire. La Rochefoucauld Liancourt avait en effet longuement expliqué pourquoi il combattait « l'opinion que l'État doit laisser, doit imposer à chaque municipalité le devoir d'entretenir ses pauvres »[55]. La très centralisatrice convention nationale avait ensuite entrepris d'organiser la « dette nationale » d'assistance depuis l'assemblée vers les départements[56]. Mais il est impératif pour la toute jeune République que « son » assistance publique soit la promesse enfin tenue des engagements révolutionnaires pris un siècle plus tôt. Le discours républicain sur l'assistance fait donc remonter la consécration révolutionnaire de la nature communale de l'assistance au décret du 15 octobre 1793 sur l'extinction de la mendicité qui ordonne aux municipalités d'établir annuellement une liste des indigents valides de leur territoire à qui des travaux pourraient être confiés[57].

En plus de ces références révolutionnaires, le discours républicain sur la commune comme collectivité débitrice de l'assistance publique en intègre de plus anciennes empruntées aux traditionnalistes. A titre d'exemple, le docteur Dreyfus-Brisac affirme, dans les rapports qu'il rédige pour le conseil supérieur de l'assistance publique du ministère de l'intérieur comme devant le congrès international de 1889, que la nature communale de l'assistance « ce sont ces principes qui ont inspiré la législation française et on les trouve déjà formulés dans les décisions du concile de Tours et dans les capitulaires de Charlemagne. »[58] Comme le font nombre d'autres républicains de l'époque et notamment le directeur de l'assistance publique Henri Monod[59], il reprend ici presque littéralement les termes qu'employait le très légitimiste et catholique Ferdinand Béchard quarante ans plus tôt dans l'ouvrage qu'il dédiait au comte de Chambord[60]. Certains monarchistes ne manquent d'ailleurs pas de le

---

55 Septième rapport ..., *op.cit.,* p. 541.

56 Décret du 19 mars 1793 sur les bases de l'organisation générale des secours publics, « Article 1er : Il sera attribué par chaque législature, une somme annuelle à chaque département de la République, laquelle sera employée en secours en faveur de l'indigence [...] », *Collection Beaudoin,* Vol 35, p. 444-447.

57 Décret du 24 Vendémiaire an II (15 octobre 1793) concernant des mesures pour l'extinction de la mendicité. « Art. 1er : Les municipalités remettront tous les ans à l'agence de secours du canton, sur sa demande, un état de leurs indigents valides, en désignant leur nom, leur sexe, leur âge, l'espèce de travail dont ils sont susceptibles, les époques auxquelles ils en manquent, et les moyens utiles de le remplacer. [...] », *Collection Beaudoin,* Vol 42, p 224-225.

58 Séance générale du mercredi 31 juillet, *Congrès international d'assistance... op.cit.* T1, p. 371.

59 Henri Monod, commissaire du gouvernement sur la loi sur l'assistance médicale gratuite dit, devant le Sénat : « *Que chaque cité soigne ses pauvres.* Ce principe était proclamé déjà du temps de Charlemagne. » Séance du 13 mars 1893, *op.cit.*

60 « La commune est obligée à défaut de la famille, [...]. C'est le sens de la maxime *Quæque civitas pauperes suos alito,* adoptée par le second concile de Tours en 567, et formulée en ces termes par l'article 73 de l'ordonnance de Moulins : Ordonnons que les pauvres de chaque ville, bourg et village seront nourris et entretenus par ceux de la ville, bourg et village dont ils seront natifs et habitants. » *De l'administration intérieure de la France : Organisation communale et cantonale,* Vol 1, Edition Giraud et Dagneau, 1851, p. 369.

souligner comme Ferdinand de Ramel qui, à l'occasion de l'examen de la loi de protection des vieillards et incurables en 1903, pointe - non sans ironie - que « le principe de l'obligation communale d'assistance est fondé, c'est une obligation que je me réjouis de voir enfin de nouveau inscrire dans la loi, je puis dire restaurer, puisque, je le répète, pendant des siècles elle y était inscrite. On peut s'étonner que tant d'années se soient écoulées depuis la Révolution sans qu'une législation pareille à celle qui nous est proposée aujourd'hui soit entrée dans nos codes, puisqu'elle y était sous la monarchie à qui en revient l'honneur et l'initiative. »[61]

Toutefois, interpréter les dispositifs des lois d'assistance de la fin du XIXe et du début du XXe siècles comme une habile manœuvre républicaine de rapprochement stratégique avec les traditionnalistes ou comme une victoire idéologique des seconds sur les premiers serait très réducteur. A cette époque, les traditionnalistes portent en effet une conception de la commune emprunte de contre-révolution et correspondant à une organisation monarchiste et cléricale de la société[62]. Lorsque les lois d'assistance sont votées, la République est installée institutionnellement et politiquement et si elle est toujours contestée et parfois menacée, l'hypothèse d'une restauration légitimiste ou orléaniste est écartée. Par ailleurs, la République s'est alors clairement engagée dans la lutte anticléricale, avec les réformes scolaires de Ferry dans les années 1880 et avec les gouvernements radicaux de Waldeck-Rousseau puis de Combes au tournant des deux siècles. Difficile dans un tel contexte de défendre l'idée d'une victoire idéologique du traditionalisme. L'hypothèse d'une pure manœuvre politique est également à écarter au profit d'une autre explication : La conception républicaine de la place institutionnelle et politique des communes a changé au cours de deux premières décennies de la IIIe République et l'évolution terminologique qui consiste à les qualifier de collectivité en témoigne. C'est en effet à l'occasion des scrutins municipaux que les républicains ont obtenu leurs premiers succès électoraux au début de la décennie 1870. C'est en partie en appuyant la seconde chambre sur les délégués municipaux qu'ils sont parvenus à républicaniser les institutions de 1875. Enfin, depuis 1882 et 1884, la composition et l'organisation administrative des communes sont conformes aux principes républicains. A la différence des deux Républiques précédentes, la IIIe s'est construite ainsi en grande partie sur les municipalités[63].

---

[61] Ferdinand de Ramel sur le projet de loi d'assistance aux vieillards, Séance de la Chambre des députés du 27 mai 1903, *JO. Débats parlementaires. Chambre des députés.* 28 mai 1903, p. 1756.

[62] DUMONS B., Catholicisme français et État-providence (1880-1950). *Lien social et Politiques*, 1995, p. 77–88

[63] *Cf.* BIGOT Gr., LE YONCOURT T., *L'administration française... op.cit.,* « La république à la mairie », p. 76-134.

Il faut également souligner qu'ériger ainsi les communes au rang de collectivités débitrices de ce que la Révolution avait conçu comme une dette nationale et les qualifier de « collectivité » n'est pas une façon de consacrer une forme d'autonomie municipale. C'est aussi à cette condition que l'évolution et du rôle des communes dont témoigne le changement de vocabulaire s'opère au début de la IIIe République. Au moment même où il charge les communes du nouveau service public de l'assistance, le pouvoir républicain lutte avec vigueur contre les initiatives municipales visant à organiser localement des services publics communaux et singulièrement des services de santé, pharmacies ou médecins municipaux notamment.

L'exemple de la pharmacie municipale de Roubaix en 1893 est, en l'espèce, remarquable. Alors que la loi sur l'assistance médicale gratuite vient d'être votée, le conseil municipal de Roubaix décide de l'embauche d'un pharmacien et de la création d'une pharmacie municipale afin de permettre aux habitants d'accéder à des médicaments à très bas coût. Conformément à la doctrine qui est alors celle du gouvernement soutenu par le Conseil d'État, le préfet du Nord estime que la municipalité de Roubaix contrevient à la fois à la liberté du commerce de l'industrie et aux lois définissant les compétences communales. Non seulement la loi sur l'assistance médicale gratuite ne peut être interprétée comme autorisant les communes à prendre de telles initiatives, mais elle les leur interdit. Si elle permet aux municipalités de contribuer à la distribution gratuite de médicaments, c'est uniquement par l'intermédiaire des hospices et bureaux de bienfaisance municipaux et surtout exclusivement aux indigents inscrits sur les listes de secours selon les critères limitativement établis par la loi. En dépit de l'insistance du conseil municipal, le budget nécessaire à la création de sa pharmacie n'a donc pas reçu l'accord préfectoral. Le ministère de l'Intérieur a voulu conférer à sa décision un fondement certain en saisissant pour avis le comité du contentieux d'études juridiques de son ministère et le Conseil d'État. L'un et l'autre ont confirmé que le conseil municipal de Roubaix avait excédé ses attributions, le comité arguant notamment « que la loi du 15 juillet 1893 sur l'assistance médicale gratuite permet aux communes d'assurer, dans les des conditions légales, la distribution des médicaments aux indigents »[64].

Quelques semaines plus tard, Jules Guesde interpelle le gouvernement sur l'annulation des délibérations du conseil municipal de Roubaix. Pour Guesde, cet épisode comme les nombreux autres similaires dans le Nord et en région parisienne à la même époque, démontre que « la République a pu être introduite, au moins de nom, dans le gouvernement général de la collectivité française, mais elle attend encore à la porte des communes ; elle n'a pas

[64] Avis du 17 février 1894 du comité du contentieux et des études juridiques du ministère de l'intérieur, *Revue générale d'administration.*, 1894, t. 3, p. 437.

pénétré sur le terrain municipal »[65]. Le président du conseil, ministre de l'intérieur assume quant à lui très clairement « que si nous nous opposons avec énergie à la création de la pharmacie municipale de Roubaix, c'est [...] parce qu'elle serait le premier pas dans la voie de l'application du système collectiviste. Or, ce premier pas, nous ne voulons pas le faire. »[66] A ceux des députés qui lui opposent les pratiques des sociétés coopératives, le ministre de l'intérieur répond : « les sociétés coopératives c'est la liberté, ce sont des associations de liberté (Très bien ! très bien !), tandis que la collectivité municipale, c'est la suppression de la liberté (Très bien ! très bien !) ». C'est aussi dans ce contexte politique qu'il faut comprendre l'évolution de la commune sous la IIIe République et son érection au rang de collectivité. La IIIe République, toujours marquée par les souvenirs de 1871 et inquiète des progrès des mouvements socialistes dans les municipalités, ne veut surtout pas que « collectivité » signifie collectivisme. C'est ainsi, étroitement encadrées par la loi et sous la surveillance permanente des préfets et du Conseil d'État qui connait désormais des contentieux les concernant, que les communes sont chargées de pans essentiels de la politique sociale de la République. Elles n'ont que des compétences d'attribution strictement limitées qu'elles tiennent de la loi bien plus que d'elles-mêmes et n'ont que peu ou pas de liberté d'organisation de services publics locaux.

Il faut enfin souligner la part d'affichage dans l'affirmation que l'assistance publique est assumée par les collectivités communales. Aucune des législations organisant l'assistance publique obligatoire n'en confie la charge aux seules communes. Les communes sont systématiquement mises en avant et toujours désignées comme collectivités naturellement débitrices de la dette sociale. Mais l'administration et le financement de l'assistance publique obligatoire est toujours le produit du concours de trois collectivités débitrices : la commune, le département, l'État. Chaque type de « collectivité » intervient dans des proportions différentes et fluctuantes, et c'est ainsi que se dessinent les formes et les règles de la solidarité sociale au sein de la République.

II. La solidarité entre les trois « collectivités » redevables de l'assistance publique

A la fin du XIXe siècle, le département devient collectivité débitrice de l'assistance avec la commune. Pour la première fois, un même terme est utilisé pour désigner communes et départements qui sont ainsi regroupés dans une même catégorie juridique et politique : les collectivités locales. C'est une consécration pour la circonscription issue de la Révolution et le début d'un processus qui va conduire le département à prendre une part toujours plus

[65] Séance de la Chambre des députés du 20 novembre 1894, *JO. Débats parlementaires. Chambre.* 21 novembre 1894, p. 1908.
[66] *Ibid.*, p. 1914.

importante dans la politique sociale de la République (a). Toutefois, le directeur de l'assistance publique Henri Monod a beau affirmer en 1900 à propos de la loi sur l'assistance médicale gratuite : « J'ose dire que cette loi d'obligation est une loi de liberté et de décentralisation »[67], pour les départements comme pour les communes, devenir ainsi « collectivités » signifie surtout devoir assumer de nouvelles obligations. Plus qu'un marqueur de libertés locales, l'usage du terme « collectivité » pour désigner départements et communes reflète une évolution de la place de l'État républicain dans l'action publique. En matière d'assistance, l'État est en effet la troisième collectivité, celle qui intervient normalement à titre subsidiaire. Cette forme de solidarité entre les trois collectivités est la « manière d'être » de l'État républicain spécifique aux questions d'assistance (b).

A. *L'assistance publique ou la consécration du département au rang de collectivité républicaine*[68]

L'assistance publique obligatoire de la République se construit donc en grande partie sur la désignation de la commune comme collectivité débitrice des secours. Mais, dès le départ, il est acquis que, pour être effective, cette obligation ne doit pas peser seulement sur la commune, pour des raisons financières en premier lieu bien sûr, mais également politico-administratives.

La proposition de loi d'assistance médicale dans les campagnes présentée par Théophile Roussel en avril 1876 repose sur les communes mais pour affirmer dans la foulée : « on sait à quel point, dans beaucoup de communes, les ressources sont en disproportion avec une telle charge » et en déduire que la loi doit évidemment « obliger le département à aider les communes pauvres à secourir leurs indigents malades »[69]. Il reprend sa proposition à l'occasion du congrès international de 1889 et c'est en partie sur cette base que la discussion s'engage[70]. La première partie du constat est largement partagée, en revanche le recours au département comme seconde collectivité débitrice, celle sur laquelle il est indispensable de s'appuyer car les communes ne peuvent suffire, ne s'impose pas comme une évidence pour tous. Le sénateur Margaigne par exemple écarte l'hypothèse départementale pour suggérer : « il faut rechercher un autre groupement. Dans beaucoup d'États, l'assistance

---

67 MONOD H., L'assistance publique en France en 1900. *Recueil des travaux du congrès international d'assistance publique et de bienfaisance privée tenu du 30 juillet au 5 août 1900,* Tome IV, p. 29.

68 Sur l'histoire des multiples significations successives du département et ses rapports complexes avec la République, *cf.* OZOUF-MARIGNIER M-V., Le département, de la naturalisation à la réforme, dans : BELOT R. (dir.), *Tous républicains ! Origine et modernité des valeurs républicaines.* Paris, Armand Colin, 2011, p. 261-274.

69 Annexe n°86 à la séance du 8 avril 1876…*op.cit.*

70 ROUSSEL Th., De l'organisation de l'assistance médicale dans les campagnes, *Congrès international d'assistance… op.cit.* T1, p. 247-262.

générale ou seulement médicale ne peut être établie, si on n'adopte pas d'abord un groupement nouveau. Celui-là sera le meilleur, à mon avis, qui mettra les secours à la portée des indigents de toutes les communes, quelle que soit leur importance »[71]. Le docteur Dreyfus-Brisac dit quant à lui que « beaucoup de communes sont hors d'état d'assurer par leurs seules ressources le service des secours à domicile. Il faut donc les autoriser à se syndiquer entre elles comme cela se pratique en Allemagne. »[72] Les hypothèses de la création d'un échelon administratif nouveau ou du recours aux syndicats de communes sont écartées et la loi de 1893 s'appuie sur le département. Mais le fait que de telles pistes aient été envisagées prouvent que, dans le financement de l'assistance publique à la fin du XIXe siècle, le département est avant tout le cadre budgétaire de la solidarité entre les communes[73]. Plus fondamentalement, cela indique qu'en cette fin de XIXe siècle, l'implication départementale dans l'assistance publique en qualité de collectivité débitrice n'est pas « naturelle » comme c'est le cas pour la commune.

Le département n'a pas le statut de communauté sociale ancestrale dont bénéficie la commune. Son origine révolutionnaire et son image d'artificialité lui valent par ailleurs la défiance des traditionnalistes qui lui préfèrent la référence provinciale[74]. Être depuis 1800 le cadre du pouvoir préfectoral l'associe aussi à la centralisation napoléonienne honnie par ces même traditionalistes[75], même si les monarchies du XIXe se sont fort bien accommodées du préfet. En dépit de la réforme de 1871, le département de la IIIe République reste administré par un agent unique et extérieur à la collectivité administrative – le conseil général - qui représente les habitants puisque l'hypothèse, un temps effleurée par l'Assemblée nationale, de l'effacement du préfet au profit de la commission a finalement été écartée. Ce qui semble évident pour la commune ne l'est donc pas pour le département, est-il tout à fait une « collectivité » ?

Les discussions qui se tiennent toujours en 1946 au sein des assemblées constituantes sur l'opportunité d'assimiler communes et département sous la même appellation de « collectivité » témoignent de la persistance du doute. Devant la première constituante, le rapporteur spécial de la commission sur le titre consacré aux collectivités locales affirme ainsi que « la commune est une cellule sociale dont la vie propre est tellement évidente, qu'il n'a pas été

---

[71] Séance générale du mardi 30 juillet, *Ibid.*, p. 364.
[72] Séance générale du mercredi 31 juillet, *Ibid.*, p. 372.
[73] Henri Monot l'exprime ainsi : « dire qu'en cas d'insuffisance des recettes communales, le département sera appelé à parfaire les sommes nécessaires, ce n'est pas dire autre chose que ceci : les communes riches, par la voie du budget départemental, devront venir au secours des communes pauvres ». *Ibid.*, p. 386.
[74] OZOUF-MARIGNIER M.-V., *La formation des départements. La représentation du territoire français à la fin du XVIIIème siècle*, Éditions de l'EHESS, 1989.
[75] BURDEAU Fr., *Liberté, libertés locales chéries !* Paris, Cujas, 1983.

nécessaire d'instaurer un long débat pour conclure qu'elle devait effectivement posséder les moyens de s'administrer et de se gérer d'une façon autonome. Le plus souvent, une tradition remontant à de nombreuses années, sinon à des siècles, a fait de la commune une réalité juridique indiscutable. »[76] Mais il rapporte qu'en revanche, « les départements ont été considérés par quelques membres de la commission de la Constitution comme des créations arbitraires qui n'avaient pas, en réalité, une vie propre ». Finalement, « la majorité a pensé qu'il n'y avait que des inconvénients à abandonner le département, auquel plus de 150 ans d'existence ont donné une vie particulière que l'on ne saurait totalement nier. » L'adhésion est donc timide et mesurée d'autant qu'en 1946, contrairement à la commune, le département n'est pas administré par des élus issus du suffrage universel[77]. L'assimiler à la commune dans la constitution par l'utilisation de ce terme commun de « collectivité » est donc plus un projet et une promesse qu'un constat[78].

Il n'est donc pas surprenant que, soixante ans plus tôt, qualifier le département collectivité et lui donner une place dans l'organisation de l'assistance publique républicaine n'est pas « naturel », mais c'est en revanche nécessaire. En plus des subventions départementales indispensables aux communes, l'échelon départemental permet aussi de contourner la difficulté de déterminer quelle est la commune « domicile de secours » de certains assistés. Toutes les lois d'assistances – sauf celle de 1904 qui ne connait de domicile de secours que départemental[79] - disposent ainsi qu'à défaut de domicile communal, l'assisté aura un domicile de secours départemental qui désignera la collectivité débitrice. Comme avec ses subventions aux communes, le département évite ici à l'État de prendre en charge un grand nombre d'indigents qui ne sont rattachés à aucune commune, parfois en raison des réticences des municipalités à les inscrire sur leurs listes et à les assumer financièrement. Cela transparait clairement dans les recommandations données aux préfets lors de la mise en application de la loi de 1893 : « Représentant des intérêts de l'État et ménager de ses ressources, vous ne sauriez, Monsieur le préfet, mettre trop de soins à prescrire toutes recherches, à ordonner toutes enquêtes de nature à vous permettre d'établir le domicile de

---

[76] Jacques Arrès-Lapoque, 2ème séance du 16 avril 1946 de l'assemblée constituante, *JO* du mercredi 17 avril 1946, p. 1914-1923

[77] « Votre commission a pensé que les éléments distinctifs d'une collectivité locale devaient être essentiellement l'élection au suffrage universel de ses administrateurs et la gestion de ses intérêts propres grâce à un budget particulier. » *Ibid.*

[78] « Cette similitude démontre l'intention qu'a eue votre commission d'amorcer une réforme fondamentale en accordant au département un régime aussi libéral que celui que la République a donné à la commune. » *Ibid.*

[79] Pour une présentation de cette législation dans son contexte *cf.* ALCINDOR É., *Les enfants assistés*, (préface de Ferdinand-Dreyfus), Paris, 1912.

secours communal ou départemental de l'assisté, afin d'éviter à l'État des charges qui ne devraient pas lui incomber. »[80]

Au-delà de son utilité strictement budgétaire, le département permet enfin l'organisation administrative des services d'assistance. Depuis le départ, il est acquis que la mission des communes doit se limiter à établir les listes et de participer financièrement au dispositif. Mais « si le principe de l'assistance est communal, il faut que l'organisation du service soit départementale. Je ne m'attarderai pas à le démontrer. Seul le département a la puissance nécessaire pour organiser le service. »[81] C'est ce qui est clairement posé dès l'article 4 de la loi de 1893 qui dispose : « Il est organisé dans chaque département, sous l'autorité du préfet et suivant les conditions déterminées par la présente loi, un service d'assistance médicale gratuite pour les malades privés de ressources ». Les législations suivantes reproduisent le même schéma administratif, dans lequel la présence du préfet apparait encore une fois comme une garantie administrative autant qu'une sécurité pour l'État.

L'application de la loi de 1893 sur l'assistance médicale gratuite montre rapidement les limites de la capacité de nombreuses communes à faire face à leurs obligations et l'importance du département. Parmi les questions longuement débattues au cours de l'élaboration de la loi sur l'assistance des vieillards et des incurables, il y eu notamment celle des barèmes de répartition de la charge financière entre les collectivités. Le mode finalement retenu en 1905 diffère de celui de 1893 avec pour objectif de soulager les communes, notamment les plus petites. Ce sont d'ailleurs les barèmes de la loi de juillet 1905 qui sont ensuite repris dans les lois suivantes et le système beaucoup plus « communal » de 1893 est écarté[82]. En 1914 déjà, l'assistance républicaine est donc sans doute plus départementale que communale, en dépit du discours persistant autour de la commune « collectivité naturellement débitrice »[83]. L'entre-deux guerres confirme le déclin relatif mais progressif de la commune comme première collectivité de l'assistance au profit du département qui prend une place de plus en plus grande. Le décret du 30 octobre 1935 unifiant les barèmes des lois d'assistance est le symbole du

[80] Instruction du 18 mai 1894…*op.cit.*

[81] Séance du Sénat du 13 mars 1893, *op.cit.*

[82] Le ministre du travail sur le projet de loi modifié par le Sénat sur l'assistance aux familles nombreuses : « Le barème adopté par le Sénat pour la répartition des dépenses entre l'État, les départements et les communes, se rapproche très sensiblement de celui de la loi du 14 juillet 1905 […] Telle est la loi que nous vous demandons, sans plus de discours, de voter. Elle apporte un complément nécessaire et indispensable à l'œuvre de la République. » Séance de la Chambre des députés du 11 juillet 1913, *JO. Débats parlementaires. Chambre.* 12 juillet 1913, p. 2609

[83] *Cf.* Kitts A., Une géographie départementale de la protection sociale : les dépenses d'assistance en France (1880-1914), *Revue d'histoire de la protection sociale*, 2019, p. 124-155.

basculement entre les deux collectivités[84]. Ce texte introduit deux bouleversements dans l'organisation de l'assistance publique : il inscrit tout d'abord toutes les dépenses d'assistance au budget départemental. Cela ne signifie pas que le département en supporte désormais seul la charge mais que les participations de l'État et des communes à ces dépenses sont portées en recette du budget du département. Par ailleurs, évolution administrative mais également symbolique essentielle : l'article 2 du décret supprime la notion de domicile de secours communal. Le domicile de secours des assistés est désormais départemental exclusivement, ce qui fait du département la collectivité centrale de l'assistance publique républicaine[85].

Cette idée avait déjà été évoquée pendant le fameux congrès de 1889 par un inspecteur de l'assistance publique, Metton-Lépouzé. Il partait du constat partagé par tous « que les petites communes ne pourraient subvenir à leurs dépenses d'assistance médicale »[86], mais n'en tirait pas les mêmes conclusions que ses contemporains qui plaidaient pour la solidarité entre communes riches et pauvres. S'appuyant sur son expérience personnelle de l'inaction des communes du département dans lequel il travaille et de l'impuissance du conseil général à les contraindre, il conclut qu'« il serait préférable, je crois, que les crédits nécessaires fussent inscrits au budget départemental ; le Conseil général déterminerait ensuite la quote-part de chaque commune dans la dépense ». Sa proposition reste alors sans écho car, pour les motifs symboliques et politiques évoqués plus haut, il est inenvisageable, dans la France de la fin du XIXe siècle, d'écarter la commune comme collectivité débitrice de l'assistance publique au profit du département. Avant d'en être la collectivité centrale, le département commence donc par être la collectivité placée au milieu, celle chargée concrètement et matériellement de la solidarité sociale dans le régime français d'assistance publique dont Henri Monot décrit ainsi le fonctionnement : « de la collectivité plus riche à la collectivité plus pauvre, les communes riches venant en aide aux communes pauvres par la subvention du département, les départements riches venant en aide aux départements pauvres par la subvention de l'État »[87]. Il est toutefois entendu que l'État ne doit intervenir qu'à titre subsidiaire.

---

[84] Décret du 30 octobre 1935 prévoyant l'unification et la simplification des barèmes en vigueur pour l'application des lois d'assistance, *JO* du 31 octobre 1935, p. 11613-11614.

[85] Cela plaide pour une histoire longue de la notion de « département-providence » réintroduite au moment de l'acte 2 de la décentralisation : BLANCHARD N. *L'avènement du département providence*, Rennes, Éditions de l'ENSP, 2004 et LAFORE R., La décentralisation de l'action sociale. L'irrésistible ascension du « département providence », *Revue française des affaires sociales*, p. 17-34. Ce dernier a souligné les limites de ce modèle d'administration sociale après 10 années d'expérience : LAFORE R., Où en est-on du « département-providence ? », *Informations sociales*, 2013/5, p. 12-27.

[86] Séance générale du mardi 30 juillet… *op.cit.*, p. 365.

[87] Chambre des députés, séance du 4 juin 1903, *JO. Débats parlementaires. Chambre.* 5 juin 1903, p. 1843.

B. *La subsidiarité en matière d'assistance, la « manière d'être » solidaire de l'État républicain*

La dette sociale de la IIIe République est publique et collective, mais elle n'est plus considérée comme une dette d'État comme à l'époque révolutionnaire. C'est pour cette raison que l'intervention de l'État, de ses services et de ses finances, ne doit y être qu'exceptionnelle. La circulaire précisant les dispositions de la loi de 1893 sur l'assistance médicale gratuite l'expose clairement : « ce n'est qu'à défaut de la commune qu'intervient le département et subsidiairement l'État. Il ne faudra jamais perdre de vue ce principe essentiel dans l'application de la loi. »[88] Le principe est ensuite constamment rappelé : non seulement les trois collectivités n'interviennent pas à parts égales en matière d'assistance publique mais la troisième, l'État, n'est censée intervenir qu'à la marge.

Le commissaire du gouvernement Louis Corneille ira même plus loin dans ses conclusions rendues à propos de l'affaire *Ville de Grenoble* en 1917[89]. La municipalité grenobloise avait saisi le Conseil d'État d'une demande d'annulation de l'inscription d'une veuve sur la liste des indigents de la commune au motif que son défunt mari était assisté par l'État et que le domicile d'une femme mariée est et reste celui de son mari. Le Conseil d'État rejette la demande en suivant notamment les arguments du commissaire du gouvernement qui estime que c'est la solution la plus conforme au principe général de l'assistance publique. Corneille reconnait qu'à titre exceptionnel, le législateur a admis qu'un indigent dépourvu de domicile de secours communal ou départemental pouvait être pris en charge par l'État. « Mais il n'en résulte pas que l'État soit, comme la commune ou le département, une collectivité d'assistance »[90]. La formule radicale qui réserve le statut de collectivités d'assistance aux communes et départements est en partie liée aux impératifs juridiques de l'affaire et reste isolée. Les textes juridiques de l'époque parlent habituellement du « concours des trois collectivités » lorsqu'il s'agit d'assistance et y incluent donc l'État[91]. Mais la formule met particulièrement bien en lumière le fait que le rôle de l'État dans ce domaine doit rester très limité. Pour le garantir, le ministère de l'Intérieur a d'ailleurs

---

[88] Instruction du 18 mai 1894…*op.cit.*

[89] CE, 5 janvier 1917, *Rec.* p. 11.

[90] Conclusions publiées dans la *Revue générale d'administration*, 1919, p. 204.

[91] Deux exemples : « Le service de l'assistance aux familles nombreuses doit être assuré par le concours des trois collectivités : État, département, commune ». Circulaire du ministre de l'intérieur aux préfets du 27 décembre 1913 relative à l'organisation financière du service de l'assistance aux familles nombreuses, *JO* du 30 décembre 1913, p. 11238 ; « Le service de l'assistance aux femmes en couches doit être assuré par le concours de trois collectivités : État, département, commune » Circulaire du ministre de l'intérieur aux préfets du 25 décembre 1914 relative à l'organisation financière du service de l'assistance aux femmes en couches, *JO* du 4 février 1914, p. 1064.

adopté une jurisprudence restrictive dès 1893 en conditionnant l'intervention financière de l'État au vote préalable par le département qui la sollicite de centimes additionnels spécialement affectés à l'assistance médicale gratuite. Léon Bourgeois l'explique ainsi devant la Chambre en 1895 : « le législateur, à notre avis, a voulu que, pour avoir droit à la subvention de la collectivité appelée par la loi à fournir son concours, la collectivité bénéficiaire fît des sacrifices extraordinaires, fût dans une situation exceptionnelle »[92].

D'après les principes posés à la fin du XIXe siècle, l'État n'intervient donc qu'en dernier recours en matière d'assistance. Toutefois, au début du XXe siècle, lorsque sont discutées les lois sur les enfants assistés et surtout celle sur l'assistance aux vieillards et aux incurables, certains parlementaires remettent en cause ce principe de subsidiarité de l'État qui n'avait pas soulevé de contestation en 1893.

Ainsi, le gouvernement avait proposé que le service des enfants assistés soit financé à hauteur de 3/5 par le département, 1/5 par la commune et 1/5 par l'État. C'était conserver la logique des législations antérieures qui répartissaient ainsi les dépenses du service des enfants assistés par cinquièmes entre communes, départements et État[93]. La répartition finalement retenue d'un financement à 2/5 par l'État, 2/5 par le département et 1/5 commune émane de la commission du Sénat. Le rapporteur de cette commission Paul Strauss justifie d'abord cette implication financière plus importante de l'État par l'impossibilité d'appliquer effectivement la loi autrement. Mais derrière cette question financière, il y a une question de principe : il ne s'agit pas seulement d'assistance. La protection de l'enfance est présentée par Strauss comme une mission bien plus étatique que départementale et la garantie de l'application uniforme de la loi sur tout le territoire, quoi qu'il en soit de la richesse de chaque département, comme « d'intérêt national »[94].

Un an plus tard, alors que l'élaboration de la loi sur l'assistance des vieillards, infirmes et incurables touche enfin à son terme, le Sénat intervient encore une fois pour modifier le calcul de la participation des trois collectivités et faire peser une part plus importante sur l'État. Le sénateur Républicain Gacon s'en félicite en avançant un argument assez proche de

---

[92] Léon Bourgeois, ministre de l'intérieur, Séance de la Chambre des députés du 18 février 1895, *JO. Débats parlementaires. Chambre,* 19 février 1895, p. 406.

[93] Loi du 5 mai 1869 relative aux dépenses du service des enfants assistés, *Bulletin des lois* (XI), n°16 p. 843 et loi du 24 juillet 1889 sur les enfants maltraités ou moralement abandonnés, *JO* du 25 juillet 1889, p. 3653.

[94] « Est-ce que tous les départements ne doivent pas offrir les mêmes facilités et les mêmes garanties protectrices de l'existence et de la santé des enfants, de manière à diminuer le taux de la mortalité infantile et même à relever le taux des naissances, en évitant aux mères misérables et clandestines les hantises du désespoir, qui les conduisent parfois, hélas ! jusqu'au crime ? Est-ce que tout cela ne présente pas un intérêt national ? » Paul Strauss, séance du Sénat du 1er mars 1904, *JO. Débats parlementaires. Sénat.* 2 mars 1904, p. 246.

celui de Paul Strauss : « Il est équitable, comme on l'a dit - puisqu'il s'agit d'un devoir social - que ce soit surtout avec les ressources générales de la collectivité, de l'État, qu'on y pourvoie ». Il convoque, pour renforcer sa position, une tradition révolutionnaire réinterprétée à nouveau : « Nous [les républicains] redisons, avec nos ancêtres de la Révolution, que l'État a envers tous les déshérités une dette sacrée, et nous ajoutons que nous voulons faire ce qu'ils n'ont pu réaliser : passer du domaine de l'affirmation des principes à leur application. »[95]

La part de l'implication financière de l'État dans l'assistance publique est donc discutée et sérieusement réévaluée à l'occasion de l'adoption des nouvelles législations du début du XXe siècle[96]. Mais les textes restent fidèles au principe qui veut que l'assistance ne soit pas étatique par nature, que l'État ne doit donc jamais la prendre en charge seul[97]. Ce principe aussi a pourtant été discuté ponctuellement, comme en 1882 lorsqu'une proposition de loi tendant à accorder des secours aux familles nécessiteuses des militaires de la réserve territoriale revient au Parlement. Conformément aux idées en cours à cette époque, la majorité des députés et sénateurs estime logique que ces secours viennent des communes. La loi consiste d'ailleurs à les autoriser à s'imposer extraordinairement pour parvenir à verser ces aides si leurs revenus n'y suffisent pas[98]. A l'occasion de la discussion de ce texte à la Chambre, s'ouvre un débat qui rebondira à plusieurs reprises dans les décennies suivantes : Est-ce que venir en aide aux militaires où à leurs familles relève des communes puis de la solidarité entre collectivités ou est-ce une charge étatique liée à la défense nationale ? Le député bonapartiste Colbert-Laplace estime en 1882 que « la Nation doit se montrer jalouse d'être la première à tendre une main secourable à ceux qui souffrent à cause d'elle » et demande que l'aide aux familles de militaires pendant leur absence soit prise en charge par l'État et par lui seul[99]. Le rapporteur du projet de la commission répond qu'« il ne faut pas oublier qu'il s'agit ici d'assistance », et cela exclut de faire

[95] Séance du Sénat du 6 juillet 1905, *JO. Débats parlementaires. Sénat*. 7 juillet 1905, p. 1151.
[96] « La proportion dans laquelle le concours financier de l'État est acquis aux communes et aux départements se trouve grandement modifiée à l'avantage de ces deux collectivités. » Circulaire du 29 juillet 1905 du ministre de l'intérieur aux préfets sur la loi du 14 juillet 1905. *JO* du 20 août 1905, p. 5070.
[97] En 1895, le ministre de l'intérieur Léon Bourgeois évoque l'absence de législation relative à l'assistance aux vieillards et aux incurables et annonce : « Nous comptons vous proposer des dispositions de loi ayant pour but de faire intervenir l'État, non pas en première ligne […] car ce n'est pas à l'État à organiser un service d'assistance d'État, mais simplement pour compléter la contribution fournie au premier degré par la commune et au second degré par le département. » Séance de la Chambre des députés du 18 février 1895… *op.cit.*
[98] Loi du 21 décembre 1882 tendant à accorder des secours aux familles nécessiteuses des soldats de la réserve et de l'armée territoriale pendant l'absence de leurs chefs, *JO* du 22 décembre 1882, p. 6866.
[99] Séance de la Chambre des députés du 20 juin 1882, *JO. Débats parlementaires. Chambre*. 21 juin 1882, p. 979.

peser ces secours sur l'État car « si nous voulons mettre à la charge de l'État toutes les misères sociales, nous arrivons alors à une autre conception tout à fait opposée du rôle de l'État dans la société moderne »[100]. « Telle est, pour nous, conclue-t-il, la base de toute l'assistance publique : Jamais l'État ne doit intervenir que lorsque les autres collectivités ne peuvent plus rien faire. ».

La question de l'aide aux familles de militaires change à partir du moment où l'armée française pose le principe du service militaire obligatoire pour tous avec la loi Berteaux du 21 mars 1905. Désormais, les familles dont le soutien indispensable est sous les drapeaux pourront demander à l'État le versement d'une allocation journalière[101]. Ce système a été discuté et la Chambre des députés avait initialement réparti l'allocation entre les communes (5 %), les départements (10 %), et enfin l'État (85 %) au nom de la nécessité d'impliquer financièrement les collectivités intervenant dans la constitution des listes des familles à aider. C'est le Sénat qui a décidé de laisser à l'État seul la charge de l'allocation entière. Ce dispositif est élargi par la loi Barthou du 7 août 1913 dite loi « des trois ans »[102], puis encore étendu en août 1914 après la mobilisation générale et le déclenchement du conflit auquel les législations précédentes préparaient[103]. A partir de 1905, l'État assume donc seul l'aide aux familles des militaires pendant qu'ils sont sous les drapeaux.

Trois choses à souligner toutefois : avant comme après 1914, ces dispositifs sont évidemment justifiés par le statut de militaire des soutiens des familles dont il est question. La circulaire d'août 1914 du ministère de l'Intérieur qui organise la mise en application du dispositif s'ouvre sur cette affirmation qu'« il est juste et nécessaire que la nation assure l'existence des

---

[100] Il avait déjà indiqué dans son rapport que « l'État providence, obligé de venir en aide aux malheureux, de remédier à toutes les misères sociales, est une conception qui peut séduire certains esprits mais votre commission pense qu'elle est dangereuse et qu'une démocratie est plus solidement fondée sur la liberté et sur la prévoyance, dont il ne faut déshabituer ni les individus ni les groupes ». Annexe n°831 à la séance du 16 mai 1882 de la Chambre des députés *JO. Documents parlementaires. Chambre des députés*, 1882, p. 1339.

[101] Article 22 de la loi du 21 mars 1905 modifiant la loi du 15 juillet 1889 sur le recrutement de l'armée et réduisant à deux ans la durée du service dans l'armée active, *JO* du 23 mars 1905, p. 1869.

[102] Article 12 de la loi du 7 août 1913 modifiant les lois des cadres de l'infanterie, de la cavalerie, de l'artillerie et du génie, en ce qui concerne l'effectif des unités et fixant les conditions de recrutement de l'armée active et la durée du service dans l'armée active et ses réserves, *JO* du 8 août 1913, p. 7138.

[103] « Les familles des militaires de l'armée de terre et de l'armée de mer appelés ou rappelés sous les drapeaux, qui remplissent les devoirs de soutiens indispensables de famille, auront droit, sur leur demande, à une allocation journalière de 1 fr. 25 avec majoration de 50 centimes par enfant âgé de moins de seize ans à la charge du soutien de famille. Ces allocations seront fournies par l'État pendant toute la durée de la guerre, quel que soit le sort du militaire, dans des conditions qui seront déterminées par décret ». Loi du 5 août 1914 tendant à accorder, pendant la durée de la guerre, des allocations aux familles nécessiteuses dont le soutien serait appelé ou rappelé sous les drapeaux, *JO* du 6 août 1914, p. 7127. Ce texte est la version législative d'un décret du 2 août 1914.

familles de ceux qui risquent leur vie pour la défendre »[104], reprenant finalement 30 ans plus tard l'argument de Colbert-Laplace. L'assistance médicale aux anciens militaires redevenus civils après leur réforme est d'ailleurs renvoyée aux collectivités locales dans un premier temps. Le ministre de la guerre, saisi de plusieurs questions écrites de parlementaires au sujet des frais médicaux d'internement des militaires réformés pour cause d'aliénation mentale, rédige une circulaire à ce sujet en 1916 dans laquelle il confirme que « les frais de traitement dans les asiles des militaires aliénés ne devraient plus, en effet, incomber au budget de la Guerre à dater de leur réforme. C'est aux familles, si elles possèdent les ressources nécessaires, ou, dans la négative, à la collectivité du domicile de secours qu'il appartiendrait normalement de supporter ces dépenses. »[105] Dans le même ordre d'idée, la loi du 16 mars 1916 par laquelle l'État prend à sa charge le versement d'allocations aux victimes civiles de faits de guerre, le fait par assimilation de ces civils à des militaires[106]. Plus précisément, le texte assimile les soutiens de famille civils aux soutiens de famille militaires et étend ainsi le champ d'application des textes d'août 1914. Si une famille se trouve en état de nécessité après la mort de son soutien civil par fait de guerre, elle pourra donc bénéficier elle aussi d'une allocation journalière aux frais de l'État. C'est bien l'assimilation de ces civils à des militaires qui permet la dérogation au principe de la nature communale de l'assistance et met l'aide à leurs familles à la charge de l'État, à titre temporaire.

C'est évidemment la deuxième observation à faire au sujet de ces différentes formes d'implication de l'État dans des secours aux nécessiteux pendant la guerre ou dans l'immédiat après-guerre : ils sont tous par nature exceptionnels, ce qui les autorise à être dérogatoires aux principes généraux pour un temps.

C'est le cas par exemple des mesures par lesquelles l'État augmente à ses frais les allocations versées par les collectivités débitrices d'assistance, communes et départements. La loi de 1919 dispose ainsi que « toute Française, admise au bénéfice de la législation des femmes en couches et allaitant son enfant au sein, reçoit, pendant les douze mois qui suivent l'accouchement, une allocation supplémentaire de quinze francs (15 fr.), entièrement à la charge de l'État »[107]. La mesure ne soulève pas de grands débats. Surtout, elle ne

[104] Circulaire du 4 août 1914 du ministre de l'intérieur aux préfets, relative à l'assistance aux familles des militaires sous les drapeaux, *JO* du 6 août 1914, p. 7137-7139.

[105] Circulaire du ministre de la guerre du 15 mai 1916 relative aux frais d'entretien des militaires réformés en traitement dans les asiles d'aliénés, Direction de l'administration départementale et communale, *Bulletin officiel annoté de tous les ministères : lois, décrets, circulaires, instructions*, 1916, p. 419-422.

[106] Loi du 28 avril 1916 accordant une allocation journalière aux victimes civiles de la guerre, *JO* du 30 avril 1916, p. 3715.

[107] Loi du 24 octobre 1919 assurant la protection des femmes qui allaitent leurs enfants, *JO* du 26 octobre 1919, p. 11910.

contrevient à aucun principe puisqu'elle est provisoire ; le texte précise que l'allocation sera versée aussi longtemps que lois attributives d'indemnité de cherté de vie seront appliquées. Dans le même sens, les articles 5 et 6 de la loi du 28 juin 1918 qui dispose qu'« à partir du 1er juillet 1918 et jusqu'à une date postérieure d'une année à celle de la cessation des hostilités, l'allocation mensuelle attribuée aux vieillards, infirmes et incurables en vertu de la loi du 14 juillet 1905 est majorée d'une somme de 10 fr. à la charge exclusive de l'État », ainsi que celle attribuée aux familles nombreuses au titre de la loi de 1913[108]. Même s'il répond à un constat fait à plusieurs reprises avant 1914 : les allocations versées au titre des lois d'assistance sont très (trop) basses, le dispositif est expressément lié aux circonstances de guerre. L'année suivante d'ailleurs, le rapport de la commission centrale d'assistance est très clair à propos de cette mesure : transitoire, elle doit non seulement disparaitre comme prévu en novembre 1919 mais ne surtout pas réapparaitre sous une autre forme. La commission reconnait que les allocations sont basses et appelle à en relever les taux, mais à en laisser la charge financière aux collectivités locales. Il y aurait, prévient la commission, « les plus graves inconvénients à ce que, dans un esprit générosité mal compris, l'État renonçât à la participation financière des départements et communes pour assurer le service de l'assistance aux vieillards »[109]. Elle rappelle que « le soin d'assurer la subsistance de ses membres souffrants est un devoir essentiel de la collectivité communale » et que « l'État ne doit intervenir que pour la subventionner et la contrôler ». Les lois de finances des années suivantes prorogent pourtant ces différentes participations étatiques, mais toujours à titre provisoire.

Enfin, dernière observation qui renvoie au point de départ de ces réflexions : le vocabulaire utilisé pour évoquer ces interventions de l'État est différent de celui employé dans les lois sociales précédemment évoquées. Pour illustrer cette différence terminologique et sa portée, un exemple : Après-guerre, la loi sur les pensions militaires précise que « l'État doit à tous les militaires et marins bénéficiaires de la présente loi, leur vie durant, les soins médicaux, chirurgicaux et pharmaceutiques, nécessités par la blessure ou la maladie contractée ou aggravée en service, qui a motivé leur réforme. »[110] Administrativement, cela signifie que les militaires concernés seront inscrits sur des listes spéciales à leur domicile de secours. Toutefois, dans la circulaire diffusée pour la mise en application de cet article, le ministre de l'intérieur précise clairement que « ce devoir incombe intégralement à l'État, sans que la

[108] Loi du 28 juin 1918 portant ouverture et annulation sur l'exercice 1918 de crédits concernant les dépenses exceptionnelles des services civils, *JO* du 29 juin 1918, p. 5595.

[109] Rapport du 15 février 1919 sur les travaux de la commission centrale d'assistance pendant l'année 1918. *JO* du 5 mars 1919, p. 2428.

[110] Loi du 31 mars 1919 modifiant la législation des pensions des armées de terre et de mer en ce qui concerne les décès survenus, les blessures reçues et les maladies contractées ou aggravées en service. *JO* du 2 avril 1919, p. 3388.

charge puisse en être répartie entre lui et les autres collectivités administratives ; c'est un devoir national ». En effet, « le fondement du droit à la gratuité des soins pour l'ancien militaire réformé ne se rattache pas à une idée d'assistance. Il est faux de parler à son égard d'assistance médicale. »[111] C'est d'ailleurs l'occasion d'un rappel de la définition de l'assistance[112] et des raisons pour lesquelles elle est une dette obligatoire pour la République[113]. Dans ce cas précis, l'État n'assiste pas, il répare les dommages physiques subis par des militaires blessés au service du pays. C'est pour cette raison que cette dette-là est nationale alors que l'assistance continue de peser sur les collectivités locales à titre principal.

Dans ces textes comme dans tous ceux organisant une intervention de l'État, il n'est que rarement question « d'assistance » mais d'allocation, d'aide ou de secours et il n'est pas question non plus de « collectivité » débitrice. Décidément, les deux termes restent liés en ce début du XXe siècle. Même si l'usage du terme pour les qualifier se répand de plus en plus, c'est d'abord en matière d'assistance que communes et départements ont été « collectivités » de la même façon qu'en matière d'assistance l'intervention de la « collectivité » qu'est l'État doit en principe être subsidiaire.

---

[111] Circulaire du 15 octobre 1919. Ministère de l'intérieur aux préfets sur l'application de l'article 64 de la loi du 31 mars 1919. *JO* du 16 octobre 1919, p. 11425

[112] « On assiste des malheureux qui n'ont pas le moyen de faire face eux-mêmes à certains maux dont ils sont frappés », *Ibid.*

[113] « On assiste des nécessiteux parce que, en dehors de toute question d'humanité, l'État n'a pas d'intérêt, au point de vue de l'ordre public, à les laisser sombrer dans leur misère. On les assiste surtout parce que la solidarité sociale est la base même de toute démocratie. », *Ibid.*

La distinction institution corporative/fondative a-t-elle encore une réalité juridique ?

Julien Martin
Professeur de droit public à l'Université de Bordeaux

L'évocation de la distinction entre institution corporative et fondative confère spontanément le sentiment d'une certaine familiarité. À telle enseigne qu'il peut paraître en première intention assez incongru d'interroger, comme l'ont fait les organisateurs, l'existence même de cette distinction. Cette première impression doit bien évidemment, ici comme en toute chose, être immédiatement combattue pour éviter de confondre la réalité avec de simples idées acquises. Commence alors un travail de recherche de l'origine, sinon, de l'existence même, de ce couple. Immédiatement, l'ouvrage de Léon Michoud sur *La théorie de la personnalité morale et son application en droit français*, de 1906, et la thèse de Louis Constans, abordant *Le dualisme de la notion de personne morale administrative en droit français*, en, 1966, viennent à l'esprit.

Pour Léon Michoud, Savigny a été le premier à distinguer parmi les personnes morales deux catégories : les corporations, dans lesquelles la personne juridique est constituée par la réunion d'un certain nombre d'individus ; et les fondations, dans lesquelles « *la personne juridique n'a pas cette apparence visible, son existence est plus idéale et repose sur une fin générale qui lui est assignée* ». Ainsi entendue, elle ne se rapporte qu'au droit privé, la notion de personnalité morale étant, dans le système de Savigny, une notion de pur droit privé, et comprend toutes les personnes morales de droit privé[1]. Pour lui, cette distinction était classique en Allemagne, avant qu'elle ne soit importée en droit français à la fin du dix-neuvième siècle, plusieurs auteurs en contestant soit sa base même, soit au moins son utilité[2].

Pourtant, la plupart des auteurs contemporains n'évoquent plus cette distinction aujourd'hui, à commencer par ceux de droit privé dans leur étude de la personnalité morale à l'occasion de l'introduction générale au droit - dont ils ont le monopole -[3]. Tout au mieux distinguent-ils les groupements de personnes et groupements de biens, ce qui semble recouper les mêmes ensembles, si ce n'est que cette distinction se déploie au sein des seules

[1] F. von Savigny, *Traité de droit romain*, 1855-1859, p. 204.
[2] Vauthier, *Etudes sur les personnes morales*, 1887, pp. 277 et s. et 381 et s., Baudry-Lacantinerie et Huc-Fourcade, *Des personnes*, I, n° 295 et 306.
[3] J.-L. Aubert, É. Savaux, *Introduction au droit et thèmes fondamentaux du droit civil*, Sirey, coll. Université, 18e éd. 2020, pp. 264-268 ; R. Cabrillac, *Introduction générale au droit*, Dalloz, Coll. Cours, 14e éd., 2021, pp. 74-76 ; M. Douchy-Oudot, *Introduction Personnes Famille*, Dalloz, Coll. HyperCours, 11e éd., 2021, pp. 227-228 ; F. Terré, N. Molfessis, *Introduction générale au droit*, Dalloz, Coll. Précis, 14e éd., 2022, pp. 47-53.

personnes morales de droit privé[4]. Le constat n'est pas fondamentalement différent en droit public, que le regard se porte sur les ouvrages de droit administratif général[5], ou, plus particulièrement encore, sur ceux d'institutions administratives[6].

Dans le prolongement des travaux de Louis Constans, René Chapus rend compte implicitement de cette distinction dans son approche des « institutions spécialisées », après l'étude de l'État et des collectivités territoriales : il distingue ainsi les « *institutions corporatives* », à la suite de Maurice Hauriou, parmi les établissements publics et les institutions de droit privé assurant un service public, dont l'existence est « *fondée[s] sur celle d'un groupe humain particulier, sans caractère territorial déterminé, et leur raison d'être est de représenter, défendre, et gérer les intérêts propres à ce groupe* »[7]. Il illustre la première catégorie avec les chambres professionnelles, et la seconde au moyen des ordres professionnels, des caisses de sécurité sociale, et des fédérations de sport ou de chasse ; il paraît toutefois plus incertain pour les établissements scolaires et universitaires. Les « autres institutions spécialisées » sont les établissements publics ou les organismes de droit privé de type « fondatif », « *institués à seule fin que la gestion du service public administratif qui leur est confié soit assuré avec l'autonomie que permet la personnalisation juridique du service* »[8], et qu'il illustre entre autres choses, par les hôpitaux.

Face à ce relatif silence, résonne la position, plus sévère, de ceux qui pensent que cette distinction n'a plus aucune utilité. Toujours dans le prolongement des travaux de Louis Constans, Jean Waline distingue explicitement, parmi les établissements publics, ceux qui correspondent à un groupe humain préexistant (chambres de commerce, d'agriculture, établissements territoriaux), et qui rejoindraient de ce fait les collectivités locales dans la catégorie nouvelle des personnes publiques à caractère corporatif, et ceux dont la fondation n'a d'autre but que de conférer la personnalité morale à un service, qui constitueraient des personnes publiques à caractère fondatif. Mais pour lui, cette distinction, « *si elle rend compte de quelques-unes des solutions du droit positif, lui demeure pour l'essentiel*

---

[4] Y. Buffelan-Lanore, V. Larribau-Terneyre, *Droit civil. Introduction Biens Personnes Famille, Sirey, coll. Université*, 22e éd., 2021, pp. 379-386 ; F. Terré, D. Fenouillet, *Droit civil. Les personnes*, Dalloz, Coll. Précis, 8e éd., 2012, pp. 254-257.

[5] N. Chifflot, M. Tourbe, *Droit administratif*, 18e éd., Sirey, Coll. Université, 2022, G. Dumont, J. Sirinelli, *Droit administratif*, Dalloz, Coll. HyperCours, 14e éd., 2021, G. Lebreton, *Droit administratif général*, 11e éd., Dalloz, Coll. Cours, 2021.

[6] C. Guettier, *Institutions administratives*, Dalloz, Coll. Cours, 8e éd., 2022, D. Maillard Desgrées du Loû, *Institutions administratives*, PUF, Thémis, 2015, 2e éd., H. Oberdorff, N. Kada, *Les institutions administratives*, Sirey, Coll. Université, 9e éd., 2019.

[7] R. Chapus, *Droit administratif général*, Tome 1, p. 374, n° 514.

[8] *Ibid*. p. 375, n° 515.

étrangère »[9]. Quant à Aude Rouyère, elle constate que les personnes juridiques sont « *habituellement classées en deux ensembles — personnes de nature fondative et personnes de nature corporative — selon le principe qui gouverne leur existence. Les premières sont issues de l'affectation de moyens notamment patrimoniaux à une mission. Les secondes sont issues d'un groupement ayant en commun certains intérêts et qui accèdent à une existence par la fiction dont procède la personnalité juridique.* ». Mais si elle qualifie cette distinction d' : « *intéressante parce qu'elle permet de saisir la logique qui conduit à la constitution de personnes publiques* », c'est pour ajouter immédiatement que : « *cette distinction n'est pas utile en droit positif, le classement de telle ou telle personne publique — à commencer par les établissements publics — étant toujours très discutable* »[10].

L'opposition entre personnes morales corporatives et fondatives n'est pas non plus ignorée en droit des collectivités territoriales, et y est peut-être même plus courante. Pour Jean-Claude Douence, « *L'institution à caractère corporatif ne peut agir dans la vie juridique que pour la satisfaction des intérêts en vue desquels elle a été créée, c'est-à-dire ceux du groupement humain qu'elle représente* »[11]. Les collectivités territoriales partagent avec d'autres institutions, notamment certains établissements publics, tels que les associations syndicales autorisées ou les chambres professionnelles, un caractère corporatif mais elles ne se confondent pas pour autant avec elles : « *La vocation générale fondée sur l'intérêt public local et non sur un autre intérêt corporatif constituerait un critère de distinction* »[12]. Pour lui, « *la collectivité locale, de façon générale, constitue le type achevé de la personne publique à caractère corporatif* »[13]. Dans le contexte législatif de la suppression de la clause générale de compétence pour les départements et les régions, Bertrand Faure considère, lui, que : « *La compétence générale des communes trouve son fondement théorique dans la nature corporative de la collectivité territoriale.* »[14]. Arnaud Duranthon l'évoque ainsi dans sa thèse, tout à la fois pour illustrer le brouillage des catégories, avec la transformation d'établissements publics en collectivités territoriales, et la reconnaissance d'une compétence générale à la métropole de Lyon. Laetitia Janicot s'en est, quant à elle, inquiétée une première fois à la suite du vote de la loi de réforme

---

[9] J. Waline, *Droit administratif*, Dalloz, Coll. Précis, 28e éd., p. 208, n° 242.

[10] A. Rouyère, « Chapitre III — Les personnes publiques spécialisées », in P. Gonod, F. Melleray, P. Yolka, *Traité de droit administratif*, Tome 1, Traités Dalloz, 2011.

[11] J.-C. Douence, « Réflexions sur la vocation générale des collectivités locales à agir dans l'intérêt public local », *in Quel avenir pour l'autonomie des collectivités locales ?*, éd. de l'Aube, 1999, p. 335

[12] *Ibid.*

[13] J.-C. Douence, « La spécialité des personnes publiques en droit administratif français », RD publ. 1972, p. 753.

[14] B. Faure, *Droit des collectivités territoriales*, 6e éd., Dalloz, Coll. : Précis, 2021, p. 648, n° 741.

des collectivités territoriales[15]. S'appuyant sur Léon Michoud selon lequel les « communautés territoriales » composées notamment des communes et des départements exercent des missions d'ordre général sur un territoire donné et « *représentent l'ensemble des intérêts collectifs de la population établie sur le territoire en tant que ces intérêts collectifs ne sont pas représentés par une collectivité plus haute* », elle considère que les collectivités territoriales sont intégrées dans la catégorie plus générale des « *personnes publiques corporatives* » que l'on oppose aux personnes publiques fondatives.

La question posée amène ainsi à se demander si la distinction entre institution corporative/fondative a « encore une réalité juridique ? ». En effet Louis Constans ne donne pas vraiment de définition a priori de ce qu'il nomme les personnes morales corporatives, et celles demeurant fondatives, et la rareté de la doctrine ultérieure empêche d'attester tout à la fois de la vivacité de cette distinction, mais, plus encore, de son contenu, et de son utilité même (I). Bien que ce sujet soit le seul à ne pas interroger directement la notion de collectivité territoriale au sein d'un colloque qui lui est entièrement dédié, cette dernière ne sera jamais réellement absente de l'étude de la distinction des personnes morales corporatives et fondatives, et ces concepts seront approchés avec le but de savoir s'ils permettent de mieux saisir l'essence même de ce que peut-être une collectivité territoriale en droit (II).

I. L'existence de la distinction

Il semble difficile d'aborder ce sujet sans citer, une nouvelle fois, l'ouvrage de Louis Constant sur *Le dualisme de la notion de personne morale administrative en droit français*, issu de sa thèse de doctorat et publié en 1966. Pourtant, à l'issue de la lecture de celui-ci, deux constats se dégagent : l'auteur ne définit pas vraiment les deux catégories de personne morale, corporative et fondative, autant qu'il n'est pas explicite sur l'utilité que l'existence de cette distinction peut présenter. Partant, le constat est généralisable et en défaveur de la distinction autant que des auteurs qui l'utilisent : sa fonction (B) et son contenu (A) ne sont tout simplement pas étayés par son principal promoteur, ce qui explique également, notamment, que la doctrine ultérieure reste relativement silencieuse sur le sujet.

A. L'identification des critères de distinction

Pour Léon Michoud, la différence entre la corporation et la fondation est la suivante : dans la corporation, l'élément intérêt et l'élément volonté se trouvent réunis ; c'est le groupe même des intéressés qui forme l'organisation destinée à dégager la volonté collective du groupe ; dans la fondation, au

---

[15] L. Janicot, « Les collectivités territoriales, une définition doctrinale menacée ? », RFDA 2011, p. 227.

contraire, les deux éléments sont séparés et reliés l'un à l'autre par une volonté extérieure au groupe lui-même, celle du fondateur. On peut donc dire, avec Gierke, que la volonté est ici transcendante et non immanente ; elle est donnée du dehors et non du dedans[16]. Sa conception, tout en ramenant les deux catégories à un groupement humain, montre cependant qu'il y a entre les deux une différence essentielle. Dans la corporation, les deux éléments du droit subjectif sont entre les mains du même groupe, celui des membres ; dans la fondation, ils sont séparés, et le lien qui les unit est l'œuvre d'une volonté unique, celle du fondateur. Cette volonté a été manifestée au début, lors de la création de la personne morale, une fois pour toutes, et tant que la fondation subsiste, elle produit des effets juridiques, elle lie les administrateurs successifs de la fondation ; elle détermine, pour un temps beaucoup plus long que la vie du fondateur, et pratiquement pour un temps indéfini, la destination que ses biens doivent recevoir. Elle engage donc les générations futures[17].

Quant à Louis Constans, il nous livre deux définitions éparses au sein de sa thèse. En introduction du chapitre sur la notion de collectivité publique, il nous apprend que en droit privé, le terme de « corporation » s'applique à un groupement d'hommes présentant certains caractères d'homogénéité et de stabilité, auquel est reconnu la qualité de sujet de droits, pour lui permettre de pourvoir, directement ou par l'intermédiaire de ses représentants, à la satisfaction des intérêts collectifs ; elle se caractérise par un certain type de rapports qui s'établissent entre la personne morale et ses « membres », au terme desquels lesdits membres ont des droits vis-à-vis de l'être collectif, et celui-ci des prérogatives[18]. Quant au terme « fondation », il désigne l'affectation perpétuelle d'un fonds à un but déterminé, qui n'entraine pas forcément la création d'une personne morale[19] : à défaut de personne morale existante, il convient toutefois d'en créer une, chargé d'assurer la réalisation permanente des objectifs charitables du testateur[20].

Il n'est donc pas aisé de déterminer les critères de distinction entre la personne morale coporative et celle fondative. À lire Louis Constant c'est chemin faisant qu'ils apparaissent et que l'on peut les discerner pour les additionner. La corporation et la fondation correspondrait à deux donnés sociologiques distincts. Dans le premier cas, le groupe social qui sert de substratum à la personne morale constitue une entité cohérente, avant même d'avoir reçu aucune structuration juridique. La fondation se caractériserait elle par le fait que les bénéficiaires de l'activité de la personne morale n'ont

[16] L. Michoud, *La théorie de la personnalité morale et son application ne droit français*, 1906, p. 214.
[17] L. Michoud, *préc.*, p. 217
[18] L. Constans, *Le dualisme de la notion de personne morale administrative en droit français*, LGDJ, 1966, p. 170.
[19] L. Michoud, *préc.*, p. 210.
[20] L. Constans, *préc.*, p. 205.

aucune part à la création de cette dernière[21]. Il en découlerait un certain nombre de conséquences relatives à la création et à la disparition de la personne morale, à l'habilitation et à la responsabilité des organes dirigeants.

Le premier critère de distinction serait que le processus de dévolution du pouvoir dans les collectivités locales et les organismes publics à caractère corporatif se caractérise par la participation prépondérante du corps électoral à la désignation des autorités chargées de le diriger. Sans parler de personne morale fondative, Louis Constant considère, à propos des établissements publics qu'il serait difficile de concevoir qu'une collectivité publique décide d'ériger un service en établissement public, et de lui donner une certaine indépendance de gestion, sans s'être assurée qu'elle pourra contrôler en permanence la capacité et la moralité de ceux qui la dirigeront. Ensuite, après avoir évoqué les velléités de faire évoluer la composition des organes de direction des entreprises nationalisées, en y intégrant des représentants des usagers et du personnel, il évacue la prise en compte de cette éventualité au motif qu'elle n'a jamais été réellement mise en œuvre, ce qui n'est pas satisfaisant d'un point de vue définitoire. Il poursuit donc en insistant sur la désignation unilatérale des organes de direction des établissements publics. Il écarte également les processus prévoyant une élection, comme celui prévu pour les caisses des écoles, comme n'étant pas de véritables élections. Il affirme ainsi que ces deux élections ne sont pas de même « nature »[22]. La dissolution d'une corporation par la puissance publique semble par ailleurs exceptionnelle. En revanche, la fondation reste à la volonté de celui qui l'a créée[23].

De la même façon et dans le prolongement, la responsabilité des dirigeants « des collectivités locales et des organismes publics à corporatif » se fait essentiellement devant le corps électoral. En revanche, les collectivités locales ne sont pas dans une situation de dépendance organique vis-à-vis de l'État, et ne sont pas politiquement responsables devant les autorités représentatives de l'État. Quant aux établissements publics, au sens strict, si les différents membres de leurs commissions administratives, et représentants des intérêts de tel ou tel groupe – usagers, agents…. – doivent leur rendre des comptes[24], les directeurs de ces établissements restent bien nommés à la discrétion de l'autorité de rattachement. Il est à noter à cet égard que l'auteur puise alors de nombreux exemples parmi les établissements publics de l'État intervenant sur le marché.

Louis Constant entreprend, par ailleurs, d'étudier la signification du principe de spécialité en tant qu'il est appliqué aux collectivités territoriales

---

[21] L. Constans, *préc.*, p. 172.
[22] L. Constans, *préc.*, p. 134-146.
[23] L. Constans, *préc.*, p. 203.
[24] L. Constans, *préc.*, pp. 150-158.

et aux établissements publics[25]. Toutefois, dans la mesure où cette démonstration est insérée dans celle plus générale consacrée aux « *difficultés méthodologiques traditionnelles concernant l'étude de la notion de personne publique* », il apparaît difficile de l'ériger en critère de distinction entre personnes morales corporatives et fondatives, ce qu'il ne fait d'ailleurs pas lui-même. De la même façon, il identifie deux cas dans lesquels il est difficile de procéder au rattachement d'établissements publics[26] – à savoir les chambres professionnelles, et les associations syndicales - : mais, outre le fait qu'il s'agit d'exemples particuliers, et un peu datés, le but est d'invalider le critère de définition de l'établissement public, pas de définir positivement les institutions corporatives et fondatives. En rapprochant les collectivités territoriales, les associations syndicales autorisées, et les chambres professionnelles comme étant susceptibles de déterminer l'étendue de leurs compétences, Louis Constans nous permet d'en déduire qu'il s'agit là d'une caractéristique de la corporation[27]. La fondation, comme l'établissement public, aurait enfin une compétence d'attribution, en ce sens que les représentants légaux de la personne morale ne peuvent jamais s'écarter des objectifs qui ont été fixés par le fondateur[28].

En revanche, et à plusieurs occasions, Louis Constans nie qu'il y aurait une communauté d'intérêts aux membres d'une fondation, pris dans les usagers d'un établissement public. Il y aurait par exemple et pour lui un abus de langage à considérer que de telles institutions représentent les intérêts collectifs des bénéficiaires de leurs prestations. Il argumente ainsi de manière assez intuitive que les bénéficiaires des œuvres d'une association philanthropique ne voient pas leurs intérêts représentés par ladite association[29]. Il en irait donc ainsi pour lui également des établissements publics.

Pour réaliser une forme de synthèse, il s'infère de cet ensemble que les organes des institutions corporatives seraient désignés par voie d'élection et responsables devant le corps électoral, en même temps que ceux des personnes morales fondatives procéderaient de la décision de la personne morale qui les a créées. Dans le prolongement, les corporations pourraient influer sur le champ de leurs compétences, alors que les fondations ne peuvent jamais s'écarter des objectifs qui ont été fixés par le fondateur.

B. Les fonctions de la distinction

[25] L. Constans, *préc.*, pp. 12 et s.
[26] L. Constans, *préc.*, pp. 19 et s..
[27] L. Constans, *préc.*, p. 178.
[28] L. Constans, *préc.*, p. 210.
[29] L. Constans, *préc.*, p. 207.

La fonction de la distinction est double et variable selon les auteurs, à la fois théorique et pratique. Il s'agit d'abord d'opérer une nouvelle classification des personnes morales, valant indifféremment en droit privé et en droit public. Il importe également de lui attacher des conséquences pratiques, issues du régime juridique applicable à ces deux catégories.

On se souvient qu'il revient à Léon Michoud d'avoir rappelé que cette distinction, issue du droit privé présente un intérêt en tant qu'elle permet d'opérer une classification des personnes morales transcendant la distinction droit public, droit privé : il existerait ainsi des catégories de personnes morales de droit privé corporatives, et d'autres fondatives, et des catégories de personnes morales de droit public relevant de même de l'une ou l'autre de ces deux catégories. Par voie de conséquence, la distinction donnerait à voir une réalité différente de la simple distinction entre collectivités territoriales et établissements publics, pour ne reprendre que le sujet qui nous occupe aujourd'hui, en tant qu'elle permettrait un rapprochement entre catégories de personnes morales de droit privé et personnes morales de droit public présentant les mêmes caractéristiques.

Pour en revenir à la thèse de Louis Constant, le but de la démonstration semble être différent, et très lié au contexte. Il part en effet ainsi de la distinction entre les collectivités territoriales et les établissements publics, binaire et exclusive, qui impose de classer une personne morale dans l'une ou l'autre de ces deux catégories. Il souhaite ainsi démontrer qu'il existe un espace entre les deux, et que toute structure insusceptible d'être qualifiée de collectivité territoriale n'est pas forcément un établissement public[30]. Il poursuit, dans sa première partie, en remarquant que la distinction entre collectivité territoriale et établissement public est réductrice, et ne permet pas de saisir la complexité des situations. Ainsi et pour lui, certains établissements publics se rapprocheraient des collectivités territoriales, obligeant alors à substituer la distinction personne morale corporative et fondative, à cette entre collectivités territoriales et fondations. Poursuivant, il entend démontrer que le principe de spécialité n'est pas constitutif de la notion d'établissement public, et que certain n'en ont pas, et que le rattachement des établissements publics à une collectivité n'est pas systématique[31]. L'utilité de la distinction se comprend alors en ce qu'elle ne recoupe pas celle entre les collectivités territoriales et les établissements publics. Il y aurait en effet, entre les collectivités territoriales, personnes publiques corporatives, et les établissements publics véritablement fondatifs, des établissements publics corporatifs. Il s'agirait de ceux représentant les intérêts d'une communauté d'individu : les chambres professionnelles et les associations syndicales de

[30] L. Constans, *préc.*, pp. 2 et s..

[31] L. Constans, *préc.*, pp. 11 et s. et 19 et s.

propriétaires[32]. Il reprendra cette idée en d'autres termes en expliquant que rien n'interdit de vouloir réserver l'appellation d'établissements publics à des organismes présentant l'aspect de fondations[33].

Pour Léon Michoud, la distinction présente également, au point de vue législatif, des intérêts pratiques indéniables[34]. En France, avant la loi du 1er juillet 1901, les deux catégories étaient en principe assimilées au point de vue de leur création, de leur capacité juridique et de leur suppression. Les unes comme les autres n'arrivaient à la personnalité morale que par une reconnaissance d'utilité publique. Une fois constituées, elles étaient toutes soumises aux mêmes règles générales de capacité. Enfin les unes et les autres pouvaient être supprimées, par un décret leur retirant la reconnaissance. Même sous ce régime cependant, la plupart des auteurs relevaient une différence essentielle entre les deux catégories, concernant le sort des biens en cas de suppression : les biens de la corporation devaient en principe se partager entre ses membres ; les biens de la fondation devenaient des biens vacants et sans maître, qui étaient dévolus à l'État. Cette différence était d'ailleurs contestée. Depuis la loi du 1er juillet 1901 il y a, entre les deux catégories, une différence de principe. L'association déclarée reconnue par cette loi est une véritable corporation qui n'a, il est vrai, qu'une capacité limitée, mais qui, dans la limite où cette capacité est admise par la loi, acquiert la personnalité sans autorisation et ne peut la perdre que dans certains cas spécifiés à l'avance. Au contraire, les fondations restent toujours soumises, lorsqu'on veut les constituer à l'état de personnes morales, au régime de l'autorisation préalable. Quant à la différence concernant le sort du patrimoine eu cas de dissolution, elle n'a jamais eu, suivant lui, la précision que lui accordent certains auteurs, et elle l'a moins encore depuis la loi de 1901.

La démarche apparemment différente des deux auteurs révèle immédiatement les limites de l'exercice. Fondamentalement, il s'agit d'un travail doctrinal par induction, cherchant à identifier des catégories juridiques nouvelles par assimilation en dégageant des critères de rapprochement, qui tendent à une meilleure compréhension, sinon, à tout le moins, à une simplification de la présentation des catégories, à des fins presque uniquement pédagogiques. Il apparaît contestable d'en faire découler un régime juridique ensuite. Comme cela apparaissait clairement, Léon Michoud s'est quasi-exclusivement fondé sur le droit privé, et ne s'est pas caché douter de la pertinence de la distinction en droit public.

---

32 L. Constans, *préc.*, pp. 98-99.
33 L. Constans, *préc.*, pp. 166-167.
34 L. Michoud, *préc.*, p. 220.

II. La pertinence de la distinction

Si l'existence même de la distinction peut être sujette à discussion, comme le suggérait le titre de l'intervention, elle doit être remise dans le contexte du thème du colloque relatif à la définition de la catégorie qu'est la collectivité territoriale. Dans ce cadre, on ne peut manquer de relever tout à la fois que la distinction ne permet pas de résoudre les difficultés de classement des département, des régions, et des établissements publics de coopération intercommunale (A), et qu'elle n'aide pas plus à comprendre la situation en résultant, en rapprochant ces catégories de celles avec lesquelles elles voisinent dans cette distinction (B).

A. L'application des critères de distinction

Comme évoqué dans la première partie, il n'est pas aisé de déterminer les critères de distinction entre la personne morale corporative et celle fondative sous la plume des auteurs ayant promu cette distinction. A lire Louis Constant, les deux entités se distingueraient en ce que le processus de dévolution du pouvoir dans les collectivités locales et les organismes publics à caractère corporatif se caractérise par la participation prépondérante du corps électoral à la désignation des autorités chargées de le diriger, devant lequel elles restent responsables, alors qu'une collectivité publique s'assurera qu'elle pourra contrôler en permanence les dirigeants d'un établissement public. La dissolution d'une corporation par la puissance publique semble par ailleurs exceptionnelle, alors que la fondation reste à la volonté de celui qui l'a créée. La fondation, comme l'établissement public, auraient enfin une compétence d'attribution, en ce sens que les représentants légaux de la personne morale ne peuvent jamais s'écarter des objectifs qui ont été fixés par le fondateur, les personnes morales corporatives étant susceptibles de déterminer l'étendue de leurs compétences.

Deux situations particulières amènent aujourd'hui à s'interroger sur la place exacte de deux institutions au sein de cette distinction : la fin de la compétence générale des départements et des régions, au profit d'une compétence d'attribution, et l'élection directe des membres des assemblées délibérantes des établissements publics de coopération intercommunale, encore qu'il faille généraliser l'interrogation à toute l'intercommunalité. Elles semblent en effet remettre en cause la distinction,

La loi du 17 mai 2013 a, tout d'abord, prévu que les conseillers communautaires seraient désormais élus au suffrage universel direct via un système de fléchage dans le cadre des élections municipales, dans les communes de 1 000 habitants et plus,[35]. Le choix entre le procédé de l'élection

---

[35] Loi n° 2013-403 du 17 mai 2013 relative à l'élection des conseillers départementaux, des conseillers municipaux et des conseillers communautaires, et modifiant le calendrier électoral.

et celui de la désignation des conseillers communautaires avait été l'objet de réflexions approfondies. Il aurait été concevable d'instituer un scrutin intercommunal totalement distinct de celui des conseillers municipaux. Ainsi, il aurait pu être décidé que les conseillers communautaires seraient élus au scrutin de liste proportionnel avec une prime majoritaire, au sein d'une circonscription unique correspondant à l'ensemble de l'intercommunalité. Ce système aurait présenté au moins deux avantages : d'une part, il aurait favorisé un « *esprit intercommunal* » spécifique permettant l'exposé de programmes intéressant toutes les communes ; d'autre part, des majorités claires auraient pu ressortir du choix des électeurs. Néanmoins, ce dispositif aurait souffert de plusieurs inconvénients que l'étude d'impact met bien en évidence : « *une déconnexion forte entre la commune et les intercommunalités* », des « *risques de concurrence et de conflit entre élus locaux* », et, surtout, l'accroissement de la volonté des établissements publics de coopération intercommunale d'acquérir le statut de collectivités territoriales. Ces inconvénients ont conduit les promoteurs de la réforme à choisir un autre dispositif qui distingue selon que la population de la commune est ou non supérieure à 1 000 habitants : tandis que les délégués communautaires appelés à siéger dans les établissements publics de coopération intercommunale à fiscalité propre sont élus au suffrage universel direct dans les communes de 1 000 habitants et plus, en même temps que les conseillers municipaux, ils sont désignés dans l'ordre du tableau dans les communes comptant moins de 1 000 habitants.

Après maintes péripéties, la loi du 7 août 2015 *portant nouvelle organisation territoriale de la République* a, quant à elle, modifié le code général des collectivités territoriales pour prévoir que si le conseil départemental règle toujours, par ses délibérations, les affaires du département, ce n'est désormais que dans « les domaines de compétences que la loi lui attribue »[36], et il en va de même du conseil régional[37]. L'article L. 2121-29 du code général des collectivités territoriales n'est pas, en revanche, lui, modifié, et il est toujours prévu que le conseil municipal règle par ses délibérations les affaires de la commune. L'abandon, par le législateur, de la compétence générale des départements et des régions avait d'ailleurs donné lieu à un commentaire cité en introduction mettant en cause le rattachement de ces deux catégories de collectivités territoriales à la catégorie des personnes morales corporatives.

Par conséquent, faute d'être dotés d'une compétence générale, les départements, les régions, et les établissements publics de coopération intercommunale ne pourraient être des corporations. Et il en irait ainsi quand

---

[36] CGCT, art. L3211-1, modifié par la loi n° 2015-991 du 7 août 2015 *portant nouvelle organisation territoriale de la République,* art. 94

[37] CGCT, art. L4433-1, la loi n° 2015-991 du 7 août 2015 *portant nouvelle organisation territoriale de la République,* art. 1.

bien même ils seraient désormais tous issus d'une élection. Par conséquent, si un établissement public de coopération intercommunale, dont les élus sont désignés au suffrage universel direct reste une personne morale fondative, et si une collectivité territoriale dont les dirigeants sont élus cesse d'être corporative dès lors qu'elle n'a plus de compétence générale, c'est que la compétence générale est le seul critère, puisqu'il n'existe pas d'organisme disposant d'une compétence générale dont les organes ne procéderaient pas de l'élection.

Selon la définition retenue, ces situations particulières pourront être qualifiées de corporation ou de fondation, conférant ainsi un périmètre variable à l'ensemble ainsi constitué. Tout dépend, une nouvelle fois, de la définition retenu de la corporation, et de la fondation.

Comme Louis Constans le reconnaissant bien lui-même, entre la corporation pure, se gouvernant uniquement par la volonté de ses membres, et la fondation pure, entièrement dirigée, quant à son but, par la volonté du fondateur, il y a une foule de degrés intermédiaires possibles. La corporation se rapproche de la fondation dès qu'elle, n'est pas purement volontaire ; elle s'en rapproche aussi lorsqu'elle vise un but entièrement désintéressé. Dans le premier cas, en effet, la corporation est au moins partiellement gouvernée par une volonté supérieure ; dans le second, les membres de la corporation entendent presque, toujours obliger leurs successeurs à ne pas s'écarter du but qu'ils se sont assigné, et par là ils font de l'association quelque chose qui se rapproche plus ou moins d'une fondation collective. A. l'inverse, une fondation, même provenant d'un simple particulier, peut avoir quelques traits présentant le caractère corporatif ; elle peut, par exemple, être constituée de telle sorte que les intéressés en aient eux-mêmes plus ou moins complétement l'administration. Il pourra donc y avoir hésitation sur la classification à adopter[38].

Mais si l'on retient, comme Léon Michoud, les seuls processus de création et de disparition, et de désignation de leurs représentants, les départements restent des personnes morales corporatives. Et si tel n'est pas réellement le cas, le problème est en réalité plus ancien, et antérieur à la circonstance particulière qui amène à s'interroger. Les collectivités territoriales tiennent leur existence d'un groupe social identifié et relié à un territoire, et leurs organes sont bien élus par cette population, qui peut exercer sa sanction sur eux à l'occasion de nouvelles élections. Et si l'on peut douter de l'assise démographique de ces territoires, de création récente pour certains, d'autres éléments relativisent ce doute. En effet, l'exemple récent des fusions de régions est illustrant à cet égard. Celui-ci s'est opéré unilatéralement, par voie législative, sans que la population régionale ne décide. La décision du

[38] L. Constans, *préc.*, p. 222.

15 janvier 2015 *concernant la loi relative à la délimitation des régions, aux élections régionales et départementales et modifiant le calendrier électoral*, a ainsi été l'occasion pour le Conseil constitutionnel d'écarter toute exigence de consultation préalable des collectivités territoriales en cas de fusion opérée par le législateur[39]. D'une manière générale, il faut également rappeler que c'est l'État qui est à l'origine de la reconnaissance de toute collectivité territoriale. Pourtant, à cette même occasion, on a pu constater un attachement des habitants à ces territoires et à leur nom, de création pourtant récente.

Et si plusieurs collectivités désirent se réunir volontairement, est-on face à une personne morale fondative ou corporative ? Deux circonstances particulières retiennent alors l'attention. Ce n'est pas la population, mais les collectivités, au travers de leurs organes élus, qui décident de se regrouper. L'initiative de la création des établissements publics de coopération intercommunale revient aussi bien aux conseils municipaux, qu'au représentant de l'État. Ensuite, le préfet est libre d'inclure, dans le périmètre de l'établissement, des communes susceptibles d'être regroupées au sein de l'établissement public alors même qu'elles auraient manifesté leur opposition au projet[40]. L'article L. 5211-19 du code général des collectivités territoriales permet, quant à lui, à une commune de se retirer d'un établissement public de coopération intercommunale, sauf s'il s'agit d'une communauté urbaine ou d'une métropole, avec le consentement de l'organe délibérant de l'établissement. Le retrait est subordonné à l'accord des conseils municipaux exprimé dans les conditions de majorité requises pour la création de l'établissement. La décision de retrait est prise par le ou les représentants de l'État dans le ou les départements concernés. Ce cas de figure, comparable aux sociétés ou associations composées de personnes morales, n'avait pas vraiment été étudié ni par Léon Michoud, ni par Louis Constant.

Selon les critères retenus, départements, régions et établissements publics de coopération intercommunale cessent d'être des personnes corporatives, pour les premiers, et ne le sont toujours pas, pour les seconds. Toutefois, la distinction a été posée doctrinalement, en même temps que ses critères, à une époque où les régions n'existaient pas véritablement, et où l'intercommunalité était peu développée. En se fondant moins sur la spécialité de ces personnes, que sur la base sociale de ces institutions, la typologie évolue : en effet, la population a montré un attachement réel aux régions à l'occasion de leurs fusions, autant que les établissements publics de coopération intercommunale se forment plus ou moins librement par les collectivités territoriales elles-mêmes. Tout dépend donc de la définition retenue qui, dans ce cadre, a été posée par quelques auteurs à une époque assez ancienne désormais. Reste que,

[39] Cons. const., 15 janvier 2015, déc. N° 2014-709 DC, *préc.*
[40] CGCT, art. L. 5211-5 et L. 5211-5-1.

cette classification ne présente un intérêt que si elle éclaire l'étude, notamment, de la définition de collectivité territoriale d'un jour différent.

B. L'utilité de la distinction ?

Au regard des éléments précédents, ressurgit un débat classique consistant à la fois à définir la collectivité territoriale, et, par voie de conséquence, à essayer de classer le département et la région, d'un côté, et l'établissement public de coopération intercommunale, de l'autre, afin de rechercher si les uns et les autres sont plutôt des collectivités territoriales, ou des établissements publics. La question se pose alors de savoir si la distinction entre personne morale corporative et personne morale fondative se superpose simplement sans rien apporter à la discussion précédente – ce qui semble être le cas en première intention – ou si l'utilisation de cette distinction est signifiante à deux égards, soit qu'elle déclenche l'application d'un régime particulier, distinct de la qualité respective de collectivité territoriale ou d'établissement public, et attaché spécifiquement à celle de personne morale corporative ou fondative, soit que le rapprochement de toutes les catégories en relevant donne à voir et à comprendre différemment la réalité.

En son temps, Léon Michoud avait identifié des conséquences de la distinction entre personne morale corporative et personne morale fondative, et tirées de l'existence d'un régime d'autorisation et du sort des biens en cas de suppression, mais en les limitant au seul droit privé, et en comparant le régime de l'association et de la fondation de droit privé[41]. Toutefois, ni Léon Michoud, ni Louis Constant, ne sont parvenus à identifier un régime juridique propre à chacune de ces deux catégories, personne morale corporative ou fondative, qui découlerait de cette qualification, car tel n'est pas le but.

Comme cela a déjà été évoqué, il s'agit d'un exercice fondamentalement doctrinal par induction, cherchant à dégager des catégories juridiques nouvelles par assimilation en dégageant des critères de rapprochement, qui tendent à une meilleure compréhension, sinon, à tout le moins, à une simplification de la présentation des catégories, à des fins presque uniquement pédagogiques. Il apparaît contestable d'en faire découler des conséquences, ensuite, formant un éventuel régime juridique. Comme cela apparaissait clairement, Léon Michoud s'est quasi-exclusivement fondé sur le droit privé, et ne s'est pas caché douter de la pertinence de la distinction en droit public. Il avait ainsi rappelé que cette distinction, issue du droit privé, ne présente un intérêt en tant qu'elle permet d'opérer une classification des personnes morales transcendant la distinction droit public, droit privé. La distinction ne permettrait donc que de saisir une réalité différente de la simple distinction entre collectivités territoriales et établissements publics, pour ne reprendre que

---

[41] L. Michoud, *préc.*, p. 220.

le sujet qui nous occupe aujourd'hui, en tant qu'elle permettrait un rapprochement entre catégories de personnes morales de droit privé et personnes morales de droit public présentant les mêmes caractéristiques.

Pour Louis Constans, l'utilité de la distinction se comprend alors en ce qu'elle ne recoupe pas celle entre les collectivités territoriales et les établissements publics. Il y aurait en effet, entre les collectivités territoriales, personnes publiques corporatives, et les établissements publics véritablement fondatifs, des établissements publics corporatifs. Il s'agirait de ceux représentant les intérêts d'une communauté d'individu : les chambres professionnelles et les associations syndicales de propriétaires[42]. Il n'est toutefois pas certain que ce déplacement de la frontière présente une certaine pertinence dans le problème contemporain soulevé par l'évolution du droit, issu de la perte de compétence générale des départements et des communes et de l'élection au suffrage universel des conseillers communautaires. En effet, et à s'en tenir aux critères mis en avant par ces auteurs, ces évolutions devraient aboutir à basculer les départements et les régions dans la catégorie des personnes morales fondatives, tout en maintenant les établissements publics de coopérations intercommunale dans celle-ci.

Bien évidemment, il en va ainsi en vertu de l'application pure et simple des critères posés par les promoteurs de cette distinction. Il serait donc possible d'envisager de faire évoluer ces critères afin de recomposer différemment ces deux ensembles que sont les personnes morales corporatives et fondatives, en faisant notamment disparaître le critère de la compétence générale. La question principale, tirée de ce que cette distinction, ou les regroupements qu'elle permet d'opérer, donne à voir, subsisterait toutefois dans les mêmes termes. En quoi, le rapprochement des départements et des régions avec les communes, mais également les sociétés commerciales ou les associations donnerait à mieux comprendre ce phénomène ? Plus fondamentalement, cette question interroge l'utilité même de la distinction, indépendamment même des difficultés contemporaines à classer certaines collectivités territoriales et les établissements publics de coopération intercommunale.

La fonction de la distinction reste ainsi fondamentalement doctrinale. Il y est procédé par induction sur la base d'une définition stipulative posée par les auteurs qui la promeuvent et qui reste nécessairement attachée à la distinction qu'ils sont eux-mêmes créée. Ainsi, indépendamment des difficultés de classement de certaines catégories de collectivités territoriales, conformément au thème général de ce colloque, la conclusion de cette contribution fait écho au titre de celle-ci très pertinemment choisi par les organisateurs de ce

[42] L. Constans, *préc.*, pp. 98-99.

colloque : la distinction institution corporative/fondative n'a plus vraiment de réalité en doctrine, et on peut douter qu'elle n'ait même jamais eu d'utilité.

L'AUTONOMIE (AU SENS DE LA CHARTE EUROPÉENNE) ET SES RAPPORTS AVEC LA CONSTITUTION, REDONDANCE OU DÉLIVRANCE ?

Jean-François BRISSON
Professeur de droit public à l'Université de Bordeaux

Même à Strasbourg, siège du Conseil de l'Europe, s'intéresser à la Charte européenne de l'autonomie locale dans un colloque qui a pour projet scientifique d'interroger la notion de collectivité territoriale peut apparaître comme un exercice un peu vain[1]. A fortiori, si c'est pour proposer une lecture comparée susceptible de revivifier certaines des innovations introduites par la loi du 28 mars 2003 dans notre Constitution.

En effet, comment voir dans la Charte un instrument de réarmement de la notion de collectivité territoriale alors que la portée de ce traité tend à être minimisée en doctrine ? Minimisée ; d'abord en raison de sa ratification tardive par la France. 2007, à une date où la Constitution française a déjà fait sienne les principes d'une organisation décentralisée. Minimisée, ensuite en raison du flou qui entoure le concept d'autonomie. Car même si la Charte en donne une définition précise, cette définition vaut pour l'ensemble des États parties au Traité, ceux du Conseil de l'Europe, c'est dire qu'elle est susceptible de convenir à des États aux organisations territoriales très différentes. Au demeurant, le juge administratif français ne s'est-il pas efforcé depuis 2007 de démentir au contentieux les effets que l'on pouvait escompter de l'introduction de la Charte dans notre ordre juridique national. L'idée avait ainsi été soutenue en doctrine que la Charte, offrant- en complément de la Constitution- un fondement alternatif au projet décentralisateur, permettrait aux autorités locales d'opposer au législateur français par la voie de *l'exception d'inconventionnalité* les principes fondamentaux de la décentralisation. Ceux-là mêmes que l'on trouve aussi énoncés dans la Constitution, mais que la théorie de la loi-écran interdisait avant l'introduction de la question prioritaire de constitutionnalité d'invoquer utilement devant les juridictions ordinaires. C'était sans mesurer la circonspection du Conseil d'État à l'égard du traité : jugeant soit que les stipulations de la Charte invoquées devant lui n'étaient pas dotées de l'effet direct, soit que d'effet direct, elles étaient suffisamment floues pour laisser quant au fond une entière marge d'appréciation au pouvoir législatif national. Cette dernière considération rejoint la principale critique apportée en doctrine à la Charte s'agissant de son manque de portée juridique et de son absence de caractère distinctif. Bertrand Faure souligne ainsi le caractère essentiellement déclaratif

---

[1] R. Hertzog, La France et la Charte européenne de l'autonomie locale, AJDA 2016, p. 1551.

de ses stipulations n'y voyant au mieux qu'une terminologie nouvelle reprenant les principes déjà inscrits dans notre Constitution[2].

Cependant, on pourra ne pas être totalement convaincu par ces premières impressions Plusieurs considérations nous incitent à retenir le parti inverse. En premier lieu, il faut y insister la Charte inscrit dans notre droit l'idée d'autonomie des collectivités locales. Ce n'est tout de même pas rien. Cette notion -en raison de sa connotation fédéraliste… donc politique- a longtemps été bannie du droit constitutionnel français. Le Constituant ne s'y est rallié que tardivement et seulement partiellement : préférant se référer à « l'organisation décentralisée de la République » (art.1er) et n'y souscrivant que pour définir les rapports financiers de l'État et des collectivités locales (article 72-2). Ainsi, d'une certaine manière, et sans que l'on n'y prenne vraiment garde, c'est une transformation assez considérable à laquelle invite la ratification de la Charte par la France : le terme même d'autonomie des collectivités territoriales est désormais inscrit dans notre droit positif et à un niveau qui en fait un principe juridique supra-légal. Voilà notre vieil État unitaire, pratiquant depuis près de 40 ans une décentralisation un peu gauche, parce que laissant en définitive au pouvoir central l'essentiel de la fabrique des normes, qui contient désormais dans son arsenal juridique un concept certes assez insaisissable mais que l'on rattache quand même habituellement aux modes d'organisation des États fédéraux ou régionaux, dits précisément autonomiques, lesquels offrent sur cette base à certaines de leurs entités infra-étatiques des possibilités normatives, que l'on songe aux communautés autonomes espagnoles, auxquelles s'est toujours refusé le pouvoir central en France.

Ensuite, même si l'on récuse cette lecture politique de l'autonomie locale, on observera que la Charte européenne insiste encore sur l'exigence d'effectivité, un concept venu des droits anglo-saxons et dont les juristes français n'ont pas tiré encore toute la substance. Aussi, sur ces bases, il y a peut-être place en se fondant sur la Charte pour des interrogations renouvelées notamment quant à l'autonomie normative des collectivités territoriale En ce sens, le secours de la Charte pourrait constituer un moyen de lever certains verrous hérités de notre conception jacobine de la décentralisation et ainsi sortir par le haut du sempiternel débat - tellement piégeux - sur le pouvoir normatif des collectivités territoriales, à propos duquel les gouvernants font assaut d'initiatives, multipliant depuis quelques années les projets de réforme voire de révision de la constitution.

Bien sûr, on pourrait tout aussi bien nier la portée de ce tournant symbolique, faire comme si la notion d'autonomie appliquée aux rapports entre l'État et les collectivités territoriales n'avait pas de signification

---

[2] B. Faure, Droit des collectivités territoriales, Dalloz, 6°éd, n°14

particulière, comme si elle n'avait pas sa propre dynamique, comme si elle n'était au mieux qu'une autre manière de parler de décentralisation ou de libre administration. D'ailleurs plusieurs arguments pourraient nous amener à en rester là et à achever ici notre présentation.

On relèvera en ce sens d'abord que la doctrine française n'a pas attendu la ratification de la Charte pour s'intéresser au concept d'autonomie y compris avant la réforme constitutionnelle de 2003[3]. Au demeurant, l'idée même de décentralisation postule un rapport d'autonomie. Toute la question alors est celle du degré d'autonomie. Question auquel les termes d'autonomie ou de décentralisation à les considérer seuls sont incapables de répondre. Ensuite, les organes de la Charte sont les premiers à se réclamer d'une vision peu signifiante de l'autonomie. La Charte a en effet pour objectif immédiat de combiner les principes qu'elle énonce avec la diversité des organisations territoriales nationales des États membres du Conseil de l'Europe. Ce qui, eu égard à l'éventail des situations, allant de l'État unitaire aux formes les plus variées d'États autonomiques, conduit à promouvoir des sortes de standards juridiques minimums, susceptibles de convenir à tous[4]. Les organes de la Charte, en particulier le Conseil européen des pouvoirs locaux, tendent ainsi expliquer que la France répond à la définition de l'autonomie locale dès lors que la Constitution française dispose à la fois que l'organisation de la République est décentralisée et que les collectivités territoriales s'administrent librement. Mieux, le rapport rendu en 2000 et consacré à la situation française a cherché à désacraliser la notion d'autonomie véhiculée par la Charte. Ses auteurs considérant que cette formule ne devait pas effrayer les juristes français, qu'il convenait de la débarrasser de sa connotation politique et de sa charge affective, qu'au final elle correspondait grosso modo aux concepts juridiques de décentralisation et de libre administration qu'elle viendrait enrichir sur certains aspects

Ainsi il faudrait se résoudre à une sorte d'évidence : il n'y aurait pas de place pour une théorie renouvelée des rapports normatifs entre l'État et les collectivités territoriales sur la base des stipulations de la Charte européenne.

Le parti autant que le pari de cette communication est d'adopter une position différente, de suggérer au contraire que la ratification de la charte n'est pas un jeu à somme nulle, que le recours au concept d'autonomie n'est pas neutre, mieux que l'on peut trouver dans la Charte non seulement d'utiles enrichissement des concepts de décentralisation et de libre administration mais aussi une autre manière de considérer les rapports entre l'État et les autorités locales, une autre approche susceptible d'offrir à l'analyse juridique

---

[3] Marc Joyau, De l'autonomie des collectivités territoriales, essai sur la liberté du pouvoir normatif, LGDJ 1996).

[4] F. Durand, Le 30e anniversaire de la Charte européenne de l'autonomie locale, AJDA 2016, p. 2313

des clefs permettant de dénouer le débat dans lequel s'est progressivement enlisée en France la question du pouvoir normatif des collectivités territoriales. Car, faute de poser l'autonomie des collectivités territoriales en solution de principe, les réformes entreprises ou à venir tendent à porter sur des questions périphériques presque secondaires, promptes au mieux à fonder des dispositifs dérogatoires au monopole normatif de l'État central tels que l'expérimentation ou la différenciation, projets aux contenus plus ou moins limités, à la portée pour le moins relative, et voués pour l'essentiel à l'échec.

Au contraire, il est possible de repérer dans la Charte européenne, en particulier dans son article 4 un certain nombre d'éléments susceptibles de fonder l'autonomie normative des collectivités territoriales : une théorie autonome au regard des concepts introduits dans notre Constitution, une théorie qui aura cependant besoin de l'appui de mécanismes déjà présents dans la Constitution pour trouver les moyens de sa garantie juridique. Car, sur cet aspect, la charte elle-même est muette.

A vrai dire, la lecture comparée de l'article 4 de la Charte et du texte constitutionnel laisse une impression assez étrange.

A première vue, dès lors que l'on admet que le concept d'autonomie renvoie sans plus aux notions de décentralisation et de libre administration, le juriste français, habitué au texte de la Constitution voire du CGCT s'y sent particulièrement à l'aise : il retrouve dans Charte européenne pour l'autonomie locale la plupart des questions qui structurent son propre ordre juridique : qu'il s'agisse de l'obligation d'inscrire dans la Constitution ou dans la loi l'idée d'autonomie ; du devoir des États de doter les institutions locales d'organes représentatifs propres issus d'élections, du droit des collectivités territoriales de s'occuper de toute affaire locale qui n'a pas été attribué par la loi à une autre autorité, de la nécessité pour ces autorités d'exercer des compétences réellement effectives afin de régler ou de gérer les affaires que la loi ou la Constitution leur attribuent. Il y retrouvera même une référence au débat plus récent en France sur l'adaptation nécessaire des décisions locales à la diversité des territoires, preuve que la Charte, elle-même nourrie des pratiques des autres États du Conseil de l'Europe, exerce une certaine influence –latente- sur nos représentations politico-juridiques.

La comparaison avec les évolutions de notre droit constitutionnel laisse cependant voir une réalité plus crue. La réalité est que les pouvoirs publics ignorent ou feignent d'ignorer le contenu d'un texte signé par la France. Pour deux raisons principalement : un problème de méthode d'abord, dès lors que fixant un certain nombre principes et de valeurs, la Charte est susceptible de s'opposer à la vision purement instrumentale du droit de la décentralisation où les notions et institutions fondamentales sont depuis 2010 à la main du législateur afin de régler au cas par cas, pour ne pas dire au fil de l'eau, les différentes difficultés soulevées par la gestion locale ; un problème de fond aussi, il est en effet clair que la petite musique de la Charte, sa tonalité générale ne cadre ni avec le vieux fonds jacobin qui habite notre haute administration –c'est culturel- ni avec la reprise en main par l'État du système local sur fond de crises des finances publiques –c'est plus conjoncturel mais cela tend à devenir structurel…On se souviendra ainsi que le Conseil d'État avait rendu en 1991 un avis invitant les autorités françaises à ne pas ratifier un texte porteur de nombreuses ambiguïtés, lourd de contentieux en devenir et prompt à limiter sans motif impérieux les pouvoirs du Parlement[5].

La loi constitutionnelle du 28 mars 2003 avait pu laisser espérer un rapprochement des conceptions française et européenne de la décentralisation, justifiant la ratification de la Charte. Au contraire, les développements de la réforme territoriale (2010-2016), précipitant le retour d'une vision jacobine d'un État maître de la libre administration, font que les dissonances se multiplient. La relégation politique de la Charte est d'autant plus regrettable que le texte européen entre en résonnance avec nombre des questions restées sans véritables solutions depuis qu'elles ont été mises à l'agenda constitutionnel

I. Dissonances

C'est peu de dire que l'approche managériale dont se réclament les différents textes qui jalonnent depuis 2010 la réforme territoriale[6] cadre mal avec cette forme de romantisme qui prévaut dans la Charte européenne laquelle insiste sur la dimension démocratique des institutions locales. Son article 3-2 met ainsi l'accent sur les conditions « politiques » de l'exercice des responsabilités locales. Celles-ci doivent être exercées par des conseils ou des assemblées composées de membres élus au suffrage libre, secret, égalitaire, direct et universel et pouvant disposer d'organes exécutifs responsables devant eux. L'exigence démocratique qui prévaut dans la Charte européenne conduit à ce titre d'une part à ce que les collectivités territoriales, qui sont conçues comme de véritables entités politiques, parce qu'issues d'un processus électif, soient en mesure de se saisir de toute question intéressant la population qu'elles administrent ; et dans le même élan que les populations concernées soient consultées sur les découpages territoriaux décidés par le pouvoir central. Or, lors des dernières livraisons de la réforme territoriale, la

---

[5] L'avis du Conseil d'État n'avait pas été publié ; néanmoins de larges extraits sont repris dans un rapport sénatorial encore accessible. V. La charte européenne de l'autonomie locale : la vérification d'une convergence entre l'évolution en Europe et en France, 15 janvier 2007, IV. 1./, in (senat.fr/ct/ct07-01/ct07-01.html).

[6] A. Duranthon, L'incidence du néo-libéralisme sur les modalités d'exercice des compétences locales, in AFDLC, M. Douence (sous la dir.) L'exercice des compétences locales entre rationalisation et créativité, p.13, L'Harmattan, 2018.

Charte européenne de l'autonomie locale a été ignorée dans le débat sur la clause générale et écartée à propos du découpage des nouvelles régions.

A. La Charte écartée : la fusion des régions sans consultation

En 2013, le législateur a fait le choix d'ignorer l'article 4122-1 CGCT et de procéder à la fusion des régions sans consulter les collectivités concernées. Ce choix était dicté par un souci d'efficacité : la consultation des populations donnant généralement lieu à un échec : soit par rejet du projet, soit par absence de participation suffisante. En outre, l'opposition des élus locaux ne laissait augurer rien de bon. Or le processus législatif retenu par le Gouvernement français est directement contraire à l'article 5 de la Charte européenne qui dispose que les collectivités locales concernées doivent être consultées préalablement, éventuellement par voie de référendum là où la loi le permet

Le rapport explicatif de la Charte est très clair s'agissant de la signification de cet article 5 : « *Les propositions tendant à modifier ses limites territoriales – dont les projets de fusion avec d'autres collectivités représentent le cas extrême – revêtent évidemment une importance fondamentale pour une collectivité locale et ses citoyens. Si, dans la plupart des pays, il est considéré comme irréaliste de s'attendre à ce que la communauté locale ait un droit de veto à l'égard de telles modifications, sa consultation préalable, directe ou indirecte, est indispensable. Le référendum est, éventuellement, une procédure adéquate pour ce type de consultation, mais cette possibilité n'est pas prévue dans la législation d'un certain nombre de pays. Là où les dispositions législatives ne rendent pas obligatoire le recours au référendum, on peut prévoir d'autres modes de consultation.* » En France, les articles LO 1112-1 CGCT et suivants permettent la consultation de la population d'une collectivité dans le cadre d'un référendum local.

Pour autant, l'article 5 Charte a été vainement opposé à la fusion autoritaire des régions. D'abord devant le Conseil constitutionnel, le rappel de la jurisprudence IVG s'opposait à l'examen de la loi et plus précisément ici à la vérification de la conformité de la procédure législative suivie par rapport aux stipulations de la Charte[7]. Devant le Conseil d'État[8], faute de pouvoir écarter l'article 5 pour absence d'effet direct[9] comme il le fera pour l'article 4, le juge administratif s'est placé sur un tout autre terrain. Prenant argument que la Constitution, en fixant les règles applicables à la procédure législative, régit « complètement cette procédure – sous réserve des précisions apportées par la loi organique ou les règlements des assemblées », le rapporteur public

[7] Décision n° 2014-709 DC du 15 janvier 2015.

[8]CE 27 octobre 2015 M. Allenbach et a., req. n°393026.

[9] Dans ses conclusions, le rapporteur public Vincent Daumas a souligné le caractère « parfaitement clair » de cet article 5 9), sous réserve de l'ambiguïté de la référence à la consultation des collectivités locales concernées par la voie de référendum, BJCL 2016, 9

explique que les dispositions constitutionnelles, *« par leur objet même »*, excluent *« qu'un traité puisse par lui-même ajouter à la procédure législative »* Et le Conseil d'État d'en conclure, sans avoir ainsi à apprécier les implications de l'autonomie locale, qu'« il ne peut être utilement saisi d'un moyen tiré de ce que la procédure d'adoption de la loi n'aurait pas été conforme aux stipulations d'un tel traité ou accord », que "le juge ne contrôle que le contenu de la loi au regard des engagements internationaux de la France, et non sa procédure d'adoption »[10].

L'argument opposé par le Conseil d'État est des plus spécieux. La sollicitation ici de la distinction du fond et de la procédure est pour le moins contestable. Elle tend à faire prévaloir une conception restrictive de l'office du juge administratif pourtant chargé sur le fondement de l'article 55 C du contrôle de conventionalité des lois. Or aucun argument tiré du texte de la Constitution, qui fait l'objet depuis l'arrêt Nicolo d'une interprétation constructive, ne vient justifier pareille lecture. Le raisonnement n'est qu'un alibi servant de prétexte au refus politique du juge d'entrer dans ce type de discussion contentieuse. Réflexe jacobin et « nationalisme ombrageux » se conjuguent ainsi pour priver d'effet utile la Charte européenne. Ce qui amène en l'espèce le Conseil d'État à la fois à méconnaître la fonction protectrice des règles procédurales prévue par la Charte européenne et, pour reprendre une formule célèbre tirée de la jurisprudence Danthony « à priver les [collectivités] intéressées d'une garantie ou avoir une influence sur le sens de la décision retenue ». Le manquement par la France à ses engagements internationaux est en conséquence laissé sans sanction.

B. *La charte oubliée : la suppression de la clause de compétence générale*

La suppression de la clause de compétence générale a donné lieu à un intense débat juridique, doctrinal, politique et contentieux. Or, à aucun moment la Charte n'a été invoquée pour s'opposer à la réforme. Ce silence est d'autant plus éloquent que la contrariété avec la loi du 5 août 2015 ne fait aucun doute. A la suite de la loi NOTRe, le Conseil des pouvoirs locaux a ainsi déploré la réforme intervenue et invité le gouvernement français à envisager la réintroduction de la clause générale de compétence afin de respecter la latitude dont disposent les collectivités locales pour exercer leur initiative pour toute question non exclue de leur compétence par la loi. Ni le Gouvernement ni le Parlement ne se sont sentis tenus par les stipulations de la Charte. Curieusement, les stipulations de la Charte n'ont été invoquée ni au contentieux ni par la doctrine.

---

[10] Conclusions, M. Vincent Daumas, p. 10.

Devant le conseil constitutionnel, l'absence de la Charte s'explique a priori par la technique du contrôle de constitutionnalité qui interdit d'invoquer les stipulations d'une convention internationale afin d'établir l'inconstitutionnalité de la loi au regard de l'article 55 de la Constitution. Il reste qu'en 2010 la question n'était pas de savoir si la loi portant réforme des collectivités territoriales contrevenait à la Charte mais si la loi ne contrevenait pas à un principe fondamental reconnu par les lois de la République tiré de l'article 48 de la loi du 10 août 1871 précisant que le conseil général délibère « sur tous les objets d'intérêt départemental dont il est saisi, soit par une proposition du préfet, soit sur l'initiative d'un de ses membres ». Or comme on le sait le Conseil constitutionnel a jugé dès 2010 que les dispositions de la loi de 1871 n'avaient eu ni pour objet ni pour effet de créer une « clause générale » rendant le département compétent pour traiter de toute affaire ayant un lien avec son territoire ; que, par suite, elles ne sauraient avoir donné naissance à un PFRLR garantissant une telle compétence[11]. On sait également que le Conseil constitutionnel a réitéré cette position en 2016 jugeant plus directement encore que l'article 72 de la Constitution n'implique pas, par lui-même, que les collectivités territoriales doivent pouvoir intervenir dans les domaines pour lesquels aucune autre personne publique ne dispose d'une compétence attribuée par la loi[12].

C'est peu dire que l'argumentation développée par le Conseil constitutionnel n'a pas convaincu la doctrine. Car, en effet, il était sans doute possible de juger différemment…et même plus précisément l'inverse s'agissant de la prétendue inexistence e de la clause générale. Y invitait d'abord en ce sens la jurisprudence explicitement contraire du Conseil d'État de 2001 Commune de Mons-en -Baroeul[13], solution qui a justifié que le Conseil d'État saisisse en 2016 le Conseil constitutionnel d'une question prioritaire de constitutionnalité. Y invitait encore l'approche privilégiée par le Parlement. D'abord, lors de l'adoption des lois des 7 et 22 juillet 1983, le législateur a fait le choix de généraliser au profit des département et des régions la formule légale tirée de la vielle loi municipale de 1884 ; choix d'autant plus significatif que la loi y procède au moment même où le législateur confie par voie d'énumération à chaque catégorie de collectivités territoriales des attributions propres, faisant ainsi coexister deux systèmes[14]. Ensuite, en 2014, où prenant à revers l'analyse du Conseil constitutionnel de 2010, la loi MAPTAM du 27 janvier décide de l'aveu même de ses promoteurs de « *rétablir la clause générale* ».

---

[11] Conseil constitutionnel, 9 décembre 2010, n°2010-618 DC, Loi de réforme des collectivités territoriales ; voir en particulier les considérants 52 à 56

[12] Décision n° 2016-565 QPC du 16 septembre 2016 Assemblée des départements de France

[13] Conseil d'État, 29 juin 2001, n°193716, Commune de Mons-en-Barœul, AJDA 2002, note Y. Jegouzo

[14] J. Chapuisat, Les transferts de compétence, AJDA 1983, p.81

Il était possible d'en juger différemment notamment si le Conseil constitutionnel avait cru bon s'inspirer de la Charte européenne comme il le fait parfois au sujet de la Convention européenne de sauvegarde des droits de l'homme et des libertés fondamentales[15]. Soit en 2010 pour interpréter la loi de 1871, à la lumière de la Charte européenne et en tirer argument pour en faire un PFRLR dès lors aussi que la loi du 7 janvier 1983 en avait repris la logique ; Soit en 2014 pour nourrir le principe de libre administration des collectivités territoriales inscrit à l'article 72 de la Constitution. Dans les deux cas, en effet, les stipulations de la Charte viennent souligner que la référence à ce que les juristes français désignent comme la clause générale de compétence, c'est-à-dire la vocation d'une assemblée élue à se saisir de toute affaire intéressant la population locale non expressément attribuée par la loi à un autre niveau d'administration, est la traduction d'un standard juridique commun à de nombreux États membres du Conseil de l'Europe[16].

On sait que c'est une autre voie qu'a choisi le Conseil constitutionnel en mettant en avant la notion de compétences effectives selon une démarche qui paradoxalement n'est pas étrangère aux catégories juridiques issues de la Charte européenne. Ce faisant, le juge constitutionnel parait opposer l'approche sélective de la libre administration à la méthode globale prônée par la Charte européenne.

II. Résonnances

Une lecture attentive de la Charte permet d'y déceler quelques singularités inconnues du droit constitutionnel français. Des singularités qui résonnent particulièrement dès lors qu'elles sont susceptibles d'offrir des clés dans le débat mal engagé autour du pouvoir normatif des collectivités territoriales qui voient les pouvoir publics multipliaient les projets mais surtout les dispositifs dérogatoires les plus sophistiquée faute de se résoudre à admettre leur autonomie

A. La liberté d'adaptation des décisions locales à la diversité des territoires

La Charte européenne (article 4 point 5) réserve l'hypothèse de délégations de pouvoirs par une autorité centrale ou régionale précisant alors que les collectivités locales doivent jouir, autant qu'il est possible, de la liberté d'adapter leur exercice aux conditions locales.

---

[15] En ce sens, H. Surrel, CC et jurisprudence de la CEDH, Titre VIII (Nouveaux cahiers du conseil constitutionnel), chronique annuelle.

[16] G. Marcou, La « clause générale de compétence » dans les États européens, Pouvoirs locaux, n°68, 2008, p.65.

Pour un juriste français, cette incise est plutôt déconcertante car dans un État unitaire tout procède de délégation du pouvoir central. La distinction parait donc mieux adaptée à la situation des États régionaux où la Constitution distingue les matières réservées en propre aux autorités locales de celles exercées en principe par l'État. Ce n'est que dans des cas exceptionnels que le législateur français prévoit des délégations de compétences dans des matières dévolues par la loi aux autorités étatiques. Mais alors l'hypothèse diffère assez profondément de celle visée par la Charte européenne. La délégation prépare des transferts à venir organisant une dévolution qui reste provisoire et révocable et surtout différenciée selon que les collectivités autorisées par la loi en font ou non la demande (Art. L. 1111-8-1 CGCT).

Dès lors, comment comprendre cette stipulation ou plus exactement qu'en retirer pour la compréhension de notre propre système ?

La distinction opérée par la Charte européenne vient confirmer que les dispositifs de différenciation ou d'adaptation ne découlent pas directement du principe d'autonomie qui suppose que les collectivités disposent de compétences propres mais qu'ils sont paradoxalement la marque de systèmes (ou sous-systèmes) centralisés où le principe de la décision revient au pouvoir central. Le droit à la différenciation n'ayant pas de sens dans les matières laissées en propre aux collectivités, l'adaptation allant alors de soi. Ainsi, c'est bien dans la mesure où notre système décentralisé ne garantit pas l'autonomie normative des collectivités territoriales que le législateur français a été amené à imaginer ces dispositifs spécifiques qu'il s'agisse de l'expérimentation dont le régime a été revu par la loi organique du 19 avril 2021 ou du droit à la différenciation consacrée par la loi du 21 février 2022.

Au demeurant, la consécration de l'idée d'autonomie contenue dans la Charte rendrait ces mécanismes, complexes et jusque-là inefficaces, inutiles dès lors qu'en raison du principe de plénitude de compétences, il revient aux autorités locales d'exercer le pouvoir réglementaire dans les matières décentralisées.

B. Le principe de plénitude de l'exercice des compétences

Selon la Charte européenne (art. 4, point 4), *« Les compétences confiées aux collectivités locales doivent être normalement pleines et entières. Elles ne peuvent être mises en cause ou limitées par une autre autorité, centrale ou régionale, que dans le cadre de la loi »*. La formule est inédite, en tout cas inconnue du droit français. Les deux exigences paraissent se situer sur des niveaux différents

1) L'exercice entier des compétences

Il n'est pas nécessaire d'insister sur l'idée d'entièreté des compétences locales. Elle renvoie à une logique horizontale de distribution matérielle des compétences entre les différents niveaux d'administration. On sait la question, celle de l'enchevêtrement des compétences, largement insoluble dans un système d'administration multi-niveaux. On ne reviendra pas ici sur l'échec à peu près inévitable de la logique des blocs de compétences. On relèvera juste qu'après avoir annoncé l'imminence d'une vaste entreprise de simplification (loi du 18 décembre 2010), le législateur français y a finalement renoncé. Les lois du 27 janvier 2014 et 5 août 2015 ont préféré, outre la suppression de la clause générale, renvoyer aux collectivités elles-mêmes le soin de régler par convention ces difficultés d'ajustement[17]. A l'évidence, ce n'est pas dans la Charte européenne que l'on trouvera des réponses à ces questions que le législateur français n'a pas su, pu ou voulu régler.

2) L'exercice plein des compétences

Plus nouvelle est l'idée de plénitude de l'exercice de la compétence. La formule ne se laisse pas facilement appréhender. L'article 3 de la Charte offre toutefois certains éléments d'explicitation : en exigeant, d'une part, que les collectivités territoriales disposent du droit et de la capacité effective de décider sur une part importante d'affaires publiques ; en exigeant, d'autre part, qu'elles soient encore en capacité non seulement de gérer mais également de régler les questions intéressant les populations qu'elles administrent.

a. La condition d'effectivité

Cette condition n'est pas propre à la Charte européenne. Elle est même assez habituelle en matière de répartition des compétences. Cette exigence se retrouve par exemple dans le droit de l'Union européenne où en complément du principe de subsidiarité, elle est un instrument d'extension des compétences de l'Union au détriment des États-membres. On la retrouve aussi en creux en droit constitutionnel. La définition du principe de subsidiarité retenue par l'article 72 de la Constitution renvoie ainsi pour une large part à l'idée d'effectivité en exigeant que la compétence soit mise en œuvre à l'échelon le mieux à même de l'exercer. De son côté, le Conseil constitutionnel a vérifié à plusieurs reprises que les collectivités locales disposaient « d'attributions effectives » ou du moins que la loi ne les en privât pas.

La difficulté tient à ce que placée à l'interface du droit et du fait, l'effectivité recèle une large part d'inconnu pour les juristes. Elle reçoit une acceptation particulièrement large dépassant la stricte analyse juridique. Ainsi

[17] AFDCL, M. Douence (sous la dir.), L'exercice des compétences locales, entre rationalisation et créativité, L'Harmattan, 2018.

une règle est effective dès lors qu'elle donne en pratique les résultats recherchés par son auteur. Un recours est effectif dès lors que la protection qui en découle offre au justiciable qui l'exerce les moyens de faire valoir utilement ses droits. Dans les deux cas, l'environnement extra-juridique de la règle est à considérer autant que le contenu de la règle de droit.

Pour les besoins de la démonstration, on considérera ici qu'une attribution est effective quand l'autorité compétente est en situation de l'exercer dans le sens des orientations qu'elle entend donner à son action.

En ce sens, l'effectivité pose d'abord la question des moyens. Une collectivité décentralisée doit pouvoir disposer de moyens humains suffisamment formés et experts pour préparer et exécuter les décisions prises. L'article 6 de la Charte vise expressément cette dimension. L'article 9 souligne encore la nécessité pour les collectivités locales de disposer de ressources suffisamment abondantes pour financer les actions décidées à leur niveau[18]. Mais l'effectivité soulève aussi un questionnement plus strictement juridique dicté par l'idée que tous les éléments de la décision locale ne peuvent pas résulter uniquement de considérations dictées par le pouvoir central. Pour le dire autrement dans le cadre des compétences qui lui sont dévolues l'autorité locale doit être en capacité de décider par elle-même du sens qu'elle entend donner aux décisions que la loi l'autorise à prendre.

Sous ce double aspect, la jurisprudence constitutionnelle n'a pas jusqu'à présent donnée à l'idée d'effectivité toute la signification que l'on peut en attendre.

Si l'une des rares et premières censures fondées sur le principe de libre administration concerne le libre recrutement par les autorités locales des agents placés sous leur autorité[19], on sait, par contre, comment l'autonomie financière pourtant consacré par la Constitution (art. 72-2 al.3) a été privée de tout effet utile par la loi organique du 29 juillet 2004 laissant finalement à l'État central le soin de décider du type et donc du niveau de ressources des collectivités et à laquelle le Conseil constitutionnel, fidèle à sa jurisprudence antérieure, n'a rien trouvé à redire[20].

La question de l'autonomie de décision n'est pas davantage étoffée dans notre droit alors même que le Conseil constitutionnel a mis en évidence à plusieurs reprises l'exigence que les autorités décentralisées notamment les assemblées élues disposent d'attributions effectives.

---

[18] CE 26 juillet 2011 Département de la Seine Saint Denis : invocabilité de l'article 9 contre les dispositions de la loi du 5 mars 2007 fixant la compensation financière en matière d'aide à l'enfance mais rejet au fond

[19] Conseil constitutionnel, n°83-168 DC , 20 janvier 1984, Fonction publique territoriale

[20] Par exemple, Conseil constitutionnel, 29 déc. 2009, n°09-599 DC à propos de la contribution sur la valeur ajoutée des entreprises.

Mais, le juge constitutionnel en retient une vision minimale. Il tend à privilégier une approche quantitative de l'effectivité. Cette approche quantitative n'est d'ailleurs pas inconnue de la Charte dont l'article 3 précise que l'autonomie locale doit être mise en œuvre « *dans une part importante des affaires* » publiques. Mais la Charte ne s'y limite pas. C'est ce à quoi procède par contre le plus souvent le Conseil constitutionnel. Ainsi à s'en tenir à sa jurisprudence, la suppression de la clause générale ne prive les départements de leurs attributions effectives eu égard à l'étendue des compétences qui leur sont dévolues qu'il s'agisse de compétences exclusives, partagées ou susceptibles de leur être déléguées par un autre échelon[21]. Cette approche quantitative était sans doute de nature à faire obstacle au projet un temps envisagé de suppression du département par siphonage progressif de ces compétences. Le projet n'ayant pas été mis en œuvre, le Conseil n'a pas eu l'occasion de préciser où se situerait le seuil critique en deçà duquel une collectivité n'exerce plus de compétences effectives. Sinon, l'exigence d'attributions effectives aura dans sa jurisprudence une visée strictement interne consistant à protéger au sein des collectivités territoriales les compétences de l'assemblée délibérante contre les transferts au profit de l'exécutif local[22].

On observera surtout que la portée des décisions locales n'est pas protégée par la Constitution. Ainsi l'absence de marge de décision laissée aux autorités locales dans l'exercice des compétences que la loi leur transfère n'est pas de nature à les priver d'attributions effectives : On se souvient que le Conseil constitutionnel a jugé que les conditions d'octroi de l'APA, entièrement fixée par la loi, n'avaient pas d'incidence sur l'effectivité des attributions sociales du département[23].

Ainsi, à lire les recueils des juridictions nationales françaises, il est clair que toute réflexion sur les limites à opposer au pouvoir normatif national dans les matières transférées par la loi aux collectivités territoriales est étrangère à la jurisprudence de nos cours suprêmes. C'est vrai pour le juge constitutionnel. C'est également le cas pour la jurisprudence du Conseil d'État : le pouvoir réglementaire national n'est pas traité différemment, selon qu'il intervient ou non dans les matières que la loi délègue à l'administration des collectivités territoriales ; et ce dès lors que l'article 21 consacre l'unité du pouvoir réglementaire d'exécution des lois et le monopole du Premier ministre.

---

[21] Conseil constitutionnel, 16 sept. 2016, n°2016-565 QPC, Assemblée des départements de France

[22] Par exemple, Conseil constitutionnel, 6 mars 1998, n°98-397 DC, Fonctionnement des conseils régionaux

[23] Conseil constitutionnel, n° 2011-143 QPC du 30 juin 2011 Départements de la Seine-Saint-Denis et de l'Hérault

Or, sur ce terrain encore, la Charte européenne propose une distinction susceptible d'alimenter la réflexion des rapports entre les collectivités décentralisées et l'État jurislateur.

b. La distinction opérée par la Charte entre gérer et régler les affaires locales

La Charte européenne (article 3) précise en effet que l'autonomie locale suppose la capacité non seulement de gérer mais aussi de régler les affaires publiques que la loi leur confie. Régler c'est-à-dire fixer des règles générales qui viennent préciser les principes posés par le législateur. La différence avec le droit constitutionnel tient à ce que cette capacité à régler les affaires locales est ici envisagée par la Charte européenne comme une conséquence directe de l'autonomie locale indépendamment du pouvoir réglementaire national auquel au contraire la Constitution française fait la part belle.

Le constat est connu de tous : dans la plupart des matières attribuées aux collectivités territoriales, le pouvoir règlementaire local est subsidiaire : il intervient dans les creux et vides laissés par le pouvoir règlementaire national. Il est dès lors surtout résiduel : le pouvoir règlementaire national ayant tendance à épuiser toute la compétence règlementaire, ne laissant rien ou le moins possible à la décision des autorités locales, incapables de faire valoir « leur droit d'exécution des lois »[24].

L'autonomie locale, au sens de la Charte européenne, en ce qu'elle exige la plénitude de compétences ou plus exactement en ce qu'elle associe la double compétence - gérer et régler- pourrait en conséquence justifier l'affermissement du pouvoir réglementaire local et son affirmation de principe dans les matières où le législateur a confié la mise en œuvre de la loi aux collectivités territoriales et où il n'aurait alors que par exception à subir la concurrence du pouvoir réglementaire national.

La Charte fonde ici une solution différente de celle retenue par la Constitution. Car le problème connu depuis longtemps n'a pas vraiment été résolu par la loi constitutionnelle du 28 mars 2003. L'article 72 a ainsi été modifié pour prévoir expressément le pouvoir règlementaire local. Or la révision n'a rien réglé. Elle s'est trompée de cible. Il ne s'agissait pas de reconnaitre le principe du pouvoir règlementaire local. Celui existe indépendamment de sa reconnaissance à l'article 72 et peut parfois prendre des formes très étendues selon la latitude que le législateur ou la matière laissent aux autorités locales (par exemple, urbanisme ou police). Ce qu'il s'agit de régler ici : c'est la question des rapports entre le pouvoir règlementaire national et le pouvoir règlementaire local. Le problème n'est pas l'article 72 de la Constitution, c'est bien davantage les articles 34 et 21 de

[24] B. Faure, Droit des collectivités territoriales, précité, n°616

la Constitution qui donne aux décisions du pouvoir gouvernemental une portée illimitée.

Reste alors à imaginer les instruments susceptibles de garantir le pouvoir réglementaire local contre les intrusions du pouvoir réglementaire national. Ce n'est pas dans la Charte mais dans la Constitution qu'on les trouvera. La Charte n'est pas la CEDH[25]. Elle ne dispose pas de mécanismes de sanctions propres hormis le monitoring du Conseil des pouvoirs locaux qui consiste dans la publication de rapports nationaux sur l'état de la décentralisation en Europe. Elle renvoie pour le reste aux États-membres la définition des instruments susceptibles de garantir l'autonomie qu'elle promeut. La Charte européenne faisant quand même du droit au recours une déclinaison du principe d'autonomie. Or, si la Charte européenne, fondée sur l'exigence d'effectivité, autorise comme on veut le croire une approche renouvelée des rapports normatifs entre l'État les collectivités territoriales, il est peu probable que le juge français accepte d'interpréter les dispositions de la Constitution au regard des stipulations de la Charte. D'autant que c'est moins l'article 72 qu'il s'agit de conforter que les articles 21 et 34 qu'il s'agit d'amender. Comme on le sait, c'est au contraire, hiérarchie des normes oblige, les principes constitutionnels qui servent en jurisprudence de normes d'interprétation des traités.

A défaut d'interpréter la Constitution au moyen de la Charte, il est envisageable de modifier la Constitution non pour y introduire des mécanismes dérogatoires comme on a voulu le faire en 2018 mais pour rendre une part de liberté normative aux collectivités locales. Il s'agirait, dès lors avec le renfort de la Charte –la France devant se conformer à ses engagements internationaux-, de poser dans notre Constitution l'autonomie normative des autorités locales comme principe et non comme une exception au monopole réglementaire central.

La promotion de l'autonomie normative locale dans la Constitution est souhaitable. D'abord pour ne pas laisser sans effet un traité signé par la France et qui l'engage auprès des quarante-sept États du conseil de l'Europe. Ensuite, parce que l'autonomie normative des collectivités territoriales est un puissant moyen pour redonner un peu d'agilité à notre modèle d'administration. Enfin, parce que la Constitution peut offrir les mécanismes juridiques tirés de la distinction de la loi et du règlement, notamment les articles 41 et 37-2- qui, adaptés à la protection du pouvoir réglementaire local, pourraient en permettre la sanction. Mais c'est là une autre affaire : l'occasion d'une autre contribution pour un autre congrès de l'AFDCL…

---

[25] C.L. Popescu, Les requêtes devant le Conseil de l'Europe alléguant des violations de la Charte européenne de l'autonomie locale, AJDA 2008, 2429.

Reconstruire ?
Atelier thématique

Les collectivités territoriales et la commande publique : quelles spécificités ?

Étienne Muller
Professeur de droit public à l'Université de Strasbourg

Le sujet que les organisateurs de ce colloque ont bien voulu me confier peut être compris de deux manières.

La démarche inductive qui nous est proposée invite à analyser le *droit positif de la commande publique* pour y rechercher des spécificités concernant les collectivités territoriales.

On repère indéniablement des règles spécifiques.

Certaines paraissent d'emblée peu significatives, en dépit de leur importance pratique ; par exemple, le seuil à partir duquel la passation des marchés de fournitures et de services est soumise aux procédures formalisées est plus élevé pour les collectivités territoriales que pour l'État[1].

D'autres sont plus importantes. Ainsi, parmi les contrats de concession, les *délégations de service public* se singularisent précisément par le fait qu'elles sont conclues par les collectivités territoriales, leurs groupements ou établissements publics (CCP, art. L. 1121-3, 3°). Et de cette qualification découlent certaines règles particulières, qui tiennent notamment aux pouvoirs de l'assemblée délibérante qui se prononce notamment sur le principe du recours à la DSP (CGCT, art. L. 1411-4) et sur le choix du délégataire auquel a procédé une commission de délégation de service public (CGCT, art. L. 1413-1). Ces règles particulières ne sont d'ailleurs pas limitées aux DSP, mais concernent également d'autres contrats de la commande publique des collectivités territoriales : délibération sur le principe du recours aux marchés de partenariat (CCP, art. L. 2221-2) ; intervention d'une commission identiquement composée pour le choix de l'attributaire des concessions et marchés les plus importants (CGCT, art. L. 1410-3 et L. 1414-2) ; transmission préalable au représentant de l'État[2] et possibilité pour celui-ci de saisir la chambre régionale des comptes s'agissant des DSP et concessions (CGCT, art. L. 1411-18 et L. 1410-3).

On sait aussi que la décision de contracter fait l'objet d'un partage de compétences entre l'assemblée délibérante qui autorise la conclusion et l'exécutif qui signe le contrat ; mais cette règle, qui connaît d'ailleurs une

---

[1] 215 000 euros contre 140 000 euros pour l'État, en application du règlement délégué UE n° 2021/1950 de la Commission du 10 nov. 2021.

[2] Sont concernés l'ensemble des contrats de la commande publique exceptés les marchés et accords-cadres d'un montant inférieur au seuil des procédures formalisées applicables aux marchés de fournitures et de services (CGCT, art. L. 2131-2, L. 33131-2, L. 4141-2).

atténuation très sensible pour les marchés publics[3], n'est pas une caractéristique exclusive des collectivités territoriales[4].

Toutefois, dans l'ensemble, le régime juridique des contrats de la commande publique des collectivités territoriales ne nous paraît pas différer *significativement* de celui applicable aux autres personnes publiques.

En tant que personnes publiques, les collectivités territoriales appartiennent au *premier cercle* des pouvoirs adjudicateurs. En matière de marché public, elles forment même avec l'État une sorte de noyau dur, par rapport auquel se distinguent certains « autres acheteurs », comme les établissements publics industriels et commerciaux de l'État, qui bénéficient de certains assouplissements[5]. Sans doute n'est-il pas étranger à cela que ce régime procède, pour une part importante, de la transposition des directives européennes qui ne différencient pas de façon notable les autorités centrales et les collectivités infra-étatiques (ce qui participe d'un certain effet centralisateur de l'intégration européenne).

En tout cas, il semble *a priori* difficile de déceler dans le droit positif de la commande publique des spécificités suffisamment significatives pour servir à l'entreprise de reconstruction de la notion de collectivité territoriale.

Mais, pris au pied de la lettre, le sujet proposé peut aussi être abordé sous l'angle non *du droit* de la commande publique, mais de son objet : *la commande publique* comme fait économique et social.

C'est pour remédier au manque de données fiables à ce sujet qu'a été instauré en 2005 auprès du ministre de l'Économie un Observatoire économique de la commande publique (CCP, art. R. 2196-2 s.) dont la composition et l'organisation ont été réformées en 2019[6]. Le « recensement économique de la commande publique » annuel auquel procède ce service ministériel est quelque peu approximatif[7] et surtout improprement intitulé dans la mesure où il ne concerne que les marchés publics. Il permet tout de même constater *le poids particulier de la commande publique des collectivités*

---

[3] La loi n° 2009-179 du 17 févr. 2009 ayant permis à l'assemblée délibérante de déléguer son pouvoir à l'exécutif pour la préparation, la passation et l'exécution des marchés publics lorsque les crédits sont inscrits au budget quel que soit le montant du marché (CGCT, art. L. 2122-22, L. 3221-1 et L. 4231-8).

[4] Elle concerne également les établissements publics et se retrouve pour l'État lui-même, s'agissant des marchés de partenariat (CCP, art. L. 2223-1 et R. 2223-1).

[5] Notamment dans le cadre de l'exécution financière des marchés (CCP, art. L. 2191-6).

[6] Arrêté du 22 mars 2019 relatif au fonctionnement et à la composition de l'Observatoire économique de la commande publique.

[7] Dans la mesure où les difficultés de collecte auprès des collectivités territoriales contraint l'OECP à opérer un « redressement statistique ».

territoriales dans l'économie[8]. Les collectivités territoriales constituent la première catégorie d'acheteurs publics : elles passent nettement plus de la moitié des marchés, ce qui représente un gros tiers du montant total des marchés publics. D'autres spécificités apparaissent : les collectivités territoriales recourent moins souvent aux procédures formalisées que l'État, ce qui s'explique par le fait qu'elle passent une proportion plus importante de marchés de faibles montants ; elles contractent nettement plus volontiers avec des PME/TPE ; de façon un peu moins prononcée, elles insèrent plus fréquemment des clauses sociales dans leurs marchés (concernant les clauses environnementales en revanche, la différence avec l'État est moins sensible).

Sans trop extrapoler à partir de données aussi sommaires, elles semblent tout de même suggérer que les collectivités territoriales pourraient être plus sensibles que l'État et les établissements publics hospitaliers *à l'impact économique et social de la commande publique dans le territoire qu'elles administrent*.

C'est pourquoi, si on considère les deux aspects du sujet, il me semble qu'on est amené à se poser deux questions.

Tout d'abord, comment se fait-il que la singularité des collectivités territoriales ne se manifeste pas davantage dans le droit de la commande publique ? On croit pourtant savoir que le principe de libre administration se traduit notamment par une particulière *liberté contractuelle* des collectivités territoriales. Il convient donc de s'interroger sur le point de savoir si la *liberté contractuelle* peut être considérée comme une spécificité des collectivités territoriales et si oui, quelle est sa portée en droit de la commande publique (I.).

Ensuite, si la spécificité des collectivités territoriales n'apparaît pas de manière flagrante dans le droit positif de la commande publique, peut-être se singularisent-elles néanmoins par l'utilisation qu'elles font de la commande publique. C'est ce qui conduit dans un second temps à montrer comment les évolutions récentes du droit de la commande publique permettent aux collectivités territoriales de faire *un usage de plus en plus politique de la commande publique* (II.).

I. Quelle « liberté contractuelle » des collectivités territoriales en droit de la commande publique ?

En adoptant une démarche sans doute un peu plus *déductive* que les organisateurs de ce colloque ne l'auraient souhaité, on peut se demander

[8] Voir : Ministère de l'Économie, des Finances et de la Relances (DAJ/OECP), « Recensement économique de la commande publique. Chiffres 2020 », https://www.economie.gouv.fr/files/files/directions_services/daj/marches_publics/oecp/recensement/recensement_chiffres2020_20211012.pdf?v=1643651947 [consulté le 29/02/2022].

d'abord en quoi la liberté contractuelle est susceptible d'avoir une importance particulière en ce qui concerne les collectivités territoriales (A.), avant de relativiser considérablement la portée de cette « liberté » (B.).

A. Une liberté qui concerne particulièrement les collectivités territoriales

Que la liberté contractuelle soit une spécificité, ou même une particularité, des collectivités territoriales, voilà qui paraît d'emblée contestable.

En effet, le choix effectué par le Conseil constitutionnel dans sa décision de 2006 sur la loi relative au secteur de l'énergie de faire découler le principe de liberté contractuelle dont bénéficient les collectivités territoriales de l'article 4 de la Déclaration des droits de l'homme et du citoyen[9], suggère qu'il s'agit d'une liberté inhérente à la personnalité juridique dont jouissent l'ensemble des personnes publiques comme des personnes privées.

Néanmoins l'examen de la jurisprudence ultérieure conduit à nuancer fortement cette unité apparente du principe. Car, de façon assez contradictoire, le Conseil constitutionnel n'accorde pas le même degré de liberté contractuelle à toutes les personnes publiques.

Ainsi, dans sa décision de 2014 sur la loi de modernisation de l'action publique et d'affirmation des métropoles, il a affirmé que le moyen tiré de la remise en cause par la loi de contrats conclu entre établissements publics était « *inopérant* », au motif que « *les établissements publics ne jouissent de la liberté contractuelle que dans les conditions définies par la loi* »[10].

D'autre part, s'agissant de l'État, il est reconnu avec constance par la jurisprudence tant administrative que constitutionnelle que le pouvoir réglementaire est compétent pour régir les contrats de l'État et de ses établissements publics.

On peut donc faire l'hypothèse que la liberté contractuelle continue, parmi les personnes publiques, à concerner particulièrement – sinon *spécifiquement* – les collectivités territoriales, dans la mesure où, les concernant, elle découle *aussi* du principe de libre administration, lequel était d'ailleurs son fondement historiquement premier dans la jurisprudence[11].

---

[9] Cons. const., 30 nov. 2006, n° 2006-543 DC, *RFD Const.* 2007, p. 313, note X. Magnon ; *RDP* 2007, p. 845, note P.-Y. Gadhoun, pt. 29.
[10] Cons. const., 23 janv. 2014, déc. n° 2013-687 DC, *JCP A* 2014, n° 8, comm. 2046, note M. Verpeaux ; *JCP G* 2014, n° 9, comm. 285, note O. Gohin, pt. 54.
[11] CE, 6 juill. 1977, *Synd. national des ingénieurs et techniciens agréés*, *Leb.*, p. 306, *AJDA* 1978, p. 105 ; CE, Sect., 28 janv. 1998, *Sté Borg Warner*, *Leb.*, p. 20 ; *CJEG* 1998, p. 269, note F. Moderne.

Cela étant, il reste à préciser le sens et la portée de cette liberté contractuelle des collectivités territoriales.

B. Sens et portée de la liberté contractuelle des collectivités territoriales

Il a été remarqué que le Code de la commande publique ne comporte nulle référence à la liberté contractuelle[12].

Plus encore, certaines dispositions du Code dénotent une méconnaissance délibérée de cette liberté en ce qui concerne les personnes publiques[13].

Ainsi les rédacteurs du Code ont fait peu de cas de la jurisprudence *Région Midi-Pyrénées* de 1991 selon laquelle rien n'interdit à une personne publique de faire réaliser un ouvrage par un contrat comportant un transfert de maîtrise d'ouvrage, pourvu qu'il n'en résulte aucun détournement de procédure[14]. Codifiant la loi MOP[15], ils ont érigé en principe que les acheteurs qui « projetant la construction d'un ouvrage (...) envisagent la passation de marchés publics dans ce but » ont de ce fait « [la] qualité de maître d'ouvrage »[16] et réaffirmé l'indélégabilité de cette mission[17], sans se soucier outre mesure de ce que la définition des marchés de travaux, désormais alignée sur celle du droit de l'Union européenne, s'étend à des contrats qui en étaient auparavant exclus en raison du recours à une maîtrise d'ouvrage privée. Le fait que ces rédacteurs aient prévu une exception pour les marchés de partenariat atteste de ce qu'ils ont, en toute connaissance de cause, entendu ainsi retirer aux personnes publiques la liberté que leur avait reconnu l'arrêt *Région Midi-Pyrénées*[18].

---

[12] P.-Y. Gadhoun, M. Ubaud-Bergeron, « Un Code de la commande publique sans liberté contractuelle ? », *Contrats-Marchés publ.* 2019, repère 11.

[13] V. notre étude : « Les alternatives à la maîtrise d'ouvrage publique », *Contrats-Marchés publ.* 2020, n° 5, dossier 8.

[14] CE, sect., 8 févr. 1991, *Région Midi-Pyrénées* : *Leb.*, p. 41 ; *RFDA* 1992, p. 48, concl. M. Pochard ; *CJEG* 1991, p. 251, étude F. Llorens.

[15] Loi n° 85-704 du 12 juillet 1985 relative à la maîtrise d'ouvrage publique et à ses rapports avec la maîtrise d'œuvre privée.

[16] CCP, art. L. 2410-1.

[17] CCP, art. L. 2411-1.

[18] C'est pourquoi le recours par les personnes publiques à la vente en l'état future d'achèvement fait couler tant d'encre depuis l'adoption du Code de la commande publique ; voir notamment : M. Amilhat, F. Giacuzzo, L. Bahougne, X. Mouriesse (dossier) « Les VEFA publiques », *RDI* 2021, p. 320 s. ; É. Fatôme, M. Raunet, L. Richer, « Le marché pour la réalisation et l'acquisition ou la location d'un ouvrage dans une partie minoritaire et indissociable d'un immeuble à construire. Nouveaux propos sur l'article 30-I-3°-b du décret du 25 mars 2016 relatif aux marchés publics », *Contrats-Marchés publ.*, Juillet 2017, Étude 7 ; M.-C. Haize, I. Fresko, « VEFA publiques : du bon choix entre le mécanisme du Code civil et le marché de travaux », *Contrats-Marchés publ.*, mars 2020, Étude 1 ; É. Fatôme, L. Richer, « VEFA et marchés publics de travaux. Le nouvel état du droit », *Contrats-Marchés publ.* 2016, Étude 6.

Les dispositions du Code seraient-elles, à cet égard, entachées d'inconstitutionnalité ?

C'est peu probable.

A partir des quelques décisions dont on dispose, on peut dire que ce qu'il est convenu d'appeler « liberté contractuelle » des collectivités territoriales – qu'il vaudrait d'ailleurs mieux appeler autrement compte tenu des difficultés auxquelles se heurte l'idée même de l'extension aux personnes publiques des libertés publiques reconnues aux personnes privées[19] – comporte essentiellement deux dimensions.

La première et la plus évidente est que seul le législateur est compétent pour encadrer leurs contrats.

Cela dit, on se souvient par quel raisonnement pour le moins « acrobatique »[20] le Conseil d'État a « sauvé » les dispositions réglementaires du Code des marchés publics, en jugeant que leur application aux collectivités territoriales n'était pas inconstitutionnelle du fait d'une habilitation législative par un décret-loi de 1938 (lequel avait d'ailleurs été abrogé en 1960 mais – fort opportunément – par un décret entaché d'incompétence[21]).

En outre, s'il est vrai que le Code de la commande publique comporte désormais une partie législative, il ne faut pas oublier que cette partie résulte principalement d'ordonnances[22], rédigées sous la houlette du Conseil d'État et de la Direction des affaires juridiques des ministères économiques et financiers, et dont la ratification n'est visiblement pas une priorité de l'agenda législatif[23].

La deuxième dimension semble correspondre à la garantie d'une certaine marge de discrétionnalité.

---

[19] V. sur ce point Th. Fleury-Graff, « La liberté contractuelle des personnes publiques ; questions critiques à l'aune de quelques décisions récentes », *RFDA* 2012, p. 231 ; É. Picard, « La liberté des personnes publiques constitue-t-elle un droit fondamental ? », *AJDA* 1998, p. 663.

[20] L. Favoreu, « Le Conseil d'État, défenseur de l'exécutif », *Mél. Boulouis*, Dalloz, 1991, p. 237.

[21] CE, Ass. 29 avr. 1991, n° 12851, *Ordre des architectes*, *Leb.*, p. 197, *AJDA* 1981, note B. Genevoix ; CE, 5 mars 2003, n° 238039, *Ordre des avocats à la Cour d'appel de Paris*, *AJDA* 2003, p. 718, chron. F. Donnat et D. Casas.

[22] Ord. n° 2015-899 du 23 juillet 2015 relative aux marchés publics ; ord. n° 2016-65 du 29 janv. 2016 relative aux contrats de concession ; ord. n° 2018-1074 du 26 noc. 2018 portant partie législative du code de la commande publique.

[23] Le projet de loi ratifiant l'ordonnance n° 2018-1074 du 26 nov. 2018 portant partie législative du code de la commande publique n'ayant (à l'heure où nous écrivons) connu aucune suite depuis son dépôt à l'Assemblée nationale le 20 février 2019 et son renvoi à la Commission des lois de l'assemblée.

C'est du moins ce que suggère la décision du Conseil constitutionnel du 20 janvier 1993 aux termes de laquelle une disposition législative limitant la durée des délégations de service public n'est compatible avec la Constitution que dans la mesure où elle « [laisse] une marge d'appréciation suffisante aux collectivités concernées pour la négociation des contrats »[24].

De fait, le droit de la commande publique préserve à plusieurs égards un pouvoir discrétionnaire de l'autorité contractante, qu'il s'agisse de sa liberté de choisir de satisfaire ses besoins par ses propres moyens ou de recourir à un contrat de la commande publique (art. L. 1), mais aussi de la détermination des besoins à satisfaire, des conditions d'exécution, des critères de choix des offres et même du choix du cocontractant, dans la mesure où, nonobstant les procédures de passation – qui sont d'ailleurs diverses et de degré de contrainte variable – l'appréciation des offres n'est susceptible au fond que d'un contrôle de l'erreur manifeste d'appréciation[25].

Mais ce qui importe est plutôt de savoir *jusqu'où* le droit de la commande publique peut encadrer ces marges de discrétionnalité.

Il est assez difficile de le dire. La décision du Conseil constitutionnel de 2006 consacrant le principe à valeur constitutionnelle de liberté contractuelle admet que le législateur peut y « déroger » à des « fins d'intérêt général » ; ainsi une finalité aussi vague que « la nécessité d'assurer la cohérence du réseau des concessions actuellement géré par Gaz de France » justifiait-elle, sans aucun contrôle de proportionnalité ni même d'adéquation de la mesure, que les communes et leurs groupements soient tenues de concéder leur réseaux de distribution de gaz aux opérateurs titulaires de droits exclusifs dans leurs zones de desserte[26].

Au total, on a le sentiment que cette « liberté contractuelle » qui, parmi les personnes publiques, semble concerner particulièrement les collectivités territoriales, ne pèse pas bien lourd en pratique et laisse les coudées franches au législateur et au pouvoir réglementaire – mais aussi, ne l'oublions pas, au législateur de l'Union européenne – pour encadrer assez fortement, peut-être plus fortement encore qu'ils ne le font actuellement, leurs contrats.

---

[24] Cons. const., déc. n° 92-316 DC du 20 janv. 1993, *Loi relative à la prévention de la corruption et à la transparence de la vie économique et des procédures publiques*, *LPA* 1993, n° 66, p. 4, note B. Mathieu et M. Verpeaux, *RFDA* 1993, p. 902, note D. Pouyaud, pt. 42.

[25] CE, 27 juill. 1984, n° 4491, *Sté Biro*, *Leb.*, p. 303 ; CE, 27 nov. 2008, n° 291794, *Dpt Vendée*, *BJCP* 2009, p. 55, concl. N. Boulouis, *AJDA* 2008, p. 2454, note L. Richer, *Contrats-Marchés publ.* 2008, comm. 296, note G. Eckert.

[26] Cons. const., 30 nov. 2006, n° 2006-543 DC, préc., pt. 31. Voir aussi l'arrêt du Conseil d'État rejetant une QPC relative aux droits exclusifs d'EDF et d'ENEDIS pour la distribution d'électricité : CE, 28 sept. 2020, n° 440703, *M. A.*, *Contrats-Marchés publ.* 2020, comm. 335, obs. É. Muller.

Ceci contribue sans doute à expliquer qu'au plan strictement juridique, les collectivités territoriales ne présentent pas de spécificité vraiment notable en droit de la commande publique.

Et pourtant, cela ne les empêche pas de se servir de la commande publique comme d'un moyen d'accroître leur autonomie au plan politique.

II. Un usage de plus en plus politique de la commande publique

Les évolutions récentes du droit de la commande publique font que cette dernière constitue plus que jamais un instrument politique permettant aux collectivités territoriales d'affirmer leur autonomie vis-à-vis de l'État (A). Cet usage politique de la commande publique n'est cependant pas sans risque, ce qui pose la question de ses limites (B).

A. La commande publique comme instrument politique

L'affirmation « d'objectifs sociétaux », explicitée par les directives de 2014[27] – qui consacrent une évolution entamée bien avant dans la jurisprudence de la Cour de justice[28] – et portée par la montée en puissance du développement durable, est l'un des aspects les plus remarquables de l'évolution récente du droit de la commande publique[29].

Cela se traduit par une augmentation sensible des marges de discrétionnalité précédemment évoquées, notamment aux plans des critères de choix et des conditions d'exécution qui font désormais largement place à des considérations extrinsèques par rapport à la prestation, comme les performances environnementales, le commerce équitable, la biodiversité etc[30].

Or l'extension du périmètre des considérations économiques, sociales et environnementales qui peuvent intervenir dans l'attribution des contrats et des objectifs assignés à leurs attributaires pose, inévitablement, la question de la cohérence globale de ce qui n'est autre qu'une *politique* de la commande publique. C'est ce qui fait de la commande publique l'un des lieux de tension entre le centralisme et les velléités d'autonomie locale.

---

[27] V. par ex. l'exposé des motifs de la directive n° 2014/24 relative aux marchés publics qui affirme une volonté de « permettre aux acheteurs de mieux utiliser l'instrument des marchés publics au service d'objectifs sociétaux communs » (cons. n° 2).

[28] V. par ex., à propos des conditions d'exécution liées à l'emploi de travailleurs au chômage : CJCE, 28 sept. 1988, aff. 31/87*Bentjes*.

[29] V. not. : É. Muller (dir.), *La commande publique, un levier pour l'action publique ?* Paris, Dalloz, 2018 ; V. Coq (dir.), *L'éthique en droit des marchés publics*, Paris, Lexis-Nexis, 2020.

[30] V. l'énumération (non exhaustive) des critères de choix des offres (CCP, art. R. 2152-7) et la prise en compte de considérations sociales et environnementales dans les conditions d'exécution (CCP, art. L. 2112-2).

On observe en effet que certaines collectivités n'hésitent pas à aller très loin dans l'instrumentalisation de la commande publique, y compris à des fins qui vont sensiblement au-delà des compétences qui leur sont dévolues par la loi et mettent parfois l'État en porte-à-faux avec le droit de l'Union. On se souvient ainsi comment les exigences relatives à l'utilisation de la langue française dans l'exécution des contrats (la si mal nommée « clause Molière ») furent bruyamment brandies dans l'intention plus ou moins assumée de rendre plus difficile le recours aux travailleurs détachés[31]. Plus récemment, c'est de façon beaucoup plus directe et explicite que certains plans de relance régionaux adoptés dans le cadre de la pandémie de covid-19 ont affirmé une préférence nationale et régionale dans des termes qui font peu de cas des principes de la commande publique[32].

Mais l'instrumentalisation politique de la commande publique s'opère le plus souvent de façon plus discrète et plus prudente. Il est aujourd'hui attendu du praticien correctement formé et un peu expérimenté qu'il sache mettre à profit les exigences sociales et environnementales (par exemple une clause d'insertion sociale ou un critère lié à la réduction des émissions polluantes) qui – de façon apparemment fortuite – se trouvent aussi être les plus favorables aux entreprises locales. Faut-il s'en émouvoir ? Après tout, il est assez compréhensible qu'un département, chargé notamment d'accompagner les bénéficiaires du RSA, se félicite de ce que l'essentiel de ses marchés soient obtenus par des entreprises implantées sur son territoire[33].

Il reste que l'État ne peut que s'inquiéter du risque d'un dévoiement de la commande publique, non seulement parce qu'il lui incombe de veiller au respect du droit de l'Union mais encore, et peut-être surtout, parce qu'il lui importe de veiller au respect du cadre qu'il fixe aux compétences décentralisées. La récente loi portant lutte contre le dérèglement climatique, en rendant obligatoire la prise en compte de la protection de l'environnement selon des modalités qu'il appartiendra au gouvernement de préciser dans un

---

[31] « Clause Molière : en Île-de-France, Valérie Pécresse persiste et "assume" », *Le Moniteur*, 18/05/2017, https://www.lemoniteur.fr/article/clause-moliere-en-ile-de-france-valerie-pecresse-persiste-et-assume.716879 [consulté le 02/03/2022].

[32] Voir le plan de relance de la Région Auvergne-Rhône-Alpes qui, dans sa section intitulée : « *Relancer la préférence régionale* », indique : « *Dans tous les marchés publics pour lesquels les collectivités sont aidées par la région, celles-ci doivent s'engager sur la clause du mieux-disant permettant ainsi de favoriser les commandes auprès des entreprises régionales* » (Région Auvergne-Rhône-Alpes, Communiqué de presse du 4 juin 2020, p. 1, https://www.auvergnerhonealpes.fr/uploads/Presse/c1/839_329_CP-06-04-Plan-de-relance-eco-002-4.pdf [consulté le 02/03/2022].

[33] À l'instar de la présidente du département de la Meurthe-et-Moselle qui, dans la présentation du SPASER du département se félicite de ce que ses techniques d'achat permettent « *dans le respect des principes légaux de liberté d'accès à la commande publique, d'égalité de traitement des candidats et de transparence des procédures, d'attribuer les marchés de la collectivité en grande majorité aux entreprises locales* », http://meurthe-et-moselle.fr/sites/default/files/SPASER54.pdf [consulté le 02/03/2022].

délai de cinq ans et en rappelant et renforçant l'obligation faite aux collectivités territoriales d'adopter un schéma de promotion des achats responsables (SPASER)[34] traduit, au-delà de la promotion du développement durable, une volonté de mieux encadrer les politiques locales de commande publique. D'ailleurs, la direction des affaires juridiques des ministères économiques et financiers affirme sans ambages, dans son rapport public pour 2020, que son rôle en la matière est véritablement « [d'animer] une politique publique »[35].

B. Les limites de l'instrumentalisation

Il est difficile de nier que la montée en puissance des objectifs « sociétaux » de la commande publique et la facilitation de son instrumentalisation par les pouvoirs locaux sont porteuses de risques qui posent la question des limites de cette évolution.

Outre les questions de cohérence et d'efficacité de l'action publique, on peut aussi craindre une certaine vulnérabilité des élus locaux aux pressions qui pourraient être exercées par des groupes d'intérêts, notamment professionnels, parfaitement au fait des évolutions contemporaines du droit de la commande publique et des marges de manœuvre qu'elles génèrent. Si le lobbying européen et national retient souvent l'attention, celui qui s'exerce à l'échelle local mériterait sans doute d'être davantage mis en lumière[36].

Néanmoins, ces risques ne nous paraissent pas d'une ampleur telle qu'ils constitueraient un véritable défi pour le droit de la commande publique.

Les évolutions récentes de ce dernier, pour remarquables qu'elles soient, ne traduisent pas un véritable changement de paradigme[37]. La notion de développement durable, dont elles sont la traduction, ne s'inscrit pas en rupture avec l'économie de marché libérale[38]. On observe d'ailleurs que son inscription récente au frontispice du Code de la commande publique[39] s'est faite non par une modification de l'article L. 3 consacré aux principes

---

[34] L. n° 2021-1104 du 22 août 2021 portant lutte contre le dérèglement climatique et renforcement de la résilience face à ses effets, art. 35.

[35] DAJ, *Rapport d'activités 2020*, p. 15, https://www.economie.gouv.fr/files/files/directions_services/daj/publications/rapports-activite-daj/2020/RA2020DAJ.pdf?v=1618841861 [consulté le 02/03/2022].

[36] Voir : « La sphère locale, nouveau terrain de jeu pour les lobbies », *La Gazette des communes*, Dossier, 07/07/2021 ; S. Cadiou, « Les élus locaux sont-ils à l'abri des groupes d'intérêt ? », *The Conversation*, 23/06/2020, https://theconversation.com/les-elus-locaux-sont-ils-a-labri-des-groupes-dinteret-141255 [Consulté le 02/03/2022].

[37] Voir notre contribution : « L'achat public éthique et le droit de la commande publique », *in* V. Coq (dir.), *L'éthique en droit des marchés publics*, préc., p. 1.

[38] Voir : C. Larrère, « Développement durable », *in* M. Canto-Sperber (dir.), *Dictionnaire d'éthique et de philosophie morale*, t. 1, p. 507.

[39] L. n° 2021-1104 du 22 août 2021, préc., art. 35.

généraux mais par l'ajout d'un article L. 3-1 relatif aux « objectifs » auxquels la commande publique « participe ». La finalité du droit de la commande publique qui, selon la Cour de justice, vise à empêcher les pouvoirs adjudicateurs d'attribuer leurs contrats pour des raisons « autres qu'économiques »[40] est, certes, conçue aujourd'hui de façon plus large comme intégrant pleinement les externalités sociales et environnementales ; elle n'est nullement abandonnée. Comme le rappelle le Conseil d'État, les préoccupations sociales et environnementales « *ne sauraient avoir pour effet de déroger à l'exigence du choix de l'offre économiquement la plus avantageuse ni à la condition que les critères d'attribution soient objectifs, précis et liés à l'objet du marché* »[41].

La permanence de ces conditions témoigne de ce que le paradigme du marché concurrentiel, bien qu'assoupli, demeure inchangé en son principe ; elle permet au juge d'en demeurer le garant efficace. Celui-ci n'hésite pas, au besoin, à se montrer particulièrement ferme à l'égard des tentatives d'instrumentalisation de la commande publique à des fins qui, selon une formule déjà ancienne, s'avèrent « sans rapport avec la réglementation » de la commande publique[42]. Par exemple, encourt la censure pour détournement de pouvoir la (prétendue) « clause d'interprétariat » faisant obligation au candidat déclaré attributaire de fournir une attestation sur l'honneur de non-recours au travail détaché sous peine de sanctions[43].

*

La commande publique des collectivités territoriales semble donc avoir ceci de particulier qu'elle traduit, à des degrés divers selon les territoires et les sensibilités de leurs élus, une volonté de s'en servir comme d'un moyen d'affirmation de leur autonomie. On concèdera volontiers qu'il n'y a là rien de foncièrement orignal, dans la mesure où cette problématique classique de l'État unitaire décentralisé pourrait certainement être aussi bien illustrée par d'autres moyens de l'action publique. Quant au aspects proprement juridiques, l'analyse menée ici n'a pas conduit à mettre en évidence de particularité vraiment significative. C'est donc assez vainement, à notre sens, qu'on y cherchera des matériaux pour une reconstruction inductive de la notion de collectivité territoriale.

---

[40] V. par ex.: CJCE, 3 oct. 2000, *University of Cambridge*, aff. C-380/98, pt 17 ; CJCE, 12 déc. 2002, *Universale-Bau e. a. c/ Entsorgungsbetriebe Simmering GmbH*, aff. C-470/99, pt 52.
[41] CE, avis, 4 févr. 2021, n° 401933.
[42] CE, 13 mai 1978, *Sté Wanner Isofi Isolation* : *JCP G* 1987, n° 102100.
[43] CAA Lyon, 24 sept. 2020, n° 18LY00510, *Préfet de la région Auvergne-Rhône-Alpes*, *Contrats-Marchés publ.* 2020, comm. 324, obs. É. Muller.

LES COLLECTIVITÉS TERRITORIALES ET L'ACTION ÉCONOMIQUE : QUELLES SPÉCIFICITÉS ?

Gabriel ECKERT
Professeur de droit public à l'Université de Strasbourg
Directeur de l'Institut de recherches Carré de Malberg (UR 3399)

Le constat de la confusion des catégories juridiques du droit des collectivités territoriales et de la difficulté de caractériser la notion de collectivité territoriale, par-delà ses énumérations bien connues[1], a conduit les organisateurs du présent colloque à rechercher les voies et moyens d'une « *reconstruction* » de cette notion dans l'analyse de son régime juridique de droit positif. C'est ce qu'il nous est demandé de réaliser à propos de l'action économique des collectivités territoriales.

Pour ce faire, il importe de s'interroger sur les éventuelles singularités du droit de l'action économique locale en tant qu'elles nous permettent de réfléchir sur la spécificité conceptuelle des collectivités territoriales et, en particulier, sur l'existence et le degré de leur singularité par rapport aux autres personnes morales de droit public. Une telle approche est fondée sur l'idée qu'une catégorie juridique regroupe l'ensemble des éléments soumis à un régime juridique commun à tous et propre à ceux-ci. Son existence est donc déduite de l'observation du droit positif, plus qu'elle ne résulte d'une construction rationnelle, en amont de l'observation du droit, visant à conférer une justification aux solutions du droit positif[2].

Le champ qui nous est assigné, pour mener à bien cette démarche, est celui de l'action économique. Précisons d'emblée que, plus que de pratique, d'organisation, de gestion ou de mesure de l'efficacité et de l'efficience de l'action économique des collectivités territoriales[3], il sera ici essentiellement question de Droit de l'action économique dans la mesure où, comme il a été indiqué, est en cause une question de catégorie juridique. Cela étant, l'expression d'action économique n'est pas utilisée par le code général des collectivités territoriales qui lui préfère les expressions de « *dispositions*

---

[1] Voir notamment l'énumération, il est vrai non-limitative, de l'article 72 alinéa 1er de la Constitution.

[2] De manière générale, l'objet d'une classification théorique est, en droit administratif, « *de conférer une justification rationnelle à une croyance jurisprudentielle, laquelle permettra ensuite de déterminer la division et la répartition des objets, ou situations, que le juge ou le législateur aurait dû suivre s'il s'était conformé à cette croyance* » (B. Laniyan, L'apport de la philosophie des sciences à l'histoire doctrinale des classifications en droit administratif, in Les classifications en droit administratif, dir. X. Dupré de Boulois, éd. Mare et Martin, coll. ISJPS, 2021, p. 34).

[3] Sur l'ensemble de ces aspects, voir notamment Cour des comptes, Les aides des collectivités territoriales au développement économique, Rapport thématique, 2007, 109 pages.

économiques »[4] et, surtout, de « *développement économique* »[5] ou d'« *interventions en matière économique* »[6]. L'action économique n'en est pas moins familière des acteurs du droit et notamment du Conseil d'État qui l'a caractérisée comme « *un ensemble de mesures poursuivant consciemment certains objectifs, que caractérise l'adjectif économique* »[7]. Cette formule vise à distinguer l'action économique des autres politiques publiques qui peuvent avoir des effets économiques, mêmes importants, mais qui n'ont pas été conçues dans cet objectif. De manière positive, l'action économique des personnes publiques regroupe quatre leviers d'intervention, à savoir l'offre de biens et de services sur les marchés par les personnes publiques ou les personnes privées qu'elles contrôlent, la réglementation des activités économiques, la régulation de certaines activités économiques et de la concurrence sur les marchés et, enfin, le soutien aux opérateurs économiques[8].

L'action économique locale revêt principalement deux formes tenant, d'une part, à l'offre de biens et services – à travers la création de services publics industriels et commerciaux, voire d'entreprises publiques locales – et, d'autre part, à l'aide aux entreprises – dans le cadre du développement économique, du maintien des activités ou du soutien aux entreprises en difficultés. A l'inverse, l'exercice des pouvoirs de réglementation des autorités locales relève, le plus souvent, de la police administrative générale ou de polices spéciales n'ayant pas une finalité directement économique[9]. De

---

[4] Intitulé du livre V de la première partie du CGCT.

[5] Intitulé du titre 1er du livre V de la première partie du CGCT (art. L.1511-1 et s.) et intitulé du titre V du livre II de la quatrième partie du CGCT (art. L.4251-1 et s.).

[6] Il est fait mention des « *interventions en matière économique et sociale* » pour les trois grandes catégories de collectivités territoriales (titre V du livre II de la deuxième partie – articles L.2251-1 et s. – chapitre 1er du titre III du livre II de la troisième partie – articles L.3231-1 et s. – et chapitre III du titre V du livre II de la quatrième partie – art. L.4253-1 et s.).

[7] Conseil d'État, L'action économique des personnes publiques, étude annuelle 2015, Doc. Française, p. 27. Sur l'ensemble de la question, voir F. Bottini, L'action économique des collectivités publiques, Légitech, IFJD, 2020, 905 pages.

[8] Le Conseil d'État décrit ces différentes modalités de l'action économique des personnes publiques dans les termes suivants : « *Elle comprend la législation et la réglementation économiques, qu'il s'agisse de régir l'accès à des professions ou activités et leurs conditions d'exercice, de définir la structure des opérateurs et leurs modes de financement, d'organiser leurs relations ou de traiter leurs difficultés. Elle englobe l'ensemble de la régulation économique qu'elle soit sectorielle (banque et finance, énergie, communications électroniques...) ou transversale (concurrence notamment). Cette notion inclut également les activités économiques conduites par les opérateurs publics eux-mêmes ou par les structures qu'ils constituent à cet effet (régie, commande publique, entreprises publiques) ainsi que leurs interventions aussi bien sous forme de soutien – notamment financier – aux acteurs privés, que de prescriptions adressées à ces derniers.* » (op. cité, p. 28).

[9] Ces mesures devront, au besoin, respecter les principes du droit public de l'économie, sous le contrôle de proportionnalité du juge administratif (CE, CE, Ass., 22 juin 1951, Daudignac : Rec. p. 362 - CE, Sect., 25 janvier 1980, Gadiaga : Rec. p. 44 concl. Rougevin-Baville).

même, le rôle des autorités locales en matière de concurrence ou de régulation sectorielle reste très limité.

Dans ce domaine, le régime juridique de l'action économique des collectivités territoriales est tantôt largement identique à celui des autres personnes publiques et tantôt profondément différent. Plus précisément, les collectivités territoriales sont soumises aux principes régissant l'action économique de l'ensemble des personnes publiques. Elles doivent respecter les principes constitutionnels de liberté d'entreprendre, de liberté contractuelle ou encore d'égalité de traitement. Il en va de même des principes généraux de liberté du commerce et de l'industrie et d'égalité de concurrence. Leur régime juridique ne présente ici aucune spécificité. Tout juste peut-on relever que l'action économique locale a tenu une place de choix dans la construction jurisprudentielle de ces principes, qu'il se soit agi de la confrontation du socialisme municipal à la liberté du commerce et de l'industrie[10] ou, de manière plus contemporaine, de l'intervention d'opérateurs publics locaux en concurrence des entreprises privées[11]. De même, l'action économique des collectivités territoriales est, dans des termes largement identiques à ceux des autres personnes publiques, soumises au droit de l'Union européenne et, plus largement, au droit international économique. Il est ainsi bien établi que l'aide d'une collectivité territoriale à une entreprise constitue une « *aide d'État* » au sens de l'article 107 § 1er du TFUE[12].

Si l'action économique des collectivités territoriales ne semble donc présenter aucune réelle spécificité au plan supra-législatif, il n'en va plus du tout de même au niveau des sources légales et réglementaires de la matière. Là, au contraire, se lit la volonté de l'État de soumettre l'action économique locale à un encadrement juridique particulier et, au plan institutionnel, de promouvoir l'ensemble constitué par les collectivités territoriales et leurs groupements et, au sein de celui-ci, de consacrer la singularité croissante des régions et, dans une moindre mesure, des métropoles.

Plus précisément, cette évolution institutionnelle s'inscrit dans le constat d'une double spécificité de l'action économique locale : d'une part et d'un point de vue macro-juridique, une spécificité de l'action économique locale par rapport aux régimes, infiniment plus souples, régissant les acteurs publics nationaux (I) ; d'autre part et d'un point de vue plus micro-juridique, une spécificité croissante des compétences et des régimes d'action économique des différents acteurs locaux, qu'il s'agisse des collectivités territoriales, des

---

[10] CE, 30 mai 1930, Chambre syndicale du commerce de détail de Nevers : Rec. p. 583.
[11] CE, Ass., 30 déc. 2014, Sté Armor SNC, req. 355563 : Rec. p. 433.
[12] CJCE, 22 mars 1977, Steinike et Weinlig, aff. 78/76 : Rec. p. 595. Seule l'appréciation du caractère spécifique de l'avantage peut présenter des particularités liées au caractère infra-étatique de l'organisme qui a accordé l'aide et de son champ d'application géographique.

groupements de collectivités territoriales, voire des établissements publics locaux (II).

I. La spécificité de l'action économique locale

Le constat le plus clair et le plus simple est certainement celui de la forte spécificité du régime législatif et réglementaire de l'action économique locale par rapport à l'intervention économique de l'État et de ses opérateurs. S'il est évident que les collectivités territoriales ne sont pas l'État (A), force est cependant de constater que leur action économique est de plus en plus fréquemment rapprochée de celle de l'État, ce qui conduit à renforcer la soumission du local – même décentralisé – au national (B).

A. L'action économique locale se distingue fortement de celle de l'État

La différence de nature entre l'État – collectivité publique auto-instituée – et les collectivités territoriales – personnes publiques instituées par l'État – se traduit, au plan de l'action économique, de deux manières : l'État conserve, seul, la responsabilité de la politique économique (1) et l'État impose le respect d'un cadre normatif général aux interventions des autorités locales (2).

1) L'État conserve la responsabilité de la politique économique

La reconnaissance de pouvoirs d'intervention économique au profit des collectivités territoriales s'est accompagnée, à partir de la décentralisation de 1982, du rappel solennel selon lequel « *l'État a la responsabilité de la conduite de la politique économique et sociale ainsi que de la défense de l'emploi* »[13]. Cette formule, réservée aux communes et aux départements[14], n'a jamais été reprise à propos de la région, laquelle est dorénavant « *la collectivité territoriale responsable sur son territoire de la définition des orientations en matière de développement économique* »[15]. Pour autant et dans le même temps, le législateur ajoute que la région agit « *en collaboration... avec l'État* » afin « *de contribuer au développement économique* »[16].

Plus largement, le code général des collectivités territoriales déduit de cette compétence première de l'État que les collectivités territoriales « *concourent avec l'État... au développement économique* »[17] et, en matière d'aides aux entreprises, précise que les projets des collectivités territoriales, qui doivent être préalablement acceptés par la Commission européenne, ne seront

---

[13] Articles 5 et 48 de la loi n° 82-213 du 2 mars 1982.
[14] Articles L.2251-1 et L.3231-1 CGCT.
[15] Article L.4251-12 CGCT, dans sa rédaction issue de la loi n°2015-991 du 7 août 2015, dite « loi NOTRé ».
[16] Article L.4211-1 CGCT.
[17] Article L.1111-2 CGCT.

transmis par l'État que « *sous réserve de leur compatibilité avec les stratégies de développement de l'État* »[18].

L'intervention locale est donc largement complémentaire de celle de l'État. C'est ce qu'a illustré la crise de la Covid-19 où l'action économique locale est rapidement venue compléter celle de l'État, par exemple dans le cadre du financement du fonds de solidarité nationale[19]. Cela explique également que l'intervention locale reste limitée lorsqu'une politique économique conserve un caractère national, voire international, comme c'est le cas en matière de concurrence ou de régulation sectorielle. Le rôle des collectivités territoriales est alors réduit à solliciter ou à donner des avis aux autorités compétentes et à pouvoir saisir celles-ci notamment en vue de la mise en œuvre de leurs pouvoirs de sanction[20].

2) L'État impose un cadre général à l'action économique des collectivités territoriales

Le caractère complémentaire de l'action économique des collectivités territoriales conduit à ce que celle-ci ne peut être menée que dans le cadre défini par le législateur. Ainsi, en matière d'aide aux entreprises, les communes et départements ne peuvent accorder d'aides que dans les conditions prévues par le code général des collectivités territoriales. La clause générale de compétence, lorsque la collectivité en dispose, ne peut suffire à fonder son action comme c'est le cas pour des aides accordées en dehors du champ économique[21]. De même, les entreprises publiques locales sont soumises à un cadre législatif général dans lequel la collectivité territoriale actionnaire doit, en principe, se glisser[22]. Le respect de celui-ci est contrôlé par le juge administratif qui en fait parfois une interprétation stricte comme l'illustre l'appréciation de l'objet social des sociétés d'économie mixte locales et, en particulier, de la notion d'« *activité d'intérêt général* »[23]. Celle-ci doit,

---

[18] Article L.1511-1-1 CGCT.

[19] Ordonnance n° 2020-317 du 25 mars 2020 portant création d'un fonds de solidarité à destination des entreprises particulièrement touchées par les conséquences économiques, financières et sociales de la propagation de l'épidémie de covid-19 et des mesures prises pour limiter cette propagation.

[20] Par exemple, en matière de pratiques anticoncurrentielles, les collectivités territoriales peuvent saisir l'Autorité de la concurrence d'une demande d'avis (art. L.462-1 Code de commerce) ou « *pour toute affaire qui concerne les intérêts dont (elles) ont la charge* » la saisir d'une demande de sanction (art. L.462-5 Code de commerce).

[21] Il en est ainsi des associations n'exerçant pas une activité économique (CE, 11 juin 1997, Département de l'Oise, req. 170069 - CE, 8 juillet 2020, Association Centre Lesbien, Gay, Bi et Transidentitaire de Nantes, req. 425926) ou des organisations syndicales locales (CE, 4 avril 2005, Commune d'Argentan, req. 264596 : Rec. p. 137 ; RFDA 2006, p. 51, obs. E. Cadeau – V. également l'article L.2251-3-1 CGCT).

[22] Sauf autorisation préalable par décret en Conseil d'État (voir, pour les communes et les départements, les articles L.2253-1 et L.3231-6 CGCT).

[23] Article L.1521-1 al. 1er CGCT.

en effet, caractériser la nature même de l'activité prise en charge et ne peut se contenter de découler des effets économiques positifs attendus de celle-ci[24]. Plus généralement, l'importance de cette intervention législative risque « *d'entraver l'action locale par la définition d'un cadre général trop strict* »[25].

Une telle situation tranche d'avec celle de l'État qui ne voit son action économique que rarement soumise à un encadrement législatif général. Il n'y a pas, au niveau national, de régime commun des aides de l'État aux entreprises ou de statut général des entreprises publiques.

Cela étant et sans remettre en cause le principe d'un encadrement législatif de l'action économique locale, la situation des régions tend, à nouveau à se distinguer. En effet, si celles-ci ne peuvent, à l'instar des autres collectivités territoriales, agir que dans le cadre déterminé par la loi, celui-ci leur laisse une grande liberté d'action. Ainsi, en matière d'aide, il est disposé que « *le conseil régional est seul compétent pour définir les régimes d'aides et pour décider de l'octroi des aides aux entreprises dans la région* » et cela en ayant à sa disposition des instruments d'intervention déterminés de manière très générale puisque ces aides peuvent revêtir « *la forme de prestations de services, de subventions, de bonifications d'intérêts, de prêts et d'avances remboursables, à taux nul ou à des conditions plus favorables que les conditions du marché* »[26].

Pour autant et quelle que soit l'étendue de ses compétences, la région, à l'instar de l'ensemble des acteurs locaux, ne peut agir que dans le cadre institué par le législateur et précisé par le pouvoir réglementaire. L'intervention de l'État reste d'une autre nature, celui-ci ayant un pouvoir propre d'action, y compris en matière économique. Cette différence fondamentale n'empêche cependant pas d'importants rapprochements.

B. L'action économique locale se rapproche parfois de celle de l'État

Ce phénomène de rapprochement prend des formes très diverses. Il peut tenir au développement des coopérations et de la contractualisation entre les collectivités territoriales et l'État (1) ou encore à l'imputation juridique de l'intervention locale à l'État (2). Dans tous les cas, il conduit à un renforcement du contrôle de l'État sur les actions économiques locales, quitte à heurter quelque peu les principes de la décentralisation.

---

[24] Ainsi, ne présente pas un tel caractère d'intérêt général une activité de production et de commercialisation de fleurs et de plants, même si elle vise à lutter contre le chômage endémique dans la commune concernée (CE, 10 octobre 1994, Préfet de Lorraine : Rec. p. 814).

[25] Conseil d'État, L'action économique des personnes publiques, précité, p. 160.

[26] Article L.1511-2 al. 1er CGCT.

1) Les coopérations entre les collectivités territoriales et l'État

L'action économique requiert fréquemment la coopération des acteurs publics. C'est le cas des aides aux entreprises en difficulté où les collectivités territoriales peuvent être associées aux travaux des comités départementaux d'examen des problèmes de financement des entreprises (CODEFI)[27]. C'est également le cas en matière de développement économique où les coopérations, notamment conventionnelles, entre l'État et les régions sont très nombreuses, à l'instar des contrats de plan État-région, des programmes d'investissement d'avenir ou encore des pôles de compétitivité. Enfin, cette coopération peut prendre la forme de délégations de compétences consenties par l'État au profit des collectivités territoriales et, en particulier, des régions qui se sont progressivement vues confier la gestion des fonds structurels européens[28].

Il en va de même de la concertation entre l'État et la région dans le cadre de l'élaboration du schéma régional de développement économique, d'innovation et d'internationalisation. Ce schéma « *définit les orientations en matière d'aides aux entreprises, de soutien à l'internationalisation et d'aides à l'investissement immobilier et à l'innovation des entreprises, ainsi que les orientations relatives à l'attractivité du territoire régional* » et « *organise, sur le territoire régional, la complémentarité des actions menées par la région en matière d'aides aux entreprises avec les actions menées par les collectivités territoriales et leurs groupements* »[29]. Mais ce schéma est soumis à l'approbation du Préfet de région qui s'assure de « *la préservation des intérêts nationaux* »[30]. Par ce biais, le représentant de l'État peut agir sur les régimes aides de l'ensemble des collectivités territoriales, traduisant le fait que c'est « *à l'échelon régional que l'action économique de l'État doit être articulée avec celle des collectivités territoriales, dans une approche partenariale* »[31].

Le renforcement des régions, également illustré par la création des grandes régions[32], traduit donc un approfondissement de la coordination de l'État sur l'action économique de l'ensemble des collectivités locales. A cette même fin l'État a progressivement renoncé à la possibilité de permettre, par convention,

[27] Article 33 du décret n° 2006-665 du 7 juin 2006.
[28] Article L.4211-1, point 7, CGCT.
[29] Article L.4251-13 CGCT.
[30] Article L.4251-16 CGCT.
[31] Conseil d'État, L'action économique des personnes publiques, précité, p. 164.
[32] Loi n° 2015-29 du 16 janvier 2015 relative à la délimitation des régions, aux élections régionales et départementales et modifiant le calendrier électoral.

aux collectivités infrarégionales de déroger aux dispositifs régionaux encadrant leur action[33].

2) *L'imputation de l'intervention économique des collectivités territoriales à l'État*

L'imputation juridique des actions des collectivités territoriales à l'État découle de la nature particulière du Droit européen des aides d'État qui, à l'instar du Droit international, ne connaît que l'État et ignore les collectivités infra-étatiques et, plus largement, l'ensemble des démembrements de l'État. Il en découle que celui-ci, seul, peut notifier un projet d'aides à la Commission européenne ou répondre, devant celle-ci ou devant le juge européen, des conséquences du caractère illégal ou incompatible d'une aide, même accordée par une collectivité décentralisée. Dès lors, l'exigence d'effectivité du droit des aides d'État a conduit à doter l'État de moyens procéduraux nécessaires à la satisfaction de ses obligations européennes, ce qui s'est traduit par un renforcement de ses prérogatives à l'égard des collectivités territoriales[34].

C'est ainsi que, pour permettre à l'État de répondre aux exigences du contrôle de la Commission européenne sur les régimes d'aides mis en œuvre, la région « *établit un rapport relatif aux aides et régimes d'aides mis en œuvre sur son territoire au cours de l'année civile... par les collectivités territoriales et leurs groupements* » et le communique au représentant de l'État dans la région avant le 31 mai[35]. Cela permet à l'État de satisfaire à ses propres obligations de rapport annuel auprès de la Commission européenne[36]. De même, il est rappelé que c'est « *l'État (qui) notifie à la Commission européenne les projets d'aides ou de régimes d'aides que les collectivités territoriales et leurs groupements souhaitent mettre en œuvre* »[37]. Mais cette disposition ne met pas à la charge de l'État une compétence liée dans la mesure où celui-ci peut apprécier, outre leur conformité au droit européen, la « *compatibilité (de ces aides locales) avec les stratégies de développement de*

---

[33] C'est ce que permettait la rédaction de l'ancien article L.1511-5 CGCT qui disposait, dans sa rédaction originale, que « *des actions de politique agricole et industrielle peuvent être entreprises par les collectivités territoriales... dans le cadre de conventions conclues par elles avec l'État et fixant les modalités des aides qu'elles peuvent consentir* ». Il autorisait donc à ce qu'il soit dérogé par une convention conclue entre l'État et la collectivité locale au régime des aides au développement économique (CE, 18 novembre 1991, Département des Alpes-Maritimes : RDP 1992 p. 534, concl. M. Pochard). Ce texte a été abrogé par l'article 3 de la loi n° 2015-991 du 7 août 2015.

[34] Voir, plus largement, G. Eckert, La récupération des aides d'État illégales et incompatibles et les transformations du droit public interne, Revue de l'Union européenne, 2015, p. 370.

[35] Article L.1511-1 CGCT.

[36] Article 21 du règlement modifié du Conseil n°959/99 du 22 mars 1999 portant modalités d'application de l'article 108 du traité sur le fonctionnement de l'union Européenne.

[37] Article L.1511-1-1 al. 1er CGCT.

l'État, telles qu'elles sont arrêtées en comité interministériel d'aménagement et de compétitivité des territoires »[38].

Plus encore, le législateur est venu « *combler un vide juridique* »[39] existant entre l'obligation pesant sur l'État de récupérer une aide incompatible et sa mise en œuvre effective par la collectivité territoriale qui a accordé cette aide. Certes, en cas de refus d'agir de ladite collectivité, l'État pouvait saisir la juridiction administrative, laquelle est dorénavant dotée d'importants pouvoirs d'injonction. Mais cette voie juridictionnelle n'a pas paru suffisamment rapide pour satisfaire à l'exigence d'« *exécution immédiate et effective de la décision de la Commission* »[40]. La loi n° 2004-809 du 13 août 2004 est donc venue rappeler que « *toute collectivité territoriale, tout groupement de collectivités territoriales ayant accordé une aide à une entreprise est tenu de procéder sans délai à sa récupération si une décision de la Commission européenne ou un arrêt de la Cour de justice des Communautés européennes l'enjoint, à titre provisoire ou définitif* » et, surtout, a instauré un nouveau cas de substitution d'action au profit du Préfet en précisant qu'« *à défaut, après une mise en demeure restée sans effet dans un délai d'un mois à compter de sa notification, le représentant de l'État territorialement compétent y procède d'office par tout moyen* »[41]. Cette même loi a également imposé aux collectivités territoriales de garantir l'État d'éventuelles condamnations pécuniaires résultant « *de l'exécution tardive ou incomplète des décisions de récupération. Cette charge est une dépense obligatoire au sens de l'article L. 1612-15* ». Une telle garantie a été étendue, par la loi n° 2014-58 du 27 janvier 2014, au cas où une collectivité territoriale assure la gestion des programmes européens d'aide[42].

Cette imbrication croissante de l'action économique de l'État et des collectivités territoriales ne modifie en rien la différence de nature entre les deux catégories d'autorités publiques et les régimes juridiques qui les régissent de manière plus ou moins étroite. Cette singularité globale de l'action économique locale se double d'une diversification croissante des régimes auxquels sont soumis ses différents acteurs institutionnels.

---

[38] Article L.1511-1-1 al. 1er CGCT.

[39] Rapport M.-Ph. Daubresse au nom de la Commission des lois de l'Assemblée Nationale : JORF, Doc. Parlem., 2004, n° 1435.

[40] Article 14 du règlement modifié du Conseil n°959/99 du 22 mars 1999 portant modalités d'application de l'article 108 du traité sur le fonctionnement de l'union Européenne.

[41] Article L.1511-1-1 al. 2 et 3 CGCT.

[42] Article L.1511-1-2 CGCT.

II. La spécificité de l'action économique des différents acteurs locaux

Le régime juridique de l'action économique locale a tendance à particulariser, de plus en plus fortement, les pouvoirs et conditions d'intervention des différentes autorités locales. Ce mouvement de fragmentation des règles juridiques ne laisse que peu d'espoir à l'identification d'un régime homogène et propre à la catégorie générale des collectivités territoriales. Si ce mouvement est d'une ampleur encore limitée dans le cas du droit des entreprises publiques locales (A), il est particulièrement marqué en droit des aides locales aux entreprises (B).

A. La relative homogénéité du régime des prises de participation dans le capital d'entreprises

Le régime des entreprises publiques locales régit, en principe, « *les communes, les départements, les régions et leurs groupements* »[43]. Cela permet de distinguer l'ensemble constitué par les collectivités territoriales et leurs groupements de la catégorie des établissements publics locaux n'ayant pas un caractère territorial (1) mais n'exclut pas totalement, surtout en matière de simples prises de participations dans des entreprises privées, la singularisation de certaines catégories de collectivités territoriales (2).

1) Des prérogatives propres aux collectivités territoriales et à leurs groupements

Le droit des entreprises publiques locales[44] fait un statut spécifique et commun aux collectivités territoriales et à leurs groupements. Ces derniers doivent être entendus comme rassemblant « *les établissements publics de coopération intercommunale et les syndicats mixtes, mentionnés aux articles L. 5711-1 et L. 5721-8, les pôles métropolitains, les pôles d'équilibre territoriaux et ruraux, les agences départementales, les institutions ou organismes interdépartementaux et les ententes interrégionales* »[45].

En effet, ceux-ci peuvent seuls créer des sociétés d'économie mixte locales, en être les actionnaires majoritaires et bénéficier des prérogatives et protections que le code leur accorde. Cela exclut les établissements publics locaux, autres que territoriaux, qui ne peuvent être que des actionnaires « *ordinaires* » et minoritaires. Cette singularité du régime des collectivités territoriales et de leurs groupements n'allait pas totalement de soi dans la mesure où l'article L.5111-4 CGCT énonce que « *les dispositions des*

---

[43] Notamment article L.1521-1 CGCT.

[44] Entendues au sens du régime général des sociétés d'économie mixte locales (art. L.1521-1 et s. CGCT), des sociétés publiques locales (art. L.1531-1 et s. CGCT) et des sociétés d'économie mixte à objet unique (art. L.1541-1 et s. CGCT).

[45] Article L.5111-1 al. 2ème CGCT.

chapitres II et III du titre V du livre II de la deuxième partie sont applicables aux groupements de collectivités territoriales et aux autres établissements publics locaux ». Or, l'article L.2253-2 dudit code, auquel il est renvoyé, fait le lien avec le régime des sociétés d'économie mixte en indiquant que « *les communes et leurs groupements peuvent, par délibération de leurs organes délibérants, acquérir ou recevoir des actions des sociétés d'économie mixte locales répondant aux conditions fixées par les articles L. 1521-1 et L. 1522-1* ». Ce renvoi aurait pu être analysé comme étendant aux établissements publics locaux les prérogatives expressément prévues au profit des collectivités territoriales et de leurs groupements. Cette analyse a été rejetée par la doctrine académique[46], la doctrine administrative[47] et par le juge administratif, lequel a considéré, sur le fondement de ces dispositions, que « *la compétence ainsi dévolue aux établissements publics locaux reste soumise à la condition que les sociétés d'économie mixte locales dont ils acquerraient ou recevraient des participations répondent, en ce qui concerne les modalités de leur création et la composition de leur capital social, aux conditions fixées par les articles L.1521-1 et L.1522-1 du code général des collectivités territoriales et ne comprend, par suite, pas celle, distincte, que l'article L.1522-1 a réservée aux seules collectivités territoriales et à leurs groupements à l'effet, précisément, de créer des sociétés d'économie mixte* »[48].

Cette solution vaut également pour les sociétés d'économie mixte à objet unique et *a fortiori* pour les sociétés publiques locales dans la mesure où le code précise, pour ces dernières, qu'elles « *exercent leurs activités exclusivement pour le compte de leurs actionnaires et sur le territoire des collectivités territoriales et des groupements de collectivités territoriales qui en sont membres* »[49]. Seules les personnes publiques locales présentant un caractère territorial – collectivités territoriales et groupements de collectivités territoriales – peuvent créer des entreprises publiques locales et bénéficier du régime actionnarial propre à celles-ci.

2) Des prérogatives propres à certaines collectivités territoriales

La matière n'échappe pas à la tendance à la fragmentation du régime d'intervention des différentes autorités publiques locales. Ainsi, les communes bénéficient de dispositions particulières leur permettant de rester

---

[46] S. Brameret, Les relations des collectivités territoriales avec les SEML : Recherche sur l'institutionnalisation d'un partenariat public-privé, LGDJ, Biblio. Droit public, vol. 271, 2012, n° 275.
[47] Ministère de l'Intérieur, DGCL, Guide des SEML, La Documentation Française, 2007, p. 47 et 48.
[48] CAA Marseille, 12 février 2007, Préfet du Var, req. 06MA02263.
[49] Article L.1531-1 CGCT.

actionnaires d'une société d'économie mixte, même en cas de transfert de compétence à un établissement public de coopération territoriale[50].

Mais c'est plus à propos des prises de participation dans le capital social d'opérateurs économiques n'ayant pas le statut d'entreprises publiques locales que cette différenciation apparaît. En effet, sauf disposition législative particulière comme c'est le cas à propos des sociétés ayant pour objet la production d'énergies renouvelables[51], les communes et les départements ne peuvent prendre de participation dans le capital d'une société commerciale et de tout autre organisme à but lucratif qui n'est pas soumis au régime particulier des entreprises publiques locales, « *sauf autorisation prévue par décret en Conseil d'État* »[52]. Cette exigence, qui malgré son caractère très contraignant n'est pas contraire au principe de libre administration des collectivités territoriales[53], n'est plus reprise à propos des régions. Au contraire, depuis la loi ° 2015-991 du 7 août 2015, la région peut décider de « *la participation au capital de sociétés commerciales... pour la mise en œuvre du schéma régional de développement économique, d'innovation et d'internationalisation* »[54]. Le régime de ces prises de participation a été précisé par le décret n° 2016-807 du 16 juin 2016[55], lequel impose essentiellement des règles prudentielles et procédurales. Au fond, il laisse une grande liberté aux régions pour prendre des participations minoritaires, inférieures ou égales à 33 % du capital de la société[56] qui doit exercer tout ou partie de son activité sur le territoire régional[57].

Cette singularisation de la région apparait plus largement dans l'ensemble du domaine des aides aux entreprises, lequel paraît marqué par une très grande fragmentation du régime juridique des différents acteurs publics locaux.

---

[50] Article L.1521-1 al. 2 et 3 CGCT. De manière plus générale, mais la situation concerne essentiellement les communes et leurs EPCI, la loi n° 2019-463 du 17 mai 2019 tendant à sécuriser l'actionnariat des entreprises publiques locales est venue admettre que « *la réalisation de cet objet concourt à l'exercice d'au moins une compétence de chacun des actionnaires* » (art. L1522-1 et L.1531-1 CGCT) revenant ainsi sur la jurisprudence du Conseil d'État qui considérait que la compétence de la collectivité actionnaire devait englober l'ensemble des activités composant l'objet social de l'entreprise publique locale (CE, 14 nov. 2018, n° 405628, Préfet du Puy-de-Dôme : AJDA 2019, p. 113, note S. Damarey ; RFDA 2019, p. 100, note S. Brameret).

[51] Articles L.2253-1, alinéa 2ème, L.3231-6 et L.4211-1, point 14, CGCT.

[52] Articles L.2253-1 et L.3231-6 CGCT.

[53] Conseil constitutionnel, déc. n° 82-137 DC du 25 février 1982 sur la loi relative aux droits et libertés des communes, des départements et des régions.

[54] Article L.4211-1, point 8 bis, CGCT.

[55] Dont les dispositions sont codifiées aux articles R.4211-1 à R.4211-8. CGCT.

[56] Article R. 4211-5 CGCT.

[57] Article R.4211-2 CGCT.

B. La grande hétérogénéité du régime des aides locales aux entreprises

Les régimes d'aides communs à l'ensemble des collectivités territoriales et à leurs groupements restent relativement rares. Il s'agit notamment des aides aux professionnels de santé humaine ou animale[58] ou, plus généralement, des aides sous forme de garanties d'emprunts[59]. De même, dans le cadre de la crise de la Covid-19, la participation au financement du fonds de solidarité a été étendue à l'ensemble des collectivités territoriales ou établissements publics de coopération intercommunale à fiscalité propre, quelle que soit la limite traditionnelle de leurs compétences[60].

Mais, pour l'essentiel, ces régimes d'aides, y compris lorsqu'ils figurent dans la première partie du code, consacrée aux « *dispositions générales* », se sont fragmentés, singularisant les missions et les compétences des différentes catégories de collectivités et de groupements de collectivités. Plus encore, cela s'est accompagné d'un mouvement de « *remontée* » des compétences, leurs transferts s'opérant toujours au profit des collectivités ayant la plus large assise territoriale. C'est le cas en matière d'aides au développement économiques mais également d'aides aux entreprises en difficulté où la région joue un rôle croissant, voire bénéficie d'un monopole[61]. De cela il découle, en l'état actuel du droit, une très forte affirmation du rôle des régions (1) au détriment des autres acteurs locaux, à l'exception des métropoles (2).

1) L'affirmation du rôle des régions

Depuis leur création par la loi n° 72-619 du 5 juillet 1972, sous forme d'établissement public, les régions ont joué un rôle majeur en matière économique et si la loi n° 2015-991 du 7 août 2015 lui a retiré la qualité de

---

[58] Articles L.1511-8 et L.1511-9 CGCT.

[59] Bien que ces dispositions ne se trouvent pas dans la première partie du code, consacrée aux « dispositions générales », elles se répètent en termes proches pour l'ensemble des grandes catégories de collectivités territoriales (art. L.2252-1 et s., L.3231-1 et s. et L.4253-1 et s. CGCT).

[60] Article 2 de l'ordonnance n° 2020-317 du 25 mars 2020 portant création d'un fonds de solidarité à destination des entreprises particulièrement touchées par les conséquences économiques, financières et sociales de la propagation de l'épidémie de covid-19 et des mesures prises pour limiter cette propagation. Au-delà, les règles traditionnelles de compétence continuent à prévaloir (TA Châlons-en-Champagne, Ord., 15 juin 2020, Préfet des Ardennes, req. 2000896 : AJDA 2020, p. 1998).

[61] Ainsi, le pouvoir d'accorder des aides aux entreprises en difficultés, attribué par la loi n° 82-213 du 2 mars 1982 à l'ensemble des collectivités territoriales, a été retiré aux communes par la loi n° 88-13 du 5 janvier 1988 afin d'éviter que, soumises aux sollicitations économiques et sociales, elles n'engagent trop fortement les finances communales. La loi n° 2015-991 du 7 août 2015 a procédé de même pour les départements (en abrogeant l'ancien article L. 3231-3 du CGCT) et accorde donc aux régions un monopole en ce domaine (art. L.1511-2 § II CGCT).

« *chef de file* » dans ce domaine[62], c'est parce qu'elle est bien plus que cela. Il est vrai que le vocabulaire employé par le législateur n'est pas toujours des mieux fixé : parfois la région ne fait que « *contribuer au développement économique* »[63], parfois a-t-elle « *compétence pour promouvoir le développement économique* »[64] ou encore est-elle « *responsable, sur son territoire, de la définition des orientations en matière de développement économique* »[65]. Mais, il n'en reste pas moins que son rôle est devenu central en matière économique et conditionne largement celui des autres collectivités territoriales.

C'est ainsi qu'en matière de développement économique « *le conseil régional est seul compétent pour définir les régimes d'aides et pour décider de l'octroi des aides aux entreprises dans la région* » et cela dès lors que « *ces aides revêtent la forme de prestations de services, de subventions, de bonifications d'intérêts, de prêts et d'avances remboursables, à taux nul ou à des conditions plus favorables que les conditions du marché* »[66]. Pour l'ensemble de ces aides, le rôle des communes et groupements de communes est, pour l'essentiel, limité à la participation à leur financement ou à agir sur délégation de la région.

Plus encore, la région est chargée d'élaborer un schéma régional de développement économique, d'innovation et d'internationalisation qui « *définit les orientations en matière d'aides aux entreprises, de soutien à l'internationalisation et d'aides à l'investissement immobilier et à l'innovation des entreprises, ainsi que les orientations relatives à l'attractivité du territoire régional* » et « *organise, sur le territoire régional, la complémentarité des actions menées par la région en matière d'aides aux entreprises avec les actions menées par les collectivités territoriales et leurs groupements* »[67]. Ce document, approuvé par le Préfet de région, s'impose, au moins de manière souple, aux autres collectivités territoriales puisque le législateur précise que « *les actes des collectivités territoriales et de leurs groupements en matière d'aides aux entreprises doivent être compatibles avec le schéma régional de développement économique, d'innovation et d'internationalisation* »[68].

Enfin, les régions peuvent attribuer des aides pour le compte de l'État[69] et disposent de nombreuses prérogatives tendant à faciliter le financement et le développement des entreprises, soit en agissant directement au soutien des

---

62 Article L.1111-9 CGCT.
63 Article L.4211-1 CGCT.
64 Article L.4221-1 CGCT.
65 Article L.4251-12 CGCT.
66 Article L.1511-2 § I al. 1 et 2 CGCT.
67 Article L.4251-13 CGCT.
68 Article L.4251-17 CGCT.
69 Article L.4211-1, point 7 CGCT.

entreprises, soit en participant au financement de fonds de placements ou d'entités de financement des entreprises, soit en garantissant les entités qui participent à leur financement[70]. Tout cela donne aux régions, en concertation avec l'État, une très large maîtrise de la détermination du contenu de leur politique économique et du choix des outils, juridiques et financiers, la mettant en œuvre.

2) La situation contrastée des autres autorités locales

Le rôle des autres collectivités territoriales tend fortement à se réduire, même si, comme le relevait le Conseil d'État, « *en matière de développement économique, la concentration du pouvoir entre les mains de la région restera partielle* »[71]. La situation est cependant très variable selon les autorités locales en cause.

Depuis la loi n° 2015-991 du 7 août 2015, le rôle du département est très réduit en matière économique. Pour l'essentiel, il peut participer au capital d'une entreprise publique locale dont l'objet entre, au moins pour partie, dans le champ de ses compétences ou d'une entreprise ayant pour objet la production d'énergie renouvelable[72]. Il peut accorder des garanties d'emprunt[73] ou accorder des aides dans des domaines spécifiques[74]. Il peut, par ailleurs, se voir déléguer par les communes l'attribution d'aides à l'immobilier industriel[75] et être autorisé par l'État à verser des aides en cas de catastrophe naturelle[76].

A l'inverse, le bloc communal conserve des compétences significatives, bien que progressivement réduites. En particulier, dans le respect du schéma régional de développement économique, « *les communes, la métropole de Lyon et les établissements publics de coopération intercommunale à fiscalité propre sont seuls compétents pour définir les aides ou les régimes d'aides et décider de l'octroi de ces aides sur leur territoire en matière d'investissement immobilier des entreprises et de location de terrains ou d'immeubles* »[77]. Elles disposent également de pouvoirs d'intervention en matière économique sous la forme de garantie d'emprunts[78], de participation au capital de sociétés de financement[79] ou afin de maintenir des activités de services en zone rural ou

---

[70] Voir notamment les articles L.1511-7 et L.4211-1 CGCT.
[71] Conseil d'État, L'action économique des personnes publiques, précité, p. 169.
[72] Article L.3231-6 CGCT.
[73] Article L.3231-4 CGCT.
[74] Il s'agit des aides à l'équipement rural, à l'électrification, aux entreprises de spectacles cinématographiques et à la défense de la forêt contre l'incendie (art. L.3232-1 et s. CGCT).
[75] Article L.1511-3 al. 4 CGCT.
[76] Article L.3231-3 CGCT.
[77] Article L.1511-3 al. 1er CGCT.
[78] Articles L.2252-1 et s. CGCT.
[79] Article L.2253-7 CGCT.

dans les quartiers prioritaires de la politique de la ville[80]. Plus encore, la métropole de Lyon, les communes et leurs groupements peuvent participer au financement des aides régionales au développement économique[81] ou aux entreprises en difficulté[82] et peuvent, par convention passée avec la région, se voir déléguer l'octroi de tout ou partie des aides régionales au développement économique de leurs territoires[83].

Ces dispositions reflètent la place croissante faite par le législateur aux groupements de communes et notamment aux établissements de coopération intercommunale à fiscalité propre. Il y a là une volonté du législateur d'affermir les dispositifs d'intégration intercommunale et de faciliter leur rôle en matière d'action économique. C'est plus vrai encore des métropoles dont la situation tend à être de plus en plus singularisée en matière d'action économique. Celles-ci se voient, par exemple, accorder des prérogatives communes aux régions dans la mesure où « *la région, les métropoles et la métropole de Lyon* » sont autoriser à verser des subventions aux organismes finançant la création et la reprise d'entreprises[84]. Surtout, les métropoles bénéficient d'un régime particulier au regard du schéma régional de développement économique, d'innovation et d'internationalisation. En effet, il est prévu que les orientations du schéma régional applicables sur le territoire d'une métropole sont élaborées et adoptées conjointement par le conseil de la métropole concerné et le conseil régional. A défaut d'accord, la métropole élabore un document d'orientations stratégiques qui a uniquement pour obligation de prendre en compte le schéma régional et qui, pour le territoire de la métropole, vaudra document d'orientation, sans toutefois pouvoir autoriser la métropole à définir ses propres régimes d'aides au développement économique dans le champ du monopole régional[85]. Il en découle que, dans ce cas, les actes des métropoles n'ont plus l'obligation d'être compatibles avec le schéma régional mais avec le document métropolitain d'orientations stratégiques[86]. Dans le cas de la métropole du Grand Paris, les choses sont encore plus simples et plus radicales puisqu'il est uniquement prévu que ses actes « *prennent en compte le schéma régional* »[87].

En conclusion, l'examen des dispositions législatives régissant l'action économique locale permet d'apporter quelques éléments de réponse à la question posée du degré de singularité de la catégorie juridique de collectivité territoriale. Plus précisément, trois enseignements semblent s'imposer : En

80 Articles L.2251-3 et L.2255-1 CGCT.
81 Article L.1511-2 § I al. 1er CGCT.
82 Article L.1511-2 § II CGCT.
83 Article L.1511-2 § I al. 2ème CGCT.
84 Article L.1511-7 CGCT.
85 Article L.4251-15 CGCT.
86 Article L.4251-17 al. 1er CGCT.
87 Article L.4251-17 al. 2ème CGCT.

premier lieu et de manière générale, il y a une forte spécificité juridique de l'action économique locale par rapport à l'action économique nationale, laquelle traduit une véritable différence de nature entre les personnes en cause. En deuxième lieu et au plan de l'action économique locale, la catégorie juridique la plus cohérente semble être celle des collectivités territoriales et de leurs groupements. Ces derniers sont largement assimilés aux premières et en particulier aux communes dont ils apparaissent comme devant progressivement prendre le relais en matière économique. En troisième lieu et au sein de cet ensemble des collectivités territoriales et de leurs groupements, les régions et, dans une moindre mesure, les métropoles se singularisent par l'étendue de leurs compétences et leurs possibilités d'action autonome par rapport aux autres collectivités territoriales.

L'examen du droit positif ne permet donc pas de fonder la singularité de la catégorie juridique de collectivité territoriale. La démarche était certainement vaine eu égard au pragmatisme, à la complexité et à la fragmentation du droit en la matière. Cela ne fait que rendre plus nécessaire la construction d'une catégorie théorique qui, plus que de découler du droit positif, aurait pour rôle d'orienter celui-ci.

LES COLLECTIVITÉS TERRITORIALES ET LA PROPRIÉTÉ PUBLIQUE : QUELLES SPÉCIFICITÉS ?

Maxime BOUL
Maître de conférences de droit public à l'Université Toulouse 1 Capitole

« *Une fraction du domaine national* »,[88] tels étaient les mots de Jean-Baptiste Victor Proudhon pour qualifier le domaine des collectivités locales. Ces propos, d'un professeur de droit privé libéral et attaché à la propriété de 1789 et de 1804, doivent être replacés dans leur contexte alors que l'article 538 du Code civil énumérait une liste de biens appartenant au domaine public de l'État, car insusceptibles de propriété privée. Cette conception explique en partie pourquoi à l'exception de la thèse soutenue par Mme Julie Laussat en 2015 à Pau[89], peu de travaux portent sur la propriété des collectivités, alors que tant portent sur leur domaine public comme celle de Mme Amélie Saison soutenue en 2017 à Dijon[90], faculté dont le doyen fut Jean-Baptiste Victor Proudhon.

La propriété peut être entendue de manière *objective* comme les choses objets d'appropriation (la propriété immobilière, mobilière, immatérielle comme leurs marques, voire même leur nom), ou dans une acception *subjective* comme le droit exclusif de disposer des utilités de ses biens. Elle est alors un droit rattaché à la personnalité de son titulaire. En ce sens, la propriété publique est l'ombre de la personne publique « dans le monde des choses »[91]. Cette ombre devrait permettre de tracer les contours des collectivités territoriales. Elle est l'indice de l'existence de la personnalité publique, comme le notait Maurice Hauriou[92], les spécificités de la première indiquant alors celles de la seconde. Le législateur du XIXe siècle, avec les lois de 1871[93] et de 1884[94], avait surtout cherché à reconnaître la personnalité des départements et des communes pour « coiffer »[95] leurs biens.

L'étude de la propriété des collectivités a pourtant été négligée pour trois raisons. *D'abord*, l'étude du domaine public a longtemps prévalu sur celle de

---

[88] J.-B. V. Proudhon, *Traité du domaine public ou de la distinction des biens considérés principalement par rapport au domaine public*, t. II, Dijon, Lagier, p. 4.
[89] J. Laussat, *Code général de la propriété des personnes publiques et identification du patrimoine des collectivités territoriales*, Ph. Terneyre (dir.), th. Pau, 2015.
[90] A. Sainson, *La domanialité publique à l'épreuve de la décentralisation*, Y. Landié, th. Dijon, 2017.
[91] Ph. Yolka, « Personnalité publique et patrimoine », *in* AFDA, *La personnalité publique*, Paris, Lexisnexis, 2007, p. 35.
[92] M. Hauriou, *PDP*, p. 49 : « la personnification d'un rouage administratif est décelée par l'acquisition des biens ».
[93] Loi du 10 août 1871.
[94] Loi du 5 avril 1884.
[95] Ph. Yolka, art. préc., p. 41.

la propriété publique. *Ensuite*, le domaine public a été conceptualisé à travers la figure étatique. Le domaine public a permis l'institutionnalisation de l'État. *Dominium* et *imperium* se sont confondus pour permettre au pouvoir royal d'assoir son autorité, sa souveraineté, sur un territoire toujours plus vaste objet de propriété[96]. Le domaine est éminent en opposition au domaine utile exploitée par les tenanciers. La Révolution de 1789 et l'adoption du Code civil ne reviendront pas sur ce lien ontologique. Le domaine public est un, et l'État en est le maître. Cette unité du domaine n'a pu tenir face à la décentralisation avec la reconnaissance d'entités dotées de la personnalité juridique à laquelle est rattaché un patrimoine et, par voie de conséquence, l'exercice d'un droit de propriété. La propriété du domaine public a d'ailleurs d'abord été reconnue par le juge administratif pour une collectivité territoriale, et plus particulièrement la *Ville de Paris*, dans l'arrêt du même nom rendu par le Conseil d'État le 16 juillet 1909[97]. *Enfin*, la vraie révolution a peut-être eu lieu le 21 avril 2006 avec l'adoption du Code général de la propriété des personnes publiques, non pas pour la logique de valorisation qui l'innerve, mais en ce qu'il présente l'avantage de ne plus viser que le seul domaine de l'État comme le Code de 1957 ainsi nommé. L'article L. 1 du code de 2006 vise aussi bien l'État, que les collectivités territoriales et leurs groupements, tout comme les établissements publics.

La propriété des collectivités territoriales a été reconnue par la loi. Reconnue, mais confondue. L'unité du domaine fait place à l'uniformité de la propriété publique. Tout laisse supposer que l'éclatement patrimonial, la « balkanisation »[98] de la propriété publique, n'a pas empêché une forme « duplication »[99] du niveau étatique au niveau local alors que leur patrimoine aurait plus que triplé lors des trois décennies suivant 1982[100]. Il ne faut pourtant pas s'arrêter à la lecture du seul article L. 1 du CG3P. Sauf erreur de notre part, le code ne fait pas moins de soixante-et-onze renvois au Code général des collectivités territoriales. Inversement, le CGCT renvoie au CG3P

---

[96] E. Kantorowicz, *Les deux corps du roi. Essai sur la théologie politique au Moyen-Âge*, Paris, Gallimard, Bibl. des histoires, 1989 ; G. Leyte, « *Imperium* et *Dominium* chez les glossateurs », *Droits* n° 22, 1995, p. 21-23 ; G. Leyte, *Domaine et domanialité publique dans la France médiévale (XIIe – XVe siècles)*, préf. A. Rigaudière, Strasbourg, Presses universitaires de Strasbourg, 1996 ; Ch. Lavialle, « De la fonction du territoire et de la domanialité dans la genèse de l'État en France sous l'Ancien régime », *Droits* n° 15, 1992, p. 27 ; P.-G.-E. Bailliere, *Du domaine public de l'État à Rome et dans l'Ancien droit français. Des biens qui composent le domaine public de l'État. De la délimitation du conflit entre les juridictions civile et administrative en droit français*, th. Paris, 1882.

[97] CE, 16 juill. 1909, nos 22925 et 22960, *Ville de Paris*, Leb. 707, concl. G. Teisser ; *S*. 1909. III. 97, note M. Hauriou ; *GDDAB*, 4e éd., Paris, Dalloz, 2022, comm. 49, F. Melleray.

[98] Ph. Yolka, *Droit des biens publics*, 2019.

[99] Ch. Lavialle, « Décentralisation et domanialité », *RFDA* 1996, p. 961.

[100] ADCF, *Le patrimoine des collectivités locales*, Accès territoires, n° 2, juin 2015, p. 4.

à dix-huit reprises. Les deux codes sont donc « connectés »[101]. Il y existerait bien une spécificité de la propriété des collectivités territoriales par rapport au modèle étatique en ce qui concerne les règles d'acquisition, de gestion et de cession. Ne seront pas abordées les spécificités par rapport à la propriété des métropoles[102], des personnes privées[103], comme les SEM ou les sociétés publiques locales[104], ainsi que les controverses autour de la nature de la propriété « publique » entre les tenants de la thèse « assimilatrice » et ceux de la thèse « autonomiste »[105] de la propriété du Code civil. La présente étude se concentrera sur les spécificités de la propriété des collectivités territoriales notamment dans les rapports qu'elles entretiennent avec l'État.

Eneffet, l'État n'est plus le « maître du domaine », il s'est mué en garant, en « régulateur »[106] des propriétés publiques souvent guidé par des considérations financières, des transferts de charge vers les patrimoines locaux dont la valeur a été estimée, en 2018, à 1400 milliards d'euros[107], soit 8 % du patrimoine national, dont la moitié est gérée par les communes et les 3/4 par le « bloc local »[108]. L'ombre de l'État plane au-dessus de la propriété des collectivités territoriales (**I**). L'État apparent ne saurait occulter une propriété locale à part entière (**II**).

I. Une propriété régulée apparente

La « main visible » de l'État sur la propriété des collectivités intervient pour en faire une propriété tantôt subie (A) tantôt exposée (B).

A. Une propriété subie

L'emprise étatique se manifeste dans les différentes dimensions de la propriété des collectivités territoriales entendue comme un droit de disposer, mais aussi en tant que droit exclusif.

---

[101] *JCl Propriétés publiques, Fasc. 6 Code général de la propriété des personnes publiques*, J.-F. Giacuzzo.

[102] *Cf.* C. Meurant, « Le statut juridique des biens transférés aux métropoles », *RFDA* 2018, p. 451.

[103] *Cf.* N. Foulquier, « Le domaine public transparent », *in Mélanges en l'honneur d'Étienne Fatôme*, Paris, Dalloz, 2011, p. 141 ; P.-M. Murgue-Varoclier, *Le critère organique en droit administratif français*, préf. S. Caudal, Paris, LGDJ, Bibl. dr. public.

[104] J.-G. Sorbara, « Les sociétés publiques locales et la propriété publique », *RFDA* 2012, p. 1140.

[105] J.-F. Giacuzzo, « La propriété publique », *in* AFDA *Les controverses en droit administratif*, Paris, Dalloz, coll. « Thèmes & commentaires », 2017, p. 105.

[106] N. Bettio, *La circulation des biens entre personnes publiques*, préf. Ch. Lavialle, Paris, LGDJ, Bibl. dr. public, n° 462 et s., p. 489 et s.

[107] ADCF, *Le patrimoine des collectivités locales*, Accès territoires, n° 6, décembre 2018, p. 4.

[108] Ph. Baeteman, « Notion, structure et évolution du patrimoine local », *Gestion & Finances publiques*, 2018/6 (n° 6), p. 10.

L'État contrôle le droit de disposer des autres personnes publiques [109] en général et des collectivités territoriales en particulier par le biais de mécanismes autoritaires ou par la mise en place de procédés moins contraignants notamment dans le cadre de l'acquisition ou de la cession amiable. D'abord, dans le cadre des mécanismes autoritaires, l'État-législateur[110] peut décider de l'acquisition *forcée* de certains biens en opérant un transfert au « profit » des collectivités territoriales pour assurer leurs nouvelles compétences[111] comme le prévoyait notamment la loi du 13 août 2004[112]. Par exemple, les routes classées dans le domaine public routier de l'État ont été transférées aux départements[113]. Ces transferts ont pris une nouvelle dimension avec la *loi 3Ds*[114]. Les départements, la Métropole de Lyon et les métropoles peuvent se voir transférer par l'État des autoroutes, des routes ou des portions de voies non concédées relevant du domaine routier national. La liste des voies routières est fixée par décret[115] après concertation des collectivités territoriales impliquées[116] qui délibéreront sur celles qu'elles souhaitent voir devenir leur propriété. L'État interviendra une seconde fois pour donner son accord avant que le transfert ne soit constaté par arrêté préfectoral[117]. Le cadre législatif met en place un transfert « volontaire » de propriété qui demeure conditionné à l'intervention étatique d'un bout à l'autre de la procédure. L'État peut également intervenir de manière autoritaire pour décider de la cession d'un bien appartenant à une collectivité territoriale. Elles peuvent en effet perdre la propriété de leurs biens par décision de l'État employant la procédure de l'expropriation pour cause d'utilité publique. La seule limite à cette procédure tient à la domanialité du bien. Seuls les biens du domaine privé des collectivités territoriales pourront être expropriés. Les biens incorporés dans leur domaine public y échapperont par application de la règle de l'inaliénabilité.

---

[109] H. Moysan, *Le droit de propriété des personnes publiques*, préf. D. Truchet, Paris, LGDJ, 2001, p. 55 et s.
[110] X. Bioy, « La propriété éminente de l'État », *RFDA* 2006, p. 963.
[111] Art. 72-2 de la Constitution du 4 oct. 1958.
[112] Loi n° 2004-809 du 13 août 2004 relative aux libertés et responsabilités locales, *JORF* 17 août 2004.
[113] CE, 23 mai 2007, n° 288378, *Département des Landes*.
[114] Loi n° 2022-217 du 21 février 2022 relative à la différenciation, la décentralisation, la déconcentration et portant diverses mesures de simplification de l'action publique locale, *JORF* 22 févr. 2022.
[115] D. n° 2022-459 du 30 mars 2022 fixant la liste des voies non concédées du domaine public routier national qui peuvent être transférées aux départements et métropoles ou mises à disposition des régions dans les conditions prévues aux articles 38 et 40 de la loi n° 2022-217 du 21 février 2022, *JORF* 31 mars 2022.
[116] C. Chamard-Heim, « Les apports de la loi 3DS au droit des propriétés publiques », *JCP A* 2022, obs. 2140.
[117] T. Dumortier, « Le transfert de propriété de la voirie nationale aux départements, à la métropole de Lyon et aux métropoles prévu à l'article 38 de la loi dite « 3DS » : des modalités juridiques à parachever ? », *JCP A* 2022, ét. 2110.

D'autres formes de contraintes, en apparence moins autoritaires, pèsent sur les collectivités territoriales. Une première apparaît dans la procédure de désaffectation d'un bien du domaine public d'une collectivité territoriale accueillant un service public assuré par l'État. Propriétaire et affectataire sont dissociés et associés par un pouvoir de codécision[118]. Cette situation se présente lors de la désaffectation des établissements scolaires, propriété de la collectivité, devant être précédée de l'accord du représentant de l'État assurant le service public[119]. Une autre forme de contrainte « douce », dans le cadre des acquisitions[120] et cessions amiables des biens appartenant aux collectivités. Aussi la délibération de l'assemblée locale pour la cession d'un bien doit-elle tout de même être précédée de l'avis du service des domaines[121] estimant du bien et éviter une cession à vil prix sous le contrôle du préfet. L'État assure un rôle de garde-fou afin d'éviter les fuites en avant de certaines collectivités enclines à « dilapider » leur patrimoine au détriment de l'affectation et des deniers publics. Contrairement aux cessions étatiques, celles des biens des collectivités ne sont pas soumises à l'adjudication et à la mise aux enchères pour procéder à la cession de leurs biens.

Le droit de propriété est certes un droit de disposer des utilités offertes par un bien, mais il s'agit aussi d'en assurer l'exclusivité. Or, là encore, l'État peut « imposer sa décision contre la volonté des collectivités territoriales »[122] en maîtrisant les utilités de leurs biens, et plus particulièrement l'*usus*, dans le cadre des *mutations domaniales*. Le Conseil d'État, dans l'arrêt *Ville de Paris* du 16 juillet 1909, avait reconnu la propriété des collectivités sur leur domaine public en même temps que le pouvoir de l'État de décider de manière unilatérale de leur affectation puisqu'il ne peut pas les exproprier. Désormais inscrites à l'article L. 2123-4 du CG3P, les collectivités territoriales conservent la propriété, mais les utilités de leurs biens sont captées par l'État qui en modifie l'affectation à son profit lorsqu'un motif d'intérêt général le justifie. Le Conseil d'État, peu de temps avant le CG3P, l'avait même érigée au rang des *« principes généraux qui régissent le domaine public »*[123]. Cette théorie est conforme à l'idée d'unité du domaine public dont l'État est le maître. A l'image de la séparation féodale entre le domaine éminent - appartenant au seigneur - et le domaine utile - laissé aux tenanciers -, l'État serait le propriétaire éminent[124] et les collectivités territoriales en auraient la

---

[118] L. Janicot, « Les biens des collectivités territoriales et la décentralisation », *in* D. Guignard (dir.), *Le 40ème anniversaire des lois de décentralisation, à paraître*.

[119] Pour les établissements du second degré propriétés des départements et régions : CE, ass., 2 déc. 1994, n° 110181, *Dép. de la Seine-Saint-Denis* ; pour les écoles appartenant aux communes : CE, ass., 2 déc. 1994, nos 133726, 141881, *Cne de Pulversheim.*

[120] CGCT, art. L. 1311-9 et -10.

[121] CGCT, art. L. 2241-1.

[122] L. Janicot, art. préc.

[123] CE, 23 juin 2004, n° 253419, *Cne de Proville*.

[124] X. Bioy, art. préc.

propriété « utile ». Pour les biens immatériels des collectivités territoriales, l'intensité de l'intervention étatique est plus faible voire quasi nulle. Les collectivités territoriales peuvent en effet bénéficier du concours de l'Appui – ex Agence - du patrimoine immatériel de l'État, rattaché à la direction des affaires juridiques de l'État[125], dans l'élaboration et la conduite de leur stratégie de gestion et de valorisation[126] de leur patrimoine immatériel. Elles sont donc « libres de développer une véritable politique de gestion »[127] en dehors du cadre réglementaire applicable à l'État.

Les collectivités territoriales sont également contraintes par l'État au sujet de l'*abusus*. Ainsi, ce dernier leur impose, par la voie législative, d'*entretenir* certains biens afin d'assurer leurs compétences et de garantir l'affectation à l'utilité publique. Il faut ici se référer aux dépenses obligatoires imposées aux collectivités parmi lesquelles figurent celles liées à l'entretien de nombreux biens comme l'hôtel de ville[128], du département[129] ou de la région[130], les dépenses d'entretien des voies communales[131], départementales[132], les dépenses de construction et réparations des collèges[133], les dépenses d'entretien et de construction des ports maritimes de commerce et de pêche transférés[134], la clôture des cimetières et leur entretien[135], etc.

B. Une propriété exposée

Les règles protectrices liées à la personnalité publique du propriétaire tenant à l'insaisissabilité et à la cessibilité sont atténuées lorsque le propriétaire est une collectivité territoriale.

L'insaisissabilité est un principe applicable aux biens de toutes les personnes publiques. Il ne s'agit pas d'une spécificité de la propriété des collectivités dès lors qu'il s'agit d'un principe plus attaché à la personnalité publique du propriétaire qu'à la propriété en tant que telle. Si bien que son application à une association syndicale de propriétaires, qualifiée d'établissement public, dans la décision du Tribunal des conflits du 9 décembre 1899, *Association syndicale du canal de Gignac*, a donné lieu aux

---

125 Ph. Yolka, « L'APIE au tapis : requiem pour l'agence du patrimoine immatériel de l'État », *JCP A* 2020, n° 3, act. 33.

126 Art. 2 D. n° 2018-1454 du 24 déc. 2019 relatif à la direction des affaires juridiques des ministères économiques et financiers, *JORF* 27 déc. 2019 ; *Cf.* notre thèse, *Le patrimoine immatériel des personnes publiques*, T. 329, Paris, LGDJ, Bibl. dr. public, 2023.

127 *Ibid.*, p. 601.

128 CGCT, art. L. 2321-2.

129 CGCT, art. L. 3321-1.

130 CGCT, art. L. 4321-1.

131 CGCT, art. L. 2321-20°.

132 CGCT, art. L. 3321-1, 16°.

133 CGCT, art. L. 3321-1, 14°.

134 CGCT, art. L. 2321-2, 10°, art. L. 3321-1, 15°, art. L. 4321-1, 13°.

135 CGCT, art. L. 2321-2, 14°.

mots célèbres du doyen Hauriou : « On nous change notre État ! ». Liée au privilège d'immunité d'exécution accordée à toutes les personnes publiques, l'insaisissabilité s'oppose aux voies civiles d'exécution. L'insaisissabilité des biens publics a d'abord été érigée au rang de *principe général du droit* par la Cour de cassation dans son arrêt *BRGM* du 21 décembre 1987 avant d'être prévue à l'article L. 2311-1 du CG3P. Ce principe a été atténué à plusieurs reprises[136] pour offrir des garanties aux créanciers par la création de voies d'exécution « administratives »[137] prévues par la loi du 16 juillet 1980[138]. Les collectivités territoriales sont soumises à un régime spécifique en ce qu'en l'absence de paiement, le préfet peut inscrire cette dépense au budget et s'il y a lieu peut proposer la création de ressources ou la diminution de dépenses facultatives pour couvrir cette dépense obligatoire[139]. Cette première spécificité a été accentuée par le Conseil d'État dans l'arrêt du 18 juin 2005, *Société fermière de Campoloro*[140] selon lequel le préfet peut faire procéder à la vente forcée de biens appartenant à la collectivité afin de créer des ressources dès lors qu'ils ne sont pas indispensables au bon fonctionnement des services publics dont elle a la charge. Si cette solution a été étendue aux établissements publics[141], l'État y échappe, certains y trouvant une justification dans sa souveraineté[142]. Il y a donc une asymétrie entre la propriété publique étatique et la propriété publique locale, la seconde étant davantage exposée face aux créanciers dans le cadre d'une procédure pilotée par l'État qui ne peut en faire l'objet. Cette asymétrie rejoint celle existante en matière de droits réels dans le cadre des AOTDR. Les titres délivrés par l'État confèrent par principe et ne connaissent aucune limite fonctionnelle[143]. En revanche, ceux délivrés par les collectivités territoriales doivent expressément prévoir la constitution de droits réels au profit de l'occupant et ne peuvent être octroyés qu'en vue « *de la réalisation d'une opération d'intérêt général relevant de leur compétence* »[144].

---

[136] Pour une illustration récente : art. 6 ord. n° 2004-632 du 1er juill. 2004 relative aux associations syndicales de propriétaires modifié par l'art. 220 loi n° 2021-1104 du 22 août 2021 portant lutte contre le dérèglement climatique et renforcement de la résilience face à ses effets, *JORF* 24 août 2021 ; *cf.* notre étude, « ASP-ects récents de la propriété publique : l'insaisissabilité hypothéquée ? », *Droit et Ville* 2020/2 (n° 90), p. 65.

[137] G. Teissier, concl. sur CE, 17 juin 1904, *Commission administrative de l'Hospice du Saint-Esprit*, *S.* 1906.III.119.

[138] Art. 1er loi n° 80-539 du 16 juill. 1980 relative aux astreintes prononcées en matière administrative et à l'exécution des jugements par les personnes morales de droit public.

[139] CGCT, art. L. 1612-15.

[140] CE, sect. 18 nov. 2005, n° 271898, *Sté fermière de Campoloro*, Leb. 515 ; *GDDAB*, 4e éd., Paris, Dalloz, 2022, comm. 94, Ph. Yolka.

[141] CE, 29 oct. 2010, *Min. de l'alimentation, de l'agriculture et de la pêche*.

[142] J.-G. Sorbara, *Manuel de droit administratif des biens*, Paris, PUF, 2016, n° 39, p. 98.

[143] CGPPP, art. L. 2122-6.

[144] CGCT, art. L. 1311-5.

Les règles applicables aux collectivités diffèrent également sur le point de la cessibilité de leurs biens. D'abord, en ce qui concerne le principe d'incessibilité à vil prix, également attaché à la propriété publique[145], il connaît quelques aménagements dont l'application concerne singulièrement les collectivités territoriales. C'est d'ailleurs au sujet d'une commune, celle de *Fougerolles*[146], que le Conseil d'État s'est prononcé. Une personne publique peut céder un bien appartenant à son domaine privé à un prix en deçà de sa valeur réelle à la double condition que la « cession est justifiée par des motifs d'intérêt général » et qu'elle « comporte des contreparties suffisantes » comme les emplois et les ressources fiscales générées par l'installation d'une entreprise[147]. Ce dispositif permet aux collectivités d'aller au-delà du « labyrinthe »[148] législatif prévoyant notamment les aides prévues à l'article L. 1511-3 du CGCT pouvant prendre la forme « de rabais sur le prix de vente » dont le montant est calculé par référence aux conditions du marché, selon des règles de plafond ou dans des zones économiquement défavorisées déterminées par voie réglementaire.

Un dernier point mérite d'être évoqué sur la cession des biens des collectivités territoriales ou plutôt de l'État. En effet, la cession des biens étatiques, immeubles[149] et meubles[150], ne peut avoir lieu que « *lorsqu'ils ne sont plus utilisés* » par un service de l'État. Ils doivent devenir « inutiles » avant d'être cédés. Cette condition ne s'applique pas aux biens des collectivités territoriales disposant de souplesse dans la gestion de leur patrimoine tout en les exposant davantage aux « tentations » de procéder à des cessions de biens pouvant encore être utiles pour la satisfaction de l'intérêt général. Récemment, la loi dite « *antigaspillage* » du 10 février 2020 a rendu possible la cession à titre gratuit des constructions temporaires et démontables devenues *inutiles* au profit des structures relevant de l'économie sociale et solidaire[151]. L'article L. 3212-2 du CG3P vise expressément l'État ou un de ses établissements publics excluant *a priori* les collectivités territoriales. Or, les dispositions dudit article précisent que la cession doit être précédée d'une désaffectation et d'un déclassement conformément aux dispositions du CG3P et de celles de l'article L. 2241-1 du CGCT ne concernant que les communes.

---

145 Cons. const. 25-26 juin 1986, *Loi de privatisation*, Rec. Cons. const. 61 ; *AJDA* 1986, p. 575, note J. Rivero ; *Pouvoirs* 1987, p. 178, note P. Avril et J. Gicquel ; *RDP* 1989, p. 399, comm. L. Favoreu.

146 CE, sect., 3 nov. 1997, n° 169473, *Cne de Fougerolles*, Leb. 391 ; *GDDAB*, 4e éd., Paris, Dalloz, 2022, comm. 96, Ph. Yolka.

147 CE, 18 mai 1998, n° 189904, *Cne de Castelsarrasin*, Leb. T. 780.

148 Ph. Yolka, comm. sous CE, sect., 3 nov. 1997, *Cne de Fougerolles*, *GDDAB*, 4e éd., Paris, Dalloz, 2022, comm. 96, p. 930.

149 CGPPP, art. L. 3211-1.

150 CGPPP, art. L. 3211-17.

151 T. Rombauts-Chabrol, « Les déchets du domaine. Variations autour de l'occasion », *in* M. Boul, R. Radiguet (dir.), *Du droit des déchets au droit de l'économie circulaire. Regards sur la loi du 10 février 2020*, Paris, IFJD, 2021, p. 205.

Les communes seraient incluses par la procédure sans entrer directement dans le champ d'application organique du dispositif. Par ricochet, elles seraient également soumises à la condition d'inutilité dans cette hypothèse. Ces nouvelles dispositions approximatives[152] exigent d'ailleurs une désaffectation et un déclassement ne s'appliquant donc *a priori* qu'aux biens du domaine public.

Malgré une régulation apparente, les collectivités territoriales disposent d'une propriété à part entière.

II. Des propriétés publiques à part entière

La propriété publique peut être lue comme un élément renforçant la libre administration des collectivités territoriales. Contrairement au *domaine* pour lequel l'État endosse les habits de maître, la *propriété* publique renverse les rapports. Au même titre que l'État, les collectivités disposent de propriétés à part entière, d'abord en ce qu'elles sont à part (A) avant d'être des propriétés publiques entières (B).

A. Des propriétés à part

« Les » propriétés sont désormais appréhendées dans leur pluralité pour rendre compte des différents biens dont les collectivités sont propriétaires, mais aussi de la différenciation à opérer au sein même de la catégorie de collectivité territoriale.

Le patrimoine des collectivités territoriales est composé de biens particulièrement variés[153]. Leur propriété porte sur des biens immobiliers, mobiliers, voire immatériels. À ce titre, la propriété publique locale ne présente aucune particularité par rapport à la propriété étatique, au reste de la propriété publique, voire de la propriété privée[154]. Un hôtel de ville, du département, de la région, une école, un collège, ou un lycée demeurent des immeubles. Rien ne les différencie juridiquement des immeubles appartenant à l'État. Ils ne sont spécifiques que du fait de la mission de service public qu'ils accueillent. Comme le soulignait d'ailleurs Gaston Jèze : « C'est le professeur et non l'édifice scolaire, qui joue le rôle essentiel ; ce sont les soldats et non la caserne, qui jouent le rôle essentiel »[155].

---

[152] C. Chamard-Heim, « Recycler, c'est bien. Connaître le droit domanial, c'est bien aussi », *JCP A* 2020, obs. 2109.
[153] *JCl Administratif – Fasc. 128 : Patrimoine des collectivités territoriales*, Ch. Lajoye.
[154] « Le droit a recouvert le monde bariolé des choses d'un uniforme capuchon gris, la notion de bien, cette abstraction », : J. CARBONNIER, *Droit civil. Les biens, les obligations*, t. II, Paris, PUF, Quadrige, 2004, p. 1592.
[155] G. Jèze, « Définition du domaine public », *RDP* 1931, p. 766-767.

Bien au contraire, les biens spécifiques relèvent plutôt de la propriété de l'État dès lors qu'il s'agit de biens stratégiques, comme les sites militaires[156], les domaines publics maritime ou hertzien[157]. La logique est inversée : il ne s'agit pas d'un mouvement *descendant*, comme nous avons pu le décrire précédemment, selon lequel l'État impose la propriété de certains biens aux collectivités territoriales, le mouvement est *ascendant*. Les collectivités territoriales disposent d'une autonomie patrimoniale laissant ainsi à l'État la propriété de certains biens nécessaires pour assurer une fonction subsidiaire. La propriété locale n'est pas une fraction de la propriété de l'État, mais l'État est propriétaire de biens nécessaires aux missions qui ne peuvent être assurées qu'au niveau national, à l'échelon le plus élevé. Cette logique n'empêche pas les collectivités, et plus particulièrement les communes ou leurs sections[158], de détenir la propriété de certains biens spécifiques comme les cimetières, incorporés dans leur domaine public car affectés à l'usage de tous[159], les halles et marchés ou encore les lavoirs et fontaines.

Ce bref panorama des biens publics locaux permet d'identifier une variation, une forme de « gradualité »[160], de la propriété publique selon l'échelon de collectivité territoriale. Aussi les départements et les régions sont-ils avant tout propriétaires de biens leur permettant d'exercer les compétences dévolues par la loi comme en témoigne l'exemple récent de transfert volontaire (pour les départements, Métropole de Lyon ou métropoles[161]) ou de mise à disposition (pour les régions[162]) des autoroutes, routes ou portions de voies non concédées du domaine public routier. Le cadre des compétences déterminé par le législateur limite le champ matériel d'exercice du droit de propriété régional et départemental. En revanche, la propriété des communes présente certaines singularités. D'une part, en ce qu'elles sont le seul échelon de collectivité à conserver le bénéfice de la clause générale de compétence, ce qui *de jure* étend le champ des biens appropriables, et d'autre part, en ce qu'elles sont les collectivités les plus proches de la population qu'elles institutionnalisent. Les biens communaux de l'article 542 du Code civil, et les biens sectionaux[163], survivances de propriété collective[164], classés dans le domaine privé de la commune ou de la section de commune, en sont un exemple topique. Les biens communaux sont

---

[156] C. Chamard-Heim et Ph. Yolka, *Patrimoine(s) et équipements militaires. Aspects juridiques*, Paris, Institut Universitaire Varenne, coll. Colloques & Essais, 2018 ; *cf.* spéc. H. de Gaudemar, « Domaine militaire et collectivités territoriales », p. 75.

[157] CGPPP, art. L 2111-17.

[158] CGCT, art. L. 2411-1 et s.

[159] CE, 21 juin 1935, *Sieur Mougamadousadagnettoulah [Marécar]*, Leb. 734.

[160] J.-M. Pontier, « *Semper manet*, Sur la clause générale de compétence », *RDP* 1984, p. 1467.

[161] Art. 38 loi n° 2022-217 du 21 février 2022 préc.

[162] Art. 40 loi n° 2022-217 du 21 février 2022 préc.

[163] CGCT, art. L. 2411-10.

[164] J.-G. Sorbara, « Les biens communaux », *RDP* 2008, p. 1023.

en effet « ceux à la propriété ou au produit desquels les habitants d'une ou plusieurs communes ont un droit acquis »[165], et pour les biens sectionaux « les membres de la section ont [...] la jouissance de ceux des biens de la section dont les fruits sont perçus en nature [...] ». Ces derniers sont d'autant plus spécifiques qu'ils appartiennent aux sections de commune, personnes morales de droit public[166] infracommunales, pouvant être représentées par une commission syndicale[167] dont la fonction est de gérer leurs biens et leurs droits. Si leur avenir est incertain depuis l'interdiction d'en constituer de nouvelles mise en place en 2013[168], de nombreuses sections existent encore en milieu rural ce qui exprime un fort attachement à ces personnes et biens publics spéciaux[169]. Ces spécificités communales ont été mises en avant par le professeur Christian Lavialle au milieu des années 1990, bien avant les soubresauts législatifs autour de la clause générale de compétence[170]. C'est en effet dans le cadre des communes que les échanges sociaux sont les plus importants à l'image du *forum* romain ou de l'*agora* grecque pour les communes urbaines, des chemins ruraux[171], biens communaux[172] ou sectionaux[173], pour les communes rurales. Ces éléments contribuent à établir que les communes exerceraient une forme de propriété plus « corporative » que les départements et les régions[174].

B. Des propriétés publiques entières

La propriété est certes la conséquence de la personnalité juridique des collectivités, mais, à l'inverse, la personnalité donne toute sa valeur à la propriété dès lors que les collectivités sont chargées de la représentation de la population établie sur leur territoire et de la gestion des intérêts communs[175]. En ce sens, les collectivités territoriales disposent – elles aussi – de prérogatives exorbitantes, certes établies par la loi, dans l'exercice de leur droit de propriété leur permettant d'assurer la captation de certains biens.

---

165 C. civ., art. 542.

166 CGCT, art. L. 2411-1 al. 2.

167 CGCT, art. L. 2411-3.

168 CGCT, art. L. 2411-1, II.

169 J.-F. Joye, Ph. Yolka, « Sui generis : des personnes publiques spéciales aux « biens publics spéciaux » », *JCP A* 2021, ét. 2103.

170 Ch. Lavialle, « Décentralisation et domanialité », *RFDA* 1996, p. 961.

171 CGPPP, art. L. 2212-1 ; *Cf.* notre étude : « Le passage des chemins ruraux à la loi 3DS », *JCP N* 2022, ét. 1153.

172 C. civ., art. 542.

173 CGCT, art. L. 2411-1 et s.

174 Sur la relativité de la distinction *cf.* la contribution du professeur Julien Martin, « La distinction institution corporative/fondative a-t-elle encore une réalité juridique ? ».

175 N. Bettio, *La circulation des biens entre personnes publiques*, préf. Ch. Lavialle, Paris, LGDJ, Bibl. dr. publ., 2011, p. 330.

D'abord en matière d'acquisition contrainte, si le pouvoir d'exproprier est le monopole de l'État[176], les collectivités territoriales ont, au même titre que d'autres personnes publiques certes, la qualité d'autorités expropriantes. Elles peuvent ainsi être à l'initiative d'une procédure d'expropriation et en être les bénéficiaires. Dans cette hypothèse, il faut admettre que la puissance publique n'est que médiate et ne s'exerce que par l'intermédiaire de l'État. Toutefois, si elles ne peuvent à elles seules forcer la cession d'un bien pour en devenir propriétaires, elles peuvent exercer un droit de préemption[177] en se substituant en priorité au potentiel acquéreur. Là encore, les collectivités territoriales n'en ont pas le monopole[178], la SAFER, personne morale de droit privé, dispose d'un tel droit en cas d'aliénation à titre onéreux de biens à usage ou vocation agricole[179]. Les collectivités territoriales peuvent exercer de nombreux droits de préemption spécifiques, comme le droit de préemption urbain dont seules les communes bénéficient[180], ou encore le droit de préemption dans les espaces naturels sensibles institué au profit des départements[181]. Plus récemment la loi « *Climat & Résilience* » du 22 août 2021 a institué un droit de préemption pour l'adaptation des territoires au recul du trait de côte au profit des communes ou des EPCI dont elles sont membres, lorsqu'ils sont compétents en matière de plan local d'urbanisme ou de carte communale[182]. Étant donné que « la politique d'adaptation au recul du trait de côte continue à relever assez largement de la compétence de l'État »[183], ce droit de préemption peut lui être délégué, au même titre qu'à une autre collectivité territoriale ou à un établissement public y ayant vocation[184].

Ensuite, les collectivités territoriales ont la possibilité de capter certains biens comme les biens « sans maître », c'est-à-dire les biens faisant l'objet d'une succession ouverte de plus de trente ans ou n'ayant pas de propriétaire connu[185]. Initialement, l'État s'autoattribuait ces biens, mais depuis la loi du 13 août 2004[186], ces biens reviennent en priorité à la commune sur le territoire de laquelle ils sont situés. Avant cela, les communes ne pouvaient le demander que dans le cadre d'une action ou d'une opération d'aménagement au sens de

---

176 Ch.-S. Marchiani, *Le monopole de l'État sur l'expropriation*, préf. Y. Gaudemet, Paris, LGDJ, Bibl. dr. public, 2008.
177 CGPPP, art. L. 1112-6.
178 CGPPP, art. L. 1112-3 et s.
179 C. rur., art. L. 143-1.
180 C. urb., art. L. 211-1 et s.
181 C. urb., art. L. 215-1.
182 C. urb., art. L. 219-1, al. 3.
183 G. Eveillard, « Le droit de préemption pour l'adaptation au recul du trait de côte », *RFDA* 2022, p. 466.
184 C. urb., art. L. 219-12 renvoyant à l'art. L. 213-3.
185 CGPPP, art. L. 1123-1.
186 Art. 147, II et III loi n° 2004-809 du 13 août 2004 relative aux libertés et responsabilités locales, *JORF* 17 août 2004.

l'article L. 300-1 du Code de l'urbanisme[187]. Le bien transitait par le patrimoine de l'État avant de revenir à la commune. Désormais, l'État n'en deviendra propriétaire que de manière subsidiaire, uniquement si la commune les refuse[188]. Il intervient en revanche pour procéder au transfert de propriété au profit de la commune.

Au vu de ces quelques éléments, non exhaustifs, il apparaît une forme d'éminence de la propriété publique des collectivités territoriales. Si l'État reste un « super-propriétaire »[189], la propriété des collectivités territoriales constitue une forme de propriété éminente de « second rang ». Cette propriété pourrait également être qualifiée de « primo » propriété éminente dans le sens où les collectivités territoriales ne disposeraient que de certains attributs, elle serait embryonnaire, la plus aboutie étant celle de l'échelon le plus élevé : le niveau étatique. Tout dépend selon que l'on s'inscrit dans une logique ascendante ou descendante. Cette propriété éminente locale apparaît en filigrane à la lecture de l'article L. 101-1 du Code de l'urbanisme. Même si elles ne s'appliquent pas directement en droit des biens publics, et que leur effectivité juridique est somme toute relative[190], les dispositions de cet article mettent en avant le rôle des collectivités territoriales en prévoyant que : « *Le territoire français est le patrimoine commun de la nation. Les collectivités publiques en sont les gestionnaires et les garantes dans le cadre de leurs compétences* ».

*

L'ombre des collectivités dans le monde des choses dépend de la lumière projetée et de l'angle de l'observateur. Elle peut tout aussi bien correspondre avec exactitude aux proportions de l'objet éclairé que le déformer. Jean Boulouis notait que « le droit administratif est l'ombre de l'État éclairé par la lumière du siècle »[191], si la propriété des collectivités territoriales est longtemps restée dans l'ombre de celle de l'État, le XXIe siècle devrait permettre de la mettre en lumière.

---

[187] Art. 39 loi n° 2000-1208 du 13 déc. 2000 relative à la solidarité et au renouvellement urbains, *JORF* 14 déc. 2000.
[188] C. civ., art. 713.
[189] X. Bioy, art. préc., p. 967.
[190] F. Balaguer, *Les principes du droit de l'urbanisme*, th. Toulouse 1, 2018, spéc. p. 50-54.
[191] J. Boulouis, « Supprimer le droit administratif ? », *Pouvoirs* n° 46, 1988, p. 12.

Les collectivités territoriales et le service public : quelles spécificités ?

Maylis Douence
Maître de conférences HDR à l'Université de Pau et des pays de l'Adour

Spécificité ou spécificités du service public local, la question est facile à poser : qu'est-ce que le service public local a de spécifique, autrement dit, qu'a-t-il de particulier, quelles sont les caractéristiques qui lui sont propres ?

Facile à poser, la question est aussi légitime : dès lors qu'il est usuel de distinguer les services publics nationaux et les services publics locaux, dès lors que l'on dissocie les activités d'intérêt général selon qu'elles sont prises en charge ou assumées par l'État ou par une personne publique locale, collectivité territoriale ou groupement de collectivités territoriales, c'est bien que le droit y attache des caractéristiques et/ou des conséquences juridiques distinctes.

Est-il alors possible de tirer de la notion de « service public local » des éléments de définition et, partant de reconstruction, de la notion de « collectivité territoriale » ? Le rapprochement entre les activités d'intérêt général relevant des collectivités territoriales et celles-ci permet-il d'éclairer la notion de collectivité territoriale et ainsi de contribuer à reconstruire sa définition ?

Ainsi énoncée, la question semble simple et légitime mais la réponse est loin d'être aisée.

L'examen du droit positif amène, en effet, au constat d'une faible spécificité voire d'une absence complète de spécificité du service public local au regard de la notion de service public (I).

Un regard plus distancié, ne s'en tenant pas une approche uniquement positiviste mais empruntant aussi la sociologie administrative et politique, peut permettre de mener une quête d'éléments de définition de la collectivité territoriale dans le service public local (II).

I. Le constat d'une faible spécificité du service public local dans le droit positif

Que ce soit du point de vue de la notion (A) comme du régime (B), le service public local révèle peu ou pas du tout de spécificités au regard du service public national.

A. L'absence de spécificité de la notion de service public local

La notion de service public est l'objet de controverses doctrinales anciennes sur lesquelles il n'est pas utile de s'étendre en ce qu'elles n'éclairent pas du tout la distinction entre service public local et service public national. On préfèrera retenir du service public la définition la plus communément acceptée, le plus petit commun dénominateur est-on tenté d'écrire, à savoir celle proposée par le professeur Chapus. Ainsi, le service public est une activité d'intérêt général assurée ou assumée par une personne publique. En d'autres termes, même quand la personne publique responsable de l'activité ne se charge pas elle-même de son exécution matérielle et en confie la gestion à un tiers distinct d'elle-même, elle doit toujours et en tout état de cause en conserver la maîtrise. Le gestionnaire assure ainsi l'exécution matérielle du service sous le contrôle et selon les prescriptions de la personne publique, qui conserve toujours la faculté de revenir sur ce mode de gestion.

Deux éléments apparaissent déterminants dans cette définition : la notion d'intérêt général et le lien avec la personne publique. C'est au niveau de ces deux critères que la spécificité du service public local pourrait se manifester. Or, leur examen montre qu'au-delà de l'apparence, il n'en est rien.

1) L'absence de différence tenant à la nature de la personne publique

Visuellement, il semble évident que les activités de service public local et de service public national se distinguent par la personne publique à laquelle elles se rattachent. C'est un truisme d'énoncer que le service public national concerne les activités d'intérêt général relevant de l'État, alors que le service public local recouvre les activités d'intérêt général des collectivités territoriales, telles qu'énumérées par la Constitution : communes, départements, régions, collectivités à statut particulier, collectivités d'outre-mer régies par l'article 74 ainsi que toute autre collectivité territoriale créée par la loi[1].

Cependant, ce rattachement organique ne révèle rien quant au service public. La nature de la personne publique de rattachement est indifférente à la notion. Elle ne permet pas d'appuyer la notion de service public local sur des caractéristiques propres aux collectivités territoriales et ce, d'autant moins que désormais les services publics locaux sont de plus en plus souvent rattachés à des établissements publics de coopération intercommunale qui, formellement, relèvent de la catégorie juridique des établissements publics et non de celles des collectivités territoriales.

Tout au plus peut-on tirer du critère du rattachement de l'activité de service public à une personne publique que le service public local est une activité *de*

---

[1] Const. art. 72, al. 1er.

la compétence d'une personne publique locale, en vertu de la loi attributive de compétence ou de la décision de transfert de compétence à un groupement de collectivités territoriales.

Le critère de l'intérêt général, pour sa part, ne permet pas plus de caractériser le service public local que la collectivité territoriale.

2) L'absence de différence tenant à l'intérêt général servi

A l'examen, il apparaît que la notion d'intérêt général qui fonde celle de service public n'est pas différente selon que le service public considéré est national ou local.

Certes, concernant le service public local, il peut servir un intérêt général apprécié localement, c'est-à-dire à l'aune du territoire et des besoins de la population de la collectivité considérée. C'est tout particulièrement le cas quand des communes instituent de nouvelles activités de service public sur le fondement de leur capacité à prendre en charge les « affaires locales ». On parlera alors « d'intérêt public local » et la démonstration que l'activité considérée sert bien une telle finalité devra être faite à l'échelle de la collectivité c'est-à-dire en prenant en considération son « périmètre » propre et sa population. De ce point de vue, *le territoire et la population* apparaissent alors comme des éléments objectifs de définition de la collectivité territoriale. Néanmoins, la démonstration manque ici son but car il en va de même pour l'État. État comme collectivités territoriales sont des « collectivités » – au sens de collectivités humaines, groupements d'êtres humains – et des collectivités « territoriales » – au sens où leur population est localisée sur un territoire déterminé, un périmètre géographiquement déterminé –. Les unes comme l'autre sont ainsi des personnes juridiques qui s'appuient sur un territoire et une population. L'unité de mesure est seulement plus vaste pour l'État. La différence entre État et collectivité n'est donc pas là. Il s'agit encore ici d'une lapalissade.

En outre, et toujours du point de vue de la définition de l'intérêt général comme fin du service public, le service public local peut aussi servir un intérêt général « général ». En d'autres termes, la finalité d'intérêt général ne sera pas systématiquement appréciée à l'échelle de la collectivité. Un très grand nombre d'activités de service public local, qu'elles soient obligatoires comme facultatives, sont communes à l'ensemble du territoire national et pourtant qualifiées de services publics locaux. Il en va ainsi de la distribution d'eau ou d'énergie (comme de la restauration scolaire, ou des bibliothèques publiques). Ces activités de service public ne sont pas propres à une collectivité territoriale plutôt qu'une autre. Au contraire, elles existent sur l'intégralité du territoire national. Pour certaines d'entre elles, le caractère local peut même prêter à discussion tant l'État en a la maîtrise. Il en va ainsi du service public de l'énergie.

A ce stade de la réflexion sur la notion de service public local, il ressort donc qu'elle ne peut en rien servir à définir la notion de collectivité territoriale. Reste le mince espoir d'identifier des spécificités quant au régime du service public local.

B. La faible spécificité du régime du service public local

Si la notion de service public local n'a rien de spécifique dans sa définition, on peut légitimement s'attendre à ce que le régime, autrement dit les règles juridiques applicables à l'organisation et au fonctionnement du service public local, soit différent.

Mais là aussi, la quête semble un peu vaine à plusieurs points de vue : les grands principes du service public, les règles générales du service public. Seules existent quelques règles spécifiques aux services publics locaux au plan budgétaire et financier.

1) L'unicité des grands principes du service public

Quitte à enfoncer des portes ouvertes, autant le faire jusqu'au bout : si la doctrine emploie l'expression de « lois » du service public, c'est bien que le respect de ces grands principes s'impose quelle que soit la nature de la personne publique de laquelle relève l'activité de service public. Continuité du service public, égalité des usagers du service public et mutabilité du service s'appliquent autant aux services publics de l'État qu'à ceux des collectivités territoriales. Il n'existe aucune formulation particulière de ces principes qui amènerait à dissocier services publics nationaux et locaux. Et c'est bien la raison pour laquelle ce sont les « lois », les « grands principes » invariables du service public.

2) L'uniformité du régime général du service public

Le régime général du service public peut être identifié comme recouvrant la théorie des modes de gestion, la distinction entre service public administratif et service public industriel et commercial auxquelles peut être ajoutée la théorie générale des contrats.

Concernant, d'abord, la théorie des modes de gestion, la doctrine comme la jurisprudence opposent la gestion directe, en régie, et la gestion confiée à un tiers. Cette alternative est offerte quelle que soit la nature de la personne publique responsable du service public. Cela ressort avec force de la jurisprudence *Commune d'Aix-en-Provence* de 2007 dans laquelle, dans une sorte de vade-mecum des modes de gestion du service public, le Conseil d'État énonce d'abord que *« lorsque des collectivités publiques sont responsables d'un service public, elles peuvent, dès lors que la nature de ce service n'y fait pas par elle-même obstacle, décider de confier sa gestion à un tiers »* et, ensuite, que *« lorsqu'elles sont responsables d'un service public, des collectivités publiques peuvent aussi décider d'en assurer directement la gestion »*[2]. Nulle mention de la nature nationale ou locale de ces « collectivités publiques » dans ce choix du mode de gestion. Par la formulation générale retenue, le Conseil d'État veut bien signifier que les modes de gestion sont les mêmes pour l'État comme pour les collectivités territoriales.

Toujours selon cette même jurisprudence de principe, synthèse de décisions antérieures, il apparaît que la faculté de choix disparaît seulement en considération de la « nature » du service c'est-à-dire en fonction de l'activité et non, encore une fois, de la personne publique qui la maîtrise. Cette formulation trouve son unique traduction dans la solution qui veut que le choix de confier à une personne privée la gestion d'un service public ne peut pas conduire à lui déléguer des prérogatives de police. C'est ce que juge traditionnellement et avec constance le Conseil d'État depuis 1932 et l'arrêt *Ville de Castelnaudary*[3]. C'est ce qu'a également jugé bien plus récemment le Conseil constitutionnel dans une décision remarquée du 15 octobre 2021 relative à la loi imposant aux transporteurs aériens de réacheminer les étrangers auxquels l'entrée en France est refusée. Après avoir visé l'article 12 de la Déclaration de 1789, aux termes duquel *« La garantie des droits de l'Homme et du Citoyen nécessite une force publique : cette force est donc instituée pour l'avantage de tous, et non pour l'utilité particulière de ceux auxquels elle est confiée »*, le Conseil constitutionnel en déduit *« l'interdiction de déléguer à des personnes privées des compétences de police administrative générale inhérentes à l'exercice de la « force publique » nécessaire à la garantie des droits »*. Il ajoute – précision inédite et remarquée – que *« cette exigence constitue un principe inhérent à l'identité constitutionnelle de la France »*[4]. Pour autant, les prérogatives de police sont, en France, détenues autant par des autorités administratives nationales (Premier ministre, préfet) que locales (maire). Cette jurisprudence constitutionnelle nouvelle ne permet donc pas plus, malgré la référence à l'identité constitutionnelle de la France, de dissocier les modes de gestion des services publics.

Qu'en est-il, ensuite, concernant la distinction entre service public administratif et service public industriel et commercial telle que forgée par le Tribunal des conflits depuis 1921 et l'affaire *Société commerciale de l'Ouest africain*[5] ? Cette distinction dont la portée juridique actuelle est contestée en

---

[2] CE, Sect., 6 févr. 2007, *Cne d'Aix-en-Provence* n°284736, *Rec.* p. 155.

[3] CE, Ass., 17 juin 1932, *Ville de Castelnaudary*, *Rec.* p. 595 ; 10 déc. 1962, *Association de pêche et de pisciculture d'Orléans*, *Rec.* p. 675 ; 1er avril 1994, *Cne de Menton*, n°144152 - 144241, *Rec.* p. 175. Etc.

[4] Cons. const., 15 oct. 2021, décision n° 2021-940 QPC, *Sté Air France* [Obligation pour les transporteurs aériens de réacheminer les étrangers auxquels l'entrée en France est refusée], *JORF* 16 oct. 2021, point 15.

[5] TC, 22 janv. 1921, *Sté commerciale de l'Ouest africain*, n°00706, *Rec.* p. 91 ; *GAJA* et les réf. citées.

doctrine induit des différences de régime, essentiellement du point de vue de la situation des usagers et du statut du personnel, qui varient en outre en fonction de la nature, publique ou privée, du gestionnaire et non de la personne publique responsable du service. De ce point de vue aussi, c'est l'uniformité de régime qui prévaut aussi entre service public national et local.

Demeure, enfin, la théorie générale des contrats administratifs, très largement développée dans la jurisprudence administrative à partir de litiges concernant des concessions de service public local ou national puis généralisée à tous les contrats administratifs indépendamment de la nature de l'autorité concédante[6] : pouvoir de modification unilatérale, pouvoir de résiliation unilatérale, théorie de l'imprévision, principe d'équilibre financier et droit à indemnisation du concessionnaire, etc. Bien plus tard, le régime de la délégation de service public a été formellement inscrit dans la loi du 29 janvier 1993, dite loi Sapin[7]. Ce texte posait des règles de passation différenciée pour les conventions de délégation de service public de l'État ou des collectivités territoriales en distinguant après les dispositions générales (art. 38 à 41) des dispositions applicables aux collectivités territoriales, aux groupements de ces collectivités et à leurs établissements publics (art. 42 à 47). Mais pour autant, il ne remettait pas en cause l'uniformité du régime général des pouvoirs de la collectivité publique délégante. Dans le droit positif, à savoir désormais le Code de la commande publique, l'uniformisation est complète[8]. L'article L.6 du code énonce ainsi les principales règles traditionnelles du régime général des contrats administratifs (pouvoir de contrôle sur l'exécution du contrat, principe de continuité du service public, événement imprévisible et droit à une indemnité, pouvoir de modifier et résilier unilatéralement le contrat et principe d'équilibre financier), précisant que les contrats relevant du code sont des contrats administratifs *« s'ils sont conclus par des personnes morales de droit public »*[9] sans égard à leur nature (État ou collectivité territoriale)[10].

[6] (Re)voir les arrêts CE, 10 janv. 1902, *Cie nouvelle du gaz de Deville-lès-Rouen*, Rec. p. 5 ; 4 août 1905, *Martin*, *Rec.* p. 749 ; 11 mars 1910, *Cie générale française des tramways*, *Rec.* p 216 ; 30 mars 1916, *Cie générale d'éclairage de Bordeaux*, *Rec.* p. 125 ; Etc.

[7] Loi n°93-122, 29 janv. 1993, relative à la prévention de la corruption et à la transparence de la vie économique et des procédures publiques, *JORF* 30 janv.

[8] Malgré l'entrée en vigueur du CCP, le contrat de concession de service public demeure désigné par l'expression « délégation de service public » en ce qui concerne les collectivités territoriales, comme le posent autant le CGCT que le CCP. CCP, art. L. 1121-3 : *« La délégation de service public mentionnée à l'article L. 1411-1 du code général des collectivités territoriales est une concession de services ayant pour objet un service public et conclue par une collectivité territoriale, un établissement public local, un de leurs groupements, ou plusieurs de ces personnes morales »*. Néanmoins, cette petite fantaisie de vocabulaire n'entraîne pas de conséquences juridiques.

[9] CCP, art. L. 6.

[10] Sur ce sujet, voir plus haut Etienne MULLER, « Les collectivités territoriales et la commande publique : quelles spécificités ? ».

En somme, la diversité potentielle des règles applicables aux activités de service public tient uniquement aux législations sectorielles (loi sur l'eau, multiples lois relatives au secteur de l'énergie, etc.) qui se sont multipliées au fil du temps et *en aucun cas* à la nature de la personne publique ayant la maîtrise de l'activité.

3) L'existence de règles spécifiques au service public local ?

Il faut néanmoins relever qu'il existe quelques règles propres aux services publics locaux. Ou plus précisément une règle législative dont le respect s'impose aux seuls services publics industriels et commerciaux des collectivités territoriales, celle de l'équilibre financier. Inscrite dans le code général des collectivités territoriales dans la 2e partie relative aux communes, sa formulation est simple. L'article L. 2224-1 énonce ainsi que *« Les budgets des services publics à caractère industriel ou commercial exploités en régie, affermés ou concédés par les communes, doivent être équilibrés en recettes et en dépenses »*[11]. Cette règle vise, en réalité, à interdire toute subvention d'équilibre du budget général de la commune vers le budget annexe du service géré en régie ou vers le budget du concessionnaire, ainsi que le précise l'article suivant du code[12]. Et son application s'étend aux autres niveaux de collectivités[13]. Si les « SPIC » locaux doivent ainsi être équilibrés en recettes et en dépenses, c'est que le législateur estime que lorsqu'elle est responsable d'une activité industrielle et commerciale, la collectivité territoriale doit se conduire *« comme un industriel ordinaire »* pour reprendre la formulation du Tribunal des conflits, dans l'affaire du bac d'Eloka, et, par conséquent, assumer le risque d'un déficit, le risque d'exploitation, si elle gère l'activité en régie ou faire porter ce risque sur son délégataire si elle a eu recours à la concession. Il s'agit d'ailleurs de la même idée qui fonde l'un des critères de définition de la concession/délégation de service public. Le concessionnaire doit assumer le risque d'exploitation[14]. Et ce critère vaut indifféremment, comme il a été vu précédemment, que le service public concédé soit national ou local.

En somme, c'est un retour au point de départ : que ce soit du point de vue de la notion ou du régime du service public local, aucun particularisme n'apparaît.

---

[11] CGCT, art. L. 2224-1.

[12] CGCT, art. L. 2224-2, al. 1er : *« Il est interdit aux communes de prendre en charge dans leur budget propre des dépenses au titre des services publics visés à l'article L. 2224-1 »*.

[13] CGCT, art. L. 3241-4 et 5 (pour le département).

[14] CCP, art. L. 1121-1 : *« Un contrat de concession est un contrat par lequel une ou plusieurs autorités concédantes soumises au présent code confient l'exécution de travaux ou la gestion d'un service à un ou plusieurs opérateurs économiques, à qui est transféré un risque lié à l'exploitation de l'ouvrage ou du service, en contrepartie soit du droit d'exploiter l'ouvrage ou le service qui fait l'objet du contrat, soit de ce droit assorti d'un prix »*.

4) L'incidence du caractère local sur la répartition des compétences des autorités administratives

A ce stade de l'analyse, qui porte pour le moment sur le droit positif, la seule caractéristique tangible du service public local est qu'il relève d'une collectivité territoriale[15]. Mais il s'agit au mieux d'une tautologie pour qui veut en tirer des enseignements quant à la définition de la collectivité territoriale. Ainsi, le service public est local parce qu'il relève de la compétence d'une collectivité territoriale. Et la collectivité territoriale est compétente en ce qui concerne cette activité de service public parce que la loi lui a attribué cette compétence (en vertu des articles 34 et 72 de la Constitution qui imposent que les collectivités ne tiennent leurs compétences que de la loi).

Il faut néanmoins souligner, par souci d'honnêteté, que ce caractère local du service public a, par voie de conséquence du rattachement de l'activité aux attributions locales, des incidences en matière de répartition des compétences entre autorités administratives. La question a été étudiée de manière très détaillée en 1997, par le professeur Douence, dans une longue étude publiée à l'Actualité juridique Droit administratif portant sur « les incidences du caractère national ou local du service public »[16]. Il y énonce, que *« il y a quelque paradoxe à s'interroger sur les incidences du caractère national ou local du service public dans la mesure où la théorie du service public qu'a édifiée la jurisprudence administrative tout au long du XXe siècle est fondamentalement une, comme le sont d'ailleurs les autres grandes théories qui structurent le droit administratif français (celle de la responsabilité de la puissance publique, comme celle de la décision administrative ou du contrat administratif) et s'appliquent indistinctement à toutes les personnes publiques »*. Mais il constate que *« le caractère national ou local du service public entraîne logiquement une répartition différenciée des compétences entre les diverses autorités administratives »*, répartition qu'il analyse ensuite au plan de la création (et suppression) des services publics et de l'organisation des services publics.

La distinction entre service public national et service public local ne reposerait donc sur aucune différence de nature ni même de régime juridique, mais aurait seulement pour effet d'entraîner une répartition différente des compétences des autorités administratives. En poussant le raisonnement jusqu'au bout, on pourrait considérer qu'une même activité de service public aurait la même définition et le même régime qu'elle que soit la personne publique dont elle relève, et qu'en choisissant de la confier à l'État ou à une

---

15 Et plus précisément d'une « personne publique locale » puisqu'un établissement public de coopération intercommunale, ou plus largement un groupement de collectivités, peut être responsable du service.

16 J.-C. DOUENCE, Les incidences du caractère national ou local du service public, *AJDA* 1997, p. 113.

collectivité territoriale, seules varieraient les règles de compétence des autorités administratives (le règlement d'organisation du service pourrait être le même mais pris par le ministre ou l'assemblée délibérante selon la personne publique responsable).

Le constat au terme de ce premier temps d'analyse peut être amer : le service public local ne présente aucune spécificité qui permettrait de refonder ou, *a minima*, d'appuyer une ébauche de caractérisation de la collectivité territoriale. Au mieux, pour qui voudrait soutenir à tout prix le particularisme local, peut-il être énoncé que la reconnaissance d'un service public local a des incidences sur l'autorité administrative compétente pour prendre les décisions relatives au service (une autorité locale, délibérante pour les décisions fondamentales de création et d'organisation du service public, exécutive pour les décisions d'organisation interne[17]) et sur le régime applicable à l'activité en ce qu'il est déterminé voire imposé par la loi.

Cependant, aucun de ces éléments ne permet d'identifier une spécificité réelle et partant rien ne permet de reconstruire la notion de collectivité territoriale autour de celle de service public local. Reste donc une deuxième possibilité : retenir une approche moins positiviste, plus axée sur la réalité des politiques publiques, pour rechercher des caractéristiques intrinsèques du service public local.

II. La quête d'éléments de définition de la collectivité territoriale dans le service public local

Malgré l'analyse décevante du droit positif, le juriste observateur de la vie locale et des politiques publiques locales et nationales, pressent qu'il existe bien une différence de nature entre les activités d'intérêt général relevant de l'État et des collectivités territoriales (A). Ces différences peuvent-elles suffire à forger l'identité propre de la collectivité territoriale (B) ?

A. Des différences quant à la nature des activités de service public relevant de l'État ou des collectivités territoriales

En prenant de la distance avec le droit positif, et plus particulièrement en remontant à l'institution progressive des différentes activités de service public puis en observant leur évolution au cours du temps, force est de constater

[17] Pour cette répartition, voir CE, Sect., 6 janv. 1995, *Ville de Paris*, n°93428, *Rec.* ; CE, Sect., 6 janv. 1995, *Syndicat national des personnels techniques, administratifs et de service de l'équipement C.G.T.*, n°91224, *Rec.* : *« si le maire en sa qualité de chef des services municipaux est compétent pour prendre les mesures relatives à l'organisation interne des services de la commune et à la gestion de leurs agents, il appartient au seul conseil municipal et, à Paris, au seul conseil de Paris, de décider de créer ou de supprimer des services publics, d'en fixer les règles générales d'organisation et, de façon générale, de prendre toutes les mesures portant sur la définition des missions remplies par les services de la commune ».*

qu'État et collectivités territoriales se sont peu à peu concentrés sur des activités de service public de nature différentes : missions régaliennes pour l'État, service public dits de « proximité » pour les collectivités territoriales.

1) Le service public national, prise en charge de missions régaliennes

L'État s'est institutionnalisé, construit sur des missions fondatrices, que l'on dit traditionnellement « régaliennes » et qui justement contribuent à le caractériser en asseyant sa souveraineté : la justice et la sécurité (armée, défense nationale). Ainsi l'État dispose du monopole de la contrainte légitime, l'état civil pour garantir l'identité de ses citoyens, de ses « nationaux », l'éducation nationale, pour former ces citoyens, etc.

2) Le service public local, réponse aux besoins vitaux de proximité

A l'inverse, les collectivités territoriales ont, elles, créé les services publics en réseaux directement au service de la population. Ce sont elles qui ont pris en charge la création des réseaux de distribution d'eau potable, d'assainissement, l'éclairage public, l'électrification du territoire, les réseaux de communication qu'ils soient réseaux de transport (voirie routière, transports ferroviaires) ou réseaux de communication électronique aujourd'hui.

L'exemple de la distribution d'énergie est, sur ce point un exemple très révélateur. « Officiellement », c'est-à-dire dans le droit positif, la distribution d'énergie est un service public local, qui relève des compétences communales ou intercommunales. Et, en effet, l'énergie correspond aujourd'hui à un besoin vital de la population. Cependant, c'est largement l'État qui maîtrise ce secteur d'activités, ce qui justifie une très forte limitation de la liberté des collectivités compétentes. Ainsi, elles n'ont, à ce jour, toujours pas le choix du mode de gestion (la concession s'impose) ni du concessionnaire (concessionnaire unique choisi par l'État). L'indépendance énergétique, la « souveraineté » énergétique comme il est devenu courant de dire, justifie l'existence d'un concessionnaire unique, de droits exclusifs, d'absence de mise en concurrence et la limitation subséquente apportée à la libre administration des collectivités territoriales[18]. Cette dissociation des compétences est symbolique : aux collectivités, la charge d'assouvir un besoin de première nécessité de la population, à l'État d'asseoir sa souveraineté dans une secteur d'activité stratégique.

Cette différence de nature entre activités de service public prises en charge par l'État et les collectivités territoriales manifeste aussi une différence de nature de ces personnes publiques. L'État se recentre sur les activités qui lui permettent de s'affirmer, de s'instituer en tant qu'État, des activités

[18] Sur ce point, v. par ex. Cons. const., décision n° 2006-543 DC, 30 nov. 2006, *Loi relative au secteur de l'énergie*, *Rec.* p. 120.

caractéristiques de sa souveraineté : justice, sécurité, école « de la République »... Il laisse aux collectivités le soin de pourvoir aux besoins vitaux et de vie quotidienne de la population : eau et assainissement, distribution d'énergie, ramassage et traitement des déchets, voirie et transports,... Au-delà de cette nature différente des activités prises en responsabilité publique, l'existence des services publics locaux permet de donner une identité à la collectivité.

B. Une contribution du service public local à l'identité de la collectivité territoriale ?

La « carte d'identité » de la collectivité territoriale pourrait être présentée comme constituée de deux éléments (à l'instar de l'État comme il a été dit plus haut) : son territoire propre et la population qui l'habite. A cela s'ajoute le pouvoir exercé sur ce territoire et cette population. Le service public local, en tant qu'activité d'intérêt général répondant aux besoins de la population de la collectivité maîtrisée par celle-ci, manifeste ce lien entre la collectivité et son territoire et fédère sa population. Ainsi, il contribue à asseoir son identité propre.

1) Le service public local, élément du lien entre la collectivité territoriale et son territoire

Le service public local est la manifestation tangible du rattachement de la collectivité territoriale à son territoire. Par principe, la collectivité ne peut agir que sur son territoire, dans les limites administratives de sa circonscription. Cela relève tellement de l'évidence que ce n'est guère affirmé dans les textes. Un exemple *a contrario* permet de l'illustrer. Il s'agit d'un cas anecdotique relatif aux cimetières. Le service public d'inhumation des personnes décédées relève historiquement et traditionnellement de la compétence des communes. Par principe, c'est le maire de la commune du lieu d'inhumation, en tant qu'autorité administrative qui délivre l'autorisation d'inhumation ainsi que le prévoit le droit applicable[19]. Mais le droit positif apporte une précision marquante : *« Tout cimetière affecté en totalité ou en partie à la desserte d'une commune est considéré comme y étant situé même s'il se trouve hors des limites territoriales de cette commune »*[20]. Il s'agit là de la manifestation d'une forme particulière « d'extra-territorialité » de la compétence communale ou plutôt d'une extension territoriale de la compétence locale. *A contrario*, cela démontre bien que les services publics locaux ont pour siège le territoire de la commune et lui seul, quitte à l'étendre symboliquement au-delà de ses frontières administratives. Ils en sont donc un élément d'identité.

---

[19] CGCT, art. R. 2213-31, al. 1er.
[20] CGCT, art. R. 2213-31, al. 2.

2) Le service public local, élément fédérateur de la population de la collectivité territoriale

Plus fort encore est le lien entre population et service public local. Le service public local a aussi pour fonction de « fédérer » la population locale. Un arrêt du Conseil d'État relativement anecdotique par l'enjeu de l'espèce peut être cité en exemple. Il s'agit d'une affaire jugée en 2004 par le Conseil d'État et qui concernait la commune de Celoux, toute petite commune de 65 habitants au dernier recensement (89 à l'époque des faits), situé dans le Cantal à 100 kilomètres au Sud de Clermont-Ferrand. Son conseil municipal avait, par délibération, décidé de financer un voyage en Guadeloupe pour les enfants de la commune (et les parents souhaitant les accompagner soit, au total, 48 personnes). La somme – importante – provenant du versement d'une indemnisation, le préfet défère la délibération pour non-respect des règles budgétaires d'universalité et de non-affectation et pour défaut d'intérêt public local. Les juges du fond accédant aux arguments du préfet annulent la délibération. Le Conseil d'État, non. Pour cela, il s'appuie sur les motifs très détaillés de la délibération, qui démontrent l'intérêt public local de la décision, en des termes qui méritent d'être cités : *« en regardant ainsi comme négligeables les motifs de la délibération, prise notamment pour favoriser l'ouverture vers l'extérieur des habitants de cette commune géographiquement isolée à 1000 mètres d'altitude et défavorisée sur les plans culturel et économique, et pour fédérer l'esprit communal selon le même objectif qu'avait déjà poursuivi la commune en organisant dans le passé des voyages de découverte au profit des enfants de Celoux, la cour a inexactement qualifié les faits qui lui étaient soumis »*[21]. Le Conseil d'État relève ainsi que loin de seulement répondre à un simple « besoin » de la population locale, ce voyage visait à *« fédérer l'esprit communal »*. La formule est forte et lourdement porteuse de sens.

La même idée sous-tend, en des termes moins forts, une autre décision du Conseil d'État qui concerne, elle, véritablement la création d'un service public communal : l'affaire *Commune de Mercœur contre Morand* dans laquelle la commune avait décidé par délibération de créer un bar-restaurant. Le juge estime que cette délibération correspond à un intérêt public local car elle avait pour objet de *« doter la commune d'installations permettant l'organisation à Mercœur des repas collectifs et des réunions que comportait normalement la vie administrative et sociale de ce chef-lieu de canton et de contribuer à l'animation de la vie locale »*[22].

Ainsi, l'action communale n'a pas seulement pour objet de répondre aux besoins vitaux ou quotidiens de la population. Le service public local permet de dépasser la seule réunion objective d'individus sur un territoire et, au-delà,

---

[21] CE, 7 juill. 2004, *Cne de Celoux*, n°254165, au *Rec.*

[22] CE, 25 juill. 1986, *Cne de Mercœur c. Morand*, n°56334, inédit au Rec.

de susciter un sentiment de vivre ensemble, de générer un lien social au sein de la collectivité, de « faire société » ou plutôt de « faire collectivité », et ainsi de contribuer à l'identité de la collectivité territoriale.

3) Le service public local, manifestation du pouvoir politique des élus locaux

Quid du troisième élément évoqué en préambule sur cette question d'identité de la collectivité territoriale : le pouvoir exercé par la collectivité sur son territoire et sa population ? Qu'en est-il de cette « souveraineté » de la collectivité territoriale ? Les développements précédents ont tendu à démontrer que les services publics locaux sont une condition existentielle des collectivités territoriales. Leur existence permet certes de répondre à des besoins fondamentaux et/ou quotidiens des habitants de la collectivité, mais elle permet surtout de donner une identité propre à la collectivité par les choix qu'elle fait quant aux services qu'elle décide de créer et mettre en place, par les modalités choisies de mise en œuvre de ces activités, etc.

Ainsi, plus les collectivités territoriales sont libres de déterminer les services publics qu'elles veulent prendre en charge pour le bien de leurs habitants, plus elles construisent leur identité propre et affirment leur existence. Bien plus que des choix « politiques », dans une vision partisane du terme « politique », il s'agit bien de choix « de société » qui fondent l'identité de la collectivité. Il convient alors de faire le lien avec le pouvoir politique et de souligner que ces choix sont faits par des autorités élues au suffrage universel, à l'occasion d'élections politiques au sens de l'article 3 de la Constitution de 1958 ainsi que le reconnaît et l'affirme le Conseil constitutionnel lui-même[23]. C'est en ce sens aussi que le service public local contribue à fonder la notion de collectivité territoriale : la manifestation, la révélation et la mise en œuvre, d'un pouvoir politique sur un territoire et ses habitants, une forme de souveraineté politique donc.

En conclusion, une collectivité territoriale, c'est une personne publique, une puissance publique au sens où elle dispose de prérogatives exorbitantes du droit commun, exercées par des représentants élus démocratiquement, en charge des besoins vitaux et quotidiens de la population, responsables des activités nécessaires à la vie humaine en société.

[23] V. Cons. const., décision n°82-146 DC, 18 nov. 1982, *Loi modifiant le code électoral et le code des communes et relative à l'élection des conseillers municipaux*, point 7 : « *la qualité de citoyen ouvre le droit de vote et l'éligibilité dans des conditions identiques à tous ceux qui n'en sont pas exclus pour une raison d'âge, d'incapacité ou de nationalité, ou pour une raison tendant à préserver la liberté de l'électeur ou l'indépendance de l'élu. [...] Il en est ainsi pour tout suffrage politique, notamment pour l'élection des conseillers municipaux* ».

LES COLLECTIVITÉS TERRITORIALES ET LA POLICE ADMINISTRATIVE : QUELLES SPÉCIFICITÉS ?

Arnaud DURANTHON
Maître de conférences de droit public à l'Université de Strasbourg

S'il est un domaine du droit public dans lequel il semble aisé d'opérer, à première vue, le constat d'une spécificité locale, c'est bien celui de la police administrative. L'objet de cette communication consiste à chercher à préciser les contours de cette spécificité et à analyser la capacité de la police administrative à servir de critère ou de référence à la constitution d'une définition de la collectivité territoriale.

Tout cours de droit administratif, lorsqu'il traite de la police, en vient immanquablement à signaler le rôle majeur joué par le maire et à tenter d'expliquer que la police administrative générale puisse même aller jusqu'à se définir par référence à l'article L2212-2 du code général des collectivités territoriales qui traite de la police *municipale*. Les trois finalités traditionnelles de la police administrative générale sont ainsi synthétisées, voire forgées *depuis* le droit municipal qui en constitue la *source*. Il est à ce titre logique et remarquable que dans la présentation faite de la police administrative dans bien des manuels de droit administratif, les auteurs commencent ainsi par se référer au rôle du maire. C'est alors dans un deuxième temps que le rôle du Premier ministre, du président de la République et du préfet se trouvent mentionnés, dans des présentations qui laissent toujours pour l'étudiant découvrant la matière le sentiment d'une indétermination du lieu réel et quotidien de l'exercice du pouvoir de police.

Il faut ajouter à ce constat qu'une partie plus que significative des grandes solutions jurisprudentielles avancées pour détailler le cadre du régime du pouvoir de police générale se réfère au cadre communal et imprime d'emblée une couleur locale (ou plutôt communale, comme cela sera souligné) à la question du pouvoir de police : C^ne^ de Néris-les-Bains (18 avril 1902), Abbé Olivier c/ C^ne^ de Sens (19 février 1909), C^ne^ de Castelnaudary (17 juin 1932), Benjamin c/ C^ne^ de Nevers (19 mai 1933), Daudignac c/ C^ne^ de de Montauban (22 juin 1951), Société Les films Lutetia c/ C^ne^ de Nice (18 décembre 1959), C^ne^ de Morsang-sur-Orge & ville d'Aix-en-Provence (27 octobre 1995)… Sans parler de certains arrêts qui, s'ils ne sont pas directement classés dans les décisions relatives à la police, la concernent tout de même en témoignant une fois encore de l'importance du rôle communal : Terrier (6 février 1903) et Thérond c/ ville de Montpellier (4 mars 1910) en sont des exemples notables.

Ces constats pourraient, à première vue, rendre légitime la tendance à chercher dans le domaine de la police administrative la marque d'une spécificité des collectivités territoriales parmi les autres personnes publiques.

Il faut pourtant constater qu'à l'analyse, la force d'un tel critère ne résiste pas à l'évolution connue par le domaine de la police administrative. S'il apparaît qu'existe une véritable particularité locale dans le domaine de la police administrative, et que les collectivités jouent en ce domaine un rôle significatif (**I**), l'impossibilité de généraliser le recours à ce critère pour toutes les collectivités, combinée à l'érosion manifeste de la place du local et des collectivités dans la satisfaction de cette mission, empêche de conclure à la pertinence d'une référence à la police administrative comme élément de définition des collectivités territoriales (**II**).

I. Les éléments favorables à l'identification d'éléments propres à caractériser une particularité locale dans le domaine de la police administrative

A. Le pouvoir de police générale municipal : les éléments normatifs fondant une spécificité remarquable

Nul ne saurait contester l'existence d'une particularité locale de la police administrative. Celle-ci réside dans le rôle spécifique reconnu historiquement à l'échelon municipal dans ce domaine ainsi qu'à la place corrélative de l'institution communale dans l'édification du cadre juridique contemporain de la police administrative élaboré par la jurisprudence administrative.

L'histoire du pouvoir de police et de son rapport à l'échelon communal pourrait aisément remonter fort loin dans la chronologie historique. Afin de ne pas se perdre en précisions inutiles, il faut ici s'en tenir à faire de la période de la Révolution française, fondatrice des grandes mythologies et des grandes structures du droit contemporain, point de départ tangible de notre constat. S'appuyant sur une situation de fait ancienne, l'article 50 du décret du 14 décembre 1789, fondateur de la commune contemporaine, a fait de l'échelon communal le pivot de la fonction de police en laissant à celui-ci une compétence très libre en ce domaine. Rangeant au nombre des « *fonctions propres au pouvoir municipal* » le soin de « faire jouir les habitans des avantages d'une bonne police, notamment de la propreté, de la salubrité, de la sûreté et de la tranquillité dans les rues, lieux et édifices publics »[1], il a jeté les bases juridiques d'une particularité communale qui perdure aujourd'hui dans le rôle laissé au maire en ce domaine par les articles L2212-1 et s. du code général des collectivités territoriales.

L'autonomie locale en la matière, sans être naturellement absolue, était d'emblée relativement importante. Il faut en effet rappeler que le décret de 1789 a opéré une distinction entre les actes relevant des « fonctions propres au pouvoir municipal », qui n'étaient placés « que » sous « l'inspection et la

---

[1] *Duvergier*, Tome 1, 1824, p. 78.

surveillance des corps administratifs »[2] (incarnées par un mécanisme d'approbation[3]) et les actes « propres à l'administration générale de l'État, et déléguées par elle aux municipalités » à l'occasion desquels les communes, parce qu'elles ne les exercent que par délégation, sont placées dans une situation où elles sont « sont entièrement dépendantes de [l']autorité [des corps administratifs] »[4]. Inscrite au nombre des fonctions « propres » au « pouvoir municipal », c'est-à-dire supposant une certaine ascendance dans sa manifestation, la police municipale a ainsi été placée, dès 1789, dans une conception ouverte à la reconnaissance d'une logique et d'un cadre d'action *communautaire*, et non purement étatique. Si l'État avait la charge d'inspecter et de surveiller, il concevait ainsi, cependant, que le maintien de l'ordre public relevait d'une dynamique spécifiquement communale.

Le rôle pivot des communes en matière de police ne s'est pas démenti par la suite. Le titre XI de la loi des 16-24 août 1790 sur l'organisation judiciaire[5] définit ainsi « les objets de police confiés à la vigilance et à l'autorité des corps municipaux » par un long article dont les dispositions sont encore aujourd'hui presque entièrement reprises par l'article L2212-2 du code général des collectivités territoriales, après avoir été transité par les articles 97 et 98 de la loi du 5 avril 1884[6]. Durant la période révolutionnaire, la police municipale a ainsi « pour objet le maintien habituel de l'ordre et de la tranquillité dans chaque lieu »[7], les « officiers municipaux » disposant en ce domaine de compétences étendues. Un « tribunal de police municipale », composé d'officiers municipaux[8], est même instauré pour juger des « délits de police municipale », confiant aux communes la maîtrise de la sanction de leurs mesures de police. Les intentions politiques de l'État ne sont cependant pas absentes : les communes sont également chargées de « constater l'état des

---

[2] Instruction de l'Assemblée nationale des 12 — 20 août 1790 concernant les fonctions des assemblées administratives, *Duvergier*, 2ème éd., Tome I, 1834, p. 282 (nous soulignons). MELLERAY Guy, *La tutelle de l'État sur les communes*, Paris : Sirey, coll. Bibliothèque des collectivités locales, 1981, p. 5 indique que le contrôle était opéré par le département, ce qui l'amène à souligner que « *les communes échappent ainsi à toute tutelle directe du pouvoir central* ». Quoiqu'indirect, ce pouvoir de contrôle était néanmoins important, puisque confié à une institution dont les caractéristiques relèvent alors davantage de la déconcentration.

[3] Article 56 du décret du 14 décembre 1789 relatif à la constitution des municipalités, *Duvergier*, Tome I, 1824, pp. 78-79.

[4] Instruction de l'Assemblée nationale des 12 — 20 août 1790 concernant les fonctions des assemblées administratives, *Duvergier*, 2ème éd., Tome I, 1834, p. 282 (nous soulignons).

[5] *Duvergier*, Tome I, 1824, p. 373.

[6] Articles 97 et 98 de la loi des 5 — 6 avril 1884 sur l'organisation municipale, *Duvergier*, Tome 84, 1884, p. 127.

[7] Décret des 19 – 22 juillet 1791 relatif à l'organisation d'une police municipale et correctionnelle, *Duvergier*, Tome 3, 1824, p. 132.

[8] Article 42 du décret des 19 – 22 juillet 1791 relatif à l'organisation d'une police municipale et correctionnelle, *Duvergier*, Tome 3, 1824, p. 136. S'agissant de Paris, v. le décret des 21 – 29 septembre 1791 relatif à la compétence du tribunal de police municipale de la ville de Paris, *Duvergier*, Tome 3, 1824, p. 378.

habitans »[9] par la réalisation de l'ancêtre du recensement, dans une optique qui relève clairement de l'ordre de la police puisqu'il s'agit de s'assurer des personnes vivant sur le territoire communal, en les classant au besoin comme « suspects » ou « malintentionnés ».

Ces fondements révolutionnaires au pouvoir de police municipale, malgré les successions de régime et des altérations sur lesquelles nous reviendrons, ont transité jusqu'à nous pour fonder l'aptitude juridique du maire à assurer la police municipale. Elles livrent en tous les cas la généalogie du régime défini par les articles L2212-1 et s. du CGCT.

Ces racines historiques confirment un rôle *de référence* de la commune dans l'action de la police municipale, qui est à ce point central que même lorsqu'y sont apportées des altérations (comme dans le cas de la reconnaissance de pouvoirs de police au bénéfice des présidents d'EPCI), le législateur prend la peine de rappeler que ce mouvement se fait « sans préjudice de l'article L2212-2 » (pas moins de huit fois dans l'article L5211-9-52 !), peinant ainsi à dépasser ce qui paraît encore constituer un donné fondamental.

Mieux encore, la constitution d'un pouvoir de police national s'est opérée selon un cadre qui s'emploie à ménager les particularités locales. Lorsque se consolide jurisprudentiellement l'existence d'un pouvoir de police générale national appartenant au chef de l'État[10] puis décliné au chef du gouvernement[11], il apparaît que le juge cherche à permettre l'identification de règles devant être appliquées « dans l'ensemble du territoire », ce qui ne prive naturellement pas les maires de leur pouvoir de précision et d'adaptation de la mesure aux circonstances locales[12].

Il faut ajouter à cela que la police municipale a été assortie de la disposition de forces spécifiques – la police municipale au sens organique du terme – qui ont participé à l'incarnation d'une fonction qui n'est pas seulement normative mais revêt aussi une composante prestatoire et concrète qui participe à son incarnation sociale comme un produit spécifique. Si la police municipale, prise en son sens organique, a connu une histoire heurtée faite d'autonomie et d'étatisation, puis de retour à une forme d'autonomie et d'organisation de sa coexistence avec la police nationale, l'existence de telles forces témoigne d'une particularité communale notable.

---

[9] Article 1er du décret des 19 – 22 juillet 1791 relatif à l'organisation d'une police municipale et correctionnelle, *Duvergier*, Tome 3, 1824, p. 132.
[10] CE, 8 août 1919, *Labonne*.
[11] CE, Ass., 13 mai 1960, *SARL Restaurant Nicolas*.
[12] CE, 18 avril 1902, *Cne de Néris les Bains*.

B. *L'interprétation de la nature du pouvoir de police générale municipal*

Il existe une querelle sur la nature du pouvoir de police municipale communal et sur les conditions de sa coexistence avec celui de l'État. De manière schématique, deux écoles s'opposent.

La première, héritière notamment d'Henrion de Pansey, cherche à marquer l'autonomie du pouvoir de police et à l'asseoir sur un fondement idéologique propre à garantir son autonomie originelle vis-à-vis de l'État. Henrion de Pansey est même allé jusqu'à qualifier le pouvoir de police municipale comme l'expression d'un « quatrième pouvoir » constitué par les municipalités[13]. Cette position repose sur une conception essentialiste du rôle des communes fondé sur un rapport de proximité au territoire dans sa dimension non seulement géographique, mais aussi sociale. Elle trouve, il est vrai, dans le droit révolutionnaire de solides arguments, comme l'affirmation d'un « pouvoir municipal ».

La deuxième, défendue par Émile Miriel notamment, tend à faire du pouvoir de police municipale un simple pouvoir délégué par l'État, sous la forme d'une *concession* de pouvoir[14]. Cette position s'appuie notamment sur la particularité de l'État du point de vue du monopole de la contrainte et de la force et sur le pouvoir de contrôle et de surveillance que celui-ci exerce sur l'autorité de police municipale. Il trouve dans le droit un appui solide sur le fait que, quelle que soit la nature des fonctions municipales, les maires prêtent serment à la Nation et au Roi à partir de 1790[15] et se trouvent, comme les communes qu'ils représentent, sous l'entière détermination juridique du pouvoir normatif d'État.

Chacune de ces approches a pour elle des arguments et la querelle ne s'éteindra peut-être jamais, même si des auteurs, comme Pierre-Henri Teitgen[16] ou Etienne Picard[17], ont approfondi la démonstration tendant à permettre de considérer le pouvoir de police comme constituant nativement, par essence, un pouvoir spécifique à la commune. Outre l'argument historique, qui est de poids, E. Picard a notamment fait remarquer que pour le

---

[13] HENRION DE PANSEY Pierre-Paul-Nicolas, *Du pouvoir municipal et de la police intérieure des communes*, 4ème édition, Duprat et Videcoq, 1840, 487 p.

[14] MIRIEL Émile, *Des rapports des municipalités et du pouvoir central en matière de police*, Larose, 1897, 133 p.

[15] Décret des 3 – 5 mai 1790 relatif au serment des officiers municipaux, *Duvergier*, Tome 1, 1824, p. 189.

[16] TEITGEN Pierre-Henri, *La police municipale. Étude de l'interprétation jurisprudentielle des articles 91, 94 et 97 de la loi du 5 avril 1884* [1934], rééd. Dalloz, coll. Bibliothèque Dalloz, 2019, sp. pp. 6 et s.

[17] PICARD Étienne, *La notion de police administrative*, Tome 1, Paris : Librairie générale du droit et de la jurisprudence-Publications de l'Université de Rouen, 1984, sp. Tome 1, pp. 25 et s.

considérer comme purement décentralisé, encore faudrait-il qu'il ait été précédé d'une centralisation antérieure, ce que l'histoire ne suffit pas à établir au moment révolutionnaire.

Il pourrait donc être au moins envisagé, sur le plan théorique, de considérer la police municipale comme un pouvoir caractéristique de la commune et servant en quelque sorte à fonder une de ses particularités notables.

Une telle approche fait d'ailleurs écho à la caractérisation courante à l'époque de la commune comme une association quasi-familiale, en tout cas de type privé (et donc relativement autonome et extérieure à l'État), approche qui ne sera entièrement révoquée dans le droit positif qu'à la charnière des XIXe et XXe siècle sous l'action du juge administratif. Un régime de responsabilité très spécifique a ainsi longtemps pesé sur les communes en matière de police, à une époque à laquelle l'État ne voyait pas lui-même sa responsabilité engagée. Le régime contentieux longtemps appliqué aux collectivités en matière de responsabilité, tiré du droit civil, révèle une représentation politico-juridique de la commune alors majoritaire, qui peut se résumer ainsi : *1°* l'existence d'intérêts collectifs spécifiques donne corps à la commune ; *2°* ceux-ci sont considérés comme étant de nature patrimoniale et privée ; *3°* s'ils coexistent, au sein de l'activité de la personne morale, avec des fonctions liées à l'intérêt général national qui leur sont confiées par l'État, ils sont cependant majoritaires et pensés comme des éléments fondant l'existence-même des communes, c'est-à-dire en fondant l'ontologie véritable ; *4°* le régime contentieux de principe applicable est donc un régime de droit privé. Construite dans une optique différencialiste à une époque où l'État est envisagé selon des prismes théoriques interprétés de façon relativement exclusive et radicale, cette représentation a permis de fonder la différence de traitement entre État et communes du point de vue de leur traitement contentieux, y compris en matière de police. Le principe de séparation des autorités administratives et judiciaire ne fut donc pas appliqué aux communes, considérées comme « *de pures associations privées d'individus demeurant dans le voisinage les uns des autres et ayant des droits et des intérêts communs* »[18], à la différence des départements, envisagés sous un angle purement administratif. La compétence judiciaire a donc été maintenue et les règles du code civil leur ont été appliquées[19]. En matière de police, alors que dans le même temps l'État restait éminemment irresponsable, les communes se trouvaient donc actionnées devant le juge judiciaire[20]. Le législateur a ainsi confirmé très explicitement cette solution pour la réparation

---

[18] TEISSIER Georges, *La responsabilité de la puissance publique* [1906], rééd. Paris : La mémoire du droit, coll. de la faculté Jean Monnet, 2009, p. 93.
[19] BURDEAU François, *Histoire du droit administratif*, Paris : PUF, coll. Thémis droit public, 1995, p. 149.
[20] PICARD Étienne, *La notion de police administrative*, Tome 1, Paris : Librairie générale du droit et de la jurisprudence-Publications de l'Université de Rouen, 1984, p. 69.

des dommages causés par des attroupements, prévue par le décret du 10 vendémiaire an IV[21]. Les communes ont donc très tôt été soumises à une responsabilité qui contraste fortement avec l'irresponsabilité de principe de l'État. Les affaires communales sont alors perçues comme des affaires privées dont la dignité n'a rien à voir avec l'action étatique et ne se trouvent pas, dès lors, protégées de la même manière. Quoique collectifs, les intérêts portés par les communes ne sont en effet pas identifiés à l'intérêt général de la Nation, qui se trouve entièrement épuisé dans l'action de la représentation nationale. S'il apparaît que le droit appliqué par le juge judiciaire n'était pas exempt de spécificités[22], tout porte à croire que les communes étaient considérées comme une sorte d'en-dehors de l'État – et que leur police, sans être évidemment ignorée ni négligée par lui, l'était également.

---

[21] Décret du 10 vendémiaire an IV sur la police intérieure des communes, *Duvergier*, Tome 8, p. 370. Ce mécanisme de responsabilité a été repris par la loi municipale de 1884 : v. articles 106 et s. de la loi des 5 — 6 avril sur l'organisation municipale, *Duvergier*, Tome 84, 1884, p. 131. À la fin du XIXe siècle et au début du XXe siècle, de très nombreuses thèses ont été soutenues sur la question, qui semble avoir vivement focalisé l'attention des juristes. Parmi elles, v. not. SPIRE André, *Étude historique et juridique de la responsabilité des communes en cas d'attroupements*, Paris : Arthur Rousseau, 1895, 263 p. ; VEL-DURAND Maurice, *De la responsabilité des communes en cas de dommages causés par des attroupements ou rassemblements*, Paris : Arthur Rousseau, 1902, 179 p. Plus récemment sur le sujet, v. les obs. de LE YONCOURT Tiphaine, « L'ordre public dans la loi de 1884 », *in* DUBREUIL Charles-André (dir.), *L'ordre public*, Paris : Éditions Cujas, coll. Actes et études, 2013, pp. 54 et s.
V. ensuite la modification apportée au régime par la loi du 16 avril 1914 portant modification des articles 106, 107, 108 et 109 de la loi municipale du 5 avril 1884, *Duvergier*, Nouvelle série, Tome 14, 1914, p. 395, qui pose le principe de la responsabilité spéciale des communes pour les dégâts et dommages résultant des crimes et délits commis à force ouverte ou par violence sur leur territoire, soit envers les personnes, soit contre les propriétés publiques ou privées. Sur le maintien de ce fondement de responsabilité dans le champ de compétence du juge judiciaire, le vice-président Édouard Laferrière s'est, parmi d'autres, montré assez critique (LAFERRIÈRE Édouard, *Traité de la juridiction administrative et des recours contentieux*, 2ème éd., Tome 1, Paris : Berger-Levrault, 1896, p. 688). L'article 92 de la loi n° 83-8 du 7 janvier 1983 relative à la répartition de compétences entre les communes, les départements, les régions et l'État, *JORF* du 9 janvier 1983, p. 227, déplaçant la responsabilité de la commune vers l'État, a cependant maintenu la compétence judiciaire (sur le sujet, v. not. GAUDEMET Yves, « Un anniversaire mouvementé : le nouveau droit de la responsabilité du fait des attroupements », *RDP*, 1984, p. 1227), avant que la loi n° 86-29 du 9 janvier 1986 portant dispositions diverses relatives aux collectivités locales, *JORF* du 10 janvier 1986, p. 470, ne reverse ce contentieux au juge administratif. Les dispositions relatives à cette responsabilité ont récemment été extraites du CGCT par l'ordonnance n° 2012-351 du 12 mars 2012 et versées à l'article L211-10 du code de la sécurité intérieure.

[22] Conscient de la spécificité des communes, le juge s'est cependant employé, bien avant le juge administratif, à développer une jurisprudence d'équilibre qui l'a mené à soupeser des enjeux auxquels le juge administratif sera par la suite confronté. La jurisprudence judiciaire a ainsi parfois préfiguré celle du juge administratif en reconnaissant très tôt, par exemple, que le dommage résultant du coup de feu tiré par un agent municipal dans la foule ou la mise en évidence de carences dans le maintien de l'ordre public devaient entraîner la responsabilité de la commune. Sur le sujet, v. TEISSIER Georges, *La responsabilité de la puissance publique* [1906], rééd. Paris : La mémoire du droit, coll. de la faculté Jean Monnet, 2009, pp. 169 et 170.

Ce n'est qu'avec le rapprochement progressif du traitement juridique réservé à l'État et aux communes, largement opéré par le juge administratif[23], que cette différence de situation va céder. La police a, dans le développement de ce processus, joué un rôle central. Les arrêts *Terrier*[24] et *Thérond*[25], grâce auxquels l'insertion du contentieux de la responsabilité contractuelle des communes au sein du contentieux administratif a été réalisée, concernent en effet tous deux la matière. « *L'idée de police a permis d'accéder à celle de gestion publique puis de service public* »[26], le juge constatant que rien ne permettait plus de traiter différemment des situations parfaitement analogues. En droit administratif, les collectivités se trouvent ainsi progressivement intégrées à un ensemble intégrateur, *l'Administration*, progressivement doté de ses assises théoriques par la jurisprudence. Le rapporteur de la loi de 1884 pouvait ainsi remarquer que « *c'est par l'intermédiaire de cette magistrature mixte que la puissance de l'État s'étend jusqu'aux extrémités du corps social* »[27]. Ainsi, si « *la commune est indépendante et libre de sa nature* », elle « *fait partie de l'État* »[28], c'est-à-dire, de l'administration.

De cette nouvelle représentation des collectivités territoriales par le droit est né un renouvellement des cadres de leur altérité vis-à-vis de l'État. Vidée de sa substance politique, celle-ci repose désormais sur un cadre conceptuel faisant une large place aux notions de personnalité morale et de compétence, notions unitaires à l'échelle du droit administratif mais susceptibles de permettre, au sein de l'ensemble « administration », la différenciation entre personnes publiques tout en les banalisant. Initialement perçues comme substantiellement différentes de l'État, auquel elles étaient liées par un ciment d'ordre politique et hiérarchique, les collectivités se trouvent ainsi désormais perçues comme substantiellement semblables, réunies à lui par un ciment d'ordre juridique.

Tout était tracé pour une transformation progressive des fondements du pouvoir de police municipale, dont les arrêts Labonne et suivants ont poursuivi le traçage en banalisant peu à peu le pouvoir de police municipale.

---

[23] Sur ce point, v. nos obs. dans *Subsidiarité et collectivités territoriales. Étude sur la subsidiarisation des relations entre État et collectivités territoriales en droit public français*, Dalloz, coll. Bibliothèque parlementaire et constitutionnelle, 2017, pp. 706 et s.

[24] CE, 6 février 1903, *Sieur Terrier c. département de Saône-et-Loire*, n° 7.496, Lebon p. 97. V., sur le caractère toujours actuel de la solution de cet arrêt, les obs. de COSTA Delphine, « L'arrêt Terrier fête ses 100 ans ! », *AJDA*, 2003, p. 153.

[25] CE, 4 mars 1910, *Thérond c. ville de Montpellier*, n° 29.373, Lebon p. 197.

[26] PICARD Étienne, *La notion de police administrative*, Tome 1, Paris : Librairie générale du droit et de la jurisprudence-Publications de l'Université de Rouen, 1984, p. 417.

[27] DE MARCÈRE Émile, Rapport sur la loi des 5 — 6 avril 1884 sur l'organisation municipale, *Duvergier*, Tome 84, 1884, p. 101.

[28] *IBID.*, p. 102.

II. Une particularité insusceptible de généralisation et faisant l'objet d'une altération notable

A. L'absence d'une généralité suffisante du critère du pouvoir de police dans la définition de la collectivité territoriale

Le principal obstacle à l'utilité définitionnelle de la police administrative comme critère de définition de la collectivité territoriale, c'est son absence de généralité, au sein de la catégorie des collectivités territoriales, d'abord, mais aussi, particulièrement, au sein même du bloc communal.

Force est d'abord de constater que la police constitue plus une particularité *communale* qu'une particularité *des collectivités territoriales* dans leur ensemble.

Au niveau départemental, le pouvoir de police du président du conseil de départemental est d'abord et avant tout la conséquence de ses compétences à l'égard du domaine départemental[29]. Il arrive parfois que cette police soit présentée comme une police générale. Pourtant, il apparaît qu'elle constitue une police spéciale dont l'exercice est singulièrement contraint, puisqu'il doit aussi s'adapter au cadre d'une police semble-t-il spéciale que le maire détient en matière de circulation et pour laquelle la notion d'agglomération[30] constitue une ligne de partage[31] sur laquelle le maire a la main[32]. Pour le reste, la jurisprudence a précisé les conditions de coexistence du pouvoir de police générale du maire et du pouvoir de police du président du département[33].

Au niveau régional, le pouvoir de police est encore plus réduit, puisque le président de la région ne dispose pas d'un pouvoir de police. Le domaine régional, qui ne comprend pas – avant les dispositions à venir de la loi 3DS – de routes, ne suppose pas l'exercice de ce pouvoir. Certains présidents de région, soucieux de profiter de la vogue réelle ou supposée du thème sécuritaire dans le contexte électoral, ont à cependant demandé avec insistance la reconnaissance d'un tel pouvoir, qui a souvent été débattu dans le cadre des dernières élections régionales.

---

[29] Article L3221-4 CGCT, issu de l'article 25 de la loi de du 2 mars 1982.

[30] Article R110-2 du code de la route : une agglomération est un « espace sur lequel sont groupés des immeubles bâtis rapprochés et dont l'entrée et la sortie sont signalées par des panneaux placés à cet effet le long de la route qui le traverse ou qui le borde ».

[31] Sur le sujet, v. les obs. de BON Pierre, « Théorie générale de la police municipale » *in Encyclopédie des collectivités territoriales*, 2019-1, n° 190.

[32] Article R411-2 du code de la route : « Les limites des agglomérations sont fixées par arrêté du maire. ».

[33] v. not. CE, 15 janvier 1988, *Association foncière de Semoutiers et M. Raoult*, AJDA 1988, p. 406.

Du point de vue des collectivités territoriales à statut particulier, le cas singulier de la métropole de Lyon peut être évoqué. En dépit de son statut de collectivité territoriale exerçant les compétences départementales, celle-ci a vu son pouvoir de police calqué sur celui des EPCI en vertu de l'article L3611-4 CGCT. La loi ne lui a ainsi pas réservé de dispositif spécifique, dans une absence qui témoigne de la difficulté à dépasser la construction catégorielle traditionnelle des institutions locales décentralisées. Elle n'exerce donc que ceux des pouvoirs de police qui lui ont été transférés automatiquement ou facultativement par les communes. Il faut aussi rappeler que le président détient un pouvoir de police de la circulation et du stationnement sur les routes métropolitaines.

Et même au sein du bloc communal, comment ne pas souligner aussi la particularité de certaines communes, qui rend difficile le développement d'une conception visant à faire de la police un critère suffisamment généralisable

Le caractère général du critère de la police trouve en effet une atténuation majeure avec le régime de la police étatisée appliqué dans un certain nombre de grandes villes. Initié à Lyon et dans ses communes voisines par la loi du 19 juin 1851 qui s'est donnée pour objet de dompter cette ville rebelle (où se tinrent la révolte des Canuts en 1831 et des insurrections importantes en 1849), ce régime a été spécifiquement prolongé sous la troisième République par l'article 104 de la loi de 1884[34]. Le pouvoir de police du préfet dans la commune y est calqué sur celui du préfet de police parisien, les communes n'étant compétentes que pour le bon ordre dans les foires, marchés, réjouissances, cérémonies publiques, spectacles et jeux, cafés, églises et autres lieux publics. Globalement, cela revient à laisser au préfet le soin de réprimer les atteintes à la tranquillité publique et d'assurer le bon ordre dans les endroits où se font de grands rassemblements. D'autres villes, spécifiquement identifiées, suivront par des réécritures de l'article 104 : Marseille en 1908[35], Toulon et La Seyne en 1918[36], Nice en 1920[37], Strasbourg, Mulhouse et Metz en 1925[38], puis un grand nombre de communes de Seine-et-Marne et de Seine-et-Oise en 1935. Le régime fut ensuite généralisé et édifié sur la base de

---

[34] Sur le sujet, v. not. PRIEUR Florent-Marcel, *Dompter une ville en colère : Genèse, conception et mise en œuvre de la police d'État de Lyon 1800-1870*, thèse, Université de Lyon 2, 2013

[35] Loi des 8-10 mars 1908 *instituant la police d'État dans la commune de Marseille*, *Duvergier*, NS 1908, p. 114.

[36] Loi du 14 novembre 1918 *instituant la police d'État dans les communes de Toulon et de la Seyne*, *Duvergier*, NS 1918, p. 614.

[37] Loi du 26 juin 1920 *instituant la police d'État dans la commune de Nice*, *Duvergier*, NS 1920, p. 652.

[38] Décret du 17 mars 1925 *fixant les cadres et dépenses diverses des polices d'État des villes de Strasbourg, Mulhouse et Metz*, *Duvergier* NS 1925, p. 134.

critères plus généraux avec la loi du 23 avril 1941[39], et repose aujourd'hui sur les articles L2214-1 et s. CGCT, issus de la loi du 21 janvier 1995[40]. Au début des années 2000, la police était ainsi étatisée (et donc fortement *décommunalisée*) dans 1625 communes regroupant 29 millions d'habitants[41].

Une autre atténuation majeure de la généralité d'un éventuel critère résidant dans la police administrative réside dans le cas de la ville de Paris. La situation particulière de cette ville est bien connue. De la Révolution à la récente loi du 25 mai 2021[42], elle témoigne de la particularité de la ville capitale à l'égard des compétences de police municipale. La particularité de la préfecture de police, liée à la singularité parisienne dans l'avènement de révoltes qui deviennent facilement des révolutions, a bien été expliquée par O. Renaudie[43]. Le préfet de police a été créé par l'article 16 de la célèbre loi du 28 pluviôse an VIII dont l'article 16 dispose qu'« *à Paris, un préfet de police sera chargé de ce qui concerne la police* ». Cette création, complétée par l'arrêté du 12 messidor an VIII[44], s'inscrit dans une forme de continuité dans la mesure où, sous l'Ancien régime déjà, la police était confiée au lieutenant général de police de Paris en vertu d'un édit royal du 15 mars 1667, laquelle marquait déjà l'autorité du pouvoir central sur la question de la police à Paris. Cette conception est venue – et vient encore – en réduction du pouvoir de police du maire de Paris. D'abord monopolisé par le préfet de police, le pouvoir de police a par la suite fait l'objet d'un saucissonnage progressif à la suite duquel des pans de compétence spécifiques ont été transférés au maire de Paris. Après sa recréation en 1975, celui-ci s'est en effet vu doter de compétences en la matière en 1986 dans le domaine de la voirie (salubrité de la voie publique, bon ordre dans les foires et marchés, permis de stationnement et concessions sur le domaine public) et dans celui de la conservation du domaine. Le mouvement s'est prolongé en 2002, avec le transfert de la lutte contre les nuisances sonores, la police de la circulation et celle du stationnement, avec des exceptions que ne connaissent pas les autres

---

[39] Loi du 23 avril 1941 *portant organisation générale des services de police en France*, *JOEF*, 6 mai 1941. Sur le sujet, v. les utiles obs. de BERLIÈRE Jean-Marc, *La loi du 23 avril 1941 portant organisation générale des services de police en France*, *Criminocorpus*, 2008 [En ligne : https://journals.openedition.org/criminocorpus/271#tocto1n2].

[40] Loi n° 95-73 du 21 janvier 1995 *d'orientation et de programmation relative à la sécurité*, JORF du 24 janvier 1995.

[41] MERCIER Michel, Pour une République territoriale : l'unité dans la diversité. Rapport d'information, Sénat, n° 447.

[42] Loi n° 2021-646 du 25 mai 2021 *pour une sécurité globale préservant les libertés*, *JORF* du 26 mai 2021, texte n° 1.

[43] RENAUDIE Olivier, *La préfecture de police*, LGDJ, coll. Bibliothèque de droit public, 2008, 584 p.

[44] Arrêté du 12 messidor an VIII *qui détermine les fonctions du préfet de Police de Paris*, *Duvergier*, Tome 12, 1826, p. 251.

communes. La loi du 28 février 2017[45] a quant à elle conféré au maire de Paris les pouvoirs de police en matière de verbalisation du stationnement payant et gênant, d'organisation des manifestations festives, sportives et culturelles non itinérantes, de gestion des fourrières et de salubrité des bâtiments. Cette évolution n'a pas privé le préfet de son rôle d'autorité de police de principe à Paris, même si les évolutions les plus récentes ont accru le rôle du maire de Paris dans le domaine et permis l'apparition d'une police municipale disant clairement son nom.

Il est ainsi délicat de trouver une forme de généralité au pouvoir de police administrative générale, et même au pouvoir de police au sein de la catégorie des collectivités territoriales.

B. Un pouvoir de police aux facultés définitionnelles annihilées par une réduction significative de la conception territoriale et communautaire de la police

À bien y regarder et si l'on essaie de prendre un peu de hauteur historique à l'égard de la question, il apparaît que le domaine de la police administrative a fait l'objet, au niveau local, d'un contrôle important passant par limitation et l'encadrement du rôle du maire. Il a par ailleurs été traversé par une réduction significative de son périmètre causée par l'essor de pouvoirs de police concurrents et par le développement de pouvoirs de police directement ou indirectement concurrents – autant d'évolutions qui soulignent, à notre avis, la réduction de la conception territoriale et communautaire de la police.

Si le pouvoir de police générale au niveau communal constitue une donnée remarquable de notre système juridique, il faut d'abord bien observer que celle-ci n'a cessé de faire l'objet, de la part de l'État, d'une forme de méfiance contribuant à la manifestation de velléités de contrôle par l'État.

Le serment des maires n'a pas suffi. La Convention (1792-1795) a constitué la première étape d'une profonde évolution de la police et véritablement jeter les bases des oppositions théoriques entre le local et le national. « *Le besoin de centraliser l'action de la police, à l'instar du besoin de resserrer sur le pouvoir central une administration générale jugée trop dispersée, se fait naturellement ressentir* [...] *avec la mise en place des Comités (de sûreté générale et de salut public) au sommet de l'État, l'envoi des représentants en mission et l'institution des comités de surveillance dans les communes* »[46]. À une situation politique exceptionnelle, constituée par les

---

[45] Loi n° 2017-258 du 28 février 2017 *relative à la sécurité publique*, *JORF* du 1 mars 2017, texte n° 3.

[46] BIGOT Grégoire, *L'Administration française. Politique, droit et société*, Tome I, 2ème éd., Paris : LexisNexis, coll. Manuel, 2014, n° 225, p. 335.

risques de réaction et par la menace pesant sur les frontières de l'État, une importante centralisation a succédé, opérant une véritable rupture dans l'équilibre précédemment établi entre local et national en matière de police. Le local a alors davantage été conçu comme l'indispensable *relais* du national, qui s'assure avec plus de force et de contrainte de l'action des communes par le jeu de mécanismes tout autant politiques que juridiques. Le comité de sûreté générale assurait ainsi la désignation des commissaires de police[47] et, sous l'influence sans cesse croissante du comité de salut public, une sorte de police d'État informelle se mit en place : l'ère était à la défiance entre l'État et ces communes sujettes à des risques insurrectionnels.

Le Directoire s'est attaché à opérer une certaine clarification qui n'a pas atténué la logique centralisatrice : l'État a acté durablement son action dans le domaine de la police. La centralisation de la fonction du maintien de l'ordre opérée par la Convention s'est ainsi retrouvée dans la Constitution de l'an III, qui confie au Directoire le soin de la « *sûreté intérieure* »[48]. À cette fin, et pour « *centraliser l'action de la police* [...], *établir une surveillance rigoureuse qui déconcerte les factions, et déjoue les complots liberticides* »[49], a été créé un ministère de la Police générale de la République chargé de « *tout ce qui est relatif au maintien de l'ordre public* »[50], relayant en ces fonctions le gigantesque et impuissant ministère de l'Intérieur.

Le niveau communal a cependant été ménagé : si la gendarmerie s'est trouvée réformée[51] et des commissaires de police institués dans toutes les communes de plus de 5 000 habitants[52], l'agent municipal ou son adjoint ont fait fonction dans les communes inférieures[53] et la nomination de ceux-ci revenait à l'administration municipale[54]. L'époque a surtout été celle de la définition des grands équilibres de la matière : une distinction a ainsi été posée entre « police administrative » et « police judiciaire » par le Code des délits et des peines adopté en 1795[55]. La police administrative est alors définie comme

[47] Décret du 24 ventôse an III qui attribue au comité de sûreté générale le droit de nomination des commissaires de police dans l'étendue de la République, *Duvergier*, Tome 8, 1825, p. 55.
[48] Article 144 de la Constitution de l'an III.
[49] Résolution de la loi du 12 nivôse an IV portant création d'un septième ministère, sous le nom de Police générale de la République, *Duvergier*, Tome 9, 1825, p. 32.
[50] Article 2 de la loi du 12 nivôse an IV portant création d'un septième ministère, sous le nom de Police générale de la République, *Duvergier*, Tome 9, 1825, p. 32.
[51] Loi du 28 germinal an VI relative à l'organisation de la gendarmerie nationale, *Duvergier*, Tome X, 1825, p. 304.
[52] Article 10 du décret du 19 vendémiaire an IV sur la division du territoire de la France, le placement et l'organisations des autorités administratives et judiciaires, *Duvergier*, Tome 8, 1825, p. 383.
[53] Article 25 de la loi du 3 brumaire an IV, Code des délits et des peines, *Duvergier*, Tome 8, 1825, p. 472.
[54] Article 25 de la loi du 3 brumaire an IV, Code des délits et des peines, *Duvergier*, Tome 8, 1825, p. 472.
[55] Loi du 3 brumaire an IV, Code des délits et des peines, *Duvergier*, Tome 8, 1825, p. 469.

l'activité ayant « *pour objet le maintien habituel de l'ordre public dans chaque lieu et dans chaque partie de l'administration générale. Elle tend principalement à prévenir les délits* »[56]. La police judiciaire, quant à elle, « *recherche les délits que la police administrative n'a pas pu empêcher de commettre, en rassemble les preuves, et en livre les auteurs aux tribunaux chargés par la loi de les punir* »[57]. La distinction, dont l'intérêt est principalement contentieux, n'a cependant pas encore l'importance qu'on lui connaît : elle est pensée comme une « *division purement technique entre deux aspects d'une même activité ou institution* »[58].

En fait de police, le Consulat et l'Empire n'ont ainsi eu qu'à poursuivre le chemin entamé sous les régimes précédents… en poussant jusqu'à son paroxysme l'interventionnisme de l'État. Les « *rouages d'une police d'État* »[59] ont rapidement été perfectionnés : le ministère de la police s'est un temps vu renforcé et, sur le plan territorial, une organisation pyramidale a été instaurée, garantissant le fonctionnement hiérarchisé de la police. Celle-ci repose alors sur un principe fondamental au cœur notamment de l'organisation issue de la loi du 28 pluviôse an VIII : la nomination. Les collectivités infraétatiques, envisagées comme des « *réceptacles d'un agent de l'État* »[60], sont alors toutes administrées par un agent nommé : le maire pour la commune, le préfet pour le département, chargés « *d'ordonner ce que le pouvoir exige* »[61]. Tout en restant chargés de la police au niveau communal[62], les maires doivent alors cependant être interprétés comme des agents de l'État dès lors qu'ils sont nommés par le préfet pour les communes de moins de 5 000 habitants, par le Premier Consul pour les autres[63], avant que le Premier

---

[56] Article 19 de la loi du 3 brumaire an IV, Code des délits et des peines, *Duvergier*, Tome 8, 1825, p. 471.

[57] Article 20 de la loi du 3 brumaire an IV, Code des délits et des peines, *Duvergier*, Tome 8, 1825, p. 471.

[58] PICARD Étienne, *La notion de police administrative*, Tome 1, Paris : Librairie générale du droit et de la jurisprudence-Publications de l'Université de Rouen, 1984, p. 136.

[59] BIGOT Grégoire, *L'Administration française. Politique, droit et société*, Tome I, 2ème éd., Paris : LexisNexis, coll. Manuel, 2014, n° 225, p. 337.

[60] BIGOT Grégoire, *L'Administration française. Politique, droit et société*, Tome I, 2ème éd., Paris : LexisNexis, coll. Manuel, 2014, n° 118, p. 168.

[61] *IBID.*, p. 169.

[62] Article 13 de la loi du 28 pluviôse an VIII, *Duvergier*, 2ème éd., Tome 12, 1826, p. 99.

[63] Articles 18 et 20 de la loi du 28 pluviôse an VIII, *Duvergier*, 2ème éd., Tome 12, 1826, p. 98. Durant le consulat, les maires et adjoints sont choisis sur des « listes de notabilité » déterminées par l'élection (v. la loi du 13 ventôse an IX qui pose les règles et procédures de l'élection aux listes de notabilité, *Duvergier*, 2ème éd., Tome 12, 1834, p. 380). Adolphe Thiers explique ainsi ce système : « La confiance doit venir d'en bas, *avait dit M. Sieyès,* le pouvoir doit venir d'en haut. *D'après cette maxime, la Nation donnait sa confiance par l'inscription sur les listes de notabilité ; l'autorité supérieure conférait le pouvoir en choisissant ses agents dans ces listes* » (THIERS Adolphe, *Histoire du Consulat*, Paris : Lheureux, 1865, p. 58).

Consul ne les nomme tous en vertu de l'article 13 du sénatus-consulte organique de la Constitution du 16 thermidor an X.

La Restauration, sans renier les acquis du régime précédent, s'est cependant efforcée, par le jeu d'une relative décentralisation, à restaurer un meilleur équilibre entre local et national dans la réalisation de la police. Cette évolution, principalement organique, est passée par le desserrement progressif de l'étau des nominations. Tout en maintenant la nomination[64] — mais pour trois ans — des maires et adjoints par le roi ou le préfet, au nom du roi[65], et en prévoyant leur suspension par le préfet et leur révocation par le roi[66], la loi sur l'organisation municipale des 21-23 mars 1831 dispose que le choix du roi ou du préfet ne peut porter que sur les membres du conseil municipal, qui sont tous choisis pour six ans par le biais d'une élection. Paris, cependant, bénéficie d'un régime plus restrictif[67].

La loi du 18 juillet 1837[68] précise les intentions institutionnelles du régime en détaillant avec une précision inédite et bienvenue les attributions des maires. Rappelant la dualité des fonctions de la commune et, partant, de l'office du maire, elle distingue les cas dans lesquels le maire agit *sous l'autorité* de l'administration supérieure[69] — c'est-à-dire en tant qu'agent de l'État — de ceux dans lesquels il agit *sous la surveillance* de l'administration supérieure[70] — c'est-à-dire en tant qu'organe exécutif communal. Parmi ces dernières fonctions, qui soulignent la place que garde le local dans la réalisation de la police administrative, figure « *la police municipale, la police*

---

[64] Durant l'épisode des « Cent Jours », Napoléon avait tenté un assouplissement du système de nomination en prévoyant, avec le décret du 30 avril - 1er mai 1815 relatif à l'élection des maires et adjoints dans les communes dont les municipalités sont à la nomination des préfets (*Duvergier*, Tome XIX, 1827, p. 498), que « *dans toutes les communes dont les municipalités sont à la nomination des préfets, il sera procédé, par les habitans ayant droit de voter dans les assemblées primaires, à l'élection des maires et adjoints* » (article 1er). Le dispositif sera cependant rapidement écarté. C'est cependant à cette date qu'il faut, pour ROSANVALLON Pierre, *Le modèle politique français. La société civile contre le jacobinisme de 1789 à nos jours*, Paris : Seuil, 2004, p. 169, situer la naissance de l'idée de décentralisation.

[65] Article 3 de la loi des 21 — 23 mars 1831 sur l'organisation municipale, *Duvergier*, Tome 31, 1838, p. 85.

[66] Article 3 de la loi des 21 — 23 mars 1831 sur l'organisation municipale, *Duvergier*, Tome 31, 1838, p. 86.

[67] Loi des 20 – 23 avril 1834 sur l'organisation du conseil général et des conseils d'arrondissement de la Seine et l'organisation municipale de la ville de Paris, *Duvergier*, Tome 34, 1834, p. 57.

[68] Loi des 18 — 22 juillet 1837 sur l'administration municipale, *Duvergier*, Tome 37, 1837, p. 227.

[69] Article 9 de la loi des 18 — 22 juillet 1837 sur l'administration municipale, *Duvergier*, Tome 37, 1837, p. 233. Ces fonctions incluent la publication et l'exécution des lois et règlements, les fonctions spéciales attribuées au maire par la loi et l'exécution des « mesures de sûreté générale ».

[70] Article 10 de la loi des 18 — 22 juillet 1837 sur l'administration municipale, *Duvergier*, Tome 37, 1837, p. 235.

rurale et de la voirie municipale »[71]. Pour l'exercice de ces missions, il est doté d'un pouvoir réglementaire et d'un pouvoir de nomination aux emplois communaux, qui inclut la nomination des gardes champêtres, ensuite agréés et commissionnés par le préfet[72].

Le Second Empire revint à une grande centralisation et ce n'est qu'avec le triomphe définitif de la République que l'élection du maire et des adjoints fût à nouveau de mise[73]. Avec la loi du 28 mars 1882[74], confirmée par la loi du 5 avril 1884, maires et adjoints sont à nouveau élus[75] mais restent placés sous un régime de tutelle qui perdurera jusqu'à la deuxième moitié du XXe siècle. L'élection des maires et adjoints n'a, depuis lors, plus été remise en cause, à l'exception de la parenthèse du régime de Vichy. Ce n'est cependant qu'avec la loi du 2 mars 1982 que les conséquences de cette séparation politique — c'est-à-dire l'existence d'une légitimité distincte, acquise par le suffrage — entre le pouvoir exécutif communal et le pouvoir exécutif national connaîtra des traductions juridiques véritables, par la disparition du régime de tutelle et la consécration subséquente de l'autonomie des maires vis-à-vis de l'État dans l'exercice de leurs pouvoirs de police administrative générale. Cette autonomie reste cependant toujours surveillée par le contrôle de légalité préfectoral et bornée par la faculté du préfet de se substituer à l'autorité de police défaillante.

Outre la question de l'étendue de l'autonomie du maire dans l'exercice de la fonction de police, il faut aussi observer que l'essor notable de pouvoirs de police spéciale a conduit à une réduction des pouvoirs du maire et opérant une *limitation matérielle de son office*. La constitution d'une multitude de polices spéciales a en effet conduit au développement d'une technisation et d'une spécialisation de la gestion des compétences de police, laquelle est le plus souvent venue réduire, par son affirmation comme une exception, le pouvoir de police du maire.

S'il est vrai que le maire figure au nombre des autorités de police auxquelles la loi a confié des compétences de police spéciale (police de

---

[71] Article 10 de la loi des 18 — 22 juillet 1837 sur l'administration municipale, *Duvergier*, Tome 37, 1837, p. 235.

[72] Article 13 de la loi des 18 — 22 juillet 1837 sur l'administration municipale, *Duvergier*, Tome 37, 1837, p. 236.

[73] Comme le relève, dans une typologie éclairante reposant sur des corrélations, BERTHÉLEMY Henry, *Traité élémentaire de droit administratif*, 7ème éd., Paris : Librairie nouvelle du droit et de la jurisprudence, 1913, p. 182, le libre choix du maire et des adjoints correspond au régime impérial, le choix obligatoire parmi les conseillers élus à la monarchie constitutionnelle, l'élection par les conseillers au système républicain.

[74] Loi des 28 — 29 mars 1882 qui abroge le dernier paragraphe de la loi du 12 août 1876 relative à la nomination des maires et des adjoints, *Duvergier*, Tome 82, 1882, p. 116.

[75] Article 74 de la loi des 5 — 6 avril 1884 sur l'organisation municipale, *Duvergier*, Tome 84, 1884, p. 122. L'article 9 de la loi des 14 — 16 avril 1871 relative aux élections municipales, *Duvergier*, Tome 71, 1871, p. 74 avait maintenu leur nomination.

l'affichage, de l'esthétique, de l'urbanisme, des sites et monuments, de la gestion du domaine…), il apparaît que dans la plupart des cas, le développement de polices spéciales, confiées à d'autres acteurs, s'est opéré en réduction du pouvoir de police du maire et du périmètre ouvert à l'action de la police municipale : police des chemins de fer ; police des gares routières ; police des aérodromes ; police de la navigation aérienne ; police de la navigation fluviale ; police du littoral ; police des marchés d'intérêt national ; police des antennes de téléphonie mobile ; police des organismes génétiquement modifiés ; police des compteurs Linky… Les exemples sont légion, qu'il est impossible de détailler ici exhaustivement et dont on se contente donc de mentionner les plus marquants. Plus récemment, l'affaire des masques durant la crise de la COVID-19 a aussi rappelé les limites des pouvoirs de police du maire en matière sanitaire, les maires ayant à plusieurs reprises pu constater la paralysie de leur pouvoir de police générale (qui inclue pourtant explicitement une référence aux épidémies dans l'article L2212-2 CGCT) par la mise en œuvre du pouvoir de police spéciale sanitaire étatique[76].

Le développement des polices administratives spéciales a initialement tendu à régler de manière identique, à l'échelle du territoire national, des problèmes d'ordre public fréquents et généraux. Un exemple réside dans le cas de la police des salles de spectacle, organisée par le pouvoir central afin de prévenir les incendies[77]. Un autre réside dans la lutte contre des périls particuliers comme les épidémies[78], qui se jouent évidemment des limites des circonscriptions administratives. Les attendus du texte qui régit cette matière sont d'ailleurs particulièrement clair sur les motivations animant l'État : il s'agit d'agir « *dès le moment que* [les portions du territoire] *sont exposées au même péril, se trouvent dans les mêmes circonstances, et que les faits prévus* […], *indépendans de la diversité des lieux, sont entièrement les mêmes par leur nature, leurs causes et leurs effets* ».

Très vite, cependant, le développement des polices administratives spéciales s'est inscrit dans le cadre d'un interventionnisme plus manifeste et volontariste de l'État, impliqué par la volonté de faire de certains objets des enjeux d'intérêt général national. Dans un premier temps, ces polices permirent à l'État de garantir sa conservation, en visant principalement une série de polices politiques ou domaniales[79]. Ces polices seront ensuite mises,

---

[76] Sur le sujet, v. not. CE, ord., 17 avr. 2020, *Commune de Sceaux*, n° 440057.

[77] Arrêté du 1er germinal an VII qui prescrit des mesures pour prévenir l'incendie des salles de spectacle, *Duvergier*, Tome 11, 1825, p. 194.

[78] Ordonnance du roi des 27 – 29 septembre 1821 qui prescrit des mesures sanitaires dans plusieurs départements, *Duvergier*, Tome 23, p. 495 ; Loi des 3 – 9 mars 1822 relative à la police sanitaire, *Duvergier*, Tome 23, 1828, p. 592.

[79] V. à ce sujet les obs. de DELHOSTE Marie-France, *Les polices administratives spéciales et le principe d'indépendance des législations*, Paris : Librairie générale du droit et de la jurisprudence, coll. Bibliothèque de droit public, 2001, p. 16-17.

au début du XXe siècle, au service d'un projet social qui, associant un fort interventionnisme public à une réglementation foisonnante, a donné lieu à une multiplication du nombre et des domaines des polices spéciales[80].

Fort nombreuses, toujours plus nombreuses, les polices spéciales sont probablement un témoin visible de la technicisation du droit, de la diversification de ses objets et sont aussi, d'une certaine manière, une illustration parmi d'autres de l'inflation normative consécutive aux attentes toujours plus nombreuses des Français en matière de sécurité[81].

Le développement de ces polices spéciales est, quoiqu'il en soit souvent intervenu en réduction d'une police municipale dont le périmètre, défini de façon très générale, a été restreint par le développement de législations particulières, qui constituent ainsi souvent, à son égard, des manifestations *d'exception*. Certains auteurs ont très tôt perçu dans ce mouvement la marque d'une opposition entre le local et le national, dans un contexte qui a longtemps ignoré la distinction des concepts de « police générale » et de « police spéciale », qui sont des œuvres juridiques visant à rationaliser et catégoriser le produit d'oppositions que l'on peut considérer, à bien des égards, comme premièrement *politiques* et révélatrices de l'évolution des conceptions du pouvoir et de son lien au territoire.

Au-delà de la limitation matérielle de l'office de la police municipale, il faut enfin observer que le droit a eu tendance à faire une place croissante à de nouvelles autorités de police qui, s'affirmant directement ou indirectement comme concurrentes à l'autorité municipale, ont conduit à un *glissement organique du titulaire de la police au niveau local.*

Il faut bien constater, en effet, qu'il existe des pouvoirs de police *directement* concurrents aux pouvoirs du maire, c'est-à-dire venant immédiatement en réduction de ce dernier. L'exemple le plus significatif réside évidemment dans le transfert progressif de certains pouvoirs de police aux présidents d'EPCI[82], qui témoigne tout à la fois d'une réduction des compétences municipales de police et, ce faisant, d'un brouillage conceptuel entre collectivité territoriale et établissement public. Nombreux sont ainsi, désormais, les établissements publics à exercer des pouvoirs de police, qui ne sont donc plus l'apanage de la collectivité territoriale au niveau local… et condamnent immédiatement et définitivement toute ambition de voir la police administrative édifiée comme critère *de la collectivité territoriale* !

Force est ainsi de constater que les domaines possiblement touchés par ce déplacement du titulaire du pouvoir de police au niveau local sont nombreux

---

80 *Ibid.*, p. 18.

81 V. à ce sujet les interrogations de PONTIER Jean-Marie, « La multiplication des polices spéciales : pourquoi ? », *JCP A*, n° 15, 2012, 2113.

82 Article L5211-9-2 CGCT.

et interviennent comme une nouvelle réduction du rôle du maire : assainissement, collecte des déchets ménagers, gens du voyage, police de la circulation et du stationnement ainsi que la police de la délivrance des autorisations de stationnement aux exploitants de taxi, habitat, à quoi s'ajoute la possibilité d'un transfert, selon une procédure spéciale, de la sécurité des manifestations sportives et culturelles dans les établissements ou équipements relevant de la communauté, la police de lutte contre les dépôts sauvages (article 541-3 du code de l'environnement) ainsi que la défense extérieure contre l'incendie.

Enfin, et au-delà de ce glissement organique propre à la sphère locale, il faut relever qu'il existe aussi des pouvoirs de police *indirectement* concurrents aux pouvoirs du maire. Leur essor tient au fait que l'exercice du pouvoir de police connaît, sur le plan général, une diffusion très large qui réduit la spécificité communale (ou locale) en la matière. Comment ne pas remarquer, par exemple, que des établissements publics qu'il n'est pas d'usage de classer comme locaux détiennent désormais des compétences de police ? On songe ainsi aux Universités, par exemple, qui par la voie de leur président[83] disposent d'une « franchise » notable, mais aussi certaines autorités administratives indépendantes dont le développement des pouvoirs de police témoigne de l'obsolescence très nette d'une conception limitant la réflexion en matière de police à une dichotomie local/national.

Dès lors, comment interpréter cette incapacité croissante de la police administrative à s'affirmer comme un possible critère de la collectivité territoriale ? Probablement ceci vient-il du fait qu'une conception matérielle et segmentaire de la police, envisagée comme un faisceau de techniques régissant, au gré des besoins, des enjeux pluriels, a peu à peu remplacé la dimension communautaire de la police, jadis perçue comme une exigence générale et unitaire liée à une expérience quotidienne de la vie sociale et à une conception morale de l'ordre moins sujette aux affres de la modernité. La technicisation de nos sociétés, l'affirmation de ce qu'il est convenu de désigner sous le nom de progrès techniques et d'innovations porteuses de nouveaux risques, la globalisation de nombres d'enjeux extraits du seul périmètre du sensible ont profondément transformé nos sociétés, et avec elles l'enjeu du maintien de l'ordre social.

Ceci s'accompagne, en outre, d'une focalisation de l'attention politique sur l'enjeu sécuritaire. Comme l'a très bien écrit Jean-Marie Pontier, « *certaines notions ont connu un véritable "gonflement", et tel est le cas, notamment, de la notion de sécurité : celle-ci recouvre aujourd'hui les domaines les plus divers, qu'il s'agisse de la sécurité alimentaire, de la sécurité sanitaire, de la sécurité environnementale (sans compter la sécurité juridique). Cette*

---

[83] Article L712-2 (6°) du code de l'éducation.

dilatation de la notion de sécurité entraîne inéluctablement l'édiction de mesures de police qui, parce qu'elles portent chaque fois sur un domaine très précis, ne peuvent être que des mesures de police spéciale »[84]. De plus en plus pensée autour d'une conception matérielle et segmentaire, et non plus communautaire, la police a connu une transformation profonde : moins dirigée vers l'encadrement et le contrôle de personnes, elle vise à préserver une forme d'ordre de plus en plus matériel que la complexité de nos sociétés encourage à segmenter.

Devenu « global », l'enjeu de la sécurité est désormais perçu comme devant justifier des dispositifs dans lesquels le local joue un rôle plus supplétif, un rôle d'appui, comme en témoignent les mutations connues par les polices municipales avec la loi « pour une sécurité globale préservant les libertés » qui permet aux polices municipales de constater des infractions peu nobles que la police nationale n'a pas les moyens de contrôler.

S'ajoutent à cela, à notre avis, deux données structurelles : *1°* le caractère de plus en plus technique des enjeux de police et l'accroissement de la complexité de la mission, qui entraîne aussi celui du droit ; *2°* la faible confiance de l'État français, de forme unitaire et uniformisante, dans les formes communautaires de gestion des affaires publiques, spécialement lorsqu'elles concernent des domaines politiquement sensibles ou servant de catalyseur politique à l'échelon national.

L'évolution de la police ne fait donc probablement que suivre celle de notre rapport à la *polis*. De moins en moins locale, de plus en plus globale ; de plus en plus soumise à des problématiques complexes et techniques ; de plus en plus engagée dans des dynamiques qui consacrent des dispositifs exceptionnels et des états d'exception. L'érosion de l'empreinte du local dans le domaine de la police constitue dans ce contexte un révélateur des mutations plus générales de nos sociétés. Elle conduit, en tous les cas, à devoir relativiser la pertinence du rôle joué par la question de la police administrative dans l'identification d'une particularité des collectivités territoriales suffisante pour nourrir leur définition catégorielle.

---

[84] PONTIER Jean-Marie, « La multiplication des polices spéciales : pourquoi ? », *JCP A*, n° 15, 2012, 2113.

LES COLLECTIVITÉS TERRITORIALES DANS LE CONTENTIEUX ADMINISTRATIF : QUELLES SPÉCIFICITÉS ?

Laetitia JANICOT
Professeur de droit public à l'Université Paris I – Panthéon-Sorbonne

Que nous dit le contentieux administratif sur les collectivités territoriales en tant que personnes publiques ?

Pour répondre à cette question, il est nécessaire de rechercher à travers les règles du contentieux administratif s'il existe des traits spécifiques, des caractères propres aux collectivités territoriales qui les distingueraient des autres personnes publiques ou qui les singulariseraient.

Cette démarche inductive de reconstruction de la notion de collectivité territoriale est ici menée à partir du contentieux administratif et de lui seul. Ne seront donc pas étudiées les règles applicables devant le juge civil ou pénal ou devant les juges européens, même si l'étude de ces contentieux pourrait montrer toute la difficulté qu'il y a à situer, du point de vue du contentieux, les collectivités territoriales par rapport à l'État[1]. La saisine du Conseil constitutionnel, par les collectivités territoriales, par la voie d'une question prioritaire de constitutionnalité, ne sera pas non plus étudiée. Un tel contentieux ne renseigne pas, en effet, sur ce qui fait l'identité d'une collectivité territoriale, puisque celle-ci n'est pas traitée, au regard de la procédure, différemment des autres saisissants.

Les règles contentieuses, qui s'appliquent spécifiquement aux collectivités territoriales d'outre-mer[2], n'apportent pas davantage d'indications sur ce qui fait l'identité d'une collectivité territoriale.

---

[1] Pour la Cour de justice de l'Union européenne, « la notion d'État membre au sens des dispositions institutionnelles et en particulier de celles portant sur les recours juridictionnels (article 230, alinéa 2 TCE) ne vise que les seules autorités gouvernementales des États membres de l'Union européenne et ne saurait être étendue aux gouvernements de régions ou de communautés autonomes quelle que soit l'étendue des compétences qui leur sont reconnues ». Par exemple, CJCE 22 novembre 2001, Antilles néerlandaises c./ Conseil, aff. C 452/98 P, CJCE 10 avril 2003, Commission c. Antilles néerlandaises, aff. C142/00 P ; CJCE 2 mai 2006, Région de Sicile c./ Commission, aff. C 417/04. Devant la Cour européenne des droits de l'homme, les collectivités territoriales sont en revanche assimilées à des organisations gouvernementales en raison de « leurs fonctions officielles qui leur sont attribuées par la Constitution et par la loi ». Les collectivités territoriales ne disposent pas ainsi du droit au recours individuel exercé par « toute personne physique, organisation non gouvernementale ou tout groupe de particuliers » (article 34 de la convention) ; CEDH 3 février 2004, *Gouvernement de la communauté autonome Pays Basque c./ Espagne* n° 29134/03.

[2] Depuis l'adoption de la loi constitutionnelle n° 2003-276 du 28 mars 2003, les collectivités territoriales d'outre-mer dotées de l'autonomie renforcée, c'est-à-dire la Polynésie française,

Il en va de même des règles qui régissent le déféré, dans la mesure où elles ont trait avant tout au contrôle de l'État sur les collectivités territoriales, aux rapports entre l'État et ces dernières. Si ce contrôle s'avère particulièrement étendu, notamment au regard des actes contrôlés et des conditions de son exercice, il ne dit rien sur ce qui permet, d'un point de vue théorique, de distinguer positivement une collectivité territoriale d'une autre personne publique.

Les collectivités peuvent agir en justice, en tant que requérantes ou défendeurs, depuis qu'elles ont la personnalité morale et qu'elles sont reconnues comme distinctes de l'État[3]. Leur présence en tant que partie dans un litige emporte l'application de certaines règles du contentieux administratif, qui sont identifiables[4]. Certaines sont spécifiques aux collectivités territoriales, d'autres ne le sont pas ou plus, les collectivités étant alors assimilées aux autres personnes publiques. Ces règles contentieuses portent principalement sur les conditions de recevabilité du recours pour excès de pouvoir : elles concernent plus précisément l'intérêt à agir des élus locaux, la représentation des collectivités territoriales en justice, le délai de recours formé à l'encontre des délibérations des assemblées locales, les exigences de

---

Saint-Barthélemy et Saint-Martin, peuvent exercer un recours devant le Conseil constitutionnel destiné à protéger leur domaine de compétences contre les éventuels empiètements du législateur. L'article 74, alinéa 9 de la Constitution dispose que « la loi organique [qui définit le statut de la collectivité] peut également déterminer, pour celles de ces collectivités qui sont dotées de l'autonomie, les conditions dans lesquelles : - l'assemblée délibérante peut modifier une loi promulguée postérieurement à l'entrée en vigueur du statut de la collectivité, lorsque le Conseil constitutionnel, saisi notamment par les autorités de la collectivité, a constaté que la loi était intervenue dans le domaine de compétence de cette collectivité ». V. aussi pour la fonction consultative du Conseil d'État, C. Severino, « La fonction consultative du Conseil d'État en matière de répartition des compétences entre l'État et la Polynésie française », *AJDA* 2003, p. 925.

[3] CE 6 août 1900, *Maire de Jargueau*, p. 270 : Recevabilité du recours d'un maire visant à faire annuler un arrêté préfectoral pris en matière de police municipale. L'intérêt à agir des maires est confirmé par l'arrêt de principe du CE du 18 avril 1902, *Cne de Néris les Bains*, et confirmé par l'arrêt du CE du 22 mai 1908, *Maire de Caylus*, p. 542. Dans le même temps, le Conseil d'État consacre la recevabilité du recours pour excès de pouvoir formé par les membres des assemblées locales (CE 1er mai 1903, *Bergeon*, p. 324). V. sur cette question, G. Bigot, *Introduction historique au droit administratif depuis 1789*, PUF, 2002, p. 256. Plus récemment, v. les recours de certaines communes engageant la responsabilité de l'État pour carence dans la lutte contre le changement climatique : CE 19 novembre 2010, n° 427301 : « la commune de Grande Synthe, eu égard à son niveau d'exposition aux risques découlant du phénomène de changement climatique et à leur incidence directe et certaine sur sa situation et les intérêts propres dont elle a la charge, justifie d'un intérêt lui donnant qualité pour demander l'annulation des décisions implicites attaquées, la circonstance, invoquée par la ministre à l'appui de sa fin de non-recevoir, que ces effets du changement climatique sont susceptibles d'affecter les intérêts d'un nombre important de communes n'étant pas de nature à remettre en cause cet intérêt ».

[4] A.-C. Bezzina a démontré de manière plus générale que la présence d'une personne publique pouvait avoir des conséquences sur les règles du contentieux, v. « Pour un droit du contentieux public », *RDP* 2017, p. 831.

décision expresse de rejet des assemblées locales, l'autorisation de plaider du contribuable local ou encore la recevabilité du recours pour excès de pouvoir à l'encontre des actes ne faisant pas grief.

Au-delà de l'identification de ces règles spécifiques ou non, ce qui importe ici est de savoir, d'une part, ce qui explique que les collectivités territoriales soient traitées différemment ou de manière identique par rapport aux autres personnes publiques, et d'autre part, si ces justifications permettent d'identifier ce qui fait, en ce domaine, la singularité des collectivités territoriales par rapport aux autres personnes publiques.

Le résultat de cette recherche se révèle malheureusement décevant. D'une part, certaines règles assimilent les collectivités territoriales aux autres personnes publiques, excluant ainsi toute spécificité pour les premières (I). D'autre part, l'abandon comme l'apparition de règles propres aux collectivités territoriales ne donne aucune indication sur leur définition (II). Enfin, certaines règles spécifiques, à partir desquelles il semble possible d'identifier des éléments de définition des collectivités territoriales, sont en partie remises en cause ou pas encore suffisamment affirmées (III).

I. Des règles identiques assimilant les collectivités territoriales aux autres personnes publiques

En premier lieu, deux règles du contentieux administratif s'appliquent indifféremment aux assemblées locales comme à tout autre organisme collégial. Dans ces deux cas, qui sont relatifs à la théorie de la connaissance acquise (A) et à l'intérêt à agir des élus locaux à l'encontre des délibérations des assemblées locales (B), la loi, l'autorité réglementaire mais aussi le juge, nient toute spécificité aux collectivités territoriales.

A. La théorie de la connaissance acquise

La théorie de la connaissance acquise offre un premier exemple de ce traitement identique des assemblées locales à celui des organes délibérants d'autres personnes publiques[5]. En vertu de cette théorie, la connaissance de fait d'une décision provoque le déclenchement du délai. Ainsi, le délai de recours exercé contre les délibérations prises par un organe collégial, par les membres de cet organe, court à compter de la date de la séance à laquelle ils ont été régulièrement convoqués ou sinon à laquelle ils y ont personnellement pris part. C'est, dans ce cas, l'appartenance à un organe collégial, quel qu'il soit, qui justifie l'application de cette règle relative au délai de recours. Elle n'apprend donc rien sur ce qui ferait l'identité des collectivités territoriales.

[5] CE 4 août 1905, *Martin*, p. 749 étendu à d'autres organismes par l'arrêt du CE du 25 juin 1976, *Romeyron*, p. 336, à propos d'une commission départementale d'urbanisme commercial.

B. *L'intérêt à agir des élus locaux à l'encontre des délibérations des assemblées locales*

La deuxième règle de contentieux administratif porte sur les conditions dans lesquelles le juge administratif apprécie l'intérêt à agir des élus locaux contre les délibérations de l'assemblée à laquelle ils appartiennent.

Initialement, les élus ne pouvaient invoquer un intérêt personnel distinct de l'intérêt de la collectivité. Il était admis que « les membres des corps organisés devaient être solidairement représentés par leur corps et n'avaient pas d'intérêt personnel distinct à en contester les décisions »[6].

Cette interdiction pour les membres des assemblées locales d'agir en justice a été remise en cause, dans un premier temps, par l'arrêt du Conseil d'État du 1er mai 1903, *Sieurs Bergeon, Dalle et autres*[7], dans lequel il a jugé que « les requérants, agissant comme conseillers municipaux, avaient intérêt à demander l'annulation de la délibération de l'assemblée, dès lors qu'ils soutenaient qu'elle faisait obstacle à l'exercice de leur mandat et méconnaissait les dispositions de la loi qui en garantissaient l'accomplissement. Cet arrêt remettait ainsi en cause la conception unitaire de l'assemblée locale.

Les élus locaux se sont vus reconnaître, dans un second temps, avec l'arrêt du 4 août 1905, *Martin*, un intérêt à agir pour défendre les prérogatives de l'assemblée à laquelle ils appartenaient. Les élus pouvaient ainsi former un recours, même s'ils n'étaient pas lésés personnellement dans leurs droits. Ils étaient considérés comme agissant au nom de l'assemblée dont ils étaient membres.

L'organe délibérant d'une collectivité locale ne formait plus nécessairement un tout mais il était désormais conçu comme regroupant plusieurs membres ayant des intérêts distincts. Maurice Hauriou rend compte de cette évolution en précisant qu'avec l'arrêt Martin « les membres des conseils ne sont pas absorbés par celle-ci, ils ont un intérêt individuel à ce qu'elle soit bien administrée, il y a donc coexistence de l'intérêt individuel et de l'intérêt collectif »[8].

Pour autant, les élus ne pouvaient pas contester la légalité interne de la délibération de l'assemblée à laquelle ils appartenaient. « La défense de la

---

[6] B. Faure, « L'intérêt pour agir des membres des assemblées locales contre les actes de leur collectivité. Pourquoi le juge a-t-il plusieurs définitions ? », *AJDA* 2018, p. 1400. Cette jurisprudence trouvait sa source dans l'article 67 de la loi du 5 avril 1884 en vertu duquel « Le conseil municipal et, en dehors du conseil, toute partie intéressée, peut se pourvoir contre l'arrêté du préfet devant le Conseil d'État ». Il était possible d'en déduire qu'on ne saurait trouver de « partie intéressée » au sein du conseil.

[7] n° 09132, Lebon 324 ; S. 1905. III. 1, note M. Hauriou.

[8] *Sirey* 1905, 2, p. 4.

légalité ne regard(ait) pas l'élu dans tous les cas, mais se trouv(ait) limitée à ceux où les règles du jeu délibératif auraient été violées (convocation, tenue des débats, règles de quorum et de majorité...) »[9].

Edouard Laferrière justifiait cette restriction par le fait que « tous ceux qui font partie d'une collectivité peuvent bien agir *ut singuli* à raison de leurs intérêts particuliers, mais ils ne peuvent pas agir *ut universi* pour la défense d'intérêts généraux qu'ils n'ont pas mission de défendre »[10]. « Les membres des corps électifs ne peuvent pas [...] assimiler à un intérêt personnel l'intérêt qu'ils portent, à raison de leur mandat, aux affaires qu'ils contribuent à administrer »[11].

C'est donc avant tout en tant que membres d'un organe collégial et « non en tant que représentants de [leurs] électeurs » que les élus se sont vu reconnaître un droit au recours. Celui-ci ne pouvait en effet être exercé que pour sanctionner la violation des règles de procédures de la délibération. L'élu, membre de l'organe délibérant, a un intérêt à ce que cet organe délibère « selon les formes légales ». C'est uniquement à ce titre que son intérêt à agir était admis.

C'est ce qui explique que cette jurisprudence s'appliquait également aux autres organes collégiaux, notamment aux organes consultatifs[12].

Mais le Conseil d'État a encore fait évoluer cette jurisprudence, en admettant tout d'abord que les membres des organes consultatifs puissent invoquer tout moyen à l'appui d'un recours contre les délibérations de leurs conseils, sans nécessairement devoir faire appel à la notion de « prérogatives »[13]. Selon le commissaire du gouvernement Kahn, « les membres d'un organisme consultatif ont pour mission d'examiner le projet sous tous ses aspects, y compris d'ailleurs ceux qui relèvent de l'opportunité, et c'est précisément, [...], parce qu'ils sont associés à la préparation de la décision qu'ils ne peuvent s'en désintéresser ensuite. L'action qu'ils exercent

---

[9] B. Faure, art. précité, p. 1400.

[10] E. Laferrière, *Traité de la juridiction administrative et des recours contentieux*, t. 2, 1re éd., 1888, réimpr. LGDJ, 1989, p. 405 et s.

[11] *Traité*, t. 2, préc., p. 412.

[12] CE 30 avril 1926, *Suran*, p. 439 ; CE 26 octobre 1956, *Dlle Cavalier*, p. 387, *AJDA* 1957, p. 29, Conclusions M. Long.

[13] CE Section, 25 janvier 1963, *Lemaresquier*, p. 48, *D.* 1963, p. 333 ; dans le même sens, CE 16 octobre 1994, *Fourcade*, n° 124385 et CE 21 octobre 1995, *Velluet*, n° 82096, A*JDA* 1996, p. 215, concl. Schwartz, malgré un flottement de la jurisprudence (issu notamment de l'arrêt du CE 30 mars 1977, *Carreau*, p. 170, admettant la recevabilité du recours d'un membre d'un conseil d'UER, en vue de l'annulation des décisions qui n'auraient pas respecté les prérogatives de ce conseil et de l'arrêt du CE 14 octobre 1977, *Boyer*, p. 391, refusant d'admettre un intérêt à agir à un membre de la commission communale des sites et de l'urbanisme à l'encontre d'un permis de construire, dans la mesure où il n'a invoqué aucun moyen tiré de l'atteinte aux prérogatives de cette commission).

devant le juge n'est, si l'on peut dire, que la continuation de leur action administrative : elle ne saurait être réduite à la défense purement formelle des prérogatives du corps »[14].

Dans un second temps, le Conseil d'État a étendu cette jurisprudence aux assemblées locales électives[15].

Les raisons de ce second revirement de jurisprudence auraient pu être trouvées dans le caractère politique des assemblées locales. Le commissaire du gouvernement, Gilles Bachelier, mentionne, en effet, dans ses conclusions non publiées sur l'arrêt *Ville de Meudon* de 1995, que « le meilleur moyen de faciliter le contrôle de la majorité d'un conseil municipal, général ou régional est d'ouvrir à la minorité de l'assemblée territoriale le droit de contester sur le terrain contentieux les délibérations à l'adoption desquelles elle s'est opposée en vain ».

Mais, le Conseil d'État a appliqué, seulement une année après, cette jurisprudence aux membres du conseil d'administration d'un établissement public[16], mettant ainsi fin à une telle interprétation. Le Conseil d'État a en effet retenu une solution identique pour tous les organes collégiaux. Le commissaire du gouvernement R. Schwartz précise, en effet, dans ses conclusions que « les conseils d'administration des établissements publics d'enseignement ont aussi une composition élective et le contrôle de légalité assuré soit par le représentant de l'État,... soit par une tutelle rectorale... est tout aussi lâche... Seuls les membres de ces conseils d'administration sont en réalité informés des délibérations prises et des conditions de leur adoption. Ils sont les seuls à pouvoir faire respecter la légalité [...] la transposition de [la] jurisprudence sur les membres des assemblées locales est logique, d'autant plus que le contrôle ne peut venir en réalité que de l'intérieur de ces conseils d'administration »[17]. C'est donc la volonté de renforcer le contrôle des membres de ces organes délibérants, ici comparables, qui constitue le motif déterminant de cette évolution jurisprudentielle. A aucun moment, le Conseil d'État ne distingue le conseil d'administration d'un lycée d'une assemblée locale.

---

[14] Conclusions sur CE 25 janvier 1963, reproduites dans la chron. J.-H. Stahl et D. Chauvaux, *AJDA* 1996, p. 363.

[15] Pour les collectivités territoriales, CE, sect., 23 déc. 1988, n° 60678, *Département du Tarn c/ Barbut*, p. 466 ; CE 12 févr. 1992, n° 76185, *Région Midi-Pyrénées* ; CE 24 mai 1995, n° 150360, *Ville de Meudon*, p. 208 (de manière explicite).

[16] CE 22 mars 1996, *Mme Paris et Roignot*, chron. J.-H. Sthal et D. Chauvaux, *AJDA* 1996, p. 363 ; RDP 1996, p. 898.

[17] Concl. sur CE 22 mars 1996. Dans le même sens, les chroniqueurs assimilent les conseils d'administration des lycées aux conseils locaux : « Les membres des assemblées locales et des conseils d'administration des établissements publics ont une vision rapprochée de l'activité de ces organes et exercent à son égard une vigilance naturelle ».

Ainsi, il résulte de ces deux règles contentieuses que les organes délibérants des collectivités territoriales sont traités comme ceux des autres personnes publiques. Leur spécificité est ignorée et même niée.

II. L'abandon ou l'apparition de règles spécifiques, dépourvus de toute signification à l'égard de la définition des collectivités territoriales

Parallèlement, l'établissement comme l'abandon par le juge administratif de trois règles du contentieux administratif, propres aux collectivités territoriales, ne donnent aucune indication sur la définition des collectivités territoriales. Il s'agit, d'une part, des conditions dans lesquelles les collectivités territoriales sont représentées en justice (A), d'autre part, des conditions de recevabilité du recours pour excès de pouvoir contre les délibérations préparatoires des collectivités territoriales (B), et enfin, de l'exigence d'une décision expresse de rejet des conseils délibérants (C).

A. La représentation en justice des collectivités territoriales

De manière traditionnelle, le Conseil d'État juge, pour les personnes morales de droit public, que si le défaut de qualité pour agir est une question d'ordre public, le moyen ne doit être relevé d'office que si son bien-fondé ressort des pièces du dossier. Cette jurisprudence a notamment été rappelée dans un arrêt du Conseil d'État *Mme Leyris* du 11 avril 2008, à propos de la Poste[18].

Or, cette jurisprudence ne s'appliquait pas, de manière dérogatoire, aux actions en justice menées au nom des collectivités territoriales. Le Conseil d'État se montrait, en effet, à leur égard beaucoup plus sévère et rigoureux. Il ne suffisait pas que l'assemblée délibérante ait pris une délibération autorisant le chef de l'exécutif local à agir en justice, il fallait encore que cette délibération ait été versée au dossier[19]. Le Conseil d'État a ainsi censuré l'arrêt d'une cour qui n'avait pas vérifié d'office qu'un maire, auteur d'un appel

---

[18] CE 11 avril 2008, *Mme Leyris*, n° 299525, T., p. 848-880 : « lorsqu'une partie est une personne morale, il appartient à la juridiction administrative saisie, *qui en a toujours la faculté*, de s'assurer, *le cas échéant*, que le représentant de cette personne morale justifie de sa qualité pour agir au nom de cette partie ; que tel est le cas lorsque cette qualité est contestée sérieusement par l'autre partie ou qu'au premier examen, l'absence de qualité du représentant de la personne morale semble ressortir des pièces du dossier ». V. également en ce sens, CE Sect., avis 29 novembre 1991, *Syndicat des commerçants non sédentaires de la Savoie*, n° 129441 et postérieurement à l'arrêt de 2008, pour des établissements publics, CE 14 mai 2008, *Nomblot* n° 280935 ; CE 22 février 2010, *Fonvieille* n° 316219.

[19] Pour une intervention présentée par un maire, CE 10 février 1952, *Defos du Rau*, n° 9716, p. 565 ; pour des conclusions en demande présentées par le préfet, représentant le département, CE 25 novembre 1955, *Préfet du Vaucluse et Mle Dalmas*, n° 6477, T., p. 771 ; CE Section, 11 mars 1977, *Commune d'Achen c/Wolf*, p. 134.

incident présenté au nom de la commune, disposait d'une habilitation du conseil municipal[20].

Mais il ne ressort pas pour autant des conclusions du commissaire du gouvernement sur l'arrêt *Mme Leyris* que « le sort particulier réservé aux collectivités territoriales était « justifié par des considérations théoriques décisives [...], ce parti [était] fondé, avant tout, sur l'idée que, dans leur cas, des textes législatifs indiquent avec précision les conditions dans lesquelles ces personnes morales [collectivités territoriales] doivent être représentées : leurs organes doivent avoir été régulièrement et spécialement autorisés par l'organe délibérant de la collectivité »[21]. Bien que spécifique aux collectivités territoriales, cette jurisprudence, principalement fondée sur l'existence de dispositions précises du Code général des collectivités territoriales[22], n'offrait donc aucune piste de réflexion sur l'identité des collectivités territoriales.

Peu pertinente pour notre recherche, cette jurisprudence propre aux collectivités territoriales, a en outre été remise en cause par le Conseil d'État dans un arrêt *Niel* de 2012. Celui-ci a, en effet, décidé de soumettre les collectivités territoriales aux règles applicables aux autres personnes morales publiques et même privées[23].

Ne voyant pas « de justification théorique très ferme à ce que le juge se montre plus ou moins exigeant selon que des écritures lui sont présentées au nom d'une collectivité territoriale ou d'une autre personne morale »[24], le Conseil d'État a, en effet, jugé qu'il n'était plus nécessaire de soulever d'office, dans tous les cas, le défaut de qualité pour agir de l'exécutif local. Selon le rapporteur public, « la seule circonstance que des textes de rang

---

[20] CE 19 novembre 1999, *Ailloud*, n° 188442, T.

[21] Concl. F. Lénica sur CE 11 avril 2008, *Mme Leyris, préc.* Les conclusions de D. Chauvaux sur l'arrêt du 19 novembre 1999, *Ailloud*, préc. ne sont pas plus éclairantes sur les justifications théoriques d'une telle règle particulière : « Bien que la justification d'une différence de traitement entre ces collectivités et les personnes morales de droit privé ne soit pas évidente, nous croyons que cette jurisprudence demeure valable ». Dans ses conclusions sur l'avis du CE du 29 novembre 1991, *Syndicat des commerçants non sédentaires de la Savoie*, préc., le commissaire du gouvernement, Mme Hagelsteen, justifie, elle aussi, cette règle particulière par l'existence de textes législatifs précis en matière de représentation des collectivités locales en justice.

[22] Art. L. 2122-22, L. 2132-1, L. 2132-2 du CGCT.

[23] CE 7 mars 2012, *Niel*, n° 334898, note E. Glaser, *RLCT* mai 2012 p. 59 : « qu'il ressort des pièces du dossier soumis à la cour que, si la commune de Trélans n'a produit aucune délibération de son conseil municipal donnant délégation à son maire pour agir en justice ou l'autorisant à défendre à l'instance l'opposant à M. NIEL, la qualité à agir du maire au nom de la commune n'était pas contestée ; qu'il ne ressortait, par ailleurs, au premier examen, d'aucun des éléments au vu desquels la cour a statué que le maire fût dépourvu d'une telle qualité ; que le moyen tiré de ce que l'arrêt attaqué serait entaché d'irrégularité, faute pour la cour d'avoir invité la commune à produire une délibération habilitant son maire à agir en défense pour son compte, doit donc être écarté ».

[24] Concl. V. Daumas sur cet arrêt.

législatif définissent, de manière précise, les conditions dans lesquelles les collectivités territoriales sont représentées en justice ne [...] semble pas convaincante : dans le cas de nombreux établissements publics, ce sont des textes réglementaires qui prévoient ces conditions de représentation »[25].

Pour le Conseil d'État, « l'existence d'un contrôle politique de l'assemblée délibérante de la collectivité sur les actes de l'exécutif local plaiderait plutôt pour que le juge se montre moins sourcilleux sur les conditions dans lesquelles les collectivités territoriales sont représentées que dans le cas, par exemple, des établissements publics, au sein desquels un tel contrôle n'existe généralement pas »[26].

Enfin, le Conseil d'État n'a probablement pas été indifférent à l'avis de son rapporteur public qui faisait valoir que « prévoir une exception à la jurisprudence *Leyris* dans le cas des collectivités territoriales [aurait pu] poser des problèmes tenant au champ de cette exception : [se poserait] par exemple la question de savoir si les établissements publics de coopération intercommunale en relèveraient ou non »[27]. En assimilant les collectivités territoriales aux autres personnes morales, le Conseil d'État évite de se prononcer sur la question redoutable de la distinction entre établissement public de coopération intercommunale et collectivités territoriales. Le juge n'a pas ainsi à identifier ce qu'est une collectivité territoriale.

La seconde règle spécifique, mais qui a été abandonnée, sans que l'on puisse en tirer de conclusions sur l'identité des collectivités, porte sur la recevabilité du recours pour excès de pouvoir à l'encontre des délibérations préparatoires des assemblées locales.

B. La recevabilité du recours pour excès de pouvoir à l'encontre les délibérations préparatoires des assemblées locales

Pendant très longtemps, le Conseil d'État a admis, de manière dérogatoire, la recevabilité du recours pour excès de pouvoir contre les délibérations préparatoires des assemblées des collectivités locales, à condition que des « vices propres » à la délibération, c'est-à-dire des vices de légalité externe, soient invoqués à leur encontre[28]. Cette jurisprudence dérogeait tout à la fois au principe de l'irrecevabilité du recours pour excès de pouvoir contre les actes ne faisant pas grief et à celui de l'appréciation de la recevabilité d'un recours au regard des conclusions et non des moyens invoqués.

---

[25] Concl. préc.

[26] Concl. préc.

[27] Concl. préc.

[28] G. Koubi, « Le vice propre à la délibération dans le droit de la décentralisation », *AJDA* 1992, p. 779.

Cette jurisprudence, propre aux collectivités territoriales, a pendant longtemps trouvé son fondement dans les dispositions des articles 63 et 65 de la loi du 5 avril 1884, reprises par les articles L. 121-32 et 33 du Code des Communes, en vertu desquelles « toutes les délibérations pouvaient être déclarées nulles de droit par le préfet et faire, en cas de refus du préfet, l'objet d'un recours contentieux ». Compte tenu de son fondement textuel, le Conseil d'État ne l'appliquait qu'aux communes[29]. Les autres collectivités territoriales, et plus précisément, le département, n'en relevaient pas[30]. Cette jurisprudence ne s'appliquait pas non plus aux organes délibérants des établissements publics locaux[31].

L'adoption de la loi de 1982, qui met fin à la tutelle administrative du préfet, qui institue le déféré préfectoral et qui permet à tout requérant de contester directement devant le juge les délibérations des collectivités territoriales, aurait pu conduire le Conseil d'État à abandonner cette jurisprudence.

Tel n'a pas été le cas. Dans un arrêt *Tête* du 22 mai 1987[32], le Conseil d'État a en effet maintenu sa jurisprudence sur les vices propres et l'a même étendue à l'ensemble des collectivités territoriales et à tous les requérants (préfet, administrés ou membres des assemblées locales)[33].

C'est finalement un arrêt d'Assemblée du Conseil d'État du 15 avril 1996, *Syndicat CGCT des hospitaliers de Bédarieux* qui a abandonné la jurisprudence sur les vices propres tout au moins pour les requérants ordinaires[34]. Si cet arrêt concerne un établissement public hospitalier ne relevant pas de la loi de 1982, sa portée est plus large, puisque le Conseil d'État étend l'irrecevabilité « aux délibérations à caractère préparatoire *des collectivités territoriales et de leurs établissements publics, même à raison des vices propres allégués* ; [...] il ne peut être fait exception à la règle selon laquelle un acte préparatoire ne saurait donner lieu à un recours pour excès de pouvoir que dans les cas où il en est ainsi disposé par la loi ; que tel est le cas lorsque, sur le fondement de la loi susvisée du 2 mars 1982, le représentant de

---

[29] CE, 12 mai 1944, *Leroux,* p. 136 ; 9 janv. 1952, *Vidal*, p. 22 ; CE 18 décembre 1953, *Dobrouchkess,* p. 566 ; CE, Ass., 14 mai 1954, *Kleman,* p. 269

[30] CE, Sect., 6 mai 1955, *Commune de Larrazet,* p. 241.

[31] CE 30 octobre 1987, *Bureau d'aide sociale de Paris,* n° 59268, jugeant irrecevable le recours pour excès de pouvoir formé contre une délibération préparatoire du conseil d'administration du bureau d'aide sociale de Paris, sans rechercher l'existence de vice propre à la délibération.

[32] N° 70085.

[33] CE 2 décembre 1991, *Commune de Chaussée-Tirancourt*, Conclusions R. Abraham, RFDA 1992, p. 892, pour le préfet ; CE, 16 janvier 1995, *Société civile forestière de l'écureuil de Py et de Rotja*, req. n° 144465, pour les départements et CE 29 juillet 1994, *Tête,* Tables, p. 843 et CE 13 novembre 1995, *Poperen et autres*, n° 154082, *AJDA* 1996 p. 77 pour les communautés urbaines.

[34] p. 130, *AJDA* 1996 p. 366, chron. J.-H. Stahl et D. Chauvaux et *RFDA* 1996 p. 1169, concl. J.-D. Combrexelle.

l'État dans le département défère au juge administratif les actes des collectivités territoriales ou de leurs établissements publics qu'il estime contraires à la légalité »[35].

Est-il possible de trouver dans ce revirement de jurisprudence des éléments utiles pour identifier ce qui fait la spécificité des collectivités territoriales ?

L'une des solutions proposées par le commissaire du gouvernement, et qui aurait consisté à appliquer plus strictement la jurisprudence sur les vices propres, aurait pu être intéressante de ce point de vue, mais elle n'a malheureusement pas été retenue par le Conseil d'État.

Appliquer strictement la jurisprudence sur les vices propres aurait, tout d'abord, selon le commissaire du gouvernement, conduit le Conseil d'État à distinguer selon « la composition technique ou politique des organes délibérants », alors même que la loi du 2 mars 1982 visait indifféremment les collectivités territoriales et leurs établissements publics[36]. Cette distinction est celle qui correspondrait le mieux à ce qui justifie le contrôle des vices propres, c'est-à-dire le contrôle des conditions de vote des délibérations par les assemblées locales de caractère politique au sens large ». Mais, selon le commissaire du gouvernement, cette « distinction entre le politique et le technique » aurait été particulièrement difficile à mettre en œuvre au regard de la diversité des établissements publics locaux (EPCI, CCAS, OPHLM, offices publics d'aménagement et de construction, centres de gestion du personnel). Difficultés auxquelles le Conseil d'État n'a pas voulu être confronté.

A l'inverse, la deuxième solution, proposée par le commissaire du gouvernement et qui est celle qui a été retenue par le Conseil d'État, trouve sa justification dans des motifs étrangers à l'objet de notre recherche. Ce sont en effet des motivations contentieuses qui ont justifié l'abandon de la jurisprudence relative aux vices propres, tout au moins à l'égard des requérants ordinaires. Le Conseil d'État a en effet été sensible aux arguments invoqués par son commissaire du gouvernement, tirés du fait que la jurisprudence antérieure « multipli[ait] les occasions de litige et [pouvait] paralyser l'action de l'administration » sans donner davantage de garanties au justiciable, puisque celui-ci conserve la possibilité de former un recours pour excès de pouvoir contre la décision finale à l'occasion duquel il peut contester par voie d'exception l'illégalité de la mesure préparatoire[37]. Par ailleurs, « il n'existe ni dans la loi [de 1982] ni dans les travaux préparatoires d'éléments de droit permettant de soutenir que ce recours pour excès de pouvoir dérogerait aux règles de recevabilité concernant tant l'intérêt à agir que la

---

35 C'est nous qui soulignons.

36 Concl. J.-D. Combrexelle

37 Concl. J.-D. Combrexelle préc.

nature de l'acte attaqué. Bien au contraire, l'article L. 121-34 du code des communes, dans sa rédaction issue de la loi du 2 mars 1982 (devenu l'article L. 2131-9 dans le nouveau code général des collectivités territoriales) souligne le caractère de droit commun du recours que peuvent exercer les particuliers devant le juge. Selon cette disposition, seules les personnes personnellement lésées par un acte, ce qui recouvre à la fois l'intérêt à agir et la nature de l'acte en cause qui doit faire grief, sont admises à former un tel recours »[38].

Si le retour au droit commun, dans ces deux hypothèses, ne permet pas d'identifier ce qui constitue l'identité des collectivités territoriales, il démontre, à tout le moins, que le Conseil d'État évite, autant qu'il le peut, de se prononcer sur une telle question[39]. Le même constat peut être dressé à propos, cette fois-ci, d'une règle propre aux collectivités territoriales.

C. L'exigence d'une décision de rejet expresse de l'organe délibérant

Une règle, tirée du Code de justice administrative, mérite d'être étudiée, dans la mesure où elle a été limitée dans sa portée, par le juge administratif, aux seules collectivités territoriales, tout au moins pour l'instant.

Il s'agit de l'exigence d'une décision de rejet expresse, pour faire courir le délai de recours contentieux, qui s'applique, dans le contentieux de l'excès de pouvoir, à toutes les mesures sollicitées qui ne peuvent être prises que « par décision ou avis des assemblées locales ou de tous autres organismes collégiaux »[40].

Pour toutes ces décisions, le Code de justice administrative prévoit que le requérant ne se verra opposer une forclusion qu'après un délai de deux mois à compter du jour de la notification d'une décision expresse de rejet. Cette règle, posée à l'origine par le décret du 11 janvier 1965, s'explique par la spécificité de la décision attaquée, et plus précisément par le fait qu'elle doit être prise par un organe délibérant[41]. Il a en effet été jugé excessif de considérer que le silence d'un tel organe pendant quatre mois pouvait signifier « son intention de rejeter la demande »[42]. A la lecture du Code de justice

---

[38] Concl. préc.

[39] V. dans le même sens, le constat dressé par S. Saunier, à propos de la classification des personnes morales de droit public, « La distinction des personnes morales corporatives et des personnes morales fondatives : point de vue publiciste », *in* X. Dupré de Boulois et Ph. Yolka (dir.), *Léon Michoud*, Institut universitaire de Varenne, 2014, p. 198.

[40] CJA, art. R. 421-3.

[41] Sur la délibération, v. G. Koubi, « La délibération, manifestation de volonté dans le droit des collectivités locales », *Les Petites Affiches* 1992, n° 71, p. 4 et M. Fleury, *La délibération en droit public*, Thèse Paris 1, 2016.

[42] Sur cette explication, R. Chapus, *Droit du contentieux administratif*, Montchrestien, 11ème édition, 2004, p. 598, n° 703-2°.

administrative, cette règle ne s'explique donc, en aucun cas, par le caractère local de l'acte[43] mais par le caractère délibérant de l'organe auteur de la décision attaquée.

Toutefois, le Conseil d'État a limité considérablement la portée de cette disposition en droit des collectivités territoriales[44], en jugeant que le silence gardé par le maire, à la suite d'une demande du préfet, avait fait naître une décision implicite de rejet contre laquelle il appartenait au préfet de se pourvoir dans un délai de deux mois. Le silence du maire est ainsi compris comme le refus d'inscrire la demande à l'ordre du jour.

Cette solution, retenue pour les seules assemblées locales, n'a pas encore à notre connaissance été étendue aux organes délibérants des autres personnes publiques. Un seul arrêt du Conseil d'État, postérieur à 1995, et portant sur un établissement public, continue à appliquer strictement les dispositions du Code puisqu'il a été jugé que la décision de rejet ne peut être prise que par l'organe collégial et que, par voie de conséquence, la demande présentée n'avait fait l'objet d'aucune décision expresse et que, par suite, aucune forclusion ne pouvait être opposée aux conclusions de la requête[45].

Pourtant, les raisons qui ont justifié la solution retenue par l'arrêt de 1995 semblent suffisamment générales pour pouvoir s'appliquer également aux autres organes collégiaux. Il ressort en effet des conclusions du commissaire du gouvernement Laurent Touvet sur cet arrêt que le Conseil d'État a jugé « inopportun d'exiger, pour faire courir les délais de recours contentieux, un rejet exprès du recours gracieux par le conseil municipal, qui risque bien de ne jamais intervenir, puisque, faute de loi en ayant ainsi disposé, il ne peut pas naître de décision de son silence. Si le maire n'inscrit pas la question à l'ordre du jour, l'autorité préfectorale pourrait alors, plusieurs années après, déférer une vieille délibération à laquelle plus personne ne porte attention »[46]. Cette solution réaliste, fondée sur des exigences de sécurité juridique, et qui prend acte de l'absence d'auto-saisine des assemblées locales, pourrait donc s'appliquer également, pour les mêmes raisons, aux décisions prises par les autres organes administratifs délibérants. Ainsi, cette jurisprudence propre aux collectivités ne nous renseigne pas davantage sur ce qui fait l'identité d'une collectivité territoriale par rapport aux autres personnes publiques.

---

[43] Par exemple, pour une collectivité locale, CE 26 janvier 1990, *Munos*, Tables, p. 915 et pour des établissements publics, notamment, une fédération départementale d'associations de pêche et de pisciculture, CE Section, 25 avril 1975, *Association des propriétaires riverains du bassin de la Nive*, n° 90542, ou encore le conseil d'administration de l'établissement public, Aéroports de Paris, CE 13 octobre 1999, *Cie nationale Air France*, n° 193195.

[44] CE 6 décembre 1995, *Préfet des deux Sèvres c. Cne de Neuvy-Bouin,* n° 127841 ; Note J.-C. Douence, *RFDA* 1996 p. 328. V. pour des applications postérieures, v. notamment, CE 2 octobre 2013, *Vincent*, n° 367023 ; CE 8 juin 2016, n° 387547.

[45] CE 13 octobre 1999, *Cie nationale Air France*, n° 193195, préc.

[46] Conclusions L. Touvet non publiées.

Il en va différemment de deux autres règles propres aux collectivités territoriales à partir desquelles il semble possible d'identifier des éléments de définition des collectivités territoriales. Mais il faut immédiatement préciser que celles-ci sont en partie remises en cause ou pas encore suffisamment affirmées.

III. L'existence de règles propres révélant une définition inaboutie des collectivités territoriales

Ces deux règles concernent, d'une part, le mécanisme de l'autorisation de plaider, dont la portée a toutefois été fortement limitée par le Conseil d'État (A), et d'autre part, la jurisprudence récente relative à l'intérêt à agir des élus locaux à l'encontre des décisions de l'exécutif de la collectivité, qui n'est pas encore complètement affirmée (B).

A. Le mécanisme de l'autorisation de plaider

Prévu à l'article L. 2132-5 du CGCT, d'origine très ancienne (loi du 18 juillet 1837) et qui n'existe pas pour les autres personnes publiques[47], ce mécanisme permet aux contribuables locaux, et seulement eux, de se substituer à la collectivité en cas d'inaction de celle-ci à défendre ses intérêts. Ayant un caractère subsidiaire, cette action a pour finalité de défendre les intérêts de la collectivité contre ceux de ses représentants.

Le contribuable local n'agit pas, dans ce cas, dans son intérêt propre, mais bien dans celui de la collectivité. Ceci explique d'ailleurs pourquoi l'autorisation de plaider ne peut être délivrée que si la collectivité a préalablement « refusé ou négligé »[48] d'exercer l'action que se propose d'entreprendre le contribuable. Celui-ci ne peut ainsi agir en justice au nom d'une collectivité qu'après avoir demandé à ses organes d'engager une telle action[49]. L'action doit en outre appartenir à la collectivité et non au contribuable, sous peine d'être jugée irrecevable.

Ce mécanisme a été présenté, certes, de manière un peu excessive, par René Chapus « comme une manifestation des liens naturels de solidarité qui sont à l'origine de leur existence »[50]. Ce lien particulier ainsi établi entre la collectivité territoriale et « ses membres », ici les contribuables locaux,

---

[47] C. Parent, « L'autorisation de plaider du contribuable au lieu et place de sa collectivité territoriale : une tradition au service de la démocratie locale », *RFDA* 2010, p. 378 ; B. Pacteau, « L'autorisation au contribuable de plaider au lieu et place de sa collectivité territoriale », *Mélanges Jacques Moreau*, Économica, Paris, 2003, p. 337 ; C. Maugüe, « Autorisations de plaider », J.-Cl. adm., fasc. 1083.

[48] CGCT, art. L. 2132-5.

[49] Par exemple, pour un contrôle du juge, CE 16 janvier 2004, *Méry*, p. 9.

[50] Manuel, préc., p. 451.

pourrait être rattaché à la notion de personne publique corporative développée par Léon Michoud.

Selon cet auteur, les corporations en droit public regroupent des communautés territoriales (État, collectivités territoriales et certains établissements publics) qui se distinguent des autres personnes morales de droit public, dénommées fondations, au regard de deux éléments : « 1° [...] elles se composent d'une population fixée sur un territoire déterminé et ces deux éléments leur sont aussi essentiels l'un que l'autre ; [surtout] 2° Elles ont pour mission de gérer l'ensemble des intérêts collectifs de la population fixée sur ce territoire »[51]. « Dans la corporation, l'élément intérêt et l'élément volonté se trouvent réunis ; c'est le groupe même des intéressés qui forme l'organisation destinée à dégager la volonté du groupe »[52].

A l'inverse, les fondations, qui regroupent la plupart des établissements publics, « ne [sont] pas l'organisation d'un groupe de membres ayant des intérêts communs ; elle[s] ser[vent] des intérêts de bénéficiaires qui [leur] restent extérieurs [...] Par conséquent, l'organisation ne peut dégager une volonté collective du groupe ; elle est au contraire établie par une volonté extérieure, celle du ou des fondateurs, qui lui donne des organes chargés de remplir le but assigné »[53].

La volonté est, dans la corporation, « donnée du dedans », « le but est déterminé par la volonté des membres mêmes du groupe ». A l'inverse, dans la fondation, la volonté est « donnée du dehors »[54].

Or, dans le cadre de l'autorisation de plaider, c'est justement l'un des membres de la collectivité qui prend en charge la défense de l'intérêt collectif en cas de défaillance des organes dirigeants de la collectivité. Ce mécanisme, qui déroge au principe de représentation en justice d'une collectivité par son exécutif[55], a donc pour but de résoudre un éventuel conflit d'intérêts entre ceux de la collectivité et ceux de ses organes exécutif et délibérant[56]. C'est,

---

[51] L. Michoud, *La théorie de la personnalité morale et son application en droit français*, Tome 1, LGDJ 1924, rééd. 1998, préc., p. 260-261. Les « communautés territoriales » composées notamment des communes et des départements exercent des missions *d'ordre général* sur *un territoire* donné ; elles « représentent *l'ensemble* des intérêts collectifs de la population établie sur *le territoire* en tant que ces intérêts collectifs ne sont pas représentés par une collectivité plus haute », Tome 1, p. 266.

[52] Ouvrage préc., p. Tome 1, p. 207.

[53] J.-C. Douence, « La spécialité des personnes publiques en droit administratif », *RDP* 1972, p. 765 et 772.

[54] Préc. p. 217.

[55] CGCT, art. L. 2132-2.

[56] CGCT, art. L. 2132, permettant au conseil municipal de désigner l'un de ses membres autre que le maire pour la représenter en justice dès lors que les intérêts de ce dernier se trouvent en opposition avec ceux de la commune. Dans le même sens, les organes de la collectivité ne

dans ce cas, le membre du groupement, le contribuable local, qui prend en charge, qui porte, à travers son action en justice, l'intérêt de la collectivité. Il y a bien ici la marque d'une personne publique corporative au sens où l'entendait Léon Michoud.

Toutefois, le Conseil d'État a restreint considérablement la portée de ce mécanisme en introduisant une fin de non-recevoir que la loi ne prévoyait pas. Dans un arrêt du 28 avril 2006, le Conseil d'État a en effet jugé que n'était plus recevable à agir au nom de la collectivité, le contribuable qui a un intérêt à agir en son nom propre dans le cadre d'un recours pour excès de pouvoir[57].

Cet arrêt devrait avoir pour effet de réduire considérablement le nombre de recours formés par les contribuables locaux, à la place de la commune, puisque ceux-ci ont un intérêt à agir contre toutes décisions ayant des répercussions financières en vertu de la jurisprudence de 1901, *Casanova*.

Au-delà de ces effets contentieux, l'arrêt *Cassinari* fragilise surtout la construction doctrinale selon laquelle la collectivité territoriale pourrait être identifiée à une personne publique corporative : il rompt en effet le lien qui existait entre la collectivité et ses membres. Dès lors que le contribuable dispose d'un intérêt personnel, il ne peut plus défendre l'intérêt de la collectivité. Pourtant, « la finalité spécifique [de l'autorisation de plaider du contribuable], tournée vers la défense d'un intérêt supérieur qui n'est pas réductible à un intérêt individuel, explique à elle seule, selon Christine Maugüé (Autorisations de plaider, J.-Cl. adm., fasc. 1083, n° 7), « pourquoi on ne saurait opposer [au requérant] l'exception de recours parallèle » alors même qu'il aurait, en sa qualité de contribuable local, intérêt à agir devant le juge de l'excès de pouvoir »[58].

En se fondant sur les résultats identiques auxquelles parviennent ces deux voies de recours, le Conseil d'État balaie l'idée qu'un membre de la collectivité puisse agir dans l'intérêt de celle-ci, indépendamment de son intérêt particulier. C'est mettre en quelque sorte le contribuable local « en dehors » de la collectivité et c'est par là même affaiblir l'idée selon laquelle les collectivités pourraient être des personnes corporatives au sens où l'entendait Léon Michoud.

---

peuvent agir dans le seul intérêt particulier d'un ou de plusieurs de ses habitants. V. par exemple, CE, 28 juin 1996, *Commune de Bures-en-Bray*, n° 135333, CE 22 mai 2012, *SNC MSE Le Haut des Epinettes*, n° 326367 ou plus récemment, CE 11 juillet 2018, *Commune de Troyon, Commune de Fontenay-sous-Bois, Commune de Tarnon*, n° 413782.

[57] n° 280878, p. 210 ; *BJCL* 2006, n° 8, p. 599, concl. C. Devys ; *JCP A* 2006, n° 1198, note J. Moreau ; A. Claeys, note *AJDA* 2007, p. 266. Cet arrêt n'a pas été confirmé par la suite à notre connaissance.

[58] A. Claeys, note préc.

B. L'intérêt à agir des élus locaux contre les décisions de l'exécutif

Il faut faire état, ensuite, d'une jurisprudence récente du Conseil d'État selon laquelle les élus locaux, en tant que membres de l'assemblée, ont un intérêt leur donnant qualité pour contester les contrats conclus par la collectivité par la voie du recours de plein contentieux[59]. Dans le cadre de ce recours *Tarn-et-Garonne*, ils n'ont pas à démontrer, comme les tiers ordinaires, qu'ils sont « susceptibles d'être lésés dans leurs intérêts de façon suffisamment directe et certaine par la passation du contrat ou par ses clauses contractuelles ». Ils tirent de leur seule qualité un intérêt à agir. Ils peuvent, en outre, compte tenu « des intérêts » dont ils ont la charge, invoquer tout moyen à l'appui de leurs recours.

Les élus locaux bénéficient de ce même statut privilégié dans le cadre du recours pour excès de pouvoir qu'ils peuvent exercer contre les contrats de recrutement des agents contractuels de droit public de la collectivité à laquelle ils appartiennent[60].

Ce statut contentieux spécifique a été étendu également dans le cadre du recours en contestation de la validité de la décision de refus de la collectivité territoriale de résilier un contrat. Dans l'arrêt de Section du 30 juin 2017, *Syndicat mixte de promotion de l'activité transmanche*[61], le Conseil d'État a en effet jugé que les membres de l'organe délibérant de la collectivité territoriale ou du groupement de collectivités territoriales, compte tenu des intérêts dont ils ont la charge, n'ont pas à démontrer que les moyens qu'ils invoquent sont en rapport direct avec l'intérêt lésé dont ils se prévalent. Certes, les élus ne peuvent invoquer que trois catégories de vices, dans le cadre de ce recours, mais cette restriction s'applique à tous les tiers, y compris le représentant de l'État. En outre, dans le cadre de ce recours contentieux particulier, l'élu peut se fonder sur des arguments de légalité, mais il peut aussi se prévaloir de l'inexécution des obligations contractuelles « qui, par leur gravité, compromettent manifestement l'intérêt général ».

Le recours des élus devient, pour reprendre les mots de Maurice Hauriou, « un moyen de bonne administration, une procédure contentieuse d'introspection administrative [...]. Il faut toujours qu'il ait un intérêt personnel à agir, mais il n'est plus soutenable que cet intérêt personnel doive lui être exclusivement particulier. Ce peut être *un intérêt qui lui soit commun avec tous les membres d'une collectivité* ; il suffit qu'il se réalise en sa personne comme en la personne des autres, ni plus ni moins »[62].

---

[59] CE Ass. 14 avril 2014, *Département de Tarn-et-Garonne*, n° 358994.

[60] CE 2 février 2015, *Commune d'Aix en Provence*, n° 373520, revenant sur l'arrêt du CE 30 octobre 1998, *Ville de Lisieux*, n° 149662, p. 208.

[61] n° 398445.

[62] S. 1906, 3, p. 49. C'est nous qui soulignons.

Comme cela a déjà pu être relevé, le Conseil d'État aurait pu être plus exigeant et conditionner la recevabilité des moyens ou des vices invoqués à l'intérêt de la collectivité[63]. « Un vice n'ayant pas nui aux intérêts de la personne publique n'aurait pas pu être soulevé » par les élus locaux. Mais si cette solution n'a pas été retenue, c'est parce que « l'intérêt de la personne publique locale est assimilé, en tout cas à ce stade, au respect de la légalité par l'équipe dirigeante »[64]. Les élus exercent, ainsi, en matière contractuelle leurs recours dans l'intérêt public local, assimilé ici au respect de la légalité[65]. Ainsi, aujourd'hui, dans le contentieux des contrats, « le conseiller élu ne défend plus seulement son droit, mais le droit »[66]. Il tire de son mandat la mission de défendre l'intérêt de la collectivité, qui consiste dans le respect de la légalité.

Cette jurisprudence traduit, nous semble-t-il, une conception particulière de la collectivité territoriale et de ses organes. Elle consacre, comme l'a très bien dit Vincent Daumas, dans ses conclusions sur l'arrêt de 2015, *Commune d'Aix-en-Provence*, « la fonction de contrôle des actes de l'exécutif que jouent les membres de l'organe délibérant de la collectivité... au même rang que le rôle de gardien de la légalité imparti au préfet »[67].

Or, cette fonction de contrôle participe de l'idée selon laquelle les assemblées locales, bien qu'elles soient des organes administratifs, tirent de leur élection, une origine politique. La qualification des élections locales comme des élections politiques fait des assemblées locales des assemblées représentatives particulières par rapport aux autres organes administratifs, y compris élus. Les assemblées locales représentent en effet l'ensemble des personnes qui sont concernées à des titres divers par ce territoire[68]. A ce titre, les rapports entre les assemblées locales et leur exécutif sont sous-tendus par des enjeux politiques que le législateur a d'ailleurs progressivement pris en compte en empruntant au droit parlementaire national un certain nombre de règles de fonctionnement et d'organisation pour les appliquer aux institutions locales. Le Conseil d'État s'est montré, à l'inverse, beaucoup plus réticent à appréhender les organes des collectivités comme des institutions politiques. Ce sont ces considérations qui ont notamment justifié son refus d'admettre la

[63] J.-F. Lafaix, « L'intérêt à agir devant le juge du contrat », *in* O. Renaudie (dir.), *L'intérêt à agir devant le juge administratif*, Berger-Levrault, 2015, Au fil du débat, p. 109.
[64] J.-F. Lafaix, art. préc., p. 109.
[65] V. sur cette jurisprudence, F. Melleray, « A propos de l'intérêt donnant qualité à agir en contentieux administratif. Le moment « 1900 » et ses suites », *AJDA* 2014, p. 1530. Cette jurisprudence rejoint ce que disait J.-Cl. Douence dans son article « Contrôle de légalité et contentieux de l'annulation. Réalisme législatif et fixisme jurisprudentiel », in *Études en l'honneur de Jean-Marie Auby*, Paris Dalloz 1992, p. 82 : « les élus locaux tirent de leur mandat « une vocation à défendre l'intérêt public local ».
[66] B. Faure, art. précité.
[67] *BJCL* 2015, p. 319.
[68] J.-A. Mazères, « Les collectivités territoriales et la représentation », *RDP* 1990, p. 637.

recevabilité du recours pour excès de pouvoir des élus locaux contre les décisions de l'exécutif[69].

La jurisprudence du Conseil d'État en matière contractuelle marque à cet égard une rupture, puisqu'elle consacre cette fonction de contrôle des assemblées locales sur leur exécutif. Comme Bertrand Faure l'a très bien écrit, « c'est admettre une nouvelle conception de l'efficacité administrative qui se combine avec le jeu politique entre élus »[70].

Mais, cette évolution, particulièrement favorable aux élus, n'est pas encore pleinement affirmée, puisqu'elle ne s'applique pour l'instant qu'au contentieux contractuel et qu'elle ne joue pas pour les décisions prises par l'exécutif dans le cadre de ses pouvoirs propres ou de ses pouvoirs d'exécution[71]. Pour ces dernières, les élus doivent encore, pour que leur recours soit jugé recevable, démontrer une atteinte aux prérogatives de l'assemblée. Le contrôle des assemblées locales n'est pas encore pleinement reconnu. Celles-ci ne sont pas encore complètement assimilées à des institutions politiques dans leur rapport avec leur exécutif.

Le bilan, on le voit, est maigre. Le contentieux administratif ne nous dit presque rien sur la définition des collectivités territoriales. Mais, ce constat ne surprend pas vraiment. Du point de vue du contentieux administratif, le juge cherche avant tout à concilier la sécurité juridique et le respect de la légalité et veille à ce que la justice soit rapide, efficace et ce quelles que soient les parties au litige. Du point de vue des collectivités territoriales, le juge cherche à maintenir autant qu'il le peut les organes des collectivités territoriales dans le giron des organes administratifs et nie leur dimension politique. Ainsi, les collectivités territoriales restent, pour l'essentiel, des personnes publiques comme les autres.

---

[69] V. en ce sens, concl. J.-H. Stahl sur l'arrêt du CE du 30 octobre 1998, *Ville de Lisieux*, *RFDA* 1999, p. 138 ou encore R. Schwartz sur l'arrêt du CE du 22 mars 1996, *Mme Paris et Roignot*, *RDP* 1996, p. 898, évoquant le « risque d'une dérive du débat politique vers le débat contentieux ».

[70] Art. préc.

[71] CE 14 oct. 1977, *Boyer*, n° 00594, p. 391, ne reconnaissant pas l'intérêt à agir d'un membre de la commission municipale d'urbanisme contre un permis de construire délivré par le maire dans la mesure où il « n'allègue nullement une méconnaissance des prérogatives de cette commission ». Sur ce constat, L. Janicot, *Les droits des élus, membres des assemblées des collectivités territoriales*, LGDJ, BDP, 2004, Tome 238, plus précisément, p. 314 et s.

LES COLLECTIVITÉS TERRITORIALES ET LEUR FONCTION PUBLIQUE : QUELLES SPÉCIFICITÉS ?

Reine WAKOTE

Maître de conférences de droit public à l'Université de Lorraine (IRENEE)

Le jour d'ouverture de ce colloque, Le Figaro titrait, sur sa page web : *« le recrutement des collectivités territoriales de plus en plus problématique »*[72]. Le journal faisait ainsi état des résultats de la *12ème édition du baromètre RH des collectivités locales*[73]. Le baromètre souligne ainsi que 39 % des collectivités ont rencontré des difficultés de recrutement en 2021, tandis que la rémunération est devenue problématique pour 59 % des responsables RH des collectivités interrogées contre 39 % en 2015. Cette situation n'est pas en soi nouvelle, puisque ces difficultés ont déjà été relevées lors des précédents baromètres. En revanche, elle tend à s'accentuer et elle interroge manifestement sur l'évolution de la fonction publique territoriale et sur son attractivité[74].

---

[72] Le Figaro avec AFP, « Le recrutement des collectivités territoriales de plus en plus problématique, selon un baromètre », Le Figaro web, 16 sept. 2021, sur <https://www.lefigaro.fr/flash-eco/le-recrutement-des-collectivites-territoriales-de-plus-en-plus-problematique-selon-un-barometre-20210916 (26.11.22).

[73] La baromètre RH des collectivités locales a été réalisé par le groupe Randstad, cabinet conseil en ressources humaines, en partenariat, notamment, avec Villes de France (association des élus des villes et des agglomérations de France) et l'Assemblée des communautés de France (AdCF). Le baromètre a été réalisé auprès de plus de 572 décideurs publics locaux durant le printemps 2021.

[74] Ce manque d'attractivité de la fonction publique territoriale contraste avec les périodes antérieures, durant lesquelles la fonction publique a connu une forte croissance amorcée dès les années 1960, liée à la forte augmentation de la population urbaine et à celle de l'offre de services communaux. Ultérieurement, la décentralisation et le transfert de certaines compétences de l'État vers les collectivités territoriales ont constitué un facteur déterminant de la croissance de l'emploi territorial ; voir ainsi Philippe RAYNAUD, « L'emploi public est tiré par la fonction publique territoriale », in *Économie et statistique* (Revue de l'INSEE), n°369-370, 2004, pp. 75-92 (78), sur <https://www.insee.fr/fr/statistiques/1376009?sommaire=1376023> (26.11.22). Néanmoins, dans le récent rapport remis à la ministre de la Transformation et de la fonction publiques, en janvier 2022, les auteurs soulignent que *« cette baisse d'attractivité s'inscrit dans un contexte global de tension sur le marché du travail affectant également les autres versants de la fonction publique ... »*. Ils relèvent toutefois des *« difficultés propres à la fonction publique territoriale »*, telles que la concurrence de rémunération avec le secteur privé pour certains emplois de techniciens, la difficulté pour les communes à recruter en raison de leur isolement géographique, la méconnaissance de la diversité de vie professionnelle qu'offre la fonction publique territoriale, un management perçu comme vieillot ; Philippe LAURENT, Corinne DESFORGES et Mathilde ICARD, *L'attractivité de la fonction publique territoriale*, janv. 2022, p.5 et pp.12-24, sur <https://www.interieur.gouv.fr/fr/Publications/Rapports-de-l-IGA/Rapports-recents/L-attractivite-de-la-fonction-publique-territoriale> (26.11.22).

Considérée comme étant « au service de la décentralisation »[75], pour reprendre l'expression de Gaston Defferre ou encore qualifiée, par Olivier Schrameck, d'« enfant légitime de la décentralisation »[76], la fonction publique territoriale demeure, incontestablement, attachée à l'évolution de la décentralisation : rares sont les réformes dessinant les contours de la décentralisation qui n'emportent pas des répercussions sur la gestion des agents territoriaux. De sorte que depuis la loi de 1984, les nombreuses réformes intervenues lui ont distillé un caractère d'instabilité chronique, voire pour certains, de « fonction publique de second rang »[77], bien qu'une partie de la doctrine soit d'avis que l'évolution actuelle ne traduise plus l'image d'une « sous-fonction publique »[78].

Sur un plan quantitatif, les effectifs de la fonction publique territoriale n'ont cessé de progresser pour croître de plus de 40 % entre 1980 et 1998[79]. En 2019, il y avait ainsi 1 968 000 agents permanents dans la fonction publique territoriale, représentant 7 % de la population active[80], contre 1 000 000 peu de temps après sa création. Cette évolution demeure liée au développement de l'intercommunalité et oblige à souligner que la fonction publique territoriale n'incarne pas un ensemble de règles applicables aux seuls fonctionnaires et agents publics des collectivités territoriales, mais aussi applicables à ceux de leurs groupements.

Il n'en demeure pas moins que la fonction publique territoriale présente, aux côtés de la fonction publique d'État et de la fonction publique hospitalière, certaines spécificités. Encore faut-il indiquer ce qui est appréhendé par le terme de « spécificités ». Cela ne s'attache pas uniquement aux seules caractéristiques permettant de distinguer la fonction publique territoriale des deux autres fonctions publiques, dès lors que les trois fonctions publiques partagent un socle commun incarné par le statut de la fonction publique. En revanche, il conviendrait d'appréhender les spécificités de la fonction publique territoriale en privilégiant les modalités particulières selon lesquelles

---

[75] Gaston DEFFERRE, alors ministre de l'Intérieur et de la Décentralisation, lors des Débats parlementaires relatifs à la loi du 26 janvier 1984, laquelle est venue consacrer, après moultes vicissitudes, la fonction publique territoriale, JOAN CR, 1ère séance du 13 déc. 1983, p.3654.
[76] Olivier SCHRAMECK, *La fonction publique territoriale*, Dalloz, Paris, 1995, p.103.
[77] Idem.
[78] Jean-François LACHAUME, Fabrice MELLERAY, « La fonction publique territoriale est-elle une sous-fonction publique ? », in *La profondeur du droit local - Mélanges Douence*, Dalloz, Paris, 2006, p.267.
[79] Philippe MARINI, Gérard BRAUN, *Rapport général 87 (2001-2002), Loi de finances pour 2002, Tomme III – Annexe 27 : Fonction publique et réforme de l'État*, p.24.
[80] Rapport *L'attractivité de la fonction publique territoriale,* p.11. Toutefois le *Rapport annuel sur l'état de la fonction publique,* établi en 2021, mentionne un effectif de 1 935 435 agents ; *Rapport annuel sur l'état de la fonction publique Édition 2021 – Politiques et pratiques de ressources humaines – Faits et chiffres,* pp.75-93 (79 et 85), sur <https://www.fonction-publique.gouv.fr/rapport-annuel-sur-lÉtat-de-la-fonction-publique-edition-2021> (26.11.22).

se manifestent ou se traduisent, en son sein, des éléments qui peuvent, éventuellement, être décelés au sein des deux autres fonctions publiques.

Cela étant énoncé, deux points doivent être précisés.

Le premier : deux aspects ont été retenus pour évoquer les spécificités de la fonction publique territoriale :

1. La « politisation » marquée de la fonction publique territoriale **(I)** ;
2. La conjugaison de facteurs de précarité notable au sein de la fonction publique territoriale **(II)**.

Ce choix peut sembler arbitraire, mais il résulte de la littérature dense et consacrée, ces derniers temps, à la fonction publique territoriale. D'autant plus que le rapport relatif à *L'attractivité de la fonction publique territoriale*[81], remis au gouvernement en janvier 2022, est venu confirmer ces aspects, comme autant de défis à relever.

Le second point : la communication s'efforce d'intégrer le thème de cette seconde journée des travaux à savoir « Reconstruire ». La tâche est certes délicate ; l'ambition n'en serait que plus périlleuse. Néanmoins, des propositions relatives aux spécificités relevées seront formulées, afin de contribuer à l'œuvre de reconstruction.

I. La « politisation » marquée de la fonction publique territoriale

Les manifestations d'une certaine « politisation » subsistent aussi dans la fonction publique d'État, voire dans la fonction publique hospitalière. Mais cette politisation se traduit de manière spécifique au sein de la fonction publique territoriale.

Tout d'abord, la « politisation » de la fonction publique territoriale apparaît bien plus marquée que dans les autres fonctions publiques, dans la mesure où près de 20 000 agents territoriaux exercent, concomitamment, un mandat national ou local représentant ainsi plus de 16 % du nombre total des élus[82]. Cette circonstance a été, probablement, renforcée avec le cumul par les

---

[81] Voir références, note 3.

[82] Emmanuel AUBIN, *Fonction publique territoriale : notion et enjeux*, Dalloz, Encyclopédie des collectivités locales, Chapitre 1 (folio n°10110), 2021, n°40.

exécutifs locaux de leur mandat local avec un mandat national[83] ou européen jusqu'aux limitations posées par les lois de 2014[84].

Ensuite, la politisation s'illustre par ce d'aucuns ont qualifié de « politisation fonctionnelle »[85] traduisant ainsi *« l'allégeance personnelle du haut fonctionnaire à l'égard de l'élu et le rapport de clientèle qui unit celui-ci à son personnel... »*[86].

Enfin, et sans que la transition soit toujours aisée à établir avec la situation précédente, une « politisation hiérarchique » peut être relevée au sein de la fonction publique territoriale. Elle se traduit par le fait que ses agents présentent pour particularité d'avoir des élus pour supérieurs hiérarchiques[87]. Cette situation a pu créer, notamment dans les communes de petites tailles, une *« conception clientéliste de la fonction publique fortement ancrées dans les mœurs locales »*[88], dès lors que la relation avec l'élu, supérieur hiérarchique s'inscrit dans une plus grande proximité : *« proche de l'élu, [l'agent] est sous sa dépendance et sans intermédiaire »*[89]. La doctrine a pu expliquer cette situation *« quasiment inévitable »*, au niveau communal, par *« la très forte personnalisation du pouvoir dans la municipalité (...)*

---

[83] Dans le Rapport remis à l'Assemblée nationale en 2013, il est ainsi possible de relever que 338 députés sur les 575 exercent au moins une fonction exécutive locale (soit 59%), tandis que cette situation concerne 211 sénateurs sur les 348 (soit 61%), Christophe BORGEL, *Rapport fait au nom de la Commission des lois constitutionnelles, de la législation et de l'administration générale de la république, après engagement de la procédure accélérée, sur le projet de loi organique (n° 885) interdisant le cumul de fonctions exécutives locales avec le mandat de député ou de sénateur et sur le projet de loi (n° 886) interdisant le cumul de fonctions locales avec le mandat de représentant au Parlement européen*, p.18, sur <https://www2.assemblee-nationale.fr/documents/notice/14/rapports/r1173/(index)/rapports> (26.11.22). Voir aussi Bernard DOLEZ, « Le cumul des mandats, la professionnalisation des élus et la réforme territoriale », in *Le renforcement de la limitation du cumul des mandats et des fonctions – Regards sur les lois ordinaire et organique du 14 février 2014* (Patricia Demaye-Simoni, dir.), Artois Presses Université, Arras, 2016, pp.155-167 et sur Open Edition Books (26.11.22).

[84] La première : loi organique (n° 2014-125) du 14 février 2014 interdisant le cumul de fonctions exécutives locales avec le mandat de député ou de sénateur ; CC 13 février 2014 (n° 2014-689 DC). La seconde : loi (n° 2014-126) du 14 février 2014 interdisant le cumul de fonctions exécutives locales avec le mandat de représentant au Parlement européen ; CC 13 février 2014 (n° 2014-688 DC). Julie BENETTI, « L'écriture des lois du 14 février 2014 », in *Le renforcement de la limitation du cumul des mandats et des fonctions - Regards sur les lois ordinaire et organique du 14 février 2014* (Patricia Demaye-Simoni, dir.), Artois Presses Université, Arras, 2016, pp. 41-47 et sur Open Edition Books (26.11.22).

[85] Émilie BILAND, *La fonction publique territoriale*, en particulier le chapitre 3 « Une fonction publique politisée ? », La Découverte, collect. Repères, 2019, p.52.

[86] Pierre SADRAN, « De l'allégeance à la mobilité : quelle politisation pour la fonction publique territoriale ? », in *Des fonctionnaires politisés*, Pouvoirs, 1987, n°40, p.39 (42-44)

[87] Émilie BILAND, *La fonction publique territoriale*, en particulier le chapitre 3 « Une fonction publique politisée ? », La Découverte, collect. Repères, 2019, pp.51-68.

[88] Olivier SCHRAMECK, *La fonction publique territoriale*, Dalloz, Paris, 1995, p.16.

[89] Pierre SADRAN, préc., p.42.

sensiblement renforcée par la remarquable longévité politique des élus locaux »[90].

La jurisprudence permet ainsi de relever les manifestations de cette « politisation hiérarchique », notamment dans la prise de décision à l'égard de certains agents. Dans un arrêt du 29 novembre 2005, *Commune de Saint-Cyprien contre Mme Cazau-Pedarre*[91], la Cour administrative d'appel de Marseille avait sanctionné le refus par le maire de la commune de Saint-Cyprien d'autoriser le détachement d'un agent souhaitant devenir attaché parlementaire auprès d'un député, au motif que ce député occupait, antérieurement, la tête de liste de l'opposition contre le maire lors des élections municipales.

La doctrine date ce phénomène[92] de « politisation » à partir des élections municipales de 1977. L'adoption ultérieure du statut en 1984 était censée, en partie, remédier à ce phénomène, sans réellement y parvenir.

Dans une autre affaire, était débattue l'appréciation de la note d'information adressée par le président du conseil général de Corse-du-Sud aux huit cent cinquante agents pour les informer des conséquences d'un vote positif, relativement au référendum portant sur une réforme institutionnelle du statut de la collectivité de Corse[93]. Ainsi, dans l'arrêt d'Assemblée du 17 octobre 2003, *Consultation des électeurs de Corse*, le Conseil d'État a estimé qu'*« eu égard au caractère mesuré de la note d'information, l'élu était resté dans son rôle d'autorité territoriale chargé d'informer ses agents »*[94].

---

[90] Idem.

[91] CAA Marseille 29 novembre 2005, *Commune de Saint-Cyprien contre Mme Cazau-Pedarre*, n°01MA02255, AJDA, 2006, p.1115 et note Emmanuel AUBIN, « Le détachement dans la territoriale et le masque du droit, note sur l'arrêt précité », AJDA, 2006 p.1115.

[92] Emmanuel AUBIN, *Fonction publique territoriale : notion et enjeux*, Dalloz, Encyclopédie des collectivités locales, Chapitre 1 (folio n°10110), 2021, n°43. Voire aussi auprès des sociologues, Émilie BILAND, préc., p.55 et s. et Albert MABILEAU, Claude SORBETS (dir.), *Gouverner les villes moyennes*, Paris, Pedone, 1989. Pierre SADRAN, « De l'allégeance à la mobilité », préc. p.43-44. Pour une approche de ce phénomène au niveau intercommunal, voir Fabien DESAGE, David GUÉRANGER, *La politique confisquée. Sociologie des réformes et des institutions intercommunales*, Éd. du Croquant, coll. Savoir/Agir, Vulaines-sur-Seine, 2011, p.135 et s. ; voir aussi Pierre SADRAN, préc., p.42-44.

[93] CE Ass. 17 octobre 2003, *Consultation des électeurs de Corse*, n°s 258487 ; Conclusions Sophie Boissard RFDA, 2003, p.1140 ; et note Bernard MALIGNER, *La confirmation de la consultation des électeurs de Corse,* AJDA, 2003, p. 2383.

[94] CE Ass. 17 octobre 2003, *Consultation des électeurs de Corse*, n°s 258487 : *« Considérant que le président du conseil général de la Corse du sud a fait adresser aux 850 agents du département, le 25 juin 2003, une note envisageant les conséquences qu'aurait, selon lui, pour chaque agent, en fonction de son statut, l'évolution institutionnelle proposée par le gouvernement ; que si cette note, qui avait pour objet de conduire au vote non en suscitant des craintes quant au projet de création d'une collectivité unique absorbant les départements, a pu exercer une influence sur les électeurs, elle avait pour objet d'informer les agents du conseil*

Comment reconstruire ? Ne serait-il pas indiqué de ne pas confier à l'autorité exécutive territoriale, à laquelle la loi de 1984 attribue la compétence pour l'adoption des décisions individuelles relatives à la gestion des agents (à savoir le recrutement, la nomination, l'avancement, les positions, l'affectation, la discipline, la fin de fonction…)[95] la compétence pour décider seule. La décision à intervenir pourrait ainsi être adoptée, notamment pour le cas de détachement auprès de parlementaires, dans le cadre d'une « commission » composée représentativement d'élus. La procédure parait, certes, lourde, mais elle offre un cadre d'impartialité (subjective) et de sécurité pour les agents.

II. La conjugaison de facteurs de précarité

Les nombreuses études et rapports mettent en lumière une précarité marquée au sein de la fonction publique territoriale. Cette précarité résulte de la conjugaison de plusieurs facteurs : d'une part le recours plus accru à la contractualisation au surplus aux contrats de courte durée **(A)** ; d'autre part la sur-représentation d'agents de catégorie C, lesquels sont le plus confrontés à la pénibilité **(B)**.

A. Le recours accru à la contractualisation et aux contrats de courte durée

Les modalités de recrutement traduisent, entre autres, une évolution du recours aux contractuels parmi les agents des collectivités territoriales et locales.

L'étude établie par la Cour des comptes sur la période 2010-2019, permet de souligner le nombre croissant des contractuels dans la fonction publique territoriale[96]. Cette augmentation est confirmée par le *Rapport annuel sur l'état de la fonction publique*, publié en 2021, lequel établit la part des

---

général des conséquences de la suppression du département envisagée par le projet soumis à consultation ; que cette note, rédigée en termes mesurés, ne peut, dans les circonstances de l'espèce, être regardée, bien qu'adressée par des voies administratives à des agents soumis à l'autorité du président du conseil général, comme ayant influé sur le scrutin alors surtout que, postérieurement, des prises de position, au moins autant susceptibles d'influer, elles, en faveur du oui, ont été formulées et diffusées à l'ensemble des maires des communes des deux départements par le ministère de l'intérieur quant à la possibilité d'une majoration des subventions allouées aux communes en cas de création d'une collectivité unique de Corse ».

[95] La loi attribuant, dans certains cas, la compétence à l'organe délibérant pour préciser les conditions d'application du statut national (mais non de le modifier), notamment pour l'attribution du régime indemnitaire ou de logements de fonction ; voir ainsi les articles L 714-4 à L 714-13 CGCT (modifiés par l'ordonnance (n°2021-1574) du 24 novembre 2021.

[96] Cour des comptes, *Les agents contractuels dans la fonction publique (Exercices 2010-2019)* – Rapport public thématique, sept 2020, sur <https://www.ccomptes.fr/fr/publications/les-agents-contractuels-dans-la-fonction-publique> (26.11.22).

contractuels à 21 % dans l'ensemble de la fonction publique, et à 22 % dans la fonction publique territoriale[97].

En premier lieu, entre 2010 et 2017, le nombre d'agents contractuels a cru de 15,8 %, passant de 728 807 à 843 913 agents, avec une hausse particulièrement sensible à partir de 2015. L'effectif global de la fonction publique territoriale a crû de 287 979 en équivalents temps plein (ETP), alors que celui des agents contractuels (de droit public) a augmenté de 115 306 ETP. Il en résulte, sur cette période, que 40 % de la hausse des effectifs publics est due aux agents contractuels, alors même qu'ils ne représentent que 16,4 % de l'effectif total en ETP[98]. Ces effectifs doivent aussi intégrer la loi Sauvadet qui a permis une forte titularisation de contractuels. Cette loi a permis la titularisation de 53 940 agents contractuels…dont 23 121 agents territoriaux, soient près de la moitié des titularisations[99].

À titre de comparaison, les agents contractuels demeurent bien plus présents dans la fonction publique territoriale que dans les deux autres fonctions publiques. Ainsi, *« entre 2010 et 2017, le nombre d'agents contractuels y est passé de 258 302 à 291 052, soit une hausse globale de 12,7 %, contre 5,5 % pour le total des effectifs, et un taux de croissance annuel de 1,72 % »*[100]. Au surplus, si au sein de la fonction publique territoriale, le recours aux agents contractuels prédomine dans quatre des dix filières (technique, administrative, animation et sociale), ce recours concerne particulièrement le bloc communal, lequel emploie 328 750 agents contractuels, soit 87,7 % du total des agents contractuels territoriaux[101].

Au regard de cette étude, le recrutement par voie contractuelle demeure très prononcé dans la fonction publique territoriale.

Cette croissance a été accélérée avec la loi du 20 avril 2016 relative à la déontologie et aux droits et obligations des fonctionnaires[102]. Cette loi a procédé à une évolution sémantique en substituant à la notion d'« agent non

---

[97] *Rapport annuel sur l'état de la fonction publique Édition 2021 – Politiques et pratiques de ressources humaines – Faits et chiffres*, pp.85-86.

[98] Cour des comptes, Rapport 2020, préc., p.28.

[99] Loi (n°2012-347) du 12 mars 2012 relative à l'accès à l'emploi titulaire et à l'amélioration des conditions d'emploi des agents contractuels dans la fonction publique, à la lutte contre les discriminations et portant diverses dispositions relatives à la fonction publique (dite loi Sauvadet). Le Rapport relève aussi que sans la loi Sauvadet, l'équivalent temps plein aurait été, fin 2017, de l'ordre de 900 000 s'agissant des contractuels ; Rapport., p.28.

[100] Cour des comptes, Rapport 2020, préc., p.38.

[101] Idem.

[102] Loi (n° 2016-483) du 20 avril 2016 relative à la déontologie et aux droits et obligations des fonctionnaires. Emmanuel ROUX, « Loi ''Déontologie'' du 20 avril 2016 : les nouveaux impératifs déontologiques des fonctionnaires », AJCT, 2016, p292 . voir aussi le dossier consacré à cette loi *« Loi ''Déontologie'' »*, AJCT, 2016, n° 6 (1ère partie) p.291 et s. et n°7 (2ème partie), p.351 et s.

titulaire » à celle d'« agent contractuel ». Elle a surtout procédé à des évolutions majeures en matière de recrutement de contractuels dans la fonction publique territoriale. Cette loi a assoupli les règles de calcul d'ancienneté de services pour bénéficier d'un contrat à durée indéterminée (CDI) suite à six années de contrat à durée déterminée (CDD)[103] ; elle a prolongé le dispositif de titularisation des agents contractuels[104] ; elle a précisé les conditions d'adoption d'un avenant de transformation d'un CDD en CDI et a supprimé la condition d'effectivité des services publics pour bénéficier d'un CDI[105] ; elle a élargi le recours direct au CDI[106] ; enfin, elle a étendu la possibilité de revaloriser la rémunération des agents contractuels en CDD[107].

Ces mutations en faveur d'une plus grande et d'une meilleure intégration des agents contractuels ont connu une nouvelle étape avec l'article 83 de la loi du 03 août 2019 de transformation de la fonction publique[108]. Par cette disposition, le législateur a donné compétence au gouvernement pour adopter par ordonnances toute mesure relevant du domaine de la loi, afin *« de favoriser et de valoriser l'affectation des agents publics dans des zones connaissant des difficultés particulières de recrutement »*.

Ces réformes traduisent ainsi une volonté de sécuriser la carrière des contractuels, en les transformant en « simili fonctionnaires »[109] pouvant ainsi poursuivre une « quasi-carrière »[110].

Par ailleurs, ces réformes illustrent aussi deux phénomènes : d'une part, une érosion du droit administratif et un phénomène de « travaillisation »[111]

---

[103] Article 40 de la loi précitée, notamment le point IV.
[104] Article 41 de la loi précitée.
[105] Article 44 de la loi précitée.
[106] Article 45 de la loi précitée.
[107] Article 46 de la loi précitée.
[108] Loi (n° 2019-828) du 6 août 2019 de transformation de la fonction publique. Charles FORTIER, « Le concours, du principe à la marginalisation », AJFP, 2022 p.249 ; Laurent DERBOULLES, « Recrutement des agents contractuels sur emplois permanents : ''plus'' et ''autrement'' », AJFP, 2020, p.132 ; Fabrice MELLERAY, « Vers un élargissement du recours au contrat dans la fonction publique », AJDA, 2019, p.25 ; Emmanuel AUBIN, « Le contrat, avenir de la fonction publique ? », AJDA, 2019, p.2349.
[109] Le professeur Emmanuel AUBIN, s'interroge ainsi au regard de la loi du 06 août 2019 : *« le contrat [serait-il devenu un] mode de recrutement ordinaire dans la fonction publique du XXIème siècle ? » (...) faisant de « l'agent contractuel, un ''simili fonctionnaire''* », « Le contrat, avenir de la fonction publique ? », AJDA, 2019, p.2349.
[110] Charles FORTIER, *Droit de la fonction publique*, Dalloz, collect. Les Mementos, Paris, 2020, 1ère éd., p.128.
[111] Emmanuel AUBIN, *Les personnels de la fonction publique. Du statut général à la travaillisation,* Gualino Lextenso éd., collect. Fonction publique territoriale, Paris, 2020, 1ère éd. ; Charles FROGER, « La loi du 6 août 2019 et le déroulement de la carrière des agents publics – Une pierre managériale supplémentaire dans l'édifice statutaire », AJDA 2019 p.2364 ; G. LOISEAU, S BLOCH, « Vers une travaillisation du droit de la fonction publique ? », JCP S., 2020, n°1315.

avec l'application croissante du droit du travail aux agents des collectivités territoriales ; et d'autre part, des assouplissements du cadre juridique et, plus largement comme la Cour des comptes le relève, une *« augmentation tendancielle du nombre des agents contractuels [révélant] des difficultés d'adaptation du service public »*[112]. Faudrait-il en déduire que ces difficultés sont plus prégnantes au sein de la fonction publique territoriale ?

Ces difficultés sont, entre autres, liées non seulement aux conditions d'exercice[113], mais aussi aux conditions de rémunération ou de carrière considérées comme peu attractives comparées à celles offertes par le secteur privé pour des métiers identiques[114]. Sur ce dernier point, il n'est donc pas étonnant, en dehors de la catégorie C, que les employeurs territoriaux rencontrent de sérieuses difficultés pour recruter des contractuels pour des fonctions de direction. Les personnes publiques devant, alors appliquer des rémunérations plus élevées pour les agents contractuels que pour les agents titulaires. Car si les agents contractuels doivent être rémunérés par référence au traitement d'un fonctionnaire exerçant des fonctions identiques[115], les employeurs territoriaux peuvent aussi intégrer à cette rémunération les éléments liés à la qualification et à l'expérience professionnelle. Néanmoins, en pratique, les employeurs territoriaux concèdent des rémunérations plus élevées aux agents contractuels occupant un emploi de catégorie A ou disposant de hautes qualifications[116], dans le but de les maintenir et ainsi assurer la continuité du service public. Ce contournement du droit étant alors toléré par le juge financier[117]. Si l'indulgence du juge financier a pu rassurer les élus locaux devant leur difficulté à recruter par la seule voie du concours, elle n'écarte pas le défi de maintenir les contractuels recrutés en service. En

---

[112] Cour des comptes, Rapport 2020, préc., p.27.

[113] Voir développements infra, II. B.

[114] Cour des comptes, Rapport 2020, préc., p.58.

[115] Le Conseil d'État ayant affirmé, dans un avis qu'*« il ne résulte d'aucune disposition législative ou réglementaire ni d'aucun principe général que les agents non titulaires recrutés par les collectivités locales sur le fondement de l'article 3 alinéa 1er de la loi du 26 janvier 1984 pour faire face temporairement à la vacance d'un emploi qui ne peut être immédiatement pourvu par un agent titulaire doivent être rémunérés sur la base de l'échelon de début de l'emploi vacant.*
Il appartient à l'autorité territoriale de fixer, au cas par cas, sous le contrôle du juge, la rémunération de ces agents en prenant en compte principalement la rémunération accordée aux titulaires qu'ils remplacent et, à titre accessoire, d'autres éléments tels que le niveau de diplôme et l'expérience professionnelle des non titulaires ainsi recrutés » ; CE Avis 28 juillet 1995, *Préfet du Val d'Oise*, n°168605.

[116] Voir notamment un médecin de prévention contractuel percevant un traitement indiciaire supérieur de 858 points (soient 4 020€ bruts mensuels) à ce que percevrait un médecin titulaire possédant la même ancienneté ; Cour des comptes, Rapport 2020, préc., p.74.

[117] Cour de discipline budgétaire et financière, 16 novembre 2016, *Centre hospitalier de Givors*, n°211-739 ; Nicolas PÉHAU, Nicolas HAUPTMANN, « La Cour de discipline budgétaire et financière et la dispense de sanction pécuniaire », AJDA, 2017 p.932.

effet, ceux-ci ne semblent accepter leur situation que dans l'attente d'un emploi à la rémunération plus attractive que dans la fonction publique.

Mais ce contournement risque, principalement, de donner lieu à de futurs contentieux au regard de la décision rendue par la Cour de justice de l'Union européenne sur renvoi préjudiciel d'un juge espagnol. En effet, dans sa réponse énoncée le 20 juin 2019, la Cour de justice a estimé qu'une règlementation nationale ne pouvait réserver le bénéfice d'un complément de rémunération aux seuls fonctionnaires statutaires, en en excluant les agents contractuels de droit public, en l'absence de justification objective[118]. La question se pose donc : *a contrario* les agents contractuels peuvent-ils bénéficier de compléments de rémunération plus avantageux que les fonctionnaires, comme tend à le tolérer le juge financier ? Car paradoxalement, les agents titulaires de la fonction publique se retrouveraient dans une situation doublement défavorable. D'une part, car cette situation serait circonscrite par celle appliquée, avec indulgence, aux agents contractuels susceptibles de percevoir une rémunération plus avantageuse, afin de permettre d'assurer la continuité du service public. Et, d'autre part, circonscrite par la situation des agents de la fonction publique d'État, auxquels le principe de comparabilité, en tant que seuil infranchissable, garantit une rémunération que celle des agents de la fonction publique territoriale ne saurait dépasser[119].

En deuxième lieu, la fonction publique, présente un taux élevé de contrats à durée déterminée (CDD), en particulier de contrats courts inférieurs à une année[120], situés à 75 % de l'ensemble. En 2020, ces CDD courts représentaient 68 % dans la fonction publique d'État, 87 % dans la fonction publique

---

[118] CJUE 20 juin2019, *Daniel Ustariz Aróstegui c. Espagne*, aff. C-72/18 ; §§ 49 et 50. La Cour précisant qu'une telle différence dans l'octroi du complément de rémunération *« ne saurait être justifiée à moins que les caractéristiques inhérentes au statut des fonctionnaires ne soient réellement déterminantes pour l'octroi de ce bénéfice »* ; § 46.

[119] Jacques FERSTENBERT, « Le principe de parité entre les fonctions publiques », in *Révolution, constitution, décentralisation : Mélanges en l'honneur de Michel Verpeaux*, Dalloz, collect. Études Mélanges Travaux, Paris, 2020, et sur <https://leblog.publica-avocats.com/2019/11/13/le-principe-de-parite-entre-les-fonctions-publiques/> (26.11.22). Sans omettre que le principe de comparabilité, n'assure pas le premier des objectifs qui lui était assigné par la loi du 13 juillet 1983 (loi n° 83-634 du 13 juillet 1983 portant droits et obligations des fonctionnaires. Loi dite loi Le Pors), à savoir la mobilité entre fonctions publiques, à partir de la détermination de « corps comparables à ceux de l'État », désigné comme modèle, et ce en référence au niveau de recrutement et à la nature des fonctions ; voir ainsi M. STEPHAN, « La mobilité inégale », in *Fonctions publiques an X, Bilan et perspectives* (Antoine Delblond, dir.), L'Hermès, Lyon, 1998, p.151 (153).

[120] Il y a lieu de relever que la durée moyenne d'emploi dans la fonction publique est de 29 ans, là où elle n'est que de 4 ans pour les contractuels, *Rapport annuel sur l'état de la fonction publique,* 2021, préc., p.101.

hospitalière et 75 % dans la fonction publique territoriale[121]. Ces contrats précaires ne traduisent donc pas, en eux-mêmes, une spécificité de la fonction publique territoriale, laquelle est devancée par la fonction publique hospitalière. Mais en ce qui la concerne, ces contrats impactent principalement la catégorie C et ne s'appliquent qu'à la marge aux emplois de direction ou d'encadrement.

L'article 23 de la loi du 06 août 2019 de transformation de la fonction publique a tenté de pallier cette situation en créant, au profit des agents contractuels de droit public des trois versants de la fonction publique recrutés à compter du 1er janvier 2021, une indemnité de fin de contrat, encore appelée « indemnité de précarité »[122]. Cette indemnité est applicable aux agents disposant d'un contrat d'une durée inférieure à un an ; la durée moyenne des contrats concernés étant de neuf mois.

L'estimation des bénéficiaires dans les trois versants de la fonction publique confirme la situation spécifique dans laquelle se trouvent les agents territoriaux. Ainsi, 46 830 agents seraient concernés dans la fonction publique d'État où l'indemnité de précarité se situe à une moyenne de 2 302 € ; tandis que 55 884 agents dans la fonction publique hospitalière sont concernés pour un montant moyen d'indemnité situé à 1 850 €. Mais, surtout, les bénéficiaires sont estimés à 80 640 dans la fonction publique territoriale, pour une indemnité évaluée, en moyenne, à 1 899 € !

La fonction publique territoriale accueille ainsi le plus grand nombre de contrats courts d'une durée inférieure à une année[123]. Et si l'indemnité de

---

[121] Solène COLIN, Yannig PONS, « En 2020, une hausse de l'emploi public portée par l'augmentation du nombre de contractuels » – Direction générale de l'administration et de la fonction publique, juin 2022, p.8 sur <https://www.fonction-publique.gouv.fr/lemploi-dans-la-fonction-publique-en-2020> (26.11.22).

[122] Cette indemnité de précarité s'inspire de la prime de précarité prévue à l'article L1243-8 du code du travail pour les salariés du secteur privé. L'obligation prévue par la loi de 2019 a été insérée pour les contractuels territoriaux, au sein de l'article 136 de la loi du 26 janvier 1984 ; pour l'application de cette loi, et pour la fonction publique territoriale, le décret du 23 octobre 2020 (n°2020-1296) relatif à l'indemnité de fin de contrat dans la fonction publique, a inséré en ce sens un article 39-1-1 au sein du décret du 15 février 1988 (n°88-145) relatif aux agents contractuels de la fonction publique territoriale.

[123] Par ailleurs, la fiche d'impact du décret du 23 octobre 2020 (n°2020-1296) relatif à l'indemnité de fin de contrat dans la fonction publique permet de relever d'une part que les montants de rémunération brute moyenne retenus pour le calcul des primes demeurent assez bas dans la fonction publique territoriale (2 110€) et dans la fonction publique hospitalière (2 056€) contre 2 558€ dans la fonction publique d'État. D'autre part les rémunérations des bénéficiaires de contrats courts inférieurs à un an demeurent inférieures à ceux des agents contractuels dans leur ensemble. Le gouvernement avait aussi précisé qu'il s'agissait d'une estimation haute qui « doit encore être relativisée », d'autant plus que « les montants de rémunération moyens versés aux agents bénéficiaires de contrats courts (d'une durée maximale d'un an) sont inférieurs à ceux des agents contractuels dans leur ensemble », Gouvernement,

précarité visait à inciter à la conclusion de contrats longs, il n'est pas certain que cet objectif soit atteint. En effet, les personnes occupant les emplois aidés, de type emploi-jeunes, sont non seulement encore nombreuses dans la fonction publique territoriale, mais elles demeurent aussi exclues de l'indemnité de précarité.

Au demeurant, les premiers résultats de l'indemnité de précarité ne sont pas convaincants. Car si Olivier Dussopt, alors secrétaire d'État auprès du ministre de l'Action et des Comptes publics, avait estimé, en 2019, le dispositif à 410 millions d'euros par an, il gardait la conviction que *« la charge pour les employeurs pourrait être inférieure dès lors qu'ils s'approprieront les outils relatifs aux contrats longs et aux possibilités de titularisation, qui doivent les inscrire dans une démarche de lutte contre la précarité »*. Car selon le secrétaire d'État, *« moins il y aura de précarité, moins il y aura de primes de précarité à payer. Mais là où il y aura de la précarité, il y aura une prime »*[124].

Or, dans l'Avis[125] rendu sur le projet de loi de finances pour 2022, la députée Émilie Chalas relevait que le coût était seulement de 6,98 millions d'euros sur les neuf premiers mois de l'année[126] 2021. Cet écart de chiffrage entre l'estimation initiale et la pratique traduirait, selon la députée, un contournement de l'esprit de la loi de 2019. Elle s'interrogeait alors sur le point de savoir si cet écart ne serait pas lié à *« un allongement réduit de la durée des anciens contrats, en ajoutant juste ce qu'il faut pour ne pas tomber dans le champ de la ''prime de précarité'' (par exemple, en retenant une durée d'un an et un jour). On serait là dans une configuration où la lettre de la loi serait respectée, mais son esprit et sa finalité totalement contournés »*[127].

Reconstruire : il semble que les préconisations énoncées dans l'Avis formulé par la députée Émilie CHALAS doivent être soutenues. Pour

---

Fiche d'impact générale – Projet de décret relatif à l'indemnité de fin de contrat dans la fonction publique, le 03 août 2020, n° NOR : TFPF2016393D. Voir aussi Bastien SCORDIA, « L'impact de la prime de précarité dans la fonction publique reste difficile à évaluer », in *Acteurs Publics*, le 06 novembre 2020, aussi sur <https://www.acteurspublics.fr/articles/limpact-de-la-la-prime-de-precarite-dans-la-fonction-publique-reste-difficile-a-evaluer> (26.11.22).

[124] Assemblée nationale, Session ordinaire 2018-2019, 236ème séance, Compte rendu intégral 3ème séance du jeudi 16 mai 2019, JO 2019, n°54 (3) AN (CR), p.4610.

[125] Émilie CHALAS, *Avis fait au nom de la commission des lois constitutionnelles, de la législation et de l'administration générale de la république sur le projet de loi (n° 4482) de finances pour 2022* – tome IX *Transformation et fonction publiques*, p.48-50 (49).

[126] Alors que le gouvernement estimait, dans la fiche d'impact du décret du 23 octobre 2020, à 183 000 le nombre de contractuels qui devraient en bénéficier chaque année, l'édition 2022 du Rapport sur l'état de la fonction publique révèle que *« pour l'ensemble de l'année 2021, 24 900 bénéficiaires ont été concernés »* par cette indemnité de précarité, sans pour autant préciser la répartition au sein des trois fonctions publiques, *Rapport annuel sur l'état de la fonction publique,* p.17.

[127] Émilie CHALAS, *Avis* préc., p.50.

remédier à ce contournement de la loi et imposer un devoir d'exemplarité aux employeurs publics, il conviendrait d'*« étendre le champ des contrats éligibles à la ''prime de précarité'' en supprimant tout plafond de durée »*. Car il est difficile de comprendre la justification de cette durée au sein de la fonction publique par rapport au secteur privé où la prime de précarité s'applique sans condition de durée du contrat précaire. L'autre préconisation consiste à *« porter ce plafond de douze à dix-huit mois »*. Cette extension de la durée du contrat dispensant les employeurs publics de verser l'indemnité de précarité traduirait, *a minima*, une première étape dans la réduction des contrats inférieurs à une durée d'un an dans la fonction publique territoriale.

B. Précarité liée à la sur-représentation des agents de catégorie C et à la pénibilité

Selon l'étude de l'Insee[128] publiés en mars 2021, hors contrats aidés :

- La fonction publique d'État compte 2,4 millions d'agents (+0,9 % par rapport à 2018) ;
- La fonction publique territoriale 1,9 million (+0,9 %) ;
- La fonction publique hospitalière 1,1 million (+0,5 %).

En premier lieu, un peu plus de 75 % des agents de la fonction publique territoriale relève de la catégorie C, c'est-à-dire près des trois quarts. Ce *ratio* baisse à près de 48 % dans la fonction publique hospitalière et à 20,8 % dans la fonction publique d'État[129]. Par ailleurs, la part des agents relevant de la catégorie B accuse une baisse tant dans la fonction publique territoriale (11,6 %) que dans la fonction publique hospitalière (14,5 %), en raison d'une bascule de certains métiers de catégorie B en catégorie A. Cette situation concerne, dans la fonction publique territoriale, les métiers d'infirmiers et de sapeurs-pompiers et, dans la fonction publique hospitalière, le métier d'éducateurs de jeunes enfants[130]. Enfin, si les emplois de direction sont occupés à 15,7 % par les agents contractuels dans la fonction publique territoriale, alors qu'ils ne sont que rarement occupés par des contractuels dans

---

[128] INSEE, « En 2019, l'emploi augmente dans les trois versants de la fonction publique », Insee Première, n° 1842, le 15 mars 2021, sur <https://www.insee.fr/fr/statistiques/5232488#titre-bloc-13> (26.11.22). Ces données sont confirmées par l'édition 2022 du *Rapport annuel sur l'état de la fonction publique – Politiques et pratiques de ressources humaines – Faits et chiffres*. Ainsi, la fonction publique de l'État emploie 45 % des agents (2,52 millions) ; la fonction publique territoriale (FPT) en emploie quant à elle 34 % (1,93 million) ; et enfin, 1,21 million d'agents (21 %) interviennent dans la fonction publique hospitalière (FPH) ; p.77.

[129] Étude INSEE préc., pp.2-3. Plus de la moitié (54,8%) des agents de la fonction publique d'État relève de la catégorie A (avec néanmoins 64% d'enseignants parmi ceux-ci), contre 12,2% pour la fonction publique hospitalière et 37,3% pour la fonction publique territoriale ; idem.

[130] Le ratio d'agents en catégorie B étant de 23,3% pour la fonction publique d'État ; *idem*, p.2.

les deux autres fonctions publiques (5,4 % pour la fonction publique d'État et 1,8 % pour la fonction publique hospitalière[131]), cette raréfaction des contractuels dans les emplois de direction tend à renforcer d'une « fonction publique de second rang » ou de « sous-fonction publique ».

Concrètement, ces chiffres ont pour conséquence, tout d'abord, une sur-représentation de la catégorie C et donc une sur-représentation d'agents bénéficiant de traitements bas, avec pour corollaire des primes indemnitaires peu élevées. Ensuite, ils induisent de futurs pensions de retraite de faibles niveaux. Par ailleurs, les données établies par l'INSEE permettent aussi de relever une forte représentation des femmes concernées par cette précarité. Cette situation préoccupante participe à l'accentuation de la perte d'attractivité de la fonction publique territoriale. Il n'est donc pas déraisonnable de s'interroger sur les effets qu'aurait induits la réforme des retraites promue par le gouvernement en 2019, et abandonnée depuis en raison des incertitudes économiques. En effet, si le calcul des pensions avait dû s'opérer sur l'ensemble de la carrière, l'égalité des droits prônée par le gouvernement à l'aune de l'argument selon lequel *« un euro cotisé ouvre lieu aux mêmes droits pour tous »*[132] méritait d'être confrontée à cette précarité.

D'autant plus que les agents de la fonction publique territoriale, en particulier ceux de catégorie C, ont peu recours à la formation professionnelle pour évoluer dans leur carrière. Et ce, d'une part, en dépit de la loi[133] du 19 février 2007 proclamant le principe de « la formation professionnelle tout au long de la vie » pour les agents publics ; et d'autre part, en dépit du décret[134]

---

131 Cour des comptes, Rapport 2020, préc., p.44.

132 Jean-Paul DELEVOYE, *Pour un système universel de retraite,* Préconisations de Jean-Paul Delevoye, Haut-Commissaire à la réforme des retraites, Juillet 2019, pp. 6 et 182, sur <https://travail-emploi.gouv.fr/IMG/pdf/retraite_01-09_leger.pdf> (26.11.22).

133 Loi (n° 2007-209) du 19 février 2007 relative à la fonction publique territoriale, chapitre 1er (art. 1 à 9). Cette loi avait ainsi modifié l'article 1er de la loi (n° 84-594) du 12 juillet 1984 relative à la formation des agents de la fonction publique. Pour ce faire elle avait emprunté les dispositifs du secteur privé, tels que le droit individuel à la formation (DIF) et le livret individuel de formation (LIF) ou encore « passeport de compétences ». Depuis, l'article 1er de la loi de 1984 a lui-même été modifié par l'article 6 de l'ordonnance (n°2017-53) du 19 janvier 2017 puis abrogé par l'article 3 de l'ordonnance (n°2021-1574) du 24 novembre 2021.

134 Voir ainsi, l'article 1er du décret (n° 2007-1845) du 26 décembre 2007 relatif à la formation professionnelle tout au long de la vie des agents de la fonction publique territoriale (version initiale) : *« La formation professionnelle tout au long de la vie des agents des collectivités territoriales et des établissements publics mentionnés à l'article 2 de la loi du 26 janvier 1984 susvisée a pour objet de leur permettre d'exercer avec la meilleure efficacité les fonctions qui leur sont confiées en vue de la satisfaction des besoins des usagers et du plein accomplissement des missions du service. Elle doit favoriser le développement de leurs compétences, faciliter leur accès aux différents niveaux de qualification professionnelle existants, permettre leur adaptation au changement des techniques et à l'évolution de l'emploi territorial et contribuer à leur intégration et à leur promotion sociale. Elle doit également favoriser leur mobilité ainsi que la réalisation de leurs aspirations personnelles et créer les conditions d'une égalité*

du 26 décembre 2007 lequel assignait pour objectif à la formation professionnelle pour les agents des collectivités territoriales et locales de *« favoriser le développement de leurs compétences, faciliter leur accès aux différents niveaux de qualification professionnelle existants, permettre leur adaptation au changement des techniques et à l'évolution de l'emploi territorial et contribuer à leur intégration et à leur promotion sociale »*.

Néanmoins, la loi du 19 février 2007 n'a pas atteint les objectifs assignés. Cela avait incité le Centre National de la Fonction Publique Territoriale (CNFPT) à promouvoir, dans un Rapport[135], publié en 2013, l'objectif de développement de la formation pour les agents de catégorie C.

Ces difficultés liées à la formation des agents de catégorie C persistant, le gouvernement a adopté l'ordonnance[136] du 26 mai 2021 et le décret du 22 juillet 2022 pour son application. L'article 3 de ce décret vise à renforcer la formation des agents mentionnés à l'article L422-3 du code général de la fonction publique et, notamment, des agents de catégorie C ou de ceux occupant un emploi de catégorie C n'ayant pas atteint un diplôme ou un titre correspondant à un niveau requis. Ce texte aménage un accès prioritaire de ces agents aux actions de formations dans les conditions qu'il fixe. Par ailleurs, le texte impose désormais à chaque collectivité ou employeur public d'élaborer *« un document formalisant l'offre d'accompagnement personnalisé dont les intéressés peuvent bénéficier, les modalités d'accès à cette offre ainsi que les ressources et les outils pouvant être mobilisés pour la mise en œuvre des projets des agents »*[137]. La « période d'immersion professionnelle » organisée par ce texte doit aussi regardée comme un nouvel outil susceptible de renforcer la formation professionnelle des agents de catégorie C. Elle est en mesure de leur permettre de mieux cerner la réalité des métiers pour

---

effective, en particulier entre les hommes et les femmes, pour l'accès aux différents grades et emplois. Elle regroupe les formations mentionnées à l'article 1er de la loi du 12 juillet 1984 susvisée (...) ».

135 Jean-Claude LENAY, *Le développement de la formation pour les agents de catégorie C – Constats-Perspectives*, Rapport au Conseil d'Administration du CNFPT dans le cadre de la mission confiée par le président sur le développement de la formation pour les agents de catégorie C, CNFPT, 2013, p.3, sur <https://www.banquedesterritoires.fr/sites/default/files/ra/L%27int%C3%A9gralit%C3%A9%20du%20rapport%20%22Le%20d%C3%A9veloppement%20de%20la%20formation%20pour%20les%20agents%20de%20cat%C3%A9gorie%20C%22%20%2842%20pages%29.pdf> (26.11.22). Voir aussi Inspection Générale de l'Administration (IGA), *Rapport sur la formation des agents territoriaux bilan, analyse et perspectives d'avenir*, n° 014-056/14-012/02, 2014, sur <https://www.cnfpt.fr/sites/default/files/iga-rapport-cnfpt-formation-agents-territoriaux1.pdf> (26.11.22).

136 L'ordonnance (n°2021-658) du 26 mai 2021 renforçant la formation de certains agents publics afin de favoriser leur évolution professionnelle et le décret (n°2022-1043) du 22 juillet 2022 relatif à la formation et à l'accompagnement personnalisé des agents publics en vue de favoriser leur évolution professionnelle.

137 Décret du 22 juillet 2022, art. 6.

lesquels ils peuvent impulser une démarche de formation et lutter ainsi contre la précarité intrinsèque à la catégorie C.

Reconstruire : il est étonnant de relever que les agents de catégorie C, lesquels sont les plus exposés à la précarité, ne se livrent pas davantage à des actions de formations, afin de maximiser les chances d'évolution de carrière. Cela est dû d'une part à ce que les agents de cette catégorie sont ceux ayant eu préalablement un niveau de formation le moins élevé et globalement ne détenant que le BEPC. Ce léger bagage de formation initiale produit ses effets sur une longue partie de la carrière. Peu formés au départ, les agents de catégorie seraient essentiellement motivés par l'idée d'intégrer la fonction publique territoriale, où la demande est la plus forte, et s'assurer ainsi une stabilité professionnelle, malgré un traitement peu élevé. D'autre part, cela peut aussi être dû à ce que la perspective de formation à entreprendre pour évoluer professionnelle renverrait, pour ces agents, à l'idée de « retourner sur les bancs de l'école »[138]. Plus que jamais il conviendrait d'adapter les formations, en les orientant vers plus de pratique et une courte durée pour intégrer les particularités de ce public.

En deuxième lieu, la forte pénibilité accompagne cette sur-représentation des agents de catégorie C au sein de la fonction publique territoriale.

L'étude sur les « Conditions de travail » publiée par la DARES[139] en 2019 permet de relever combien *« la question de la pénibilité se pose de manière très aiguë dans la fonction publique territoriale, comme d'ailleurs dans la fonction publique hospitalière »*[140]. Les raisons en sont connues pour la fonction publique territoriale, laquelle concentre les métiers à caractère pénible, notamment liés à l'entretien des routes, à l'assainissement, l'entretien des locaux, l'animation ou l'accueil de la petite enfance, les métiers liés à l'aide à la personne en plein développement.

Or la réforme des retraites (suspendue à ce jour, si ce n'est abandonnée en la forme) prévoyait l'extinction de la « catégorie active », c'est-à-dire de la catégorie dont les emplois occupés par un fonctionnaire présentant un *risque particulier ou des fatigues exceptionnelles*[141] et ouvrant droit, pour certains d'entre eux, à un départ anticipé à la retraite voire à des bonifications et

---

[138] Voir Rapport Jean-Claude LENAY, préc., p.13-14.

[139] Béryl MATINET, Élodie ROSANKIS (Ministère du travail, DARES), *Les expositions aux risques professionnels dans la fonction publique et le secteur privé en 2017*, collect. Synthèse – Stat, n°31, déc. 2019, pp.16-21, sur <https://dares.travail-emploi.gouv.fr/publications/les-expositions-aux-risques-professionnels-dans-la-fonction-publique-et-le> (26.11.22).

[140] Entretien, « Retraites : Philippe Laurent exhorte le gouvernement à une véritable prise en compte de la territoriale », in *Acteurs Publics*, le 10 janvier 2020, aussi sur <https://www.acteurspublics.fr/articles/retraites-philippe-laurent-exhorte-le-gouvernement-a-une-veritable-prise-en-compte-de-la-territoriale> (26.11.22).

[141] Le terme de *pénibilité* étant, en réalité, propre au droit du travail, au droit privé.

majorations pour la retraite[142]. Cette perspective aurait conduit à une différence de traitement avec les agents contractuels de la fonction publique territoriale, lesquels relèvent du régime général de la sécurité sociale et auraient pu continuer à bénéficier d'une possible retraite anticipée pour pénibilité selon les règles du droit du travail.

Or la pénibilité avait été intégrée aux discussions relatives à la fonction publique à l'occasion de la réforme des retraites[143] de 2003, puisque l'allongement de la durée du travail était couplé, dans les débats, avec les inégalités d'espérance de vie selon les catégories professionnelles. Et par ailleurs, la définition de la pénibilité, dans la fonction publique, reprenait la définition retenue en droit du travail comme étant les « *contraintes ou nuisances, rencontrées tout au long de la vie professionnelle, et qui peuvent avoir des effets à long terme sur la santé, voire l'espérance de vie* »[144]. Si la réforme envisagée avait été menée à son terme, elle aurait traduit, sur ce point, une négligence en n'intégrant pas la précarité dans les tâches des agents, notamment, de la fonction publique territoriale.

En dernier lieu, les deux facteurs précédents de précarité agissent avec plus d'acuité sur les femmes, estimées, en constante croissance, à 63 % de la fonction publique en 2020[145]. Dans la fonction publique territoriale, ce taux est passé de 56,4 % en 1983 à 59,4 % en 1991, à 60 % en 2001[146] et à plus de 61 % en 2020[147]. Mais dans la fonction publique territoriale, la féminisation

---

[142] L'article 25 du décret (n° 2003-1306) du 26 décembre 2003 prévoit que le classement des emplois concernés par la « catégorie active », résulte pour les fonctionnaires territoriaux et hospitaliers, d'un arrêté interministériel, adopté après avis du Conseil supérieur de la fonction publique territoriale ou hospitalière. Par ailleurs, de manière générale, depuis le 1er juillet 2011, un fonctionnaire de catégorie active peut partir à la retraite à partir de 57 ans s'il a occupé un emploi de catégorie active pendant au moins 17 ans. Des règles spécifiques étant appliquées pour certains cas.

[143] Loi n° 2003-775 du 21 août 2003 portant réforme des retraites.

[144] Serge VOLKOFF et Valérie PUEYO, « Pénibilité du travail », Dictionnaire du travail, PUF, Paris, 2012. Sur le fondement de la loi du 9 novembre 2010 portant réforme des retraites (*Loi n° 2010-1330 du 9 novembre 2010 portant réforme des retraites*), dix facteurs de pénibilité ont été définis par le décret du 30 mars 2011 relatif à la définition des facteurs de risques professionnels, dans trois domaines liés à des contraintes physiques marquées, à un environnement agressif ou à certains rythme de travail « *susceptibles de laisser des traces durables, identifiables et irréversibles sur [la] santé* » (art. L 4121-3-1 du code du travail). Pour chaque critère, des seuils ont été fixés par voie réglementaire.

[145] *Rapport annuel sur l'état de la fonction publique Édition 2021 – Politiques et pratiques de ressources humaines – Faits et chiffres*, p.93 et s.

[146] Mohamed AMINE, La « territoriale » se féminise, chiffres à l'appui, Cah. fonct. publ. 9/2004, n° 237, p. 14.

[147] Ce *ratio* ayant augmenté de 1 point en 10 ans, *Rapport annuel sur l'état de la fonction publique Édition 2021 – Politiques et pratiques de ressources humaines – Faits et chiffres*, p.93 et s.

est accrue parmi les contractuels, où 61,3 % sont des femmes[148], en particulier pour les contrats courts, ou encore au sein de la catégorie C ou, enfin, parmi les personnes exerçant les métiers présentant le plus de pénibilité[149]. Au surplus, les femmes sont moins présentes dans les postes de direction, postes qui correspondent, dans la fonction publique aux fonctions de directrice générale adjointe (DGA), de directrice générale des services (DGS) et de directrice technique.

La loi Sauvadet[150] du 12 mars 2012 avait pour ambition d'instiller la parité manquante dans la haute fonction publique, œuvrant ainsi pour la concrétisation de l'article 1er de la Constitution[151]. L'article 56 instaurait ainsi un « dispositif de nominations équilibrées » dans l'encadrement supérieur dans la fonction publique. Cette ambition a été confortée par la loi du 6 août 2019 de transformation de la fonction publique venue intégrer l'égalité professionnelle tant femmes-hommes que celle en faveur des agents en situation de handicap[152].

Désormais, de nouvelles obligations pèsent sur les employeurs des trois fonctions publiques. L'État, ses établissements publics administratifs, les hôpitaux publics, les collectivités locales et les établissements publics de coopération intercommunale (EPCI) de plus de 20 000 habitants sont tenus de mettre en place un plan d'action pluriannuel pour l'égalité professionnelle entre les femmes et les hommes. Ce plan sur trois ans maximum doit comporter des mesures permettant, entre autres, d'une part, d'évaluer, de prévenir et traiter les écarts de rémunération entre les femmes et les hommes ; d'autre part, de garantir l'égal accès aux corps, grades et emplois de la

---

148 Cour des comptes, *Les agents contractuels dans la fonction publique…* (2020), préc., p.42-43. Ainsi, Selon ce rapport, dans la fonction publique territoriale, 70,2% des agents contractuels relevant de la catégorie C sont des femmes (67,1% hors enseignants), alors que pour cette même catégorie, elles ne sont que 57,3% des titulaires (58,9% hors enseignants). Toutefois, la fonction publique hospitalière présente des données plus élevées : 78,3% des contractuels de catégorie C sont des femmes, à un niveau quasi-équivalent de 78,4% de femmes titulaires dans cette même catégorie ; idem, p.43.

149 Sur ces trois derniers points, ni le Rapport de la Cour des comptes sur *Les agents contractuels… (2020)*, ni le de dernier *Rapport annuel sur l'état de la fonction publique Édition 2022…* n'indiquent une évaluation exacte ; la Cour des comptes se contentant de l'énoncer, Rapport 20202, préc., p.42.

150 La loi faisait suite au Rapport remis au Président de la République par la députée Françoise GUEGOT, *L'égalité professionnelle hommes-femmes dans la fonction publique – Rapport au Président de la République*, 2011.
Loi (n° 2012-347) du 12 mars 2012 relative à l'accès à l'emploi titulaire et à l'amélioration des conditions d'emploi des agents contractuels dans la fonction publique, à la lutte contre les discriminations et portant diverses dispositions relatives à la fonction publique.

151 L'article 1er §1 de la Constitution dispose en effet que *« La loi favorise l'égal accès des femmes et des hommes aux mandats électoraux et fonctions électives, ainsi qu'aux responsabilités professionnelles et sociales »*.

152 Cette loi transpose ainsi les dispositions de l'accord du 30 novembre 2018 relatif à l'égalité professionnelle entre les femmes et les hommes dans la fonction publique.

fonction publique ; par ailleurs, de favoriser l'articulation entre activité professionnelle et vie personnelle et familiale ; et enfin, de prévenir et traiter les discriminations, les actes de violence, de harcèlement moral ou sexuel ainsi que les agissements sexistes.

Ces textes ont permis des avancées incontestables sur la présence des femmes dans les postes de directions : d'une part, entre 2011 et 2020, dans l'ensemble de la fonction publique, la part des femmes occupant des fonctions de direction (catégorie A+) a augmenté de 5 points pour atteindre 43 %, bien qu'elles représentent 67 % de l'ensemble des agents de catégorie A[153]. D'autre part, s'agissant de la catégorie A+, les femmes sont majoritaires dans la fonction publique territoriale à hauteur de 53 % (41 % dans la fonction publique d'État et 55 % dans la fonction publique hospitalière)[154]. Mais l'évolution positive de la courbe révèle, en réalité, des *« progrès tardifs pour la fonction publique territoriale... puisque le quota de 40 % de primo-nominations féminines en vigueur depuis 2017 n'y a été atteint... qu'en 2020 »*[155].

Toutefois, le « dispositif de nominations équilibrées » demeure perfectible. D'une part, les plans d'action pour l'égalité professionnelles ne sont pas obligatoires pour les collectivités de moins de 20 000 habitants. D'autre part, ces plans demeurent orientés sur le flux, c'est-à-dire sur le taux des primo-nominations féminines et non sur le stock, c'est-à-dire le taux de femmes nommées à ces postes et y demeurant[156]. Par ailleurs, ces données positives et récentes ne doivent pas occulter la prise en considération des différences dans les responsabilités assumées entre femmes et hommes. Ainsi, en 2020, les postes de DGS ne sont occupés qu'à 20 % par les femmes dans l'ensemble de la fonction publique territoriale ; la commune représentant un taux manifestement plus élevé à 41 %, quand sur les 93 postes de DGS au sein des conseils départementaux, seuls neuf sont occupés par des femmes et que dans le même temps 39 % des postes de DGA sont occupés par des femmes[157]. Enfin, l'application des critères légaux aboutit, parfois, à des résultats consternants.

---

[153] Ceci est d'autant plus étonnant, comme le souligne le Haut Conseil à l'Égalité entre les femmes et les hommes : *« l'écart de plus de 20 points entre les catégories A et A+ (65 % à 42 %), les trois fonctions publiques confondues, interpelle encore davantage car le vivier de femmes pour les postes d'encadrement supérieur et de direction semble être là »* ; *Parité dans le secteur public : des avancées réelles mais lentes, un levier de transformation publique à saisir* – vol. 2 *Parité dans le monde du travail*, 2021, p.49.

[154] *Rapport annuel sur l'état de la fonction publique* (Édition 2022), p.93.

[155] Martine FILLEUL et Dominique VÉRIEN, *Rapport d'information fait au nom de la délégation aux droits des femmes et à l'égalité des chances entre les hommes et les femmes sur le bilan d'application de la loi Sauvadet, dix ans après son adoption*, le 21 juin 2022, p.14.

[156] *Rapport d'information sur le bilan d'application de la loi Sauvadet, dix ans après son adoption*, préc., p.15 et s. (17).

[157] Idem, pp.23-24.

Ainsi, l'initiative de la ville de Paris de nommer, en 2018, plus de femmes directrices de service que d'homme (11 femmes pour 5 hommes), afin de rattraper le faible taux de femmes à ces postes a abouti à une discrimination à rebours. Elle a alors été tenue d'acquitter une somme de 90 000 euros en raison de la méconnaissance de la règle des nominations équilibrées (40 % de nominations de personnes de chaque sexe dans ces emplois)[158], avant d'en être finalement exemptée[159], en janvier 2021, par la ministre de la Transformation et de la fonction publiques. La ministre encourageant, au passage, la municipalité à *« consacrer ces fonds à maintenir cette dynamique positive ».* Par ailleurs, alors que le dispositif de nomination de la loi Sauvadet prévoit une obligation de 40 % de primo-nomination féminines, pour les emplois fonctionnels dans les collectivités de plus de 40 000 habitants, avec une nomination, par exemple, de 4 hommes dans une commune disposant de 6 emplois fonctionnels, le dispositif ne serait pas respecté, si la commune emploie déjà 2 femmes. Car en appliquant le *ratio* de 40 %, le résultat est alors de 2,4 postes et l'arrondi inférieur implique que les deux femmes déjà en poste permettent néanmoins de respecter la disposition des nominations équilibrées en confirmant la nomination des quatre hommes !

De même la règle de l'arrondi au nombre inférieur donne des résultats ubuesques par la mise en œuvre du dispositif : une commune disposant de 4 postes d'emplois fonctionnels et nomment 3 hommes et une femmes ne serait pas *a priori* en conformité avec le dispositif. Mais, en réalité, celui-ci est cependant respecté, car 40 % de 4 aboutit à un résultat de 1,6. En arrondissant au nombre inférieur, le résultat est alors la nomination d'une (seule) femme, permettant de respecter le dispositif !

Reconstruire : Il est regrettable que ces mesures visent essentiellement à l'établissement d'une égalité professionnelle hommes-femmes dans le futur, sans agir de manière rigoureuse sur les situations existantes. Il y a urgence à prendre en considération la faible présence des femmes dans les postes de direction. Cela suppose des employeurs de la fonction publique territoriale d'intégrer largement les aspirations en termes de rythme de vie, notamment des femmes, et d'innover en matière d'organisation du temps de travail, permettant de rendre le service public plus attractif.

Fénelon qui écrivait dans sa *Lettre à l'Académie* en 1714 que « La singularité est dangereuse en tout ». Appliqué à la fonction publique

[158] Denis COSNARD, « La Ville de Paris mise à l'amende pour avoir nommé trop de directrices », Le Monde (web), 11 déc. 2020, sur <https://www.lemonde.fr/politique/article/2020/12/11/la-ville-de-paris-mise-a-l-amende-pour-avoir-nomme-trop-de-directrices_6063019_823448.html> (26.11.22).

[159] Anonyme, « Mairie de Paris : l'amende pour « avoir nommé trop de femmes directrices » annulée » Le Monde avec AFP, le 27 janv. 2021, sur <https://www.lemonde.fr/societe/article/2021/01/27/l-amende-infligee-a-la-mairie-de-paris-pour-avoir-nomme-trop-de-femmes-directrices-annulee_6067758_3224.html> (26.11.22).

territoriale, les spécificités relevées qui en traduisent la singularité méritent, plus que jamais, d'être au centre des futures discussions et évolutions la concernant, car comme le révèle le 12ème baromètre RH cité à titre introductif, les *« DRH, [sont] « obnubilés par la continuité du service plus que par les évolutions de l'organisation du travail »* et « *une forme de lassitude gagne les agents » de la* fonction publique territoriale. À défaut, le manque d'attractivité demeurera la première des spécificités de la fonction publique territoriale traduisant sa spécificité

LES COLLECTIVITÉS TERRITORIALES ET LEUR(S) RESPONSABILITÉ(S) : QUELLES SPÉCIFICITÉS ?

Nicolas CHIFFLOT
Professeur de droit public à l'Université de Strasbourg

Le 6 février 1903, le Conseil d'État rendait, aux conclusions de Jean Romieu, le célèbre arrêt *Terrier*[1], qui compte parmi les décisions fondatrices du droit administratif moderne. À l'origine, comme souvent, le litige portait sur une question assez banale et délicieusement surannée, puisqu'un conseil général avait pris une délibération aux termes de laquelle une prime devait être allouée à toute personne justifiant la capture de vipères. S'étant vu refuser le paiement de la prime par le préfet au motif que les crédits prévus étaient épuisés, le sieur Terrier s'était tourné vers le juge administratif pour demander la censure de la violation du contrat conclu avec les chasseurs de vipères. À cette occasion, le recours du chasseur de vipère souleva une intéressante question de compétence : était-ce à l'autorité judiciaire ou à la juridiction administrative qu'il appartenait de statuer sur l'action intentée contre un département ? Contre toute attente, à l'occasion de cette « petite affaire », la haute juridiction administrative s'estima compétente en jugeant que « du refus du préfet d'admettre la réclamation (dont le requérant) l'a saisi, il est né entre les parties un litige dont il appartient au Conseil d'État de connaître ». Par cette formule laconique, le Conseil d'État parachevait l'unification du contentieux des collectivités territoriales avec celui de l'État.

Si, pour le juriste contemporain, une telle solution de compétence paraît banale, elle n'avait rien d'évident en 1903. Dans le sens de la compétence judiciaire, il était parfaitement possible d'invoquer la théorie d'après laquelle les contrats des communes et des départements étaient, en l'absence de textes spéciaux, des contrats de droit commun dont la connaissance appartenait aux tribunaux judiciaires. Dans des affaires très similaires, la jurisprudence la plus récente du Conseil d'État et du Tribunal des conflits penchaient nettement en faveur de la compétence judiciaire[2].

Sans doute la haute assemblée avait-elle déjà eu l'occasion, par le passé, de statuer sur des litiges nés entre les collectivités et leurs agents, comme le

---

[1] Conseil d'État, 6 février 1903, *Terrier*, *Rec.* 94, concl. Romieu ; *D.* 1904. 3. 65 ; *S.* 1903.3.25, note M. Hauriou ; M. Long, P. Weil, G. Braibant, P. Delvolvé, B. Genevois, *Les grands arrêts de la jurisprudence administrative,* Dalloz, 23ème éd., 2021, p. 71 et s.

[2] Ainsi, à l'occasion d'un litige survenu entre une sage-femme et une commune au sujet d'une subvention promise par le conseil municipal pour inciter cette dernière à venir s'installer dans la commune pour y exercer sa profession, la compétence du juge judiciaire pour interpréter le contrat allégué fut reconnue successivement par le Conseil d'État et le Tribunal des conflits (Conseil d'État, 1er juin 1900, *Moreau, Rec.* p. 94 ; T. confl., 16 novembre 1901, *Rec.* p. 809).

démontre l'arrêt *Cadot* de 1889[3]. De même, les travaux publics communaux relevaient, depuis la loi du 28 pluviôse an VIII, de la compétence des conseils de préfecture. Mais, à cette époque, l'idée était généralement admise que les actes et opérations des collectivités – et notamment les suites à donner à leurs conséquences dommageables – constituaient des « actes de droit privé » dont le contentieux ressortissait, « par nature », à la compétence du juge judiciaire. Comme l'exprimait Georges Teissier, « pour soumettre ainsi les communes aux mêmes règles de compétence que les particuliers, il faut les considérer comme de simples collectivités, de pures associations privées d'individus demeurant dans le voisinage les uns des autres et ayant des droits et des intérêts communs. C'était bien là, sous l'ancien régime, quoi qu'on en ait dit, le caractère sinon exclusif, du moins essentiel des communautés d'habitants »[4].

D'une façon générale, le critère de compétence tiré de la distinction entre actes d'autorité et actes de gestion, abandonné dès 1873 pour l'État par l'arrêt *Blanco*, avait été maintenu pour les départements et les communes. De surcroît, la théorie de l'État débiteur ne s'appliquait pas aux collectivités. Comme le rappelait Romieu[5], le principe de séparation des pouvoirs était interprété en ce sens que les « actes de puissance publique » avaient seuls, par leur « nature », un caractère administratif, alors que les « actes de gestion » étaient régis par le droit commun, s'il n'en était décidé autrement par un texte spécial. Or, les actions dirigées contre l'État et fondées sur un acte de gestion, « soit au point de vue des obligations contractuelles, soit en réparation de dommages », n'avaient aucun « caractère administratif » par elles-mêmes, mais uniquement parce qu'elles conduisaient à mettre une somme à la charge du Trésor public et que des textes, notamment la loi du 26 septembre 1793, posaient « le principe de la liquidation administrative des dettes de l'État ». Pour les communes et les départements, il en résultait que les textes de droit financier, qui ne visaient que l'État, faisait défaut et que toutes les actions relatives aux « actes de gestion » relevaient du juge judiciaire, à défaut du texte spécial[6].

Romieu entendit rompre, précisément, avec cette interprétation. En s'appuyant sur l'arrêt *Blanco* et les conclusions David – tous deux

[3] Conseil d'État, 13 décembre 1889, *Cadot*, *Rec.* 1148, concl. Jagerschmidt ; *D.* 1891.3. 41 ; *S.* 1892.3.17, note M. Hauriou ; *GAJA*, *op. cit.*, p. 39.
[4] G. Teissier, *La responsabilité de la puissance publique*, Paris, P. Dupont, 1906, p. 93.
[5] J. Romieu, concl. sur Conseil d'État, 6 février 1903, *Terrier*, in H. de Gaudemar et D. Monguin, *Les grandes conclusions de la jurisprudence administrative*, t. 1, Paris, LGDJ, coll. « Les grandes décisions », 2015, p. 222.
[6] *Ibid.*

opportunément « redécouverts », comme on le sait[7] – ce dernier affirme que la compétence administrative, dans les actions en responsabilité contre l'État, est désormais fondée sur « le principe de la séparation des pouvoirs » et plus encore sur la loi du 24 mai 1872, d'après laquelle « le Conseil d'État statue souverainement sur les recours en matière contentieuse administrative », ce qui vaut « abandon définitif » des textes anciens relatifs à la liquidation des dettes de l'État. En admettant ce principe comme « fondement unique » de compétence dans l'ordre quasi-délictuel pour les rapports entre le « service public et les tiers », il devient logique, si ce n'est nécessaire, de l'admettre pour tous les rapports contractuels qui naissent de « l'organisation ou du fonctionnement du service public ». Pour Romieu, « si telle est la base de la compétence administrative en ce qui concerne les services publics de l'État, on ne voit pas pourquoi elle ne subsisterait pas pour les services publics des départements, des communes, des établissements publics, qui ont au même degré le caractère administratif ». Et de conclure par cette formule restée célèbre : « Qu'il s'agisse des intérêts nationaux ou des intérêts locaux, du moment que l'on est en présence de besoins collectifs auxquels les personnes publiques sont tenues de pourvoir, la gestion de ces intérêts ne saurait être considérée comme gouvernée nécessairement par les principes du droit civil »[8].

À partir de l'arrêt *Thérond*, le contentieux des collectivités fut progressivement incorporé au contentieux administratif, solution que le Tribunal des conflits devait encore confirmer, mais de façon beaucoup plus explicite, dans son arrêt *Feutry* de 1908, en l'étendant cette au contentieux de la responsabilité extracontractuelle[9]. Devant le Tribunal des conflits présidé par Aristide Briand, alors garde des Sceaux, le commissaire du gouvernement Georges Teissier soutint à nouveau la solution d'une fusion complète du contentieux de la responsabilité l'État et du contentieux des collectivités

---

[7] La notoriété de l'arrêt *Blanco* est largement posthume. Ses contemporains l'ont ignoré. Il ne faisait d'ailleurs que reprendre une jurisprudence déjà formulée par l'arrêt *Rothschild* du Conseil d'État, du 6 décembre 1855. V. P. Gonod, « À propos des *Grands arrêts de la jurisprudence administrative* », in *Mélanges en l'honneur de Daniel Labetoulle. Juger l'administration, administrer la justice*, Dalloz, 2007, p. 441. On notera cependant que l'arrêt de 1855 « est le fruit d'un organe non juridictionnel et de surcroît peu libéral, quand l'arrêt, son jumeau, rendu par le Tribunal des conflits, intervient dans le cadre de la loi du 24 mai 1872, loi sur le fondement et au moyen de laquelle le Conseil d'État s'installe et s'enracine dans la République ». V. aussi G. Bigot, « Les mythes fondateurs du droit administratif », *RFDA* 2000. 527 et F. Blanco, S. Gilbert, A. Jacquemet-Gauché (dir.), *Autour de l'arrêt Blanco*, Dalloz, coll. "Thèmes & Commentaires", 2023.

[8] J. Romieu, concl. sur Conseil d'État, 6 février 1903, *Terrier*, in H. de Gaudemar et D. Monguin, *Les grandes conclusions de la jurisprudence administrative*, t. 1, *op. cit.*, p. 223.

[9] T. confl., 29 février 1908, *Feutry*, n° 00624, concl. G. Teissier, rééd. in *Les grandes conclusions de la jurisprudence administrative*, t. 1, *op. cit.*, p. 355.

territoriales, alors considérées, selon ses termes, comme des « démembrements de l'État »[10].

Si le contentieux de la responsabilité extracontractuelle des collectivités fut ainsi, dans sa généralité, incorporé au contentieux administratif et soumis à ses règles spécifiques, la question pouvait néanmoins se poser de savoir si les solutions de fond, alors applicables à l'État, pouvaient être transposées, aussi directement, aux collectivités locales. Au-delà des principes et des critères de compétence juridictionnelle, l'extension du régime de la responsabilité administrative accomplie au profit du juge administratif n'allait-elle pas susciter des difficultés pratiques ou masquer une différence de traitement[11] ? La « fusion des contentieux » n'était-elle pas inadaptée, voire artificielle ?

La réponse est négative. La « fusion » fut impeccablement menée[12]. Comme pour l'État, la responsabilité administrative des collectivités territoriales a immédiatement reposé sur la distinction entre faute personnelle et faute de service. Comme pour l'État, elle fit intervenir les mécanismes de cumul de fautes et de responsabilités. Comme pour l'État, elle a obéi à la distinction entre faute lourde et faute simple, tout en connaissant, en ce domaine comme en d'autres, les mêmes évolutions s'agissant du recul de la faute lourde, notamment en matière de police administrative[13]. Enfin, comme pour l'État, elle a pu être engagée pour faute ou sans faute. Pour l'essentiel, le droit de la responsabilité administrative des collectivités s'est développé en se calquant sur l'exact modèle de celui de l'État. À l'aune du XXème siècle, le juge administratif entreprit de réaliser l'unité des régimes de responsabilité, opérant une parfaite « fusion du contentieux local dans le contentieux de l'État »[14]. Dans la seconde partie du siècle, les mêmes tendances de fond ont encore pu être observées, que ce soit l'attention de plus en plus exigeante portée à l'indemnisation intégrale des préjudices, la fréquence des litiges

---

[10] L'évolution proposée constitue sans nul doute un prolongement de l'arrêt *Terrier*, même si Teissier ne le mentionne pas, pas plus d'ailleurs qu'il ne cite les conclusions de Romieu.

[11] Pour une critique en ce sens, v. H. Berthélemy, *Traité élémentaire de droit administratif*, Paris, A. Rousseau, 1900, p. 69 et s., et p. 73.

[12] V. not., sur ce point, L. Janicot et M. Verpeaux, *Droit des collectivités territoriales*, LGDJ, coll. « Manuel », 2019, p. 412 et s.

[13] Comme l'illustre, par exemple, l'abandon de la faute lourde qui régissait, il y a quelques années encore, des pans entiers de la responsabilité des collectivités territoriales s'agissant de la police municipale et du fonctionnement du SDIS. Désormais s'applique le système de la faute de service non qualifiée. Il en va ainsi, notamment, du non-respect par un SDIS du règlement opérationnel (Conseil d'État, 26 nov. 2012, n° 344778, *Commune de Domaize et SDIS du Puy-de-Dôme*, *JCP A* 2013. 2119, note X. Prétot).

[14] Sur la démarche volontariste du Conseil d'État, v. not. l'analyse classique de R. Chapus in *Responsabilité publique et responsabilité privée. Les influences réciproques des jurisprudences administratives et judiciaires*, Paris, LGDJ, 1954, rééd. La Mémoire du droit, 2010, p. 100 et s.

relatifs à la responsabilité pour illégalité ou l'élargissement modéré du domaine d'application des responsabilités sans faute.

Qu'en est-il de nos jours ? Pour l'essentiel, la tendance à l'uniformité demeure. Il suffit, pour s'en convaincre, de mentionner le cas – sans doute singulier, mais révélateur – des hypothèses de méconnaissance du droit de l'Union européenne[15]. En cas de manquement, on sait que l'État est seul responsable à l'égard de l'Union, y compris lorsque ce manquement n'est pas de son fait mais est imputable à une autre personne publique, telle une collectivité territoriale. Depuis l'arrêt de la CJCE *Commission c/Belgique*[16], un État-membre ne peut se prévaloir « des dispositions pratiques ou situations de son ordre juridique interne pour justifier l'inobservation des obligations qui lui incombent en vertu du droit communautaire »[17]. Récemment, l'article 112 de la loi NOTRe a considérablement étendu la responsabilité des collectivités territoriales, de leurs groupements ou de leurs établissements, en cas de condamnation de la France par le CJUE. Si l'État est toujours celui qui doit répondre des manquements commis sur son territoire devant le juge de l'UE, les collectivités doivent désormais supporter financièrement les charges résultant de la violation des obligations qui leur incombent en application du TFUE et qui relèvent de leurs compétences[18]. Ce nouveau mécanisme de responsabilité financière complète le dispositif existant en matières d'aides, selon lequel les collectivités doivent également supporter les conséquences financières des condamnations résultant de l'exécution tardive ou incomplète d'une décision de récupération d'une aide illégale ou encore celui institué par la loi du 27 janvier 2014 qui dispose que les collectivités doivent supporter la charge des corrections et des sanctions financières en matière de gestion des programmes européens ou de coopération territoriale[19]. Il résulte de ces différents mécanismes que les collectivités territoriales sont désormais, en droit interne, financièrement responsables de toute violation de droit de l'Union européenne dans leur domaine de compétence, même s'il s'agit d'une responsabilité indirecte au regard des institutions européennes.

---

[15] Nous reprenons ici l'exemple de L. Janicot et M. Verpeaux, in *Droit des collectivités territoriales*, *op. cit.*, p. 413.

[16] CJCE, 14 janvier 1988, *Commission c/ Belgique*, 227 à 230/8.

[17] Ce qui n'a jamais empêché l'État condamné d'exercer, devant le juge national, une action récursoire contre les collectivités territoriales concernées.

[18] V. CGCT, art. L. 1611-10. Pour ce faire, le Législateur a introduit un dispositif qui conduit plus facilement les collectivités à supporter leurs obligations financières telles qu'elles résultent d'un arrêt de la Cour imposant le paiement d'une somme forfaitaire ou d'une astreinte sur le fondement de l'article 260 du TFUE. Dans ce cas, un décret adopté après avis d'une commission composée de membres du Conseil d'État, de magistrats de la Cour des comptes et de représentants de collectivités, détermine les charges dues par les collectivités intéressées et qui sont considérés comme des « dépenses obligatoires » au sens de l'art. L. 1612-15 du CGCT.

[19] CGCT, art. L. 1511-1-2

En la matière, comme en d'autres, le droit commun de la responsabilité publique tend ainsi à s'appliquer, sous réserve bien sûr des spécificités tenant à la situation des collectivités, et tout particulièrement de leurs compétences[20].

Ce constat en deviendrait presque banal et le thème ici évoqué pourrait sans doute se conclure s'il ne fallait insister, malgré tout, sur deux aspects à la fois décisifs et contradictoires. Tout d'abord, il n'est pas inutile de rappeler que la soumission des collectivités territoriales au droit commun de la responsabilité administrative n'allait pas de soi historiquement. Cette soumission est le fruit d'une politique volontariste du juge administratif et d'une franche rupture avec les solutions passées. Pourquoi donc la jurisprudence *Blanco* – même oubliée ou minorée par ses contemporains jusqu'au début des années 1900 – a-t-elle été initialement limitée aux seules activités de l'État, faisant échapper pendant trois décennies les collectivités à la compétence du juge administratif, une solution qui paraît, de nos jours, assez surprenante, voire illogique ? À l'évidence, une telle exclusion portait en elle une conception singulière de l'État et, symétriquement, des collectivités territoriales qu'il n'est pas inutile de rappeler **(I)**.

Pour autant, ce sujet ne saurait se limiter à une étude strictement historique retraçant un « moment » du droit des collectivités territoriales et de la responsabilité administrative. Les racines de l'histoire ne sont pas desséchées. Elles se prolongent et permettent d'entrevoir une autre rupture, non moins décisive, mais beaucoup plus actuelle. À notre époque, un autre pan de la responsabilité des collectivités territoriales a connu d'importantes évolutions qui ne sont pas sans rejaillir sur la conception que l'on peut retenir, au regard du passé, de leur statut et de leurs fonctions. À côté de l'évolution de la responsabilité administrative, « l'irruption du juge pénal dans le paysage administratif »[21] a constitué, pour ces dernières, un véritable tournant dont il convient de mesurer la portée et d'interroger la signification **(II)**.

I. La continuité du XXème siècle : l'effort d'uniformisation des régimes de responsabilité applicables à l'État et aux collectivités territoriales

La raison invoquée par une partie de la doctrine universitaire, les membres du Conseil d'État, mais aussi les hommes politiques du dernier tiers du XIXème siècle pour exclure les collectivités territoriales du champ du droit de la responsabilité administrative et les soustraire à la compétence du juge administratif peut ainsi se résumer : à cette période, sauf textes contraires, les collectivités échappent au droit administratif car elles ne sont pas perçues

---

[20] À telle enseigne que « la responsabilité administrative des collectivités territoriales (…) ne mérite pas de développements particuliers ». L. Janicot et M. Verpeaux, *Droit des collectivités territoriales*, *op. cit.*, p. 412.

[21] Expression empruntée à F. Thiriez, *AJDA* 1999. 105.

comme des instruments de gouvernement ou des éléments de l'Administration publique. Cette dernière est uniquement au service de l'État. On trouve l'expression de cette idée dans le *Traité* d'Edouard Laferrière qui relie « souveraineté » et « responsabilité » et réaffirme, pour expliquer la permanence d'importants îlots d'irresponsabilité, la nécessaire distinction entre actes de puissance publique et actes de gestion. Pour Laferrière, « la responsabilité de l'État est d'autant plus restreinte que sa fonction est plus élevée et l'État est exempt de toute responsabilité quand sa fonction confine à la souveraineté »[22]. Lorsque, malgré tout, la responsabilité de l'État est engagée, elle doit s'accompagner d'un privilège de juridiction. La compétence du juge administratif est perçue comme une forme de protection et le droit "spécial" de la responsabilité administrative comme une contrepartie à la mise en cause de l'État.

De telles justifications s'appliquent difficilement aux collectivités (communes et départements) dont le statut et les fonctions n'ont qu'un lien très ténu avec l'exercice de la souveraineté (ou de la puissance publique), tout particulièrement dans le cadre d'une centralisation forte. La justification même du régime « spécial » de la responsabilité administrative permettait, tout à la fois, d'en restreindre la portée et d'exclure, pour une large part, les collectivités territoriales de son domaine d'application.

Cependant, dès la fin du XIXème siècle, des voix s'élevèrent pour contester cette exclusion. Un courant critique émergea et il était d'autant plus efficace qu'il se composait d'auteurs très différents[23], que l'on songe, par exemple, à Maurice Hauriou[24], Gaston Jèze[25] ou Georges Teissier[26]. Pour ce dernier, « la situation, en quelque sorte purement domaniale et privée, de la commune, est aujourd'hui absolument archaïque ; elle ne correspond nullement à la réalité juridique, telle qu'elle résulte de notre organisation politique moderne »[27]. Dans un article paru à la *RDP* de 1897, Léon Michoud exprime la même position en affirmant que la responsabilité des communes

---

[22] « Si l'on cherche à se rendre compte des différences que présente la responsabilité de l'État, selon les diverses fonctions qu'il est appelé à remplir, on voit que sa responsabilité est d'autant plus restreinte que cette fonction est plus élevée. L'État est exempt de toute responsabilité pécuniaire quand sa fonction confine à la souveraineté ». E. Laferrière, *Traité de la juridiction administrative et des recours contentieux*, Paris, Berger-Levrault, 2ème éd., 1896, p. 184 et s.

[23] La doctrine n'était pourtant pas unanime. V. ainsi les critiques exprimées par H. Berthélemy, *Traité élémentaire de droit administratif*, *op. cit.*, p. 69 et s., et p. 73.

[24] M. Hauriou, *Précis de droit administratif*, 4ème éd., p. 266 et 267 ; v. aussi 12ème éd., Paris, Sirey, 1933, p. 532 et s, rééd. Dalloz, coll. « Bibliothèque Dalloz », 2002.

[25] G. Jèze, *Les principes généraux du droit administratif*, Paris, Berger-Levrault, 1904, p. 159 et s.

[26] G. Teissier, *La responsabilité de la puissance publique*, *op. cit.*, p. 84 et p. 91 et s.

[27] *Ibid.*, p. 94.

devait suivre le « schéma général dessiné pour l'État »[28]. Dès lors que les communes ne sont plus considérées comme des personnes privées, ce qui est le cas, selon Michoud, depuis que les textes de l'an VIII ont intégré les municipalités dans l'administration publique, il convient de leur appliquer la distinction entre actes de gestion et actes d'autorité et de saisir le juge administratif, sans faire de différence entre les communes et l'État. La question – nécessairement délicate – de la responsabilité de l'État pouvait ici trouver une justification, à la condition de ne plus caractériser politiquement l'État comme organisation souveraine, nécessairement spécifique, mais en le caractérisant juridiquement comme « personne morale », ce qui implique aussi, fort logiquement, d'étendre cette responsabilité aux autres collectivités. En somme, par un effet miroir, en changeant la conception de l'État, on changerait aussi, immanquablement, celle des collectivités infra-étatiques.

Par la suite, c'est essentiellement un critère contentieux qui permit l'unification des régimes de responsabilité et l'extension de la compétence du juge administratif, à savoir le critère très discuté du « service public ». Les conclusions de Romieu expriment, on ne peut mieux, le développement dans le droit positif de l'idée selon laquelle le droit administratif ne s'applique que dans la mesure où l'Administration, quels que soient ses « démembrements », utilise des procédés distincts du droit privé. La distinction, alors exprimée par Romieu sous la forme d'un principe (la gestion publique), suivie d'une exception (la gestion privée), lui permit d'affirmer – selon une autre formule célèbre – que « tout ce qui concerne l'organisation et le fonctionnement des services publics proprement dits, généraux ou locaux, constitue une opération administrative qui est, par sa nature, du domaine de la juridiction administrative (et) qu'il demeure entendu qu'il faut réserver, pour les départements et les communes, comme pour l'État, les circonstances où l'administration doit être réputée agir dans les mêmes conditions qu'un simple particulier (et se trouve soumise aux mêmes règles comme aux mêmes juridictions) »[29].

Pour illustrer ce puissant mouvement, il suffit enfin d'évoquer les conclusions décisives de G. Tessier sur l'arrêt *Feutry* de 1908 qui, pour différentes qu'elles soient des analyses de Romieu – leur auteur ne donne pas

---

[28] L. Michoud, « De la responsabilité des communes à raison des fautes de leurs agents », *RDP* 1897, p. 22 et s.

[29] Il est ainsi une idée qui se trouve constamment affirmée dans les conclusions de Romieu et qui éclaire ses développements : c'est l'idée de l'alternative gestion publique-gestion privée. À de nombreuses reprises, Romieu distingue les deux types de gestion et il pose le principe que, de même dans le contentieux de l'État la gestion publique justifie la compétence administrative, de même elle doit l'entraîner dans le contentieux des collectivités territoriales. Les mêmes principes doivent régir les deux contentieux et le critère de compétence doit être identique : l'« acte administratif » sera ainsi l'acte accompli par l'administration agissant « autrement que comme personne privée ». Où l'on voit que le service public se confond surtout ... avec la puissance publique.

la même importance à la notion de « service public », nie toute forme d'autonomie aux collectivités et adopte une perspective plus institutionnelle que fonctionnelle – n'en conduisent pas moins au même résultat :

« Il semble *a priori* qu'on ne puisse même pas concevoir la possibilité d'une différence entre la situation des départements ou des communes et celle de l'État. La Puissance publique est une ; le caractère de ses actes ou de ses opérations ne change pas suivant l'importance territoriale de l'Administration qui agit. Les actes accomplis par les représentants ou les agents de l'Administration ont la même nature, quelle que soit l'étendue de la circonscription où exercent ces agents. Le lien qui lie ces agents à l'Administration locale dont ils dépendent est un lien de droit public, et non un lien de droit privé, tout comme celui qui lie le fonctionnaire de l'État à l'État lui-même. Dès lors, les règles de la responsabilité du droit civil et la compétence judiciaire doivent être écartées toutes les fois qu'il y a à apprécier les actes de leurs fonctions, soit au point de vue de leur validité, soit au point de vue des préjudices qu'ils ont pu causer. Il faut bien se rendre compte, en effet, que la dévolution à l'autorité judiciaire des questions de responsabilité départementale et communale implique que les services départementaux et les services municipaux ne sont pas des services publics (et que les actes des représentants et des agents des départements et des communes ne sont pas des actes administratifs au même titre que ceux des fonctionnaires de l'État). Or, personne n'ose plus aujourd'hui soutenir catégoriquement une semblable thèse, trop manifestement contraire aux principes les plus certains ».

Ainsi prit fin la distinction de « nature » entre l'Administration d'État et celle des collectivités. Ainsi le juge administratif étendait-il sa compétence à toutes les collectivités publiques et le droit administratif à leur gestion publique. Un nouveau critère, fruit d'une conception neuve du rôle des collectivités, et plus largement du droit public, se déployait, principalement fondé sur le mode de gestion des services, quelle que soit la collectivité en cause. Dans la dialectique bien connue des administrativistes, la « fonction » l'emportait sur l'« organe ».

Mais l'histoire – même juridique – n'est jamais linéaire. Elle connait des ruptures, des hésitations, des renversements. Un siècle plus tard, l'affirmation précédente n'est plus aussi assurée. Certes, les solutions du droit de la responsabilité administrative n'ont guère changé. Toutefois, en matière de responsabilité des collectivités publiques, notre XXIème siècle connait une évolution non moins décisive que celle augurée par la série des arrêts *Terrier, Feutry* et *Thérond* au début du XXème siècle. Il s'agit cependant d'un mouvement inverse. Alors que l'évolution juridique avait conduit à fusionner les responsabilités de l'État et des collectivités, à les rapprocher au point de les confondre sur de nombreux points – autant que cela soit possible, bien sûr, au regard de leurs compétences, de leurs activités, de leurs situations – une nouvelle distinction de « nature » fut opérée. Ses présupposés théoriques, autant que ses conséquences pratiques, sont loin d'être négligeables. Ils méritent un examen critique.

II. Rupture ou parenthèse ? Le retournement de la fin du siècle

En 1994, l'importante réforme du Code pénal a permis d'instaurer une responsabilité des personnes morales. L'article 121-2 du Code pénal précise ainsi que les personnes morales peuvent voir leur responsabilité pénale engagée pour les infractions commises pour leur compte par leurs organes ou représentants. Ces dispositions s'appliquent, en principe, à toutes les personnes publiques, exception faite de l'État, étant entendu, également, que « les collectivités territoriales et leurs groupements ne sont responsables pénalement que des infractions commises dans l'exercice d'activités susceptibles de faire l'objet de conventions de délégation de service public ».

Se trouvent ainsi exclues du champ de la responsabilité pénale les missions exercées pour le compte de l'État, tel l'état civil, l'organisation des élections, les missions de police judiciaire, mais aussi les activités de droit privé des collectivités, comme la gestion du domaine privé, la passation de contrats de droit privé et, bien sûr, les activités non susceptibles d'être déléguées comme les activités de police municipale ou de service public administratif[30]. Par ailleurs, l'engagement de la responsabilité pénale des collectivités peut s'accompagner de celle des agents ou des élus considérés comme auteurs ou complices de ces faits, responsabilité prévue cette fois-ci à l'article 121-2, alinéa 3, du Code pénal.

Même si la responsabilité pénale des collectivités territoriales est limitée à bien des égards, on voit ainsi réapparaître dans notre droit une distinction décisive, reposant sur la « nature » des collectivités en cause. Cette distinction est révélatrice d'un mouvement profond : le projet visant à établir un régime de responsabilité unifié valable pour l'État comme pour les collectivités territoriales s'est progressivement affaibli avec la résurgence, sur ce point, d'une conception beaucoup plus restrictive de la souveraineté de l'État qui, pour reprendre l'expression de Maurice Hauriou, s'affirme à nouveau comme la collectivité première, « l'institution des institutions ». En matière de responsabilité, ces évolutions ont partiellement effacé l'œuvre du XXème siècle en instaurant une différence de statut radicale. Sur ce point précis, le législateur de 1994 a renoué, dans son inspiration, avec la tradition du XIXème siècle.

Il est vrai que l'extension de la responsabilité pénale aux collectivités publiques a pu effrayer par son audace, justifiant que le Conseil d'État

[30] V. not. F. Meyer « Réflexions sur la responsabilité pénale des personnes morales de droit public à la lumière des premières applications jurisprudentielles », *RFDA* 1999. 920.

déconstruise lui-même l'œuvre autrefois accomplie. L'exclusion de la responsabilité pénale de l'État résulte, en grande partie, de l'avis qu'il émit sur le projet de loi relatif aux dispositions du Code pénal. Dans cet avis, invoqué à de nombreuses reprises au cours des débats parlementaires, le Conseil d'État a considéré que les personnes morales de droit public « qui sont par nature et quelle que soit leur activité dépositaires d'une part de la puissance publique (...) disposent des prérogatives qui y sont attachées (et) ne sauraient être placées sous l'entier contrôle des juridictions répressives sans qu'il soit porté au principe de la séparation des pouvoirs une atteinte particulièrement grave »[31].

Plus encore, s'agissant spécialement de la responsabilité pénale de l'État, fut mis en avant l'argument selon lequel l'État a le monopole du droit de punir et que reconnaître sa responsabilité conduirait à admettre qu'il puisse s'infliger à lui-même des peines. Il en aurait résulté « une mise en cause de sa souveraineté même ».

Enfin, plus prosaïquement, l'État aurait été condamné à des amendes, elles-mêmes payées par le contribuable – cela à l'exclusion, évidemment, d'une sanction de « dissolution » qui est uniquement possible pour une personne privée.

L'irresponsabilité pénale de l'État fut aussitôt discutée et contestée. Ainsi, dans son rapport remis au garde des Sceaux en 1999, le groupe d'étude sur la responsabilité pénale des décideurs publics, présidé par Jean Massot, estima qu'aucun des arguments avancés pour justifier ces limitations n'était insurmontable[32].

Il est vrai que le régime juridique mis en place, fruit d'un subtil compromis, a d'emblée soulevé des difficultés. Comme l'a lui-même souligné, vingt ans plus tard, le Conseil d'État, on peut remarquer que le critère tiré de l'exercice d'activités susceptibles de faire l'objet d'une délégation interdit, de façon assez peu logique, que la responsabilité pénale des collectivités territoriales soit recherchée, alors même que l'activité à l'occasion de laquelle l'infraction a été commise, bien qu'étant insusceptible de délégation de service public, n'implique aucun recours à une prérogative de puissance publique et apparaît de même nature que des activités assurées par des personnes privées[33].

Par ailleurs, des infractions – comme le « favoritisme » prévu et réprimé à l'article 432-14 du Code pénal – se trouvent exclues du champ de la

---

[31] V. *JO*, Sénat, 11 mai 1989, p. 624, cité *in* Conseil d'État, *La prise en compte du risque dans la décision publique. Pour une action publique plus audacieuse*, La Documentation française, coll. « Les Études du Conseil d'État », 2018, p. 73.

[32] J. Massot, *Groupe d'étude sur la responsabilité pénale des décideurs publics. Rapport au garde des Sceaux*, La Documentation française, 16 décembre 1999, p. 42 et s.

[33] Conseil d'État, *La prise en compte du risque dans la décision publique. Pour une action publique plus audacieuse*, *op. cit.*, p. 71-72.

responsabilité pénale des personnes morales de droit public dès lors que, par construction, les activités à l'occasion desquelles elles peuvent être commises ne sont pas susceptibles de délégation de service public[34].

Le problème de la différence de traitement entre agents publics doit aussi être souligné. En effet, d'un côté, « l'agent public chargé de la présidence d'une agence pourra voir sa responsabilité personnelle s'effacer derrière celle de la personne morale de droit public dans les mêmes cas et conditions que les dirigeants et salariés d'une personne morale de droit privé[35] ; les élus locaux et fonctionnaires territoriaux seront placés dans la même situation, si l'activité à l'occasion de laquelle l'infraction a été commise était susceptible de délégation de service public »[36]. Mais, d'un autre côté, lorsque l'infraction a été commise par un fonctionnaire de l'État, sa responsabilité pénale ne pourra jamais être mise en cause, alors que celle du fonctionnaire sera toujours seule exposée. Le même agent agissant successivement pour une agence ou pour l'État relèvera, tour à tour, de ces deux régimes. Autrement dit, son éventuelle responsabilité résultera d'un pur choix d'organisation administrative de l'État[37].

Enfin, plus positivement, il n'est pas interdit de penser que l'irresponsabilité pénale de l'État n'empêche nullement la recherche de sa responsabilité sur d'autres fondements (responsabilité contractuelle, quasi-délictuelle, financière) et devant des juges qui rendent, tout autant, la justice au nom de l'État. Comme toute personne publique, l'État est susceptible d'être condamné à des dommage-intérêts par les juridictions administratives. Ses agents peuvent faire l'objet de condamnations pénales, même en cas de faute de service. En somme, la responsabilité pénale de l'État ne serait pas foncièrement différente de celle des autres personnes publiques. L'argument tiré de la « souveraineté » n'est nullement décisif, dès lors que la responsabilité civile de l'État est déjà susceptible d'être mise en cause et que le souci d'égalité entre agents de l'État et des autres collectivités publiques doit prévaloir.

Le législateur refuse d'assimiler l'État aux autres collectivités publiques. L'État demeure la seule personne morale à qui la loi accorde une immunité totale en l'excluant du domaine de la répression des autres personnes morales.

---

[34] *Ibid.*

[35] Cass. Crim., 18 mai 2016, n° 15-84.026, s'agissant de la mise en cause exclusive d'un centre hospitalier.

[36] Cass. Crim., 24 octobre 2017, n° 16-85.975 et Cass. Crim., 12 juill. 2016, n° 15-81.924, pour la mise en cause exclusive de la responsabilité pénale d'un syndicat mixte et d'une commune. Décisions citées par le Conseil d'État in *La prise en compte du risque dans la décision publique. Pour une action publique plus audacieuse, op. cit.*, p. 74.

[37] *Ibid.*

Doit-on s'en étonner ? Vingt-cinq ans plus tard, les difficultés évoquées ont conduit le Conseil d'État à réviser sa position et à affirmer, dans son étude de 2018 sur *La prise en compte du risque dans la décision publique* que la situation actuelle n'était pas « satisfaisante » et qu'elle pourrait justifier à l'avenir « un réexamen, afin de donner plus de cohérence au régime de la responsabilité pénale des personnes morales de droit public »[38]. Pour le Conseil d'État contemporain, les arguments qui s'opposent traditionnellement à la responsabilité pénale de l'État devraient être mis en balance avec l'avantage que constituerait la possibilité, par ce biais, de sanctionner un dysfonctionnement, souvent étalé sur une longue période, aux graves conséquences et procédant d'une responsabilité pouvant être qualifiée de diffuse en raison de la multiplicité des acteurs susceptibles d'être impliqués et des manquements susceptibles d'avoir été commis dans une organisation complexe, comme, par exemple, pour l'amiante.

La responsabilité pénale de l'État pourrait aussi devenir un levier pour « l'amélioration de l'organisation administrative ». Enfin, en considérant l'effet de substitution identifié entre la responsabilité pénale des agents et celle de la personne morale dont ils dépendent, la responsabilité pénale de l'État pourrait permettre de répondre à une « attente sociale » dans des cas où il apparaîtrait juridiquement impossible – ou pratiquement très difficile – de mettre en cause la responsabilité personnelle d'un ou plusieurs agents. Il n'est pas besoin de rappeler, en effet, le mécanisme institué par la loi « Fauchon » qui conduit, pour un délit non intentionnel, à ne pouvoir engager la responsabilité pénale des personnes physiques que pour une « faute qualifiée » et dès lors que cette faute est en lien indirect avec le dommage[39]. Cela sans oublier que la responsabilité pénale de l'État pourrait également amoindrir celle des membres du gouvernement ou d'autres responsables.

Quoi qu'il en soit, les raisons ayant conduit à écarter la responsabilité pénale de l'État lors de l'élaboration du nouveau Code pénal – comme le respect de la séparation des pouvoirs ou l'incohérence d'un État qui s'inflige

---

[38] *Ibid.*

[39] Face à la multiplication des poursuites, et à la suite du rapport du groupe d'étude présidé par J. Massot sur *La responsabilité pénale des décideurs publics*, la loi du 10 juillet 2000 tendant à préciser la définition des délits non intentionnels a modifié l'article 121-3 du Code pénal et a nettement restreint la responsabilité en cas de fautes indirectes et non caractérisées. On notera que la question qui semblait réglée par l'intervention du législateur en 2000 a néanmoins réapparu dans le contexte très particulier de la crise sanitaire de 2020, laquelle a fait naître de nouvelles craintes de poursuites judiciaires envers des élus à raison des mesures prises – ou de leur absence – contre le virus. À l'initiative du Sénat qui souhaitait prémunir les responsables publics contre un tel risque, la loi n° 2020-546 du 11 mai 2020 précise désormais que « l'article 121-3 du Code pénal est applicable en tenant compte des compétences, du pouvoir et des moyens dont disposait l'auteur des faits dans la situation de crise ayant justifié l'état d'urgence sanitaire, ainsi que de la nature de ses missions ou de ses fonctions, notamment en tant qu'autorité locale ou employeur ». V. Code de la santé publique, art. L.3136-2.

à lui-même une condamnation – n'apparaissent plus aussi décisives à notre époque, y compris aux yeux du Conseil d'État qui avait pourtant soutenu des thèses inverses en 1994. Une perspective plus « fonctionnelle » semble à nouveau pouvoir supplanter l'antique conception « institutionnelle » (ou de « nature ») de l'État et des collectivités.

Si cette perspective devait triompher, alors peut-être pourrait-on retrouver une forme de cohérence, d'unité, entre la responsabilité des collectivités territoriales et celle de l'État, et ainsi renouer avec les fondements modernes de notre droit, tels qu'ils ont été notamment posés à la « Belle époque », celle de son épanouissement.

Les collectivités territoriales et l'aménagement du territoire : quelles spécificités ?

Clément Rouillier
Maître de conférences de droit public à l'Université Rennes 2

Comme le notait Yves Madiot en 1994, il semble que l'aménagement du territoire a toujours posé des difficultés d'appréhension pour les juristes[1]. En effet, si on utilise une formule unitaire – « l'aménagement du territoire » –, il n'y a en réalité pas *une* politique mais *une grande diversité* de politiques qui participent à l'aménagement du territoire : urbanisme, protection de l'environnement, création de services publics locaux, infrastructures de transport, gestion des ressources énergétiques, lutte contre la désertification rurale, régulation de la concentration urbaine, limitation de l'étalement urbain, zonage industriel, etc. De plus, ces politiques se concrétisent souvent dans des actions et des pratiques non formalisées juridiquement, dont les schémas d'aménagement sont l'illustration[2]. La place qu'occupent aujourd'hui les collectivités en matière d'aménagement rajoute une potentielle différenciation territoriale des politiques. Pourtant, la diversité n'est pas si grande qu'on pourrait le craindre : que l'aménagement soit dirigé par l'État ou pris en main par des collectivités territoriales, il reste une modalité d'organisation du libéralisme économique sur le territoire et semble globalement guidé par le souci du développement économique du territoire national et des territoires locaux.

Si on peut en distinguer des prémices historiques anciennes (notamment dans la politique des grands travaux menés par l'État au XIXème siècle)[3], l'aménagement du territoire à proprement parler n'émerge qu'avec la seconde moitié du XXème siècle. En effet, l'expression en tant que telle ainsi que les caractéristiques qu'elle désigne n'apparaissent véritablement qu'à compter de 1950[4] : une action politique menée par l'État sur le territoire national en vue d'en assurer un développement économique uniforme. La société française d'après-guerre fait face à des transformations sociales importantes (reconstruction du pays, effondrement de la société paysanne, inégalités

---

[1] Sur les difficultés de l'appréhension de l'aménagement du territoire par le droit : Yves Madiot, « L'aménagement du territoire et le droit », *RFDA* 1994, p. 891-899.

[2] De manière générale sur les schémas : Bertrand Faure, « Le schéma en droit administratif », *RDP* 2018, p. 437-456.

[3] Jean Bastié, « L'aménagement avant l'aménagement », *in* Gabriel Wackermann (dir.), *L'aménagement du territoire français. Hier et demain*, Paris : éditions SEDES, coll. « Mobilité spatiale », 1996, p. 13-25.

[4] Frédéric Santamaria, « Origines et fondements de l'aménagement du territoire en France », *in* Xavier Desjardins, Isabelle Géneau de Lamarlière (dir.), *L'aménagement du territoire en France*, 2ème éd., Paris : La documentation française, coll. « Les études », 2016, p. 15-29.

sociogéographiques importantes, etc.[5]) qui font du développement économique du pays un souci pressant. Par ailleurs, un travail politico-intellectuel est à l'œuvre, lequel fournit un socle idéologique à l'aménagement du territoire. C'est à cette époque que l'expression apparaît dans la première édition du livre de Jean-François Gravier *Paris et le désert français* (1947) et que le ministre à la Reconstruction et à l'Urbanisme en donne une définition explicite (1950)[6], tandis que l'État se dote d'outils et d'institutions destinés à promouvoir le développement économique du pays : création d'une direction de l'Aménagement du territoire au sein du ministère de la reconstruction et de l'urbanisme (1949, remplacée en 1963 par la DATAR – Délégation interministérielle à l'aménagement du territoire et à l'attractivité régionale), mise en place d'une Commission centrale d'études pour le plan d'aménagement national, d'une section des projets d'aménagement au sein du ministère de la reconstruction et de l'urbanisme, création du Fonds national d'aménagement du territoire (1950), etc.[7] La définition de l'aménagement du territoire et de ses objectifs ainsi que sa mise en œuvre témoignent de l'emprise extrêmement forte de l'État et du caractère centralisé de cette politique. La centralisation politique et administrative française se couple ici avec les préoccupations des gouvernants quant au développement économique du pays pour marginaliser la place des collectivités territoriales[8]. L'expression parle d'ailleurs d'elle-même : il s'agit de l'aménagement DU territoire, et non pas DES territoires : à l'origine, les collectivités territoriales sont donc exclues de cette politique.

Pour autant, l'État omniprésent s'appuie directement sur des entités territoriales pour mener à bien sa politique d'aménagement. Ainsi, aux débuts de l'aménagement du territoire, l'un des axes fondamentaux du pouvoir central repose sur la lutte contre la concentration du développement économique à Paris. Pour enrayer les inégalités géographiques qui résultent de ce phénomène, l'État va développer plusieurs politiques qui reposent sur un souci commun de répartition plus équilibrée du développement économique à l'échelle nationale. Si le déploiement de grandes infrastructures et la décentralisation industrielle concentrent l'attention des aménageurs dans

---

[5] Gérard-François Dumont, « Les fondements démographiques et culturels de l'aménagement du territoire », *in* Gabriel Wackermann (dir.), *L'aménagement du territoire français. Hier et demain*, Paris : éditions SEDES, coll. « Mobilité spatiale », 1996, p. 49-64.

[6] D'après Eugène Claudius-Petit, il s'agit de « la recherche, dans le cadre géographique de la France, d'une meilleure répartition des hommes, en fonction des ressources naturelles et des activités économiques (…) dans la constante préoccupation de donner aux hommes de meilleures conditions d'habitat, de travail, de plus grandes facilités de loisirs et de culture ».

[7] Frédéric Santamaria, « Origines et fondements de l'aménagement du territoire en France », *op. cit.* p. 19 et s.

[8] Yves Jean, « De l'État aménageur aux nouveaux territoires d'action publique », *in* Yves Jean, Martin Vanier (dir.), *La France. Aménager les territoires*, 2ème éd., Paris : Armand Colin, coll. « U », 2009, p. 27 et s.

les années 50-60[9], la déconcentration parisienne va aussi s'appuyer sur des entités infra-étatiques qui affirment progressivement leur place dans l'aménagement du territoire. Ainsi, 21 circonscriptions d'action régionale (ancêtres des régions) sont créées en 1960 et, six ans plus tard, la politique des « métropoles d'équilibre » est lancée à la suite des travaux de la DATAR. La première réforme vise à disposer de structures favorisant la régionalisation des investissements tandis que les métropoles d'équilibre servent de cadre pour structurer le réseau urbain français en dehors de la région parisienne[10]. En revendiquant des avantages similaires, les villes laissées à l'écart des premiers dispositifs obtiennent les contrats de villes moyennes à partir de 1973, tandis que les contrats de pays ciblant plus spécifiquement les territoires ruraux sont créés en 1976[11]. Dans les premières décennies de l'aménagement du territoire, si la centralisation des choix politiques au niveau de l'État est prépondérante, les modalités de mise en œuvre de cette politique contribuent à ménager une place croissante aux entités infra-étatiques.

L'acte I de la décentralisation constitue un tournant fondamental pour l'aménagement du territoire. Cette réforme contribue à décentraliser *la politique* de l'aménagement du territoire, et non plus seulement *sa mise en œuvre* : transformation de la région, dont la place dans l'aménagement du territoire s'était affirmée au cours des années 1970, en collectivité territoriale à part entière ; suppression de la tutelle et octroi du pouvoir exécutif des départements et des régions à un élu ; transfert massif de compétences structurantes du territoire aux communes, départements et régions (action sociale, collèges et lycées, développement économique ou encore urbanisme). Les lois de 1982 et 1983 modifient radicalement la structure des pouvoirs publics intervenant dans l'aménagement du territoire. C'est aussi dans les années 1980 que l'Europe modifie le paysage institutionnel de l'aménagement du territoire. Après avoir délaissé la question du développement économique des régions et de leurs inégalités territoriales, les Communautés européennes et le Conseil de l'Europe développent conjointement les principes de base de la politique de cohésion visant à limiter les disparités régionales en matière économique et sociale au sein des États européens et renforçant le poids des

---

[9] Par exemple, sur le rééquipement du pays via les grandes infrastructures : Jean Debrie, Nicolas Douay, « Aménagement et équipement. La politique des grandes infrastructures », *in* Xavier Desjardins, Isabelle Géneau de Lamarlière (dir.), *L'aménagement du territoire en France*, 2ème éd., Paris : La documentation française, coll. « Les études », 2016, p. 61-72.

[10] Jean Robert, « Les politiques d'aménagement depuis la dernière guerre : bilan et perspectives », *in* Gabriel Wackermann (dir.), *L'aménagement du territoire français. Hier et demain*, Paris : éditions SEDES, coll. « Mobilité spatiale », 1996, p.27-48, spé. p. 29 ; Michel Colot, « La politique des métropoles d'équilibre, 1964-1974 », *in* François Caron, Maurice Vaïsse (dir.), *L'aménagement du territoire*, 1958-1974, Paris : L'Harmattan, 1999, p 89.

[11] Yves Jean, « De l'État aménageur aux nouveaux territoires d'action publique », *op. cit.*

collectivités territoriales (notamment régionales) dans l'aménagement du territoire[12].

Ainsi, après une première phase de l'aménagement du territoire dans laquelle l'État était l'acteur prédominant si ce n'est exclusif, on assiste depuis une quarantaine d'années à un abandon progressif du rôle centralisateur de l'État en faveur d'une multiplicité d'acteurs : Europe, collectivités territoriales, structures privées (qui disposent d'un poids certain lors de la réalisation de grandes infrastructures) ou encore société civile. Ce tableau rend l'aménagement du territoire compliqué à appréhender : il n'existe pas une politique d'aménagement du territoire mais un ensemble de politiques publiques menées par des acteurs différents qui ont des compétences, des logiques de fonctionnement, des visions du territoires et des intérêts différents, parfois antagonistes. Au sein de cet ensemble, quelles sont les spécificités de l'action des collectivités territoriales dans les politiques d'aménagement du territoire ? Si la décentralisation politique de l'aménagement du territoire pouvait ouvrir la porte à un éclatement des politiques menées, cette diversification est en réalité restée très limitée (I). Ceci s'explique tout particulièrement par le fait que les collectivités semblent partager avec l'État un paradigme commun quant à l'orientation des politiques d'aménagement : le développement économique du territoire (II).

I. La décentralisation politique de l'aménagement du territoire : une diversification limitée

La décentralisation politique de l'aménagement du territoire est corrélée à l'émergence d'un nouveau paradigme de l'action publique dans les années 1980. L'érosion de la confiance en la toute-puissance de l'État conduit à favoriser les entités territorialisées dans les politiques d'aménagement[13]. Ce changement de perspective et le développement des compétences des collectivités qu'il induit n'ont toutefois pas eu pour effet d'éclater les politiques d'aménagement du territoire (A). Cela dit, en rapprochant les centres décisionnels des territoires, la décentralisation politique de l'aménagement a rendu les élus locaux plus perméables aux enjeux et aux intérêts territoriaux. La place des collectivités territoriales en matière d'aménagement a ainsi conduit à transformer le point de vue porté sur le territoire et sur son évolution souhaitable (B).

---

[12] Voir par exemple les contributions parues dans l'ouvrage : Guy Baudelle, Yves Jean (dir.), *L'Europe. Aménager les territoires*, Paris : Armand Colin, coll. « U », 2009 (notamment : Patrick Salez, « Comment l'Europe devient aménagiste : de la naissance de la politique régionale au Livre vert sur la cohésion territoriale, plus de vingt ans de déploiement de l'acteur européen », p. 19-38).

[13] Jérôme Dubois, *Les politiques publiques territoriales. La gouvernance multi-niveaux face aux défis de l'aménagement*, Rennes : PUR, coll. « Res Publica », 2009, p. 25 et s.

A. *Une fragmentation juridique très relative*

Dans un article de 2013, Jean-Marie Pontier regrettait la fragmentation de l'aménagement du territoire, déplorant notamment l'abandon d'une vision uniforme du territoire national, remplacé par une approche plurielle des territoires[14]. Il est certain que la multiplication des acteurs dotés de compétences différentes en matière d'aménagement a contribué à des politiques d'aménagement localisées et sectorielles. En décentralisant des compétences clés dans l'aménagement du territoire, l'État français a ouvert la voie à une multitude d'acteurs qui interviennent parfois en concurrence dans l'aménagement du territoire sur des sujets divers. La reconnaissance de la place des collectivités territoriales dans l'aménagement du territoire induit ainsi une diversification de l'aménagement du territoire.

Il convient toutefois de préciser ce constat. La diversification de l'aménagement du territoire laisse sous-entendre que la politique menée par l'État était caractérisée par l'uniformité, ce qui n'était pas le cas. Comme l'a démontré Gilles Massardier, il est impossible de parler de l'aménagement du territoire comme d'une politique uniforme. Même au sein de l'État, il n'y a pas unité de vues sur l'aménagement du territoire : experts, ministres et directeurs d'administrations construisent des représentations et des interventions sur le territoire différentes[15]. Si, aux origines de l'aménagement, on peut déceler une unité relative, elle tient à deux choses. Premièrement, une unité lexicale caractérisée par le singulier de l'expression « aménagement du territoire »[16]. Deuxièmement, un mot d'ordre commun qui a légitimé les politiques d'aménagement du territoires menées par l'État dans les années 50-60, lorsque les aménageurs nationaux se sont appuyés sur le titre de l'ouvrage de Jean-François Gravier comme d'un socle idéologique. L'expression « *Paris et le désert français* », a ainsi fourni un « mythe »[17] fondateur aux origines de l'aménagement du territoire. La définition de l'aménagement du territoire en négatif de Paris constitue une clé fédératrice des différentes

---

[14] Jean-Marie Pontier, « L'aménagement du territoire, rêve enfui », *AJDA* 2013, p. 2302-2306.

[15] Gilles Massardier, *Expertise et aménagement du territoire. L'État savant*, Paris : L'Harmattan, coll. « Logiques politiques », 1996, p. 213 et s. Sur ce point, on peut lire comme un témoignage l'ouvrage : Philippe de Castelbajac, Jérôme Monod, *L'aménagement du territoire*, 18ème éd., Paris : PUF, coll. « Que sais-je ? », 2021, spé. p. 25 et s.

[16] Pour reprendre l'analyse de Gilles Massardier, l'aménagement du territoire est une politique publique qui unit des agents sociaux disparates, aux intérêts et aux visions du monde foncièrement dissemblables autour d'un accord minimal, notamment caractérisé par une expression unique (« l'aménagement du territoire »), que chacun de ces acteurs peut instrumentaliser selon ses intérêts et sa vision du territoire (Gilles Massardier, *Expertise et aménagement du territoire*..., *op. cit.* p. 214).

[17] *Ibid.* p. 247 et s.

politiques publiques menées à l'époque sur le territoire[18]. Une analyse plus fine démontre que le désert français ne l'était pas réellement et que son existence était plutôt liée à un défaut d'équipement régional qu'à la présence de la capitale[19]. De plus, si un mot d'ordre unique existe, les politiques menées par l'État sont caractérisées par une certaine inconstance, voire par une « absence de stratégie », le pouvoir central alternant entre des choix parfois contradictoires et abandonnant fréquemment les politiques initiées après quelques années seulement[20].

En somme, la décentralisation de l'aménagement ne constitue une réelle brèche dans une uniformité fantasmée de l'aménagement : elle renouvelle une diversification préexistante. Toutefois, la primauté reconnue au local dans l'aménagement accentue la problématique en multipliant les structures compétentes d'un point de vue juridique. À titre d'exemple, l'urbanisme constitue l'une des politiques qui composent l'aménagement d'un territoire. Si la compétence en matière d'urbanisme appartient aux EPCI (établissements publics de coopération intercommunale) qui élaborent les plans locaux d'urbanisme (PLU), les schémas de cohérence territoriale (SCoT), ainsi que diverses compétences subsidiaires ayant un impact sur l'urbanisme comme la définition de certaines zones d'aménagement, ils ne peuvent décider seuls de la manière dont l'urbanisme se développe sur leur territoire. En effet, le département est également compétent pour la réalisation de certaines infrastructures essentielles qui conditionnent en partie l'urbanisation, comme la création des collèges, de la voirie départementale ou la mise en œuvre de politiques de préservation environnementale sur certains espaces naturels sensibles. De même, le rôle traditionnel de la région en matière d'aménagement du territoire impacte fortement les actions de développement urbain menées par les EPCI : non seulement elle est compétente pour l'implantation de certains services publics structurants l'urbanisation d'un territoire (comme la création des lycées) et pour des aspects centraux de la protection de l'environnement (comme la création de parcs naturels régionaux), mais son rôle de chef de file en matière d'aménagement du territoire se caractérise dans un document très large et englobant, le schéma régional d'aménagement, de développement durable et d'égalités des

---

[18] Ainsi, comme l'écrit Pierre Bruyelle, dans la théorie des métropoles d'équilibre, « les métropoles se définissent et se justifient par Paris » (Pierre Bruyelle, « La dynamique de l'urbanisation », *in* Gabriel Wackermann (dir.), *L'aménagement du territoire français. Hier et demain*, Paris : éditions SEDES, coll. « Mobilité spatiale », 1996, p. 91-111, spé. p. 98).

[19] Sur ce point : Jean Robert, « Les politiques d'aménagement depuis la dernière guerre : bilan et perspectives », *op. cit.* ; Mirien Lafourcade, « Paris et le désert français : une légende urbaine ? », *Idées économiques et sociales* 2012/1, n° 167, p. 7-13 ; Bernard Marchand, « La haine de la ville : "Paris et le désert français" de Jean-François Gravier », *L'information géographique* 2001, n° 65-3, p. 234-253.

[20] Yves Jean, « De l'État aménageur aux nouveaux territoires d'action publique », *op. cit.* p. 34 et s.

territoires (SRADDET)[21] qui détermine un certain nombre d'objectifs (par exemple sur l'implantation des grandes infrastructures, la lutte contre le désenclavement des territoires ruraux ou la préservation de l'environnement et des ressources naturelles), lesquels doivent être pris en compte par les documents d'urbanisme inférieurs[22]. À cette multiplication des acteurs, on peut ajouter une sectorialisation des politiques : l'éclatement des différentes politiques qui participent de l'aménagement entre des acteurs institutionnels variés contribue à segmenter les politiques d'aménagement dans la mesure où celles-ci peuvent être relativement indépendantes les unes des autres, au moins juridiquement.

Cependant, il convient là encore de relativiser les conséquences de cette diversification : la décentralisation politique n'a pas empêché l'État de maintenir une hiérarchie institutionnelle dans les politiques d'aménagement. Premièrement, c'est le cas au niveau régional : en vertu de l'article L. 1111-9 du code général des collectivités territoriales, la région dispose d'un rôle de chef de file pour l'aménagement du territoire, doublé d'un rôle de coordination qui s'apparente à une primauté régionale[23]. Le caractère récent des SRADDET laisse planer des incertitudes sur leur aspect contraignant à l'égard des PLU et des SCoT mais il est possible que la généralité du SRADDET confine le SCoT à un simple document de mise en œuvre des objectifs définis par le schéma régional[24]. Ainsi, le SRADDET de la région Bretagne prévoit que l'extension de l'urbanisation doit être considérée « comme une exception au renouvellement urbain, justifiée par un référentiel foncier à l'échelle du bassin de vie, diagnostiquant l'absence de tout potentiel de gisement foncier, de mutation et densification au sein de l'enveloppe urbaine »[25]. Même s'il ne doit être que « pris en compte » par les SCoT et les PLU, si cet objectif est appliqué de manière stricte, il est de nature à conditionner fortement les documents d'urbanismes intercommunaux.

---

[21] Marianne Moliner-Dubost, « La loi NOTRe – La "nouvelle" planification environnementale (déchets et SRADDET) », *AJCT* 2015, p. 562-567.

[22] Pour un aperçu détaillé des compétences des différentes collectivités sur la question, on renverra aux chapitres correspondants de l'Encyclopédie des collectivités locales : Morgane Letanoux, « Intercommunalité : domaines d'intervention des EPCI à fiscalité propre », *Encycl. Coll. loc.*, chapitre 3, folio n° 1050, Dalloz, janvier 2020 ; Claude Devès, « Département : compétences », *Encycl. Coll. loc.*, chapitre 5, folio n° 1690, Dalloz, avril 2021 ; Jean-Marie Pontier, « Région : interventions de la région », *Encycl. Coll. loc.*, chapitre 5, folio n° 1750, Dalloz, janvier 2020.

[23] L'actuel projet de loi 4D, en discussion au Parlement, aurait pour vocation de clarifier et conforter le rôle de chef de file de la région en matière d'aménagement du territoire (par exemple : Pierre Villeneuve, « Projet de loi 4D : quels enjeux pour les collectivités territoriales ? », *AJCT* 2021, p. 4).

[24] En ce sens : Jean-Gabriel Sorbara, « Les ordonnances du 17 juin 2020 entre rénovation et rationalisation des normes d'urbanisme », *RFDA* 2021, p. 127-133.

[25] D'après les termes du troisième point de l'objectif 31 (« Mettre un terme à la consommation d'espaces agricoles et naturels »).

Deuxièmement, l'État n'abandonne pas, loin de là, l'aménagement aux collectivités : il conserve notamment la main sur les orientations essentielles actées au niveau régional. Ainsi, les SRADDET restent soumis au respect des normes d'urbanisme nationales et doivent eux-mêmes prendre en compte les politiques nationales d'aménagement : les projets d'intérêt général, les opérations d'intérêt national, les projets de localisation des grands équipements, les orientations des chartes des parcs nationaux, etc. (art. L. 4251-2 du code général des collectivités territoriales). Enfin, l'approbation définitive du SRADDET est effectuée par le représentant de l'État dans la région qui contrôle non seulement le respect des procédures et de la réglementation, mais aussi la conformité du schéma aux intérêts nationaux (art. L. 4251-5 du CGCT). La fragmentation de l'aménagement du territoire doit donc être nuancée : la place accordée aux collectivités territoriales ne signifie pas la fin de la coordination ni la prééminence de l'État[26] sur les enjeux essentiels de structuration du territoire.

B. La territorialisation de l'aménagement du territoire : un nouveau regard porté sur le territoire

D'un point de vue institutionnel et juridique, il est probablement exagéré d'évoquer une réelle diversification territoriale de l'aménagement. Néanmoins, la place croissante laissée aux collectivités conduit à modifier la représentation que les acteurs institutionnels se font du territoire idéal. En effet, l'aménagement du territoire est un ensemble de politiques publiques volontaristes qui visent à organiser l'espace dans un but déterminé. L'aménagement du territoire consiste à surimposer un territoire artificiellement conçu suivant une vision politique particulière à un territoire ordonné jusque-là par des usages plus ou moins localisés[27]. Autrement dit, il s'agit de plaquer un territoire au sens prescriptif du terme sur un espace donné, de proposer une photographie de ce que devrait être le territoire et son organisation. Dès lors, la manière dont les décideurs étatiques se représentent ce territoire souhaitable n'est pas la même que la façon dont les décideurs locaux de collectivités décentralisées l'appréhendent. La plus ou moins grande proximité territoriale est en l'occurrence un élément structurant de cette représentation : plus la distance entre le décideur et le territoire est réduite, plus sa perméabilité aux intérêts territoriaux et aux exigences locales est grande. À ce titre, la place reconnue aux collectivités territoriales est susceptible de générer une transformation profonde des politiques d'aménagement.

---

[26] On mentionnera également que les politiques de contractualisation entre l'État et les collectivités continuent d'assurer la main haute de l'État et la « cohésion » des territoires : Jean-Marie Pontier, « L'État et la cohésion des territoires », *AJDA* 2019, p. 1439-1447.

[27] Pour une réflexion théorique sur la façon dont l'État organise son territoire : James C. Scott, *L'œil de l'État. Uniformiser, moderniser, détruire*, 1998, Paris : La Découverte, 2021.

En effet, ces intérêts et ces exigences diffèrent selon les types de collectivités. Si l'on prend le cas des communes, leur taille, leur localisation géographique, leur démographie, leur bassin d'emploi ou leur environnement rendent parfois très dissemblables leurs politiques d'aménagement[28]. Les grandes villes régionales sont engagées dans des processus d'aménagement du territoire relativement similaires, accompagnés par l'État et caractérisés par une redynamisation des grands centres urbains régionaux et des capitales régionales, notamment dans un souci de concurrence européenne. Les villes moyennes suivent aussi des voies globalement analogues, à savoir une recherche de décentrement régional du territoire à côté de Paris et des métropoles régionales, une participation accrue aux espaces métropolisés et une volonté politique de se construire comme des centres vis-à-vis des zones rurales et des petites villes. À l'inverse des deux premières catégories, les petites villes font face à des problématiques d'aménagement du territoire très diversifiées. Si elles participent toutes à structurer le territoire via leur rôle de centre urbain de proximité (commerces, services, emplois aux populations), elles ne font pas face aux mêmes enjeux selon qu'elles sont situées aux abords immédiats de grands centres urbains (forte croissance démographique, problèmes de logement, de développement des SP, de protection de l'environnement et des espaces agricoles, etc.), ou qu'elles sont situées en zones à dominante rurale (où l'enjeu est plutôt d'enrayer un vieillissement de la population et une chute démographique importante).

La proximité des décideurs locaux les expose à une perméabilité plus forte à l'égard de ces enjeux territoriaux et aux attentes locales. À titre d'exemple, on peut évoquer la fermeture et la création des services publics locaux. De manière générale, les services publics sont un outil d'aménagement du territoire[29] et ont un impact fort sur le dynamisme des villes, tout particulièrement pour les communes de petite taille[30]. Par exemple, dans les villes de Castelsarrasin (Tarn-et-Garonne), Pamiers (Ariège) et Lannemezan (Hautes-Pyrénées), l'État a installé ou agrandi des garnisons et une prison pour compenser les crises industrielles, portant le taux d'emploi public de ces communes à, respectivement, 35, 52 et 70 % : l'emploi local est

---

[28] Frédéric Santamaria, « La hiérarchie des villes : Paris, métropoles d'équilibre, villes moyennes et petites », *in* Xavier Desjardins, Isabelle Géneau de Lamarlière (dir.), *L'aménagement du territoire en France*, 2ème éd., Paris : La documentation française, coll. « Les études », 2016, p. 129-142 ; Frédéric Santamaria, « Les villes moyennes françaises et leur rôle en matière d'aménagement du territoire : vers de nouvelles perspectives ? », *Norois* 2012/2, n° 223, p. 13-30.

[29] L'article 1er de la loi d'orientation pour l'aménagement et le développement du territoire en fait un principe (loi n° 95-115 du 4 février 1995).

[30] Yves Madiot, « Service public et aménagement du territoire », *AJDA* 1997, p. 83-89.

complètement dépendant de la présence des services[31]. Toutefois, cette action de l'État est aujourd'hui très ponctuelle : la décentralisation tertiaire dans les années 60 et 70 a surtout bénéficié aux grandes villes régionales et, depuis les années 1980, la contraction des dépenses de l'État amplifiée par la RGPP à partir des années 2000 a généré des fermetures massives de services publics dans les petites communes, phénomène renforcé par la concentration des services dans les villes urbaines d'importance régionale[32]. Une étude statistique réalisée dans les années 2010 dresse un constat édifiant[33] : entre 1980 et 2013, le nombre de communes disposant d'une école a diminué de 24 %, d'un bureau de poste de 36 %, d'un service de perceptions de 31 %, d'une gendarmerie de 13 %, d'une gare ferroviaire de 28 %, d'une maternité de 48 %[34] et d'un hôpital de 4 %. 744 km de lignes ferroviaires ont également été supprimés en seulement 7 ans, entre 2011 et 2018. À Pontivy, sous-préfecture du Morbihan, on pourrait même parler d'une hécatombe : fermeture de la ligne ferroviaire voyageurs (années 1980), de services hospitaliers et d'implantations militaires (années 1990), du tribunal d'instance (2009), de la permanence surendettement de la Banque de France (2015), des services cadastres et fiscalité immobilière au centre des finances publiques (2016), du service publicité foncière du centre des finances publiques (2017), de l'accueil au public de la sous-préfecture (2017) et du service des impôts des entreprises (2019)[35]. Dans le cas des bureaux de poste, des lignes ferroviaires, des services hospitaliers ou encore des services des impôts, le désengagement financier de l'État est particulièrement sensible, la logique qui a primé étant strictement calquée sur une économie budgétaire, indépendamment des conséquences locales de ces fermetures.

À l'inverse du regard que l'État peut porter sur le maillage territorial des services publics, les collectivités territoriales véhiculent des revendications plus diversifiées qu'une simple réduction budgétaire. L'initiative d'une collectivité pour offrir un service peu voire pas rentable à ses habitants

---

[31] Jean-Paul Laborie, « Les petites villes face aux fermetures des services publics », *in* Yves Jean, Martin Vanier (dir.), *La France. Aménager les territoires*, 2ème éd., Paris : Armand Colin, coll. « U », 2009, p. 239-255, spé. p. 248. Dans le même sens, on peut renvoyer au développement de la Bretagne dans les années 1950-1970, région dans laquelle l'initiative des décideurs locaux a rencontré un soutien étatique : Guy Baudelle, « La Bretagne. Une région périphérique… à la pointe de l'aménagement », *Ibid.* p. 132-147.

[32] *Ibid.*

[33] Aleksandra Barczak, Mohamed Hilal, « Quelle évolution de la présence des services publics en France ? », *in* Thibault Courcelle, Ygal Fijalkow, François Taulelle (dir.), *Services publics et territoires. Adaptations, innovations et réactions*, Rennes : PUR, coll. « Espace et territoires », 2017, p. 31-65.

[34] Entre 1997 et 2019, le nombre de femmes vivant à plus de 45 minutes de trajet d'une maternité a doublé, celles vivant à plus de 45 minutes a triplé (Gwénaël Doré, « Géographie inégalitaire des services publics et aménagement du territoire », *Population et Avenir* 2019/5, n° 745, p. 4-8).

[35] *Ibid.*

constitue une action structurante du territoire afin de répondre à un besoin de proximité exprimé par la population. Par exemple, l'article L. 1511-8 du code général des collectivités territoriales permet aux différentes collectivités d'attribuer des aides destinées à favoriser l'installation ou le maintien des professionnels de santé sur leur territoire. Cette disposition, qui figure de manière révélatrice dans un chapitre consacré au développement économique[36], a permis de financer l'installation de médecins et de maisons de santé[37], contribuant à augmenter de 16 % le nombre de communes disposent d'un médecin entre 1980 et 2013. Il en est de même des agences postales locales, ou des relais de services publics, structures développées en partenariat financier avec les communes et les intercommunalités en milieu rural[38]. Dans le même sens, le domaine ferroviaire témoigne de la différence entre le regard que l'État peut porter sur le territoire et celui des collectivités. Les fermetures de lignes, notamment, sont décidées principalement par l'État. La région dispose d'un pouvoir juridique dérisoire sur ces fermetures : son avis n'est que pris en compte pour la fermeture de certaines lignes (celles sur lesquelles elle détient une compétence d'organisatrice des transports) sans avoir aucune valeur contraignante. Pourtant, comme l'explique Hugo Devilers, alors que les fermetures sont décidées pour d'uniques raisons de fréquentation, les avis émis par les régions sont susceptibles de défendre des intérêts bien plus divers qui participent à l'équilibre territorial : la fermeture d'une ligne a des conséquences pour les sociétés et les usagers qui l'utilisent, mais peut également provoquer des « fractures territoriales » et impacter directement les administrés qui n'empruntent pas la ligne en question[39]. Cette différence de regard se traduit par des réouvertures – très occasionnelles – financées en large partie par les collectivités[40]. Dans ces domaines,

[36] Comme le fait remarquer Olivier Renaudie : « Les collectivités territoriales à l'épreuve de la crise du Coronavirus », *RDSS* 2020, p. 857-865.

[37] Annie Bartoli, Jihane Sebai, « L'expérience des maisons de santé pluriprofessionnelles face aux enjeux de coordination territoriale », *Gestion 2000* 2015/6, vol. 32, p. 17-37 ; Michel Autès, Marie-Guite Dufay, « Maisons de santé et aménagement du territoire : une dynamique à partager », *Santé publique* 2009, HS n° 1, vol. 21, p. 17-25.

[38] Aleksandra Barczak, Mohamed Hilal, « Quelle évolution de la présence des services publics en France ? », *op. cit.* p. 36 ; Delphine Vincent, « Le relais de service public, un modèle de transition ? », *Pour* 2011/1, n° 208, p. 115-121 (de manière générale, voir le dossier dans lequel s'insère cet article : « Services en milieu rural : nouvelles attentes, nouvelles réponses »).

[39] Hugo Devillers, « Les enjeux régionaux de la fermeture des lignes du réseau ferré national », *AJDA* 2021, p. 1601-1606.

[40] C'est le cas de la ligne Brest-Quimper ou de Nantes-Chateaubriand, financées à plus de 60 % par les collectivités locales (Gwénaël Doré, « Géographie inégalitaire des services publics et aménagement du territoire », *op. cit.*).

l'impression que l'État se défausse de la gestion et du financement de certains services sur les collectivités est tenace[41].

Ainsi, la décentralisation de l'aménagement du territoire modifie la représentation dominante du territoire souhaitable. En accordant une importance plus grande à des acteurs institutionnels plus proches du territoire et plus accessibles à la population locale, les prescriptions d'aménagement changent. Alors que depuis les années 1980 l'aménagement du territoire via les services publics mené par l'État s'est notamment construit autour de l'impératif de contraction budgétaire des finances publiques, les collectivités ont pu proposer une cartographie territoriale de ces services édifiée sur d'autres impératifs.

II. Un paradigme commun de développement économique urbain

La décentralisation politique de l'aménagement du territoire n'a que des conséquences limitées d'un strict point de vue juridique. Les incidences de cette territorialisation sont d'autant plus limitées que les collectivités territoriales semblent partager avec l'État un même paradigme quant à l'aménagement de leur territoire : les collectivités sont engagées dans une sorte de renforcement constant de l'attractivité économique de leur territoire. C'est peut-être finalement dans ce paradigme de développement économique que le risque d'éclatement des territoires est le plus important. En effet, cette course à l'attractivité ne profite pas de la même manière à toutes les collectivités. Une vraie différenciation socio-économique est à l'œuvre qui engendre parfois une véritable fragmentation des régimes juridiques applicables aux collectivités (A). En profitant prioritairement aux aires urbaines de grande taille, voire métropolitaine, les politiques d'aménagement du territoire menées aujourd'hui par les collectivités concentrent les critiques croissantes des populations locales, témoin d'un désaveu du monde politique local et d'une certaine déconnexion entre élus et habitants sur les questions d'aménagement (B).

A. Des outils juridiques accompagnant une différenciation socio-économique du territoire

L'aménagement du territoire a toujours oscillé entre deux impératifs : favoriser le développement économique des territoires tout en garantissant

[41] François Taulelle, « Ce que nous avons appris en matière de services publics dans les quatre pays de l'étude : le délaissement du territoire », *in* François Taulelle (dir.), « Le délaissement du territoire : quelles adaptations des services publics dans les territoires ruraux », *Sciences de la société* 2012, n° 86, p. 5-13.

une certaine égalité territoriale[42]. Or depuis une vingtaine d'année, l'impératif de développement économique gagne en importance et tend à mettre l'accent sur la compétitivité des territoires à l'échelle européenne. Cet objectif de compétitivité des territoires génère un certain paradoxe car il se désynchronise de l'égalité territoriale[43] : assurer une compétitivité optimale des territoires induit nécessairement une limitation des mécanismes de péréquation susceptibles de nuire aux pôles performants du territoire[44]. De fait, on assiste aujourd'hui à une véritable différenciation socio-économique des territoires au profit des régions et des métropoles les plus développées. Or les outils juridiques mobilisés en matière d'aménagement tendent, pour certains d'entre eux, non pas à contrecarrer ce phénomène mais à l'accompagner, ancrant donc dans le droit un fonctionnement inégalitaire des territoires.

La différenciation socio-économique des territoires n'est pas nouvelle : elle est en germe dès les premières mesures d'aménagement du territoire dans les années 1950. Si les premières politiques d'aménagement sont conçues dans un objectif de limitation de l'hégémonie parisienne, elles vont néanmoins bénéficier de manière inégale au territoire français. Hormis quelques exceptions notables[45], la décentralisation industrielle a surtout profité aux métropoles d'équilibre[46] tandis que la décentralisation des services a bénéficié principalement aux grandes villes régionales[47]. Les métropoles d'équilibre se construisent comme des centres économiques à l'image de Paris[48], reléguant les territoires ruraux à la marge de ce développement, phénomène accentué par la réforme du maillage ferroviaire (fermeture des petites lignes, réseau ferroviaire en étoile autour de Paris et reliant la capitale aux métropoles régionales). Aujourd'hui, avec la contraction des dépenses publiques et la promotion au sein de l'Union Européenne d'une compétition mondiale des territoires, on assiste à un balancement de l'aménagement du territoire vers

---

[42] Frédéric Santamaria, « Origines et fondements de l'aménagement du territoire en France », *op. cit.* p. 24 et s.

[43] François Taulelle, « Faut-il encore se préoccuper des services publics dans les territoires hors métropole ? », *in* Thibault Courcelle, Ygal Fijalkow, François Taulelle (dir.), *Services publics et territoires. Adaptations, innovations et réactions*, Rennes : PUR, coll. « Espace et territoires », 2017, p. 21-30.

[44] Défendant en ce sens la limitation des mécanismes de péréquation : Laurent Davezies, *La crise qui vient. La nouvelle fracture territoriale*, Paris : Seuil, coll. « La République des idées », 2012, 111 p.

[45] Par exemple, la décentralisation du Centre national des télécommunications à Lannion en 1960.

[46] Philippe de Castelbajac, Jérôme Monod, *L'aménagement du territoire*, 18ème éd., Paris : PUF, coll. « Que sais-je ? », 2021, p. 52 et s.

[47] Jean-Paul Laborie, « Les petites villes face aux fermetures des services publics », *in* Yves Jean, Martin Vanier (dir.), *La France. Aménager les territoires*, 2ème éd., Paris : Armand Colin, coll. « U », 2009, p. 239-255, spé. p. 241-242.

[48] Pierre Bruyelle, « La dynamique de l'urbanisation », *op. cit.* p. 98.

une compétitivité accrue des territoires[49]. Cette logique, couplée à la concentration de certains services dans les zones urbaines denses[50] favorise une véritable différenciation socio-économique des régions et des métropoles[51]. Ainsi, entre 1990 et 1999, la moitié de la croissance démographique s'est concentrée dans onze aires urbaines françaises[52]. Aujourd'hui, elle se concentre quasi-exclusivement dans les métropoles, les communautés urbaines et les communautés d'agglomération tandis qu'elle décroît dans les zones occupées par les communautés de communes[53]. Si l'on prend le cas de l'Ille-et-Vilaine, le dynamisme de la métropole rennaise est extrêmement fort depuis une trentaine d'années (35 % de croissance démographique entre 1999 et 2010). L'aire urbaine rennaise comprend un pôle de 13 communes entourées de 177 communes péri-urbaines (au sens de l'INSEE), elle réunit 650 000 personnes (62 % de la population départementale) et s'étale sur 55 % de la surface départementale. Si l'on inclut à ce tableau le dynamisme des pôles urbains secondaires (Saint-Malo, Dinan, Fougères, Vitré et Redon) il n'y avait plus en 2010 que 11 communes du département qui restaient hors influence d'un pôle urbain (1,4 % de la population seulement)[54]. Cette disparité territoriale relative, qui relègue à la marge son environnement périphérique rural, concerne pourtant une métropole de taille moyenne et non un territoire entièrement rural ou doté d'agglomérations de taille moyenne.

L'objectif d'assurer la compétitivité des territoires tout en garantissant leur égalité est un paradoxe qui émerge dès 1945 et qui trouve aujourd'hui sa caisse de résonnances dans la structuration juridique du territoire. La primauté reconnue à des régions et à des intercommunalités fortes, de grande taille et en nombre restreint participe à ancrer certaines inégalités territoriales en

---

[49] François Taulelle, « Une lecture de la politique d'aménagement du territoire à travers les zonages et les pôles », *in* Yves Jean, Martin Vanier (dir.), *La France. Aménager les territoires*, 2ème éd., Paris : Armand Colin, coll. « U », 2009, p. 256-275.

[50] François Taulelle, « Faut-il encore se préoccuper des services publics dans les territoires hors métropole ? », *in* Thibault Courcelle, Ygal Fijalkow, François Taulelle (dir.), *Services publics et territoires. Adaptations, innovations et réactions*, Rennes : PUR, coll. « Espace et territoires », 2017, p. 21-30.

[51] Romain Pasquier, « Les régions dans la réforme territoriale : vers un fédéralisme à la française ? », *AJCT* 2016, p. 71-75.

[52] *Ibid.* ; Jacques Lévy, « Les campagnes, figures de l'urbain », *Pouvoirs locaux* 2001, n° 48, p. 32-36.

[53] Vincent Vallès, « Démographie des EPCI : la croissance se concentre dans et au plus près des métropoles », 15 janvier 2019, site de l'INSEE : *https://www.insee.fr/fr/statistiques/3694585#graphique-Figure1*

[54] Magali Hardouin, Nicolas Cahagne Emmanuelle Hellier, Régis Keerle, Erwan Le Goff, Raymonde Séchet, Olivier David, « Un "bouclier" pour garantir l'accès aux services dans les territoires ruraux. Le cas de l'Ille-et-Vilaine, département sous influence métropolitaine », *in* Thibault Courcelle, Ygal Fijalkow, François Taulelle (dir.), *Services publics et territoires. Adaptations, innovations et réactions*, Rennes : PUR, coll. « Espace et territoires », 2017, p. 127-144.

concentrant le développement dans les aires urbaines les plus dynamiques[55]. S'agissant des regroupements intercommunaux, l'objectif depuis une vingtaine d'année consiste à mettre fin au phénomène des communes isolées et forcer des regroupements plus importants en réduisant les communautés les plus petites. Parallèlement, la volonté d'intégrer les territoires français à la compétitivité européenne conduit à favoriser les mastodontes intercommunaux que sont les métropoles. L'exposé des motifs de la loi MAPTAM l'affirme explicitement : « *les villes françaises, malgré d'indéniables atouts, ont besoin d'affirmer leurs fonctions économiques afin de mieux s'intégrer dans la compétition économique des villes européennes* »[56]. Avec le redécoupage issu de la loi NOTRe[57], les régions, quant à elles, se voient dotées « d'une taille adaptée aux enjeux économiques et de mobilité, qui leur permettra d'exercer à la bonne échelle des compétences stratégiques, de rivaliser avec les collectivités comparables en Europe et de réaliser des gains d'efficience »[58]. La construction administrative du territoire est donc guidée par un prisme métropolitain et régional qui cherche à affirmer des structures de taille considérable, dotées de compétences élargies. Ce choix politique repose sur l'idée que le développement des métropoles et des régions génèrera un effet d'entraînement sur le reste du territoire, par ruissellement des richesses produites : le développement des territoires pauvres passerait par la redistribution des richesses créées dans les territoires riches, donc, *in fine*, que le développement des territoires pauvres reposerait sur celui des territoires riches. Le parallèle avec un poncif du dogme économique libéral n'est pas anodin : les métropoles et les régions sont assez largement considérées comme les unités optimales de compétitivité économique à l'échelle nationale et européenne et comme des locomotives du développement des territoires[59].

Cependant, d'une part, cette logique descendante du développement économique n'est pas si évidente. On présente ainsi parfois la métropole parisienne de cette manière, en soulignant qu'elle produit 30 % du PIB français pour 22 % de la population seulement, en oubliant qu'elle est le lieu d'implantation des sièges sociaux de grands groupes qui réalisent leurs bénéfices sur l'ensemble du territoire[60] et d'activités à très forte valeur ajoutée

---

[55] Romain Pasquier, « Crise économique et différenciation territoriale. Les régions et les métropoles dans la décentralisation française », *Revue internationale de politique comparée* 2016/3, vol. 23, p. 327-353.

[56] Loi n° 2014-58 du 27 janvier 2014 *de modernisation de l'action publique territoriale et d'affirmation des métropoles*.

[57] Loi n° 2015-991 du 7 août 2015 *portant nouvelle organisation territoriale de la République*.

[58] Communiqué de presse du Conseil des ministres du 18 juin 2014 accompagnant la loi NOTRe.

[59] Bertrand Faure, « L'équilibre du développement du territoire à l'épreuve des métropoles », *Civitas Europa* 2019/2, n° 43, p. 79-87 ; Pierre Vermeren, « Métropolisation : retour sur une idéologie de la modernité », *Le Débat* 2019/5, n° 207, p. 32-45.

[60] Des groupes comme Vinci ou Colas ont leur siège social dans la région parisienne mais réalisent leurs bénéfices grâce à une multitude d'activités sur tout le territoire.

(finance)[61]. De plus, l'effet de taille n'a jamais été démontré en matière de création d'emploi : le nombre d'emploi ne croît pas en fonction de la taille de l'aire urbaine[62]. Enfin, cette construction administrative du territoire ancre une certaine inégalité territoriale en s'adaptant à une différenciation socio-économique. En accroissant les pouvoirs des métropoles, l'État accompagne la concentration du développement économique et démographique en reléguant parfois à la marge les territoires ruraux éloignés des capitales régionales. Comme l'écrit Bertrand Faure : les métropoles « ont moins la préoccupation de leur environnement immédiat que la vocation à vivre en réseaux avec leurs homologues internationales »[63]. La concentration des services publics dans les zones urbaines denses depuis une vingtaine d'années en est une illustration. Les petites communes rurales ont très largement pâti de la fermeture des services publics et sont contraintes de développer des moyens alternatifs pour compenser ce phénomène tandis que la création et le renforcement des métropoles (notamment d'un point de vue financier) facilite la création et l'implantation des services publics sur leur territoire[64]. Parfois, au sein même d'un EPCI bien doté en ressources, l'organisation territoriale des services publics peut générer un phénomène d'exclusion des communes périphériques. Ainsi, les compétences des communautés d'agglomération, urbaines et des métropoles leur permettent d'organiser une mobilité plus aisée sur leur territoire, compensant l'éloignement des services publics. Certains géographes et aménageurs soutiennent à ce titre que la question de l'accessibilité remplace aujourd'hui la question de la stricte proximité des services. Il est certain que le renforcement de la mobilité des habitants élargit leur bassin de vie et peut s'accommoder d'un éloignement relatif de certains services. Mais on oublie le rôle symbolique de la proximité : cette importance symbolique attachée à la proximité d'un service public est parfois très forte, à tel point que sa présence peut être conçue comme indispensable, même pour les habitants qui n'y recourent pas. Il en est ainsi de l'école, dont la proximité est ressentie comme essentielle même par celles et ceux qui n'ont pas d'enfants à y inscrire[65]. Par ailleurs, l'argument de la mobilité tend à ignorer

---

[61] Olivier Bouba-Olga, Michel Grossetti, « La métropolisation, horizon indépassable de la croissance économique ? », 2014, HAL (hal-01078207).

[62] *Ibid.*

[63] Bertrand Faure, « L'équilibre du développement du territoire à l'épreuve des métropoles », *op. cit.*

[64] Frédéric Santamaria, « Les villes moyennes françaises et leur rôle en matière d'aménagement du territoire… », *op. cit.*

[65] Magali Hardouin, Nicolas Cahagne Emmanuelle Hellier, Régis Keerle, Erwan Le Goff, Raymonde Séchet, Olivier David, « Un "bouclier" pour garantir l'accès aux services dans les territoires ruraux. Le cas de l'Ille-et-Vilaine, département sous influence métropolitaine », *in* Thibault Courcelle, Ygal Fijalkow, François Taulelle (dir.), *Services publics et territoires. Adaptations, innovations et réactions*, Rennes : PUR, coll. « Espace et territoires », 2017, p. 127-144.

les spécificités de l'habitat en milieu rural[66] : la précarité de certaines catégories sociales en milieu rural[67], de même que la dispersion des services dans certaines zones moins peuplées ou au relief accidenté[68] redoublent les problématiques d'éloignement des services.

B. *Une déconnexion relative entre collectivités et populations locales sur les questions d'aménagement*

Le découpage territorial en diverses collectivités consiste toujours à superposer une carte institutionnelle à d'autres modalités d'occuper et d'utiliser le territoire (habitat, déplacements professionnels, loisirs, etc.). Ces cartes ne se superposent jamais parfaitement : les réformes de l'organisation territoriale de la France oscillent entre le souci de coller aux réalités des habitants d'un territoire et celui de les orienter dans une direction donnée. De ce point de vue, le prisme métropolitain-régional qui guide l'organisation politico-administrative du territoire pose directement la question de l'adéquation entre les collectivités territoriales actuelles et la satisfaction apportée à leurs populations via les politiques d'aménagement qu'elles mettent en œuvre. Plus précisément, ce prisme pose la question de l'adéquation entre la taille des collectivités et les bassins de vie des habitants[69]. L'étude de cette adéquation montre une certaine déconnexion entre les collectivités territoriales actuelles, en tant que structures décisionnelles pilotées par des élus, et les habitants sur les questions d'aménagement du territoire.

Si l'on suit l'exposé des motifs de la loi NOTRe, les regroupements intercommunaux sont censés « [correspondre] aux réalités vécues » et constituer « des structures de proximité »[70]. L'affirmation suscite une certaine perplexité si on considère la taille des regroupements intercommunaux actuels. La taille des métropoles est particulièrement éloquente : les 131 communes de la Métropole du Grand Paris, les 92 communes regroupées

---

[66] François Taulelle, « Faut-il encore se préoccuper des services publics dans les territoires hors métropole ? », *in* Thibault Courcelle, Ygal Fijalkow, François Taulelle (dir.), *Services publics et territoires. Adaptations, innovations et réactions*, Rennes : PUR, coll. « Espace et territoires », 2017, p. 21-30.

[67] Benoît Coquard, *Ceux qui restent. Faire sa vie dans les campagnes en déclin*, Paris : La Découverte, coll. « L'envers des faits », 2019 ; François Taulelle, « Ce que nous avons appris en matière de services publics dans les quatre pays de l'étude… », *op. cit.*

[68] Dans le cas des écoles dans l'Ouest du Tarn : Cécile Jebeili, François Taulelle, « L'école rurale, entre regroupements et réseaux », *in* François Taulelle (dir.), « Le délaissement du territoire : quelles adaptations des services publics dans les territoires ruraux », *Sciences de la société* 2012, n° 86, p. 50-69.

[69] Magali Hardouin, Nicolas Cahagne Emmanuelle Hellier, Régis Keerle, Erwan Le Goff, Raymonde Séchet, Olivier David, « Un "bouclier" pour garantir l'accès aux services dans les territoires ruraux… », *op. cit.*

[70] Loi n° 2015-991 du 7 août 2015 *portant nouvelle organisation territoriale de la République.*

dans celle d'Aix-Marseille ou les 90 communes réunies dans celle de Lille, s'étalent sur des territoires immenses avec des instances décisionnelles éloignées des habitants. La situation est similaire pour les intercommunalités moins importantes : 143 communes dans la communauté urbaine de Reims, 130 dans la communauté d'agglomération du Cotentin, 129 dans la communauté de communes de la Haute Saintonge. Les réformes territoriales ont certes cherché à proposer des structures adaptées aux territoires : ainsi la création des communautés d'agglomération s'articule sur la notion d'aire urbaine et de bassins de vie définis par l'INSEE[71]. La taille des regroupements intercommunaux correspond probablement aux flux économiques des entreprises et des travailleurs installés sur leur territoire, de même qu'à l'objectif étatique de réduction du nombre de communes. Toutefois, la notion de « bassin de vie » ou de « structure de proximité » ne saurait se réduire à cette dimension, sauf à écarter toutes les interactions non économiques que les habitants entretiennent avec leur lieu de vie. Lors de l'adoption de la loi NOTRe, les débats se sont notamment cristallisés autour du seuil minimal de population pour la constitution d'un EPCI : la limite initialement proposée par le Gouvernement de 20 000 habitants révélait une vision centrale de la carte administrative territoriale, peu adaptée aux contraintes de nombre de territoires ruraux[72]. De plus, le regroupement des communes en intercommunalités étendues favorise un sentiment d'éloignement des centres décisionnels chez les habitants. L'élection des conseillers communautaires au suffrage universel direct n'a pas supprimé un problème de légitimité démocratique persistant[73] : l'élection au suffrage universel direct ne concerne pas les petites communes (71 % des communes et 13 % de la population) ; bien souvent les enjeux intercommunaux ne sont pas vraiment appropriés ni présentés par les candidats lors de la campagne électorale, polarisée par les enjeux communaux[74] ; une fois les élections passées, le fonctionnement des assemblées intercommunales génère un phénomène de « sanctuarisation

[71] Gérard Marcou, « L'État et les collectivités territoriales : où va la décentralisation ? », *AJDA* 2013, p. 1556-1565.

[72] Jean-François Lachaume, « Des intercommunalités renforcées », *AJDA* 2015, p. 1905-1911 ; Charles-Éric Lemaignen, « Réforme territoriale : point de vue de l'Assemblée des communautés de France », *AJCT* 2015, p. 189-191.

[73] Clément Rouillier, « L'assemblée délibérante intercommunale et la démocratie locale : à la croisée des représentations », *in* Jean-François Brisson (dir.), *L'Assemblée délibérante, avenir de la démocratie locale ?*, Actes du colloque de l'Association française de droit des collectivités locales, Paris : L'Harmattan, coll. « Droit des collectivités territoriales », 2015, p. 39-66.

[74] Sébastien Segas, « Du centre à la périphérie de Rennes Métropole. Le déplacement de la question intercommunale durant la campagne municipale de 2014 », *in* Rémy Le Saout, Sébastien Vignon (dir.), *Une invitée discrète. L'intercommunalité dans les élections municipales de 2014*, Paris : Berger-Levrault, coll. « Au fil du débat », 2015, p. 195.

politique » qui tend à faire des EPCI des structures technocratiques de gestion du territoire[75].

Ces deux phénomènes, de taille des structures et d'éloignement des instances décisionnelles, conduisent à une déconnexion avec les populations sur les enjeux d'aménagement du territoire. On peut en avoir une illustration avec les projets d'aménagement menés par les collectivités depuis une trentaine d'années, et tout particulièrement avec l'affirmation de la place de la société civile dans les projets d'aménagement. Les réformes issues de la loi Barnier de 1995[76] et de la loi Vaillant de 2002[77] ont institutionnalisé la participation de la société civile dans les projets d'aménagement, phénomène amplifié par la multiplication des règlementations environnementales dont peuvent se saisir les opposants à un projet d'aménagement[78]. La loi Barnier institue entre autres la Commission nationale du débat public favorisant la consultation et la participation de la société civile sur les grands projets d'aménagement[79], principes étendus par la loi Vaillant sept ans plus tard[80]. La place accrue de la population locale est un élément essentiel à prendre en compte, d'autant plus qu'elle semble dénoter une opposition à la logique de développement économique suivie par les collectivités, notamment lorsque celle-ci passe par la réalisation de grosses infrastructures.

L'opposition de la population à l'aéroport de Notre-Dame-des-Landes est connue et très documentée. Elle caractérise certainement avec acuité la façon dont la société civile se saisit des enjeux des projets d'aménagement, y compris sur des points très techniques, pour s'opposer aux logiques économiques que défendent certaines collectivités[81]. On ne compte plus aujourd'hui les projets d'aménagement du territoire qui fédèrent les

---

[75] Rémy Le Saout, Sébastien Vignon, « Un éclairage en trompe-l'œil, l'intercommunalité dans les élections municipales de 2014 », *in* Rémy Le Saout, Sébastien Vignon (dir.), *Une invitée discrète. L'intercommunalité dans les élections municipales de 2014*, Paris : Berger-Levrault, coll. « Au fil du débat », 2015, p. 9 ; Nicolas Bué, Fabien Desage, Laurent Matejko, « L'intercommunalité sans le citoyen. Les dimensions structurelles d'une moins-value démocratique », *in* Rémy Le Saout, François Madoré (dir.), *Les effets de l'intercommunalité*, Rennes : PUR, coll. « Espace et territoires », 2004, p. 39-58.

[76] Loi n° 95-101 du 2 février 1995 *relative au renforcement de la protection de l'environnement*.

[77] Loi n° 2002-276 du 27 février 2002 *relative à la démocratie de proximité*.

[78] Jean Debrie, Nicolas Douay, « Aménagement et équipement. La politique des grandes infrastructures », *op. cit.* p. 69.

[79] Cette loi élargit également les prérogatives des associations de défense de l'environnement (notamment leur capacité de saisine des tribunaux). Sur la loi Barnier, voir le dossier publié à la *RFDA* 1996, p. 198 et s., notamment : Jacqueline Morand-Deviller, « Les réformes apportées au droit des associations et de la participation publique », *RFDA* 1996, p. 218-227.

[80] Yves Jégouzo, « La loi Démocratie de proximité réorganise la procédure du débat public », *RDI* 2002, p. 191-192 ; Michel Verpeaux, « La loi du 27 février 2002 relative à la démocratie de proximité ou la proximité, une solution pour la démocratie locale ? », *RFDA* 2003, p. 261-269.

[81] Le projet d'aéroport était porté par l'État mais bénéficiait d'un concours financier massif des collectivités locales.

oppositions de la société civile. À Strasbourg, l'opposition au grand contournement ouest de la ville a généré de nombreux recours juridictionnels et des oppositions moins institutionnelles pendant de longues années[82]. Les projets plus localisés menés notamment par les collectivités suscitent aujourd'hui la même opposition de la société civile. Le projet des barrages de l'Odet porté par la communauté d'agglomération de Quimper depuis le début des années 2000 est l'illustration typique d'un dossier dans lequel les élus communautaires ont fait primer (dans divers schémas : SCoT, Schéma d'aménagement et de gestion des eaux et Plan de prévention des risques d'inondation) les intérêts du centre-ville de l'agglomération au détriment des terres de plusieurs communes situées en amont dont il était projeté leur inondation. Ce projet suscite depuis une dizaine d'années l'opposition assez virulente d'une partie des habitants de ces communes rurales qui a l'impression d'être sacrifiée pour les intérêts de l'agglomération centrale. De la même manière, et pour citer quelques exemples récents dans l'ouest de la France[83], la centrale à cycle combiné gaz de Landivisiau[84], l'extension du port de Saint-Nazaire sur la zone du Carnet, l'extension du stade rennais en bordure de la ville de Rennes ou encore la création d'un « surf park » à Saint-Père-en-Retz ont généré des argumentations très documentées sur les effets négatifs des projets d'un point de vue environnemental et une opposition plus générale au modèle économique qui les porte[85]. À la différence des luttes contre les grands projets que pouvaient être l'extension du camp du Larzac ou la centrale nucléaire de Plogoff, les mobilisations actuelles contre les projets d'aménagement ciblent plus régulièrement et plus spécifiquement une version du capitalisme économique qui se caractérise par la concentration et l'étalement urbains, ainsi que leurs effets délétères en termes de fonctionnement politique, de destructions environnementales, d'inégalités socio-économiques et d'aliénation des modes de vie. En substance, les métropoles caractérisent « un modèle de développement à bout de souffle »[86].

---

[82] Pour un aperçu des contestations juridictionnelles : Louis de Fournoux, « Contournement ouest de Strasbourg. Quand la raison d'État a raison du droit », *AJDA* 2020, p. 1275-1279.

[83] Pour un bref aperçu des différents types de projets et des formes de lutte : Thomas Aguilera, « "Contre la métropole et son monde" : mouvements d'occupation et ZAD en France au XXIème siècle », *in* Thomas Frinault, Christian Le Bart, Érik Neveu, *Nouvelle sociologie politique de la France*, Paris : Armand Colin, coll. « U », 2021, p. 215-227. De manière plus précise sur les oppositions aux projets d'aménagement : Serge Quadruppani, *Le monde des Grands Projets et ses ennemis. Voyage au cœur des nouvelles pratiques révolutionnaires*, Paris : La Découverte, coll. « Cahiers libres », 2018, 156 p.

[84] Collectif, « Usine à gaz-pillage. Oppositions à l'implantation de centrales électriques à gaz dans le Finistère », *Z : Revue itinérante d'enquête et de critique sociale* 2012/1, n° 6, p. 95-99.

[85] Xavier Desjardins, Nicolas Douay, « Démocratie locale et enjeux d'aménagement : la décentralisation en débat », *in* Xavier Desjardins, Isabelle Géneau de Lamarlière (dir.), *L'aménagement du territoire en France*, 2ème éd., Paris : La documentation française, coll. « Les études », 2016, p. 161-178, spé. p. 171 et s.

[86] Thomas Aguilera, « "Contre la métropole et son monde"… », *op. cit.*

La décentralisation politique de l'aménagement du territoire aurait pu conduire à un éclatement des politiques menées. Ce ne fut pas le cas. Non seulement l'État conserve la main sur les opérations stratégiques d'aménagement du territoire[87], mais les collectivités territoriales semblent partager avec l'État une même foi dans le développement économique de leur territoire, comme s'il s'agissait de l'horizon indépassable de l'aménagement. L'importance attachée aujourd'hui à la compétitivité économique des territoires engage les collectivités dans une sorte de guerre latente pour drainer les flux économiques vers leur territoire. Les échelles changent, mais les logiques sont étrangement similaires : les grands projets de l'État sont remplacés par de grandes infrastructures financées, soutenues et défendues par les élus locaux, tandis que la politique des métropoles d'équilibre cède la place à des politiques de réaménagement des villes, destinées à attirer entreprises et contribuables aisés. Si cette logique profite pour l'instant aux grandes villes régionales et aux métropoles, elle génère une certaine uniformisation du territoire et des centres-villes, tout autant qu'elle relègue les petites communes au rôle subalterne d'arrière-pays urbains. Les communes rurales ne périclitent pas naturellement, par une sorte de mécanisme irrésistible. La désertification rurale et le déclin des communes rurales sont le fruit des politiques d'aménagement du territoire qui construisent et orientent le libéralisme économique à l'échelle nationale depuis les années 1950. De ce point de vue, on pourrait presque voir une forme de schizophrénie lorsque les élus de communes rurales défendent, parfois avec vigueur, une logique de compétitivité des territoires et de développement économique qui les dessert depuis 70 ans.

---

[87] Par exemple sur le déploiement de la 4G et de la 5G, ou de la fibre : Thomas Hoarau, « Des engagements opposables en faveur de l'aménagement numérique du territoire », *AJCT* 2021, p. 116 et s. ; Clément Rouillier, *Recherches sur l'aléa dans la jurisprudence administrative. Étude du raisonnement juridique*, Paris : Mare et Martin, coll. « Bibliothèque des thèses », 2022, p. 375 et s. (spécifiquement sur les antennes relais et la couverture téléphonique du territoire).

LES COLLECTIVITÉS TERRITORIALES ET L'ACTION INTERNATIONALE : QUELLES SPÉCIFICITÉS ?

Pascal COMBEAU
Professeur de droit public à l'Université de Bordeaux

Le sujet proposé est, à bien des égards, redoutable, tant ses termes mêmes – *action internationale* et, plus encore, *spécificités* – interrogent et nécessitent quelques précisions préalables.

Le premier réflexe du juriste positiviste est d'entendre cette *action internationale* des collectivités territoriales de manière essentiellement formelle : elle désigne alors celle qui est expressément mentionnée par le code général des collectivités territoriales dans son article L. 1115-1 qui fait référence à *« l'action internationale annuelle ou pluriannuelle de coopération, d'aide au développement ou à caractère humanitaire »*. De ce point de vue formel, l'action internationale des collectivités territoriales se confond avec *l'action extérieure*, terme générique consacré par le code[1] depuis la loi n° 2014-773 du 7 juillet 2014 *d'orientation et de programmation relative à la politique de développement et de solidarité internationale*, en lieu et place de la notion confuse de *« coopération décentralisée »*[2]. Cette action locale, véritable *« compétence internationale »*[3] est horizontale, dès lors qu'elle permet aux collectivités territoriales et à leurs groupements d'entretenir des rapports avec des autorités locales étrangères, sans passer par l'État. Ses spécificités découlent logiquement de ce caractère *multilevel* qui replace cette action internationale dans le moule de la globalisation juridique[4] : l'action extérieure peut alors être analysée comme un écrin très caractéristique de l'implémentation du droit administratif global et surtout du droit administratif transnational[5].

---

[1] CGCT, 1ère Partie, Livre premier, Titre unique, Chapitre V : *« Action extérieure des collectivités territoriales »*, art. L. 1115-1 et s.

[2] Pour des études générales sur l'action extérieure des collectivités territoriales, v. not., P. Combeau, « Action extérieure des collectivités territoriales », *Jcl. Administratif,* fasc. 129-40, *Jcl. Collectivités territoriales,* fasc. 60, Lexisnexis, 2017 ; J. Sohnle, « Action extérieure des collectivités locales », *Encyclopédie des collectivités locales,* folio n° 1210 et n° 1220, Dalloz, 2015.

[3] Sur la notion de compétence internationale des collectivités territoriales, v. P.-Y. Chicot, *La compétence internationale des collectivités territoriales françaises*, L'Harmattan, 2005 ; du même auteur, « Le droit français de l'action internationale locale : une analyse prospective », *JCP adm.* 2013, n° 30, 2230.

[4] V. B. Lapointe, *La mondialisation et les collectivités territoriales*, Berger Levrault, 2017.

[5] V. not., M. Chambon, « Les collectivités territoriales, acteurs de la globalisation du droit administratif ? », *RFDA* 2019, p. 994 et s. ; P. Combeau, « Action extérieure des collectivités territoriales », préc., n° 7 et s.

Nous aurions pu nous contenter de cette première approche. Après tout, la thématique est riche et les problèmes juridiques posés par le droit administratif transnational sont suffisamment denses pour dessiner, à eux seuls, les contours d'une action extérieure, incontestablement originale en ce qu'elle convoque, de manière croisée, des rapports juridiques complexes. Mais l'intitulé du sujet et, surtout, le thème du colloque, axé sur la définition de la collectivité territoriale, poussent sans doute à élargir le curseur. C'est que cette action extérieure, de type horizontal, aussi originale et exponentielle soit-elle, n'épuise pas l'action internationale des collectivités territoriales. La problématique de la globalisation juridique insiste du reste, comme le souligne Jean-Bernard Auby, sur sa double dimension, à la fois verticale et horizontale : si la globalisation *« densifie les tissus de transnationalité »*, elle a en même temps *« ses dimensions verticales car elle traverse les systèmes, les sociétés, « verticalement », faisant produire ses effets à tous les étages : local comme mondial, régional comme national. »*[6]. Dès lors, l'action internationale locale ne se résume pas aux relations *transétatiques* : elle inclut aussi des rapports *supraétatiques* avec des organisations internationales et plus encore avec d'autres États. Par ailleurs, si l'on se concentre sur la *spécificité* de ce type d'action locale, il apparait nécessaire d'étendre la focale aux autres personnes publiques. Sous cet angle, la question se pose de savoir en quoi cette action internationale est particulière par rapport à celle de l'État ou à celle des établissements publics. La réponse esquisse une spécificité à géométrie variable : l'action extérieure, si elle semble en effet spécifique par rapport à l'action internationale de l'État, dans la mesure où elle se définit comme une action internationale sans l'État, n'a rien de spécifique par rapport à l'action internationale d'un établissement public qui connait aussi d'une action extérieure dans des termes assez proches.

On l'aura compris, le sujet suppose que l'on s'entende sur cette notion de *spécificité* qui en constitue le cœur autant que l'écueil. Un détour par le *Petit Robert* s'avère particulièrement instructif puisqu'il donne à l'adjectif « spécifique » deux sens : le premier est lié à la *nature* même d'un objet *« qui a ses caractères en ses lois propres, ne peut se rattacher à autre chose ou en dépendre »* ; le second, en insistant sur ce *« qui est propre à une espèce et à elle seule »*, est lié aux éléments de *distinction* d'un objet par rapport à un autre. Ces deux sens conduisent en somme à distinguer entre la spécificité *intrinsèque* et la spécificité *extrinsèque,* selon le regard – intérieur ou extérieur – porté sur un objet : si l'une met l'accent sur la *construction per se* de cet

---

[6] J.-B. Auby, *La globalisation, le droit et l'État*, LGDJ, 2ème éd., 2010, p. 29.

objet, l'autre permet de mettre en lumière sa *connaissance* en le confrontant à des objets semblables[7].

Cette double occurrence peut s'avérer utile pour tenter de décrire la spécificité de l'objet « action internationale des collectivités territoriales ». Si l'on part d'une approche formelle de cette dernière, axée essentiellement sur son aspect horizontal et regroupant les relations entre collectivités territoriales françaises et étrangères, on peut affirmer que, du point de vue intrinsèque, elle est incontestablement spécifique (I). D'un point de vue extrinsèque, l'affaire se complique et nous amènera à nous pencher sur les caractéristiques fonctionnelles des collectivités territoriales par rapport aux autres personnes publiques (II).

I. L'action internationale horizontale : des spécificités *intrinsèques* significatives

L'action internationale horizontale recoupe ce qu'on appelle *l'action extérieure*, c'est-à-dire les relations entre les collectivités territoriales françaises – et leurs groupements – et les autorités locales étrangères. Les éléments de spécificité sont liés ici à *la nature même* de ce type de relations qui sont à la croisée de rapports juridiques très originaux. En somme, ce droit de l'action extérieure reflète toute la singularité du droit administratif transnational[8] dont il épouse deux caractéristiques principales : l'extraterritorialité qui porte essentiellement sur la question de la compétence et l'extranéité qui concerne davantage celle du droit applicable.

A. Spécificité tenant à l'extraterritorialité de la compétence

Les relations transnationales ou « transétatiques » sont *« celles des relations internationales qui mettent en présence deux êtres dont l'un au moins n'est pas un État »*[9]. Du point de vue du droit interne, ce type de relations internationales entre des acteurs publics pose d'abord la question de la compétence de l'organe, c'est-à-dire de l'habilitation qui lui est accordée

---

[7] V. l'analyse de B. Faure à propos de la double fonction de la décentralisation, *« élément de construction du droit »* et *« élément de connaissance du droit », Droit des collectivités territoriales*, Dalloz, 6ème éd. 2021, n° 3.

[8] Sur le droit administratif transnational, v. not., M. Audit, *Les conventions transnationales entre personnes publiques*, LGDJ, 2002 ; O. Dubos, « Le droit administratif et les situations transnationales : des droits étrangers au droit comparé ? », *in* F. Melleray (dir.), *L'argument de droit comparé en droit administratif français*, Bruylant, 2007, p. 69 s. ; M. Gautier, « Acte administratif transnational et droit communautaire », in J.-B. Auby, J. Dutheil de la Rochère (dir.), *Droit administratif européen*, Bruylant, 2ème éd. 2014, p. 1303 s.

[9] J. Combacau, S. Sur, *Droit international public*, Montchrestien, 8ème éd., 2008, p. 4.

par l'ordre juridique étatique[10] à déployer des activités au-delà du territoire national. Cette *compétence extraterritoriale* des personnes publiques[11], qui est depuis longtemps admise pour l'État pris en tant que personne publique interne[12], a toujours été plus discutée en ce qui concerne les collectivités territoriales. Elle ne s'est affirmée que très progressivement.

1. – Le droit français a longtemps été hésitant à admettre, avant 1992, ce type de compétence aux mains des collectivités territoriales, notamment pour conclure des conventions avec des collectivités étrangères. Cette frilosité s'appuyait sur une interprétation particulièrement rigide du principe d'indivisibilité de la République, qui fait de l'État l'unique détenteur de la compétence internationale, à l'exclusion des collectivités territoriales[13]. Les approches doctrinales de ce monopole étatique justifiaient ainsi une double interdiction pour les collectivités territoriales : une interdiction, logique, de contracter avec les États étrangers mais aussi une interdiction de contracter avec des autorités locales étrangères[14]. Cette argumentation fut critiquée par certains auteurs qui en soulignaient l'incontestable faiblesse, dès lors que ce monopole étatique pouvait très bien s'accommoder de relations de nature « administrative » entre des collectivités françaises et étrangères, sous réserve du respect des prérogatives de l'État. Ils insistaient même sur le fait qu'une consécration législative n'était pas nécessaire et que cette action internationale pouvait prendre appui sur le principe de libre administration, sur la personnalité juridique des collectivités territoriales ou sur l'existence même des compétences locales[15].

Le cadre juridique interne péchait donc par son insuffisance, faute d'une reconnaissance explicite de cette compétence extraterritoriale. La loi n° 82-213 du 2 mars 1982 fut, de ce point de vue, très décevante, se contentant, à la suite d'un amendement sénatorial, d'une disposition ambigüe et lacunaire[16],

---

[10] Sur la définition de la compétence comme une *« habilitation objectivement définie et assignée »*, v. E. Picard, « Rapport de synthèse », *in* AFDA, *La compétence*, Lexisnexis Litec, 2008, p. 236 s.

[11] V. M. Audit, « La compétence extraterritoriale du droit administratif », *in* AFDA, *La compétence*, *op. cit.*, p. 70 s.

[12] *Ibid.*, p. 69 : l'auteur évoque le cas les marchés publics de l'État passés ou exécutés à l'étranger.

[13] Principe rappelé par Cons. const., déc. n° 83-160 DC du 19 juil. 1983, *Loi portant approbation d'une convention fiscale avec le territoire d'outre-mer de la Nouvelle-Calédonie et dépendances.*

[14] Pour un panorama de ces conceptions doctrinales, v. R. Lafore, « L'action à l'étranger des collectivités territoriales », *RDP* 1988, p. 763 s.

[15] V. R. Lafore, « L'action à l'étranger des collectivités territoriales », préc. ; Ch. Autexier, « Le cadre juridique de l'action extérieure des régions », *RFDA* 1986, p. 568 s. ; J.-M. Woehrling, « Les aspects juridiques de la coopération transfrontalière entre collectivités et autorités locales », *Rev. d'Allemagne et des Pays de langue allemande*, I 33, 2-3/2001, p. 141 s.

[16] Loi n° 82-213 du 2 mars 1982 *sur les droits et libertés des communes, des départements et des régions*, art. 65.

poussant les pouvoirs publics à dessiner une ébauche officieuse de règles à travers une littérature « grise » et « souterraine » nettement plus ouverte[17]. Cette indigence contrastait avec un contexte européen qui commença à se mettre en place à partir d'un texte majeur, la Convention-cadre de Madrid[18] qui posa les premiers jalons de la coopération transfrontalière. On sait que ce droit européen de la coopération transfrontalière n'a cessé, par la suite, de se renforcer[19] : dans le cadre du Conseil de l'Europe d'abord avec les protocoles additionnels à la Convention-cadre de 1980[20] ou les conventions bi- ou multilatérales conclues entre États du Conseil de l'Europe[21] ; dans le cadre ensuite de l'Union européenne qui, en plus de traiter la coopération transfrontalière au titre de la politique économique et sociale, l'a dotée plus récemment d'une dimension institutionnelle[22]. Sans entrer ici dans les détails, disons que l'évolution de ce contexte européen a suivi trois marqueurs : un dépassement progressif de l'objet transfrontalier au profit d'une nouvelle forme de *territorialisation* de la coopération qui vise désormais des entités locales non contiguës[23], le développement de la coopération institutionnelle à travers des organismes dédiés[24] et la formation d'un *droit commun* régissant ces relations[25].

2° – Il a fallu attendre la loi *ATR* du 6 février 1992[26] pour que le droit français reconnût enfin explicitement cette compétence extraterritoriale, qui

---

[17] V. circ. n° 1789/SG, 26 mai 1983, *relative à l'action extérieure des collectivités locales* ; circ. n° 2063/SG, 10 mai 1985, *relative à l'action extérieure des collectivités locales.*

[18] Convention-cadre européenne *sur la coopération transfrontalière des collectivités ou autorités territoriales* du 21 mai 1980 (Madrid, STE n° 106).

[19] V. not., X. Barella, L'Union européenne et le Conseil de l'Europe, entre influence et incidence sur la coopération décentralisée, *RGCT* 2013, n° 53, p. 16 s. ; A. Taillefait, « Coopération transfrontalière », *in* J.-B. Auby, J. Dutheil de la Rochère (dir.), *Droit administratif européen, op. cit.*, p. 1285 s.

[20] Protocole additionnel du 9 nov. 1995 (Strasbourg, SCE n° 159) ; Protocole n° 2 du 5 mai 1998 (Strasbourg, STCE n° 169) ; Protocole n° 3 *relatif aux Groupements eurorégionaux de coopération* (GEC) du 16 nov. 2009 (Utrecht, STE n° 106).

[21] Pour les conventions auxquelles la France est partie : Accord franco-italien, Rome, 26 nov. 1993 ; Traité franco-espagnol, Bayonne, 10 mars 1995 ; Accord quadripartite (Allemagne, France, Luxembourg, Suisse), Karlsruhe, 23 janv. 1996 ; Accord franco-belge, Bruxelles, 16 sept. 2002.

[22] Règlement (CE) n° 1082/2006 du 5 juil. 2006 *relatif à un groupement européen de coopération territoriale (GECT)* et règlement (UE) n° 1302/2013 du 17 déc. 2013 *modifiant le règlement (CE) n ° 1082/2006 (...).*

[23] C'est le sens des notions de « coopération interterritoriale » (Conseil de l'Europe) ou de « coopération territoriale » (Union européenne).

[24] Il s'agit ici des groupements locaux de coopération transfrontalière (GLCT), des groupements euro-régionaux de coopération (GEC) et des groupements européens de coopération territoriale (GECT).

[25] V. H. Labayle (dir.), *Vers un droit commun de la coopération transfrontalière ?*, Bruylant, 2006.

[26] Loi n° 92-125 du 6 févr. 1992 *relative à l'administration territoriale de la République*, art. 131, I.

figure aujourd'hui, après une numérotation fluctuante, à l'article L. 1115-1 du CGCT. Mais d'emblée, cette reconnaissance, sans doute encore lestée du poids des réticences, est marquée par le sceau de l'ambiguïté. Ce droit à la *coopération décentralisée* – et non à l'*action extérieure* – est d'abord restreint à la possibilité pour les collectivités françaises de passer des conventions avec des autorités étrangères, à l'exclusion de toute autre forme de relations. Surtout, c'est une compétence bornée dès lors que la loi prit soin de lui assigner une limite interne : cette capacité conventionnelle des collectivités territoriales ne peut s'exercer que *« dans les limites de leurs compétences »*. Cette dernière borne fut à l'origine de l'intégration au centre de ce nouveau dispositif de la notion restrictive d'intérêt public local[27] dont un jugement rendu par le Tribunal administratif de Poitiers illustra l'application fatale pour une convention motivée par l'urgence humanitaire[28]. Même si, en appel, le juge administratif se montra plus souple[29], cette affaire mit en exergue le potentiel déstructurant de l'intérêt public local pour la coopération décentralisée : non seulement, il restreignait le champ d'application de la nouvelle compétence extraterritoriale, mais il légitimait la clause générale de compétence comme fondement alternatif à des actions internationales qui ne s'appuyaient pas formellement sur des conventions[30].

3° – Toute l'évolution législative depuis 1992 peut se résumer à la volonté des pouvoirs publics d'élargir cette compétence extraterritoriale en la débarrassant, notamment, des contingences de l'intérêt public local. Ce fut d'abord l'objet de la loi n° 2007-147 du 2 février 2007, dite *« Loi Thiollère »* qui, tout en maintenant la formulation de cette compétence, supprima toute référence aux *limites des compétences* et ajouta, à l'article L. 1115-1 du CGCT, un régime dérogatoire pour l'action humanitaire d'urgence qui peut

---

27 A. Cabanes, A. Robbes, « La coopération décentralisée : comment s'extraire des contingences de l'intérêt public local ? », *AJDA* 2003, p. 593 s. Y. Gounin, « Le cadre juridique de l'action extérieure des collectivités locales », *AJDA* 2005, p. 1713 s. ; Conseil d'État, *Le cadre juridique de l'action extérieure des collectivités locales*, Doc. fr., 2006, p. 71 s. ; D. Guignard, « Coopération décentralisée et intérêt public local », *RGCT* 2013, n° 53, p. 27 s.

28 TA, Poitiers, 18 nov. 2004, *Charbonneau c/ Dpt Deux-Sèvres*, *AJDA* 2005, p. 486, note Y. Gounin.

29 CAA, Bordeaux, 30 oct. 2007, *Dpt Deux-Sèvres*, *AJDA* 2008, p. 198, note Y. Gounin, *JCP A* 2008, act. 40, note P. Combeau.

30 Pour des faits antérieurs à la loi de 1992, le CE a reconnu que la clause générale de compétence pouvait servir de fondement à des actions internationales : CE, 28 juill. 1995, *Commune de Villeneuve-d'Ascq*, *Rec.*, p. 324, *AJDA* 1995, p. 834, concl. R. Schwartz. Pour une même utilisation pour des faits postérieurs, v. TA, Paris, 11 juil. 2008, *Mme Le Pen c./ Région Ile de France*, *AJDA* 2008, p. 2341, note Y. Gounin ; CAA, Paris, 1er déc. 2009, *Région Île-de-France*, *AJDA* 2010, p. 329, note Y. Gounin, *Dr. adm.* 2010, comm. 108, note J.-Ch. Lubac.

être mise en œuvre par la collectivité sans convention préalable[31]. Mais cette loi ne fit pas disparaitre toutes les incertitudes[32] : la clause générale de compétence appréciée selon la présence d'un intérêt local reste ainsi, avant comme après 2007, un fondement possible pour toutes les actions non conventionnelles, en dehors des actions humanitaires d'urgence. C'est surtout la loi n° 2014-773 du 7 juillet 2014[33] qui procéda à une véritable clarification de cette compétence extraterritoriale. L'action extérieure que la loi promeut en lieu et place de la coopération décentralisée ne relève pas que d'un simple habillage terminologique : elle s'appuie désormais sur un fondement général figurant dans l'article L. 1115-1 du CGCT, réécrit pour l'occasion. La nouvelle mouture a vocation à donner une assise juridique à toutes les initiatives locales, d'autant que la loi précise que l'instrument conventionnel devient une modalité possible et non plus exclusive de l'action extérieure ; cette dernière pouvant être informelle, conventionnelle ou institutionnelle. Il aura donc fallu attendre 2014 pour que cette compétence extraterritoriale des collectivités territoriales acquière son autonomie, débarrassée de toute référence à l'intérêt public local mais aussi de toute concurrence avec la clause générale de compétence dont on connait, par ailleurs, l'histoire mouvementée[34].

B. Spécificité tenant à l'extranéité du droit applicable

L'autre élément de spécificité de cette action internationale horizontale tient au droit applicable qui relève d'une forme d'extranéité, entendue comme la *« qualité qui affecte une question de droit, et dont il s'agit de savoir si elle conduit à l'intervention, à la place du droit interne de l'État ou combiné avec lui, d'un ordre juridique étranger au sien. »*[35] Cette caractéristique s'applique évidemment aux organismes européens de coopération[36]. Nous nous intéresserons ici essentiellement aux conventions conclues entre une collectivité territoriale françaises et des autorités locales étrangères qui

---

[31] Loi n° 2007-147 du 2 févr. 2007 *relative à l'action extérieure des collectivités territoriales et de leurs groupements* (inspirée de l'étude du Conseil d'État, *op. cit.*) ; v. J.-Ch. Lubac, « La refonte des principes de l'action internationale des collectivités territoriales », *JCP A* 2007, 2064.

[32] V. Y. Gounin, O. Guillaumont, « Coopération décentralisée : les limites de la loi Thiollère », *AJDA* 2010, p. 1372 s.

[33] Loi n° 2014-773 du 7 juil. 2014 *d'orientation et de programmation relative à la politique de développement et de solidarité internationale*, reprenant les préconisations d'A. Laignel, *Rapport sur l'action extérieure des collectivités territoriales françaises*, janv. 2013.

[34] La loi n° 2015-991 du 7 août 2015 *portant nouvelle organisation territoriale de la République* a supprimé cette clause pour les départements et les régions.

[35] J. Combacau et S. Sur, *Droit international public, op. cit.*, p. 5.

[36] Sur les questions soulevées par les instruments institutionnels, v. not., G. Bachoué Pedrouzov et R. Colavitti (dir.), *Les organismes européens de coopération territoriale*, Bruylant, 2018.

illustrent parfaitement ces questions complexes d'articulation juridique. Quelques observations étaieront notre propos.

1° – D'abord, le droit applicable ne peut être le droit international public. Les conventions de coopération font partie de ce que Matthias Audit nomme les conventions transnationales entre personnes publiques[37] qui relèvent, avec les contrats administratifs à caractère international, d'une catégorie plus large, les contrats internationaux de l'administration[38], tous présentant un élément d'extranéité tenant au fait que le contrat s'exécute en dehors du territoire. Cette nature internationale des conventions transnationales aurait pu plaider pour leur soumission au droit international public[39]. Mais telle n'est pas la position de la doctrine. Le droit international public, droit interétatique, ne peut régir des relations infra-étatiques : les conventions de coopération ne peuvent être qualifiées de traité puisque la collectivité territoriale n'a pas de personnalité internationale. C'est du reste la position du Conseil d'État qui, dans un avis rendu en 1994 confirme que les conventions qui s'appuient sur la loi de 1992 ne constituent pas *« des engagements internationaux au sens du titre VI de la Constitution »*[40].

2° – Ensuite, les relations transnationales montrent toute la relativité du principe de territorialité des lois de droit public, entendue comme la propriété d'une loi (de droit public) *« à pouvoir s'appliquer sur le territoire de l'État dont elle émane, sans souffrir de la concurrence d'une loi étrangère du même type ; et sans pouvoir avoir, corrélativement, la prétention de s'appliquer à l'étranger »*[41]. La soumission des contrats internationaux de l'administration, comme des contrats d'engagement d'agents publics, au droit local étranger a donné lieu à une jurisprudence célèbre. Après quelques hésitations[42], le Conseil d'État a fait largement prévaloir les éléments d'extranéité pour nier la nature administrative du contrat et, par conséquent, la compétence du juge administratif. C'est l'objet, comme on sait, de l'arrêt *Tegos* qui énonce que

---

[37] M. Audit, *Les conventions transnationales entre personnes publiques, op. cit.*

[38] V. S. Lemaire, *Les contrats internationaux de l'Administration*, LGDJ, 2005 ; M. Laazouzi, *Les contrats administratifs à caractère international*, Économica, 2008 ; « La nature des contrats administratifs internationaux. L'emprise du droit applicable », *AJDA* 2012, p. 2420 s. ; « La spécificité des contrats publics internationaux », *RDC* 2014, n° 3, p. 545 s.

[39] V. not. P.-M. Dupuy, La coopération transfrontalière et le droit international, *AFDI* 1977, p. 837 s.

[40] CE, avis, 25 oct. 1994, n° 356381.

[41] J.-M. Bischoff, « La territorialité des lois de droit public dans les rapports avec les principes de non-discrimination et d'égalité d'accès reconnus en matière de pollution transfrontalière », *in* OCDE, *Aspects juridiques de la pollution transfrontalière*, 1977, p. 139 ; M. Audit, « La compétence extraterritoriale du droit administratif », préc., p. 72 s.

[42] Après avoir fait prévaloir la nature administrative du contrat en niant ses éléments d'extranéité, la jurisprudence a fait prévaloir la nature administrative du contrat tout en reconnaissant ses éléments d'extranéité : c'est la thèse du « contrat juridictionnellement administratif », selon l'expression de B. Dolez, « Le juge administratif et le conflit des lois », *RDP* 1995, p. 1029 s.

« le juge administratif français n'est pas compétent pour connaître d'un litige né de l'exécution d'un contrat qui n'est en aucune façon régi par le droit français »[43].

Cette jurisprudence qui fait dépendre du choix des contractants d'insérer une clause en faveur de la loi étrangère a été transposée au cas des conventions transnationales entre personnes publiques, notamment aux conventions de coopération. Un arrêt de 2013 rendu par le Conseil d'État est, de ce point de vue, éloquent. Se prononçant à propos d'une convention dans laquelle la Région Alsace, le Land Baden-Würtenberg et le Canton Bâle-Campagne étaient parties, le juge a estimé que cette dernière est *« exclusivement régie par la loi allemande ; qu'il s'ensuit, en l'absence de dispositions législatives ou réglementaires contraires, que la cour administrative d'appel a commis une erreur de droit en s'estimant compétente pour connaître des conclusions de la région Alsace mettant en cause la responsabilité de l'État à raison de son inexécution de cette convention. »*[44]. La jurisprudence prend donc bien en compte l'application du droit étranger mais dans une optique particulière de négation de la compétence du juge administratif, donnant ainsi un certain relief à l'adage « la compétence suit le fond ».

3° – Enfin, les relations transnationales entre personnes publiques, et plus spécifiquement les conventions transnationales dont les conventions de coopération font partie, posent la question de l'application éventuelle des méthodes issues du droit international privé pour résoudre les conflits de lois et les conflits de juridictions[45], quitte, comme le soulignent certains, à ce que ces méthodes soient acclimatées aux contrats administratifs et plus fondamentalement aux exigences et aux spécificités du droit administratif[46]. La jurisprudence *Tegos* y fait allusion, mais moins pour déterminer le droit applicable que pour se prononcer sur la qualification administrative ou non du contrat[47]. La clause de l'*electio juris* est parfois présente dans ces conventions. Mais en l'absence d'une telle clause, toute la question se pose de savoir si les mécanismes spécifiques issus du droit de l'Union européenne, comme le Règlement de Bruxelles I bis concernant la compétence juridictionnelle ou le

---

[43] CE, 19 nov. 1999, *Tegos*, *Rec.*, p. 356, *RFDA* 2000, p. 833, concl. J. Arrighi de Casanova.

[44] CE, 5 juil. 2013, *Région Alsace*, n° 348050, *AJDA* 2013, p. 1417.

[45] Sur cette question, v. not., M. Audit, *Les conventions transnationales entre personnes publiques, op. cit.*, p. 283 s. ; « Conflits de lois et conflits de juridictions en matière de coopération transfrontalière », *in* Renti, *Le droit des relations transfrontalières entre autorités régionales ou locales relevant d'États distincts*, Bruylant, 2005, p. 147 s. ; F. Brenet, « Contrat administratif international et droit international privé », *AJDA* 2015, p. 1144 s.

[46] M. Laazouzi, « Quand droit administratif et droit international privé se rencontrent », *AJDA* 2015, p. 1134 s.

[47] Sur les limites de la jurisprudence *Tegos* quant à l'exploitation du droit international privé, v. M. Laazouzi, *Les contrats administratifs à caractère international*, *op. cit.*, p. 170 s. ; « La nature des contrats administratifs internationaux. L'emprise du droit applicable », préc. ; F. Brenet, « Contrat administratif international et droit international privé », préc.

Règlement Rome I concernant la loi applicable aux obligations contractuelles[48] sont applicables. L'obstacle tient ici au fait que ces dispositions ne concernent que la *matière civile et commerciale*, à l'exclusion de la *matière administrative*. Mais pour beaucoup d'auteurs s'appuyant sur la jurisprudence de la Cour de justice[49], la *matière administrative* – notion autonome, comme celle de *matière civile et commerciale* – doit être strictement réservée à *l'exercice de la puissance publique*, ce qui ouvrirait la porte à la pleine applicabilité de ces textes aux conventions transnationales.

Ces quelques observations montrent toute la singularité de ces relations transnationales entre collectivités territoriales qui se trouvent à l'intersection de systèmes juridiques différents dont le droit commence à peine à esquisser la matrice. Mais cette spécificité, liée à la nature même de ces relations, s'estompe si l'on veut bien poser un regard extérieur à notre objet et considérer que les collectivités territoriales ne sont pas les seules personnes publiques à entretenir ce type d'action internationale.

II. L'action internationale horizontale : des spécificités *extrinsèques* relatives

La spécificité n'est pas seulement liée à la nature d'un objet, elle est aussi liée à ses éléments de distinction par rapport à d'autres objets. Ce point de vue extrinsèque met en perspective la compétence internationale locale au regard de celle détenue par les autres personnes publiques. Si l'on peut dire que cette action extérieure permet de distinguer l'action internationale des collectivités territoriales par rapport à celle de l'État, elle ne permet pas de la distinguer de l'action internationale des établissements publics. Les éléments de spécificité sont alors peut-être à chercher du côté de l'action internationale verticale.

A. Les doutes sur la spécificité de l'action internationale horizontale

L'action extérieure, entendue comme une action internationale horizontale, n'est pas propre aux collectivités territoriales. En réalité, elle est le fait de toute entité infra-étatique qui est susceptible d'entretenir des rapports avec d'autres entités infra-étatiques étrangères. Elle est donc un attribut tout aussi caractéristique des établissements publics[50].

---

[48] Règlement (UE) n° 1215/2012 du 12 déc. 2012 (Bruxelles I bis) *concernant la compétence judiciaire, la reconnaissance et l'exécution des décisions en matière civile et commerciale* ; règlement (CE) n° 593/2008 du 17 juin 2008 (Rome I) *sur la loi applicable aux obligations contractuelles*.

[49] V. à propos du champ d'application de la convention de Bruxelles du 27 sept. 1968, CJCE, 14 oct. 1976, aff. 29/76, *LTU c/ Eurocontrol*, *Rec.* 1976, p. 1541.

[50] Sur ce constat, v. M. Audit, *Les conventions transnationales entre personnes publiques*, *op. cit.*, p. 144 s.

1° – Une illustration servira à étayer nos propos : la coopération transfrontalière sanitaire[51]. Celle-ci, définie comme *« l'ensemble des actions menées conjointement par différents acteurs situés de part et d'autre de frontières, et relatives au domaine de la santé »*[52], recouvre des champs assez larges et convoque des acteurs aussi divers que l'État, les collectivités territoriales, les établissements de santé, des structures privées et, bien sûr, les patients qui font l'objet d'une attention particulière du droit de l'Union européenne[53]. La santé demeurant, en France, une politique publique encore largement centralisée, la coopération transfrontalière concerne avant tout les organismes relevant de l'État. C'est vrai pour la coopération conventionnelle qui peut s'appuyer sur des dispositions particulières[54] ou sur des accords-cadres conclus entre la France et certains pays[55] ; c'est vrai aussi pour la coopération institutionnelle : le GECT - Hôpital de Cerdagne montre, par exemple, comment cet instrument européen peut être utilisé par l'État[56]. Mais les conventions conclues entre établissements de santé français et étrangers y tiennent une place non négligeable. Cette coopération qui concerne notamment les établissements publics hospitaliers repose sur un fondement législatif. C'est l'objet de l'article L. 6134-1 du code de la santé publique qui mérite d'être cité : *« Dans le cadre des missions qui leur sont imparties et dans les conditions définies par voie réglementaire, les établissements de santé publics ou privés à but non lucratif peuvent participer à des actions de coopération, y compris internationales, avec des personnes de droit public et privé. »* Il ajoute : *« Pour les actions de coopération internationale, les établissements de santé publics ou privés à but non lucratif peuvent également signer des conventions avec des personnes de droit public et privé, dans le respect des engagements internationaux souscrits par l'État français. »* Le

---

[51] Sur la coopération sanitaire transfrontalière, v. not. J.-Ch. Lubac, « Élaboration du cadre juridique de la coopération sanitaire transfrontalière », *JCP A* 2007, act. 932 ; S. Perrot, « La coopération sanitaire transfrontalière : un cadre juridique en construction », *RDSS* 2008, p. 282 s. ; O. Renaudie, « Qualité et coopération sanitaire transfrontalière », *RDSS* 2014, p. 1039 et s. ; C. Castaing, « Quelle coopération décentralisée en santé publique ? », *Pouvoirs locaux*, n° 120/2022.

[52] O. Renaudie, préc., p. 1039.

[53] Directive n° 2011/24/UE du 9 mars 2011 *relative à l'application des droits des patients en matière de soins de santé transfrontaliers.*

[54] V. par ex., Code de la sécurité sociale, art. R. 160-3 qui permet aux organismes de sécurité sociale de passer des conventions avec des établissements de soins établis dans un État membre de l'Union européenne pour prévoir les conditions de séjour dans ces établissements.

[55] V. par ex. l'accord-cadre du 22 juil. 2005 signé entre la France et l'Allemagne sur la coopération sanitaire transfrontalière qui prévoit la possibilité de conventions de coopération ; pour la France, les autorités compétentes sont l'État, les agences régionales de santé et les organismes de sécurité sociale (v. arrangement administratif du 9 mars 2006).

[56] V. convention *constitutive de coopération sanitaire transfrontalière et de constitution du GECT-HC* du 26 avr. 2010 : pour la partie française, sont membres du GECT l'État, l'ancienne ARS Languedoc-Roussillon et la CNAMTS. Pour une présentation, v. C. Castaing, « Quelle coopération décentralisée en santé publique ? », préc.

parallèle avec la compétence internationale fondée sur l'article L. 1115-1 du code général des collectivités territoriales est ici assez éloquent : il s'agit d'une action internationale assez large, la coopération n'étant pas cantonnée à la sphère transfrontalière ; on retrouve également la promotion de l'instrument conventionnel et la borne du respect des engagements internationaux[57]. Une des différences, peut-être, réside dans le fait qu'eu égard à la spécialité de l'établissement public, l'action internationale de ce dernier ne peut se concevoir que *« dans le cadre des missions qui lui sont imparties »*. En dehors du domaine sanitaire, d'autres dispositions montrent que l'action internationale horizontale des établissements publics est assez répandue[58].

2° – Non seulement des établissements publics, comme les établissements de santé, détiennent une compétence extraterritoriale mais les conventions qu'ils concluent avec les entités étrangères relèvent de la catégorie des conventions transnationales entre personnes publiques, avec toutes les conséquences sur le droit applicable que cette qualification entraine. Il est d'ailleurs significatif que le premier arrêt étendant la jurisprudence *Tegos* aux conventions transnationales ne soit pas relatif à une convention entre deux collectivités territoriales mais bien à une convention entre deux établissements publics. L'arrêt *SCP de médecins Reichheld et Sturtzer* de 2005, rendu à propos d'une convention entre deux hôpitaux français et allemand ayant le statut de personne publique, décline en effet la compétence du juge administratif en considérant qu'il *« résulte des clauses de cette convention que la commune volonté des parties a été de la soumettre aux règles du droit allemand »*[59]. Certes, dans cette affaire, le Tribunal des conflits a, par la suite, quelque peu réduit l'étendue de la jurisprudence *Tegos* en estimant que la juridiction administrative est compétente pour statuer sur la question de savoir si l'établissement hospitalier français peut légalement conclure cette convention[60]. Ce qui a conduit le Conseil d'État à reconnaitre l'illégalité de la délibération de l'hôpital de conclure cette convention, faute d'avoir obtenu l'autorisation requise en l'espèce[61]. Mais au-delà de ces péripéties autour de la compétence de la juridiction administrative, cette affaire montre bien que la question de l'extranéité du droit s'applique à des conventions

---

[57] L'art. R. 6134-1 du CSP précise que ces actions de coopération internationale peuvent être engagées *« sous réserve pour les établissements publics de santé et les établissements de santé privés d'intérêt collectif de garantir la continuité du service public hospitalier. »*

[58] V. par ex., pour la coopération internationale des établissements publics d'enseignement supérieur, code de l'éducation, art. L. 123-7-1 : *« Les établissements publics à caractère scientifique, culturel et professionnel contractent librement avec les institutions étrangères ou internationales, universitaires ou non. (...) »*.

[59] CE, 30 mars 2005, *SCP de médecins Reichheld et Sturtzer*, *Rec.*, p. 129, *AJDA* 2005, p. 1844, note M. Audit.

[60] TC, 24 avr. 2006, *SCP de médecins Reichheld et Sturtzer*, n° 3480, *Rec.*, p. 629, *AJDA* 2006, p. 2456, concl. D. Chauvaux.

[61] CE, 10 janv. 2007, *SCP de médecins Reichheld et Sturtzer*, n° 262964

transnationales conclues entre personnes publiques, quelles que soient la nature de ces personnes publiques ; le fait que ces dernières soient des établissements publics ou des collectivités territoriales[62] est à cet égard indifférent puisque c'est la même solution qui s'applique.

3° – Cette extension de l'action internationale horizontale aux établissements publics n'est finalement pas surprenante. L'action extérieure qu'elle soit le fait des collectivités territoriales ou des établissements publics se présente comme le creuset du droit administratif global, un droit administratif « sans l'État », qui a vocation à s'appliquer à des structures – les administrations *globales* – qui peuvent être publiques, hybrides ou même privées et qui renvoie, dans un contexte de globalisation, à des questionnements sur la place de l'État, du droit international public et du droit administratif dans la régulation juridique internationale[63]. Plus précisément, cette action extérieure accentue un aspect de la globalisation qui *« ne s'opère pas ici par l'avènement d'un droit global chapeautant les ordres juridiques étatiques mais par l'octroi d'une vocation transnationale aux acteurs et aux droits nationaux. »*[64] Elle met l'accent sur les caractéristiques communes des acteurs transnationaux, conçus comme des structures internes dont le champ d'action n'est pas limité au territoire national : leur faculté à s'émanciper des contraintes issues des ordres juridiques nationaux qui se voient confrontés à une forme « d'arasement »[65]. C'est que ces structures ont un point commun : elles ont la liberté, comme le montre la jurisprudence *Tegos*, de choisir leur droit applicable, y compris le choix exclusif du droit local étranger. Cette caractéristique inhérente à tous ces réseaux institutionnels comporte, pour les personnes publiques transnationales, un risque de soustraction : si elles ont la liberté de choisir le droit étranger, elles peuvent opter pour un régime de droit privé, ce qui revient à *« s'affranchir librement des privilèges et des contraintes propres au droit administratif »*[66]. Si spécificité il y a, celle-ci tient finalement plus à l'action extérieure elle-même qu'aux types de personnes publiques habilitées à l'exercice de cette compétence ; l'action extérieure, définie comme une action internationale horizontale, pose des problèmes juridiques qui sont communs à toutes les personnes publiques transnationales et dont les collectivités territoriales ne sont qu'un des miroirs.

---

[62] V., CE, 5 juill. 2013, *Région Alsace*, préc.

[63] I. Boucobza, « Le droit administratif global, essai d'analyse critique d'un courant de pensée », *RFDA* 2019, p. 824 ; v., D. Mockle, « Le débat sur les principes et les fondements du droit administratif global », *Les cahiers de droit*, 2012, n° 1, p. 3 s. ; C. Mories, « Droit global, globalisation du droit, droit administratif... De la nécessité de définir un objet d'étude », *RFDA* 2019, p. 815 s.

[64] M. Chambon, « Les collectivités territoriales, acteurs de la globalisation du droit administratif ? », préc., p. 994.

[65] *Ibid.*

[66] *Ibid.*

B. Une spécificité du côté de l'action internationale verticale ?

Si l'action internationale horizontale n'est pas, d'un point de vue extrinsèque, spécifique aux collectivités territoriales, peut-être faut-il chercher ces éléments de spécificité ailleurs, et notamment dans ce que l'on peut appeler l'action internationale verticale. C'est que ces collectivités territoriales s'inscrivent dans un système juridique international *avec* les États et les organisations internationales, et pas seulement dans un réseau d'administrations globales. Ce sens vertical plus classique de la globalisation cache quelques éléments de spécificité que l'on peut identifier.

1° – L'action internationale verticale des collectivités territoriales peut apparaitre à bien des égards comme une figure aporétique dès lors qu'elles ne sont pas censées être des acteurs internationaux « officiels ». Du point de vue du droit international public, on connait le raisonnement : l'État étant l'unique titulaire de la personnalité internationale, c'est lui qui est sujet de droit international et non les collectivités infra-étatiques[67]. En somme, seul l'État est capable d'imputation : *« seul sujet capable d'imputation pour l'ordre juridique international, l'État apparaît alors comme un écran totalement opaque entre les collectivités territoriales et la scène extérieure. »*[68] Mais de ce constat, on ne peut en déduire une totale indifférence du droit international à l'égard des collectivités territoriales *« dans la mesure où les États entreprennent de statuer sur des questions qui les intéressent »*[69]. En clair, à défaut d'être des sujets du droit international, elles en sont des objets[70], et ce, de plus en plus, comme le montrent les traités relatifs à la coopération transfrontalière. Surtout, le droit de l'Union européenne apporte un nouvel éclairage sur les liens entre les collectivités territoriales et la scène internationale[71]. Il rend l'écran étatique de plus en plus *transparent*[72] et les

---

[67] V. SFDI, *Les collectivités territoriales non étatiques dans le système juridique international*, Pedone, 2002. V. J. Combacau, S. Sur, *Droit international public*, *op. cit.*, p. 539 : *« l'ordre international est (...) indifférent à l'organisation interne de l'État (...) ; que, pour le reste, il aménage d'une façon ou d'une autre les pouvoirs publics, voilà qui ne saurait intéresser le droit international, lequel ne connaît que l'État pris comme un tout. »*

[68] J. David, « Les collectivités territoriales et le droit communautaire », *JCP A* 2009, n° 11-12, 2063.

[69] A. Rouyère, « L'État, les collectivités locales et la règle de droit communautaire », in P. Combeau (dir.), *Les contrôles de l'État sur les collectivités territoriales aujourd'hui*, L'Harmattan, 2007, p. 108.

[70] Sur cette distinction entre sujets et objets du droit international public, v. J. Combacau, S. Sur, *Droit international public*, *op. cit.*, p. 315 s.

[71] V. C. Mayeur-Carpentier, « Le statut des collectivités infra-étatiques devant les instances de l'Union européenne », *RFDA* 2010, p. 1035 s. ; M. Douence, « L'influence du droit de l'Union européenne sur les collectivités territoriales », in J.-B. Auby, J. Dutheil de la Rochère (dir.), *Traité de droit administratif européen*, *op. cit.*, p. 1089 s.

[72] J. David, « Les collectivités locales et le droit communautaire », préc.

collectivités territoriales y font désormais figures de « sujets spéciaux »[73], titulaires d'obligations propres. Ce qui conduit, au passage, à une situation *asymétrique* dans laquelle la collectivité devient débitrice d'une obligation propre et, d'un autre côté, l'ordre européen continue d'imputer à l'État la violation de cette obligation[74].

2° – Du côté du droit interne, le monopole constitutionnel de l'État sur l'action diplomatique interdit fermement toute compétence internationale verticale aux mains des collectivités territoriales. Les relations avec les États étrangers sont réservées à l'État et si le droit, comme on sait, reconnait aujourd'hui l'action internationale horizontale des collectivités territoriales, c'est précisément parce qu'elle préserve la réserve de la compétence de l'État, seul à même de conclure des traités internationaux. C'était, en creux, ce que suggérait la loi *ATR* de 1992 en posant des limites externes à la reconnaissance de l'action extérieure des collectivités territoriales, tenant au nécessaire respect des prérogatives de l'État : les conventions de coopération, de nature administrative et soumises comme telles au contrôle de légalité préfectorale, sont conclues uniquement entre collectivités territoriales françaises et étrangères et doivent respecter les engagements internationaux de la France[75]. La loi n° 95-115 du 4 février 1995 sera plus explicite encore : elle complète la loi de 1992 par une nouvelle disposition[76] qui figure aujourd'hui à l'article L. 1115-5 : *« aucune convention, de quelque nature que ce soit, ne peut être passée entre une collectivité territoriale ou un groupement et un État étranger »*. On ne pouvait pas mieux affirmer la différence de nature entre l'action internationale horizontale permise et l'action internationale verticale proscrite.

Pourtant, même ce monopole étatique a connu une forme de remise en cause, ouvrant aux collectivités territoriales la possibilité de contracter avec des États étrangers. L'article L. 1115-5 a en effet été complété par une kyrielle d'exceptions législatives au principe d'interdiction. Celle-ci ne joue pas lorsque la convention est destinée à permettre la création d'un groupement européen de coopération territorial (GECT) dont la particularité est justement de permettre à des États, en plus des collectivités territoriales ou autres

[73] J.-C. Bonichot, « Les collectivités locales, sujets de droit communautaire », in J.-B. Auby et B. Faure, *Les collectivités locales et le droit, les mutations actuelles*, Dalloz, 2001, p. 210.
[74] Sur cet aspect, A. Rouyère, « L'État, les collectivités locales et la règle de droit communautaire », préc., p. 118.
[75] V. *supra*.
[76] Loi n° 92-125 du 6 févr. 1992, art. 133-2, créé par la loi n° 95-115 du 4 févr. 1995 *d'orientation pour l'aménagement et le développement du territoire*.

organismes, d'en être membres[77]. La loi *MAPTAM* de 2014[78] y ajouta le cas des accords permettant la création d'un groupement eurorégional de coopération (GEC) ou d'un groupement local de coopération transfrontalière (GLCT). Quant à la loi n° 2016-1657 du 5 décembre 2016[79], elle déborda largement ces exceptions ciblées tenant à la particularité de ces organismes de coopération, pour évoquer le cas des « conventions conclues pour les besoins d'une coopération territoriale ou régionale ». L'étendue de ces exceptions qui sont autant de possibilités pour les collectivités territoriales de contracter avec des États étrangers pose question. Le Conseil d'État, dans son étude, a même insisté sur leur constitutionnalité douteuse et propose, afin de lever cette hypothèque, que le législateur précise que, quand la collectivité traite avec un État étranger, elle agit non en son nom propre mais au nom de l'État[80]. On peut toutefois préciser que la loi a prévu un verrou étatique important : la signature d'une telle convention doit être préalablement autorisée par le représentant de l'État dans la région.

3° – Enfin, le cas des collectivités situées en outre-mer est symptomatique d'une véritable action internationale qui n'est pas seulement horizontale mais qui devient de plus en plus verticale. Comme le souligne Bertrand Faure, pour ces collectivités, *« on tend à quitter le champ de la coopération décentralisée pour entrer dans celui des relations internationales. »*[81] Ce dépassement de l'action extérieure au profit d'une « diplomatie ultramarine »[82] ou de ce que certains textes nomment les « relations extérieures », se concrétise plus précisément par la reconnaissance de dispositifs juridiques permettant à ces collectivités d'être associées à l'action internationale de l'État. En Nouvelle-Calédonie, comme dans certaines collectivités d'outre-mer, le chef de l'exécutif local détient notamment, selon des modalités variables, un pouvoir de négocier et de signer des accords avec un ou plusieurs États, territoires ou organismes régionaux, dans les domaines de compétence de l'État ou de la collectivité[83]. Les départements et régions d'outre-mer détiennent des

---

[77] Ajout opéré par la loi n° 2008-352 du 16 avr. 2008 *visant à renforcer la coopération transfrontalière, transnationale et interterritoriale* qui visait à mettre en conformité le droit français avec le règlement (CE) n° 1082/2006 du 5 juillet 2006 *relatif à un groupement européen de coopération territoriale.* V. X. Barella, « La coopération décentralisée à la recherche d'une sécurité juridique renforcée », *AJDA* 2008, p. 1587 s.

[78] Loi n° 2014-58 du 27 janv. 2014 *de modernisation de l'action publique territoriale et d'affirmation des métropoles.*

[79] Loi n° 2016-1657 du 5 déc. 2016 *relative à l'action extérieure des collectivités territoriales et à la coopération des outre-mer dans leur environnement régional.*

[80] Conseil d'État, *Le cadre juridique de l'action extérieure des collectivités locales*, *op. cit.*, p. 60 s.

[81] B. Faure, *Droit des collectivités territoriales*, *op. cit.*, n° 660.

[82] D. Blanc, « Un nouvel instrument d'une diplomatie ultramarine ? La loi du 5 décembre 2016 relative à l'action extérieure des collectivités territoriales », *AJDA* 2018, p. 208 s.

[83] Loi org. n° 99-209 du 19 mars 1999 *relative à la Nouvelle-Calédonie,* art. 28 et s. ; v. par ex., loi org. n° 2004-192 du 27 févr. 2004 *portant statut d'autonomie de la Polynésie*, art. 38 et s.

compétences semblables depuis la loi *d'orientation pour l'outre-mer* de 2000[84], même si l'autorisation expresse de l'État est requise[85]. Cette loi accorde aussi aux assemblées locales un droit de proposition au Gouvernement en vue de la conclusion d'engagements internationaux concernant la coopération régionale ou d'accords avec des organismes régionaux des aires correspondantes[86]. L'action internationale verticale des départements et régions d'outre-mer s'est notablement renforcée avec la loi du 5 décembre 2016[87]. Le principal apport de ce texte est d'accorder à ces collectivités une forme d'autonomie stratégique : le chef de l'exécutif local peut désormais définir un « programme-cadre de coopération régionales » qui, dans les domaines de compétences de la collectivité, *« précise la nature, l'objet et la portée des engagements internationaux qu'il se propose de négocier (...) avec un ou plusieurs États, territoires ou organismes régionaux. »*[88]. Certes, les accords prévus dans ce programme-cadre sont soumis à une autorisation expresse de l'État, mais cette nouvelle procédure montre toutes les potentialités de l'action internationale verticale de ces collectivités.

Pour conclure, nous serions tentés de répondre à la question initiale en ces termes : la dimension horizontale permet de distinguer l'action internationale des collectivités territoriales de celle de l'État, tandis que la dimension verticale permet de distinguer l'action internationale des collectivités territoriales de celle des établissements publics. La conclusion est séduisante car elle permet avant tout de préserver la spécificité fonctionnelle de la collectivité territoriale. Malheureusement, cette présentation ne correspond pas à la réalité. L'exemple du groupement européen de coopération territoriale montre que l'État peut aussi être inclus dans des réseaux transnationaux, aux côtés de collectivités territoriales ou d'établissements publics, et être considéré, à ce titre, comme une *administration globale* ; il montre aussi qu'un établissement public peut être partie à une convention conclue avec un État étranger… Difficile donc, voire impossible de faire de l'action internationale un marqueur déterminant de la collectivité territoriale…

---

[84] Loi n° 2000-1207 du 13 déc. 2000 *d'orientation pour l'outre-mer (LOOM).*

[85] CGCT, art. L. 3441-3 et L. 3441-3 (DOM), art. L. 4433-4-2 et L. 4433-4-3 (ROM), art. L. 7153-3 et L. 7153-4 (Guyane), art. L. 7253-3 et art. L. 7253-4 (Martinique).

[86] CGCT, art. L. 3441-2 pour (DOM), art. L. 4433-4-1 (ROM,) art. L. L7153-2 (Guyane) et art. L. 7253-2 (Martinique).

[87] Loi n° 2016-1657 du 5 déc. 2016, préc. ; pour un commentaire, v. D. Blanc, « Un nouvel instrument d'une diplomatie ultramarine ? La loi du 5 décembre 2016 relative à l'action extérieure des collectivités territoriales », préc.

[88] CGCT, art. L. 3441-4-1 (DOM), art. L. 4433-4-3-2 (ROM), art. L. 7153-4-1 (Guyane) et art. L. 7253-4-1 (Martinique).

SYNTHÈSE DES TRAVAUX
PEUT-ON ENCORE DÉFINIR LA COLLECTIVITÉ TERRITORIALE ?

Bertrand FAURE
Professeur de droit public à Nantes Université

À cette heure toujours tardive de la synthèse, je ressens le besoin d'être assez bref pour ne pas trop subir la concurrence des trains et des avions et, pour les auditeurs restants, celle de leur téléphone portable.

Cette synthèse ne sera pas facile au vu de la richesse et de la variété des thèmes et des propos, du feu d'artifice des approches et des positions. Je savais à l'avance que je ne m'engageais pas dans un exercice tranquille. D'ailleurs, est-il bien nécessaire d'unifier les prises de position personnelles, les polémiques scientifiques qui ont animé ce colloque en certifiant que les approches ne sont pas si éclatées mais en réalité complémentaires ? Est-il nécessaire ou seulement possible de lier les diverses positions ? Dans cet exercice, je serais trop tenté de prendre prétexte de tout ce que je n'ai pas compris pour le contester et conserver, pour la définition de la collectivité territoriale, tout ce qui m'a paru indéniable, correspondant au modèle de collectivité territoriale que j'ai depuis longtemps imaginé.

Finalement, comme tout le monde, je ne peux éprouver un attachement indéfectible à certains tracés communs que la commune, le département et la région ont donné à la collectivité territoriale, tels que je me les suis figurés. Alors, je poursuivrai, comme tout le monde, une entreprise de légitimation de mon point de vue personnel. Voilà pourquoi il semble particulièrement difficile de se tenir à une synthèse et que je vais tenter de m'en tirer autrement.

Le sujet de ce colloque me rappelle le bon vieux temps que certains rapporteurs ont eu plaisir à évoquer, celui des années 1980 et l'installation d'un nouveau droit de la décentralisation. Il y avait une curiosité de ces temps nouveaux où l'on s'efforçait de faire jaillir la lumière sur tout ce qui se présentait : le principe de libre administration, les nouvelles régions, la nouvelle tutelle de l'État, la notion d'affaires locales, le pouvoir de décision des collectivités… D'ailleurs, le problème de la définition de la collectivité territoriale n'est pas un problème autonome. Ce problème a sans doute une antériorité logique sur tous les autres problèmes (parce qu'il faut bien savoir ce que c'est avant de problématiser son action) mais, en même temps, il les absorbe tous tissant le lien entre le passé et le présent, entre le pluriel et le singulier. Tous les autres problèmes se concentrent finalement dans celui-ci parce qu'ils influencent les traits susceptibles d'identifier la collectivité territoriale. Et la synthèse que nous voudrions lui consacrer procède finalement de la synthèse de toutes les autres problématiques. C'est le sujet qui permet de célébrer tous les autres parce que la définition de la collectivité territoriale en est à l'origine et à la conclusion.

Par ailleurs, on ne saurait aboutir à des résultats certains sans tenir compte des pratiques réelles qui sont celles de la vie des collectivités territoriales, avec le besoin de vérifier si ces pratiques démentent les textes ou les font lire autrement car, il ne faut pas s'en étonner, une administration représentative tenue par des élus responsables auprès de leurs électeurs a peut-être des principes d'action qui prennent quelques libertés avec la rigueur des textes : ne se donnent-elles pas des responsabilités qui dépassent leurs compétences légales ? Les contrôles dont elles font l'objet s'accordent-ils toujours avec la théorie de la tutelle (infra) ? En clair, il n'est pas certain que le législateur et le juge aient le monopole du rôle de constructeur de la collectivité territoriale. Cette construction ne découle pas forcément d'une activité nationale accaparée par le centre parisien mais il est endossé par la collectivité elle-même, par ses rapports réels avec l'État, par les échanges entre les élus locaux et leurs électeurs... En bref, la collectivité territoriale n'est pas seulement une administration mais un être social doté d'une vie propre. Alors, ses traits officiels ne rendent plus compte que d'une approximation grossière et la discussion sur le sujet doit éclater entre plusieurs horizons remettant en cause les théories et les habitudes de présentation. On se demanderait même si les traits officiels ne serviraient pas à dissimuler cette réalité et, tout bonnement, l'attachement à un modèle empirique qui s'est toujours imposé. En définitive, l'entreprise de dégagement des critères de la collectivité territoriale prend appui sur des références historico-expérimentales et sociojuridiques, bref, sur un vaste fourre-tout. Alors, Il n'y aurait plus qu'une simple présomption dans le rapport entre ce qui devrait exister et ce qui existe.

Il s'ensuit que la collectivité territoriale ne peut pas être définie simplement, ni peut-être logiquement. Elle correspond trop à un modèle perturbé. A partir du cas des communes et des départements qu'on a toujours connus, il y a présomption de modèle parce qu'il existe un droit tiré de l'héritage, un prestige et une pesanteur accordés par le temps, un attachement empirique à un modèle de réussite. Tout simplement il existe une présomption selon laquelle la collectivité d'aujourd'hui n'est pas très différente de celle qui a toujours existée et été constatée.

Mais le modèle est perturbé car on peut se demander si le droit des collectivités territoriales tel qu'il se manifeste aujourd'hui par sa complexité, son instabilité et son empirisme ait resté fidèle à l'idée qu'on pouvait se faire d'une collectivité territoriale ou s'il l'a remise en cause, de telle manière qu'on ne pratiquerait plus, pour la reconnaître, que des définitions vieillies, démodées. Ces définitions ne seraient plus que des pis-aller qui peuvent tourner à la mystification si, par des constructions arbitraires, le législateur se dispense d'une obligation d'identification avec le modèle.

L'intérêt du problème est très concret : il a l'avantage de placer dans le droit des collectivités territoriales la définition de la collectivité comme une axiomatique, axiomatique d'où dérivent tous les corollaires : les collectivités constituent des espaces de libre initiative publique (c'est leur raison d'être) qui ne relèvent pas forcément d'une permission de l'État, elles assoient leur légitimité sur une représentation par des élus responsables devant le corps électoral, elles sont taillées pour prendre en charge les intérêts de proximité… Alors est-on resté fidèle à ces idées de base ? Au contraire, ont-elles été remises en cause à un titre ou à un autre ? Parce qu'il semble bien que le législateur ne se sente pas tenu à un devoir d'« obéissance » vis-à-vis du modèle, mais plutôt de « ressemblance » en réalité beaucoup plus facile à remplir car on se heurte à cette réalité juridique : c'est que les possibilités de libre décision du législateur pour organiser les collectivités territoriales sont très ouvertes et peuvent en faire dériver les données constitutives. Alors, on n'a plus de critères mais des ersatz, des hypostases, se substituant à ces critères. Parce qu'il faut bien noter, depuis les années 1990, le changement de cap d'un État plus directif, face auquel la Constitution, référence toujours présente mais peu agissante, ne semble pas inspirer grande retenue.

Alors faut-il plaider contre l'empire des catégories juridiques dans la connaissance de nos institutions ? La science du droit nous a donné la catégorie de « collectivité territoriale » assortit d'un régime toujours à peu près clair et constant qui l'identifie. Mais, aujourd'hui, on observe des variations réelles de ce régime, à tout le moins pour certaines collectivités, variations que nous n'accompagnons pas d'un changement dans les qualifications, dans la terminologie. Alors, existe-t-il encore une catégorie générale de collectivité territoriale, bannière commune sous laquelle on pourrait toutes les ranger ? Ou bien, faut-il revoir nos qualifications conceptuelles pour ne pas trop raisonner à partir d'une fiction que nous aurions nous-mêmes imaginée ?

Les catégories juridiques nous sont pourtant indispensables, car elles nous servent d'instrument de classement des normes et des institutions. Elles nous donnent notre langage commun au moyen duquel nous sommes en possibilité de communiquer entre nous. Elles possèdent même la vertu d'entretenir notre foi envers le droit avec ce que nous pouvons lui apporter tant pour sa connaissance que pour sa construction. Et ce colloque en a apporté l'illustration.

Cependant, nous mutilerions la connaissance juridique à ne pas voir cette réalité de véritables transformations dans l'organisation des collectivités qui ne s'accompagnent pas de changement de terminologie. Nous demeurons en fait dans une discussion circulaire où l'on part d'une catégorie juridique pour en apprécier le destin et revenir à la catégorie elle-même. Nous demeurons alors enfermés dans la dogmatique avec l'illusion que le cadre se maintient, certes plus ou moins. Et le colloque nous invite à cet examen de conscience au vu des réformes que nous avons sous les yeux et dont les problématiques nouvelles (efficacité du droit, adaptation, simplification) pourraient avoir la particularité de déboucher sur une orientation des rapports État-collectivités territoriales ne laissant pas intacte la manière de percevoir ces dernières. Le mot de collectivité territoriale sur lequel on s'obnubile ne nous donne plus qu'une vision partielle, appauvrie et peut-être faussée de la réalité qu'elle a toujours désignée. Alors, se présentent les deux questions essentielles de la mesure et des causes de cette distorsion, questions auxquelles nous souhaiterions apporter quelques éléments de réponse.

Sur la première question, la difficulté de définir la collectivité territoriale aujourd'hui me semble moins révélée par la perte de ses traits classiques que par leur mutation. La mise en cause est, en effet, visible à ce niveau : on reprochera au législateur d'être insuffisamment fidèle au modèle dans le sens où celui-ci nous condamne à un travail de redistribution dans les catégories juridiques. Elles ne s'effacent pas totalement mais glissent vers d'autres catégories :

La catégorie de « tutelle » avait quelques vertus pour rendre compte de l'autonomie contrôlée des collectivités à l'égard de l'État. Mais l'État demande à être obéit autrement aujourd'hui. Pour faire simple, on assiste au déclin du contrôle a posteriori de légalité des actes des collectivités dans lequel elle s'est principalement incarnée, au profit d'une codirection des affaires locales qui s'est insinué dans les lois de répartition des compétences chaque fois que les collectivités sont appelées à agir de concert avec l'État (contrat, codécision avec le préfet, schémas et directives nationaux...), moyens beaucoup plus sûrs d'utiliser la volonté locale. Et cette co-administration imposée – relevant de la catégorie juridique « direction » et non plus « contrôle » - fournit un socle bien plus pertinent pour apprécier aujourd'hui l'empire de l'État.

On assiste également à une translation dans les catégories juridiques. Cela découle de la demande du législateur à certaines collectivités (départements et régions) de se cantonner dans l'exercice de leurs attributions légales sans plus pouvoir prendre d'initiatives dans les domaines non légiférés de la vie locale (loi 7 août 2015). Il y a sans doute des résistances au changement dans ces collectivités dont la jurisprudence atteste. Néanmoins, il s'agit d'une rupture de ressemblance majeure avec la collectivité territoriale classique par abandon du principe de compétence générale au profit d'un principe de spécialité relativement étroitement entendu. Cette infidélité aux règles de compétences jusqu'à présent éprouvées l'ajuste désormais aux traits de l'établissement public. Une confusion totale s'installe donc dans la théorie générale des personnes publiques, les éléments habituels de leur perception se communiquant d'une catégorie à l'autre. On voit simultanément la notion d'affaires locales, dans laquelle la collectivité avait trouvé sa raison d'être –

au moins pour une certaine doctrine -, s'effacer au profit de la notion d'affaires mixtes, c'est-à-dire partagées avec l'État et les autres collectivités.

Des critères essentiels que nous avions imaginés pour reconnaître la collectivité territoriale ont dérivé, d'autres tendant à s'y substituer. Tout ceci n'est guère que l'émergence d'un malaise sourd mais constant, touchant à une évolution des rapports entre collectivités et un État sans cesse plus régulateur, plus interventionniste, plus dirigiste en somme. La réalité juridique et pratique ne nous montre pas tant la collectivité en elle-même que l'imbrication des collectivités avec l'État, la plupart des politiques publiques devant être menées de concert sous la direction de l'État.

Cette rupture de ressemblance a ses causes et, pour tenter de faire prendre conscience des vrais problèmes en les débarrassant de leur voile d'illusion, c'est sans doute du côté de la thèse du « déclin du droit » qu'il faut se tourner (Georges Ripert, 1949, éditeur LGDJ). Le doyen Ripert brosse un tableau critique de la législation moderne, tableau qui garde plus que jamais le visage de l'actualité. A l'appui de sa thèse, celui-ci nous explique qu'il « existe des principes juridiques liés à notre état de civilisation et qui en assure le maintien. Le droit décline s'ils sont méconnus » (introduction, p. VIII). Ripert fait de la loi l'élément perturbateur, le responsable du déclin, lorsque cette loi n'est plus dictée par la « justice », par des principes supérieurs, par des « valeurs », mais cherche à satisfaire tous les problèmes contingents qui se présentent, ne se préoccupant plus que de ce qui apparaît utile aux données particulières du moment.

On éprouvera, certes, quelques difficultés à suivre l'auteur qui placerait le droit, tel une divinité supérieure et intouchable, au-dessus du jeu démocratique. Mais il faut bien admettre, avec lui, que par l'entremise de la loi « il faut un peu de tout pour satisfaire tout le monde » (p.22). Alors la loi, dans laquelle il faut bien placer sa confiance pour régir les collectivités, acquiert des caractères rendus évidents par l'expérience, qui font ressentir ce malaise qui est le nôtre dans l'organisation des institutions. Ces caractères imprègnent tout le droit des collectivités territoriales dans ses modes d'élaboration (complexité, ésotérisme, relativité, fragmentation) et finissent par se glisser jusque dans la définition de la collectivité territoriale ne la laissant pas intacte.

Le premier caractère est la « servitude de la loi » en rapport avec l'abondance excessive des lois nouvelles, faisant qu'un « lourd appareil pèse inutilement sur les personnes » (p.169). Il s'ensuit que la loi change d'objectif et d'aspect : elle ne consiste plus dans l'application de principes généraux aux cas particuliers mais dans la recherche du texte adéquat dans chaque cas. Alors, on ne vit plus que dans l'unique préoccupation de suivre les règles imposées dans chacun des cas. Les causes sont évidentes : à la poursuite d'un idéal politique et social le législateur pousse trop loin la minutie des textes qui ne se présentent plus que comme des « lois-règlementaires » que seuls les spécialistes peuvent connaître et mettre en œuvre.

Le deuxième caractère est celui de la « discontinuité du droit » lorsque « la passion politique l'a emporté sur la modération », c'est-à-dire que les gouvernements successifs, dans la nécessité d'affirmer leur propre politique, éprouvent la nécessité d'annuler ce qu'avait fait les précédents. Mais à répudier les lois antérieures qui ont cessé de plaire, on fabrique un désordre. Et tout notre droit des collectivités territoriales subit fâcheusement le contrecoup de ces alternances politiques au sommet de l'État. Le phénomène aboutit à détruire l'autorité du droit et conduit à une mauvaise administration inutilement régie par des lois « multipliées et tracassières », finalement difficiles à connaître et à appliquer, par des retours en arrière également.

Le troisième caractère découle du précédent : « l'insécurité juridique » car la certitude dans l'action disparaît. Et on éprouve, en quelque sorte, une carence du pouvoir par excès de pouvoir. D'ailleurs, l'État lui-même participe à ruiner l'autorité de la loi lorsqu'il ne poursuit pas son inexécution par l'administration décentralisée. L'exercice effectif de sa tutelle n'est guère une obligation pour lui parce qu'il faut encore que le préfet ait connaissance de l'inexécution et qu'il soit convaincu qu'il est opportun qu'il se serve de sa tutelle.

On peut même constater que l'intervention du législateur a parfois pour but de dispenser de l'application des lois. Présentons ainsi le phénomène des statuts particuliers ou des statuts communs adaptés, qui évidemment affaiblissent la notion même de statut, communiquant l'idée que le droit commun se révèle trop dur à supporter dans certains cas. Mais cela veut dire également que le droit s'achète, le nouveau statut dispensant de l'application du statut ancien qui donnera aux élus locaux le sentiment que la loi couvrira toujours leur résistance.

Il faut également ajouter ce dernier caractère : « la destruction des valeurs » et le malaise qui s'ensuit quant à la sûreté des droits fondamentaux et des principes des collectivités territoriales (libre administration, droit de propriété, séparation de l'administration d'État et décentralisée, droit au juge pour faire entendre sa cause…). N'est-ce pas leur autonomie politique qui les désigne à la compétence du législateur ? Elles semblent pouvoir faire l'objet de toutes les restrictions dictées par les intérêts de l'État que le juge appellera l'intérêt général. Mais il y a toujours complexité des solutions juridiques – et la complication de la définition de la collectivité territoriale en donne si évidemment l'illustration – lorsqu'il y oubli des valeurs et des principes.

Le plus beau, pour suivre jusqu'au bout le doyen Ripert, est qu'il nous vient l'idée de nous réjouir de tout cela (multiplication et complexité des lois) comme d'un progrès du droit. « Il faut avoir le courage de le dire » (p.222), trouvant « inadmissible » de voir les juristes, « usant de la langue du droit et d'une technique habile, pour proposer et justifier des règles » qu'ils devraient condamner s'ils apprenaient et enseignaient les grands principes, les valeurs du droit. Nous voilà condamnés pour nous obnubiler à suivre l'évolution incessante des lois sans fidélité à l'égard des grands principes. Le dernier mot est donc pour nous et il n'est pas forcément agréable à entendre.

Table des matières

Structures éditoriales du groupe L'Harmattan

L'Harmattan Italie
Via degli Artisti, 15
10124 Torino
harmattan.italia@gmail.com

L'Harmattan Hongrie
Kossuth l. u. 14-16.
1053 Budapest
harmattan@harmattan.hu

L'Harmattan Sénégal
10 VDN en face Mermoz
BP 45034 Dakar-Fann
senharmattan@gmail.com

L'Harmattan Cameroun
TSINGA/FECAFOOT
BP 11486 Yaoundé
inkoukam@gmail.com

L'Harmattan Burkina Faso
Achille Somé – tengnule@hotmail.fr

L'Harmattan Guinée
Almamya, rue KA 028 OKB Agency
BP 3470 Conakry
harmattanguinee@yahoo.fr

L'Harmattan RDC
185, avenue Nyangwe
Commune de Lingwala – Kinshasa
matangilamusadila@yahoo.fr

L'Harmattan Congo
219, avenue Nelson Mandela
BP 2874 Brazzaville
harmattan.congo@yahoo.fr

L'Harmattan Mali
ACI 2000 - Immeuble Mgr Jean Marie Cisse
Bureau 10
BP 145 Bamako-Mali
mali@harmattan.fr

L'Harmattan Togo
Djidjole – Lomé
Maison Amela
face EPP BATOME
ddamela@aol.com

L'Harmattan Côte d'Ivoire
Résidence Karl – Cité des Arts
Abidjan-Cocody
03 BP 1588 Abidjan
espace_harmattan.ci@hotmail.fr

Nos librairies en France

Librairie internationale
16, rue des Écoles
75005 Paris
librairie.internationale@harmattan.fr
01 40 46 79 11
www.librairieharmattan.com

Librairie des savoirs
21, rue des Écoles
75005 Paris
librairie.sh@harmattan.fr
01 46 34 13 71
www.librairieharmattansh.com

Librairie Le Lucernaire
53, rue Notre-Dame-des-Champs
75006 Paris
librairie@lucernaire.fr
01 42 22 67 13

Made in United States
Orlando, FL
04 November 2026

90200278R00199